Crefydd, Cenedlgarwch a'r Wladwriaeth

John Penry (1563–1593)
a Phiwritaniaeth Gynnar

John Gwynfor Jones

Gwasg Prifysgol Cymru
Caerdydd
2014

www.gwasgprifysgolcymru.org

Mae cofnod catalogio'r gyfrol hon ar gael gan y Llyfrgell Brydeinig.

ISBN   978-1-7831-6131-7
e-ISBN   978-1-7831-6132-4

Cysodwyd yng Nghymru gan Eira Fenn Gaunt, Caerdydd.
Argraffwyd gan CPI Antony Rowe, Chippenham, Wiltshire.

CREFYDD, CENEDLGARWCH A'R WLADWRIAETH

✓ A TREATISE
CONTAINING
THE AEQVITY OF AN HVMBLE SVPPLI-
CATION WHICH IS TO BE
EXHIBITED VNTO HIR
GRACIOVS MAIESTY AND
this high Court of Parliament
in the behalfe of the Countrey of
Wales, that iome order may
be taken for the preaching of
the Gofpell among thofe
people.

Wherein alfo is fet downe as much of the
eftate of our people as without offence
could be made known, to the end that
our cafe (if it pleafe God) may be piti-
ed by them who are not of this affem-
bly, and fo they alfo may bee driuen to
labour on our bchalfe.

AT OXFORD,
Printed by IOSEPH BARNES, and are
to be fold in Pauls Church-yard at the
figne of the Tygers head. 1 5 8 7.

Tudalen deitl *A treatise containing the aeqvity of an hvmble svpplication (Oxford, 1587)*

CYNNWYS

CYDNABYDDIAETHAU

Wrth geisio dod â'r gyfrol hon i ben ar gyfer ei chyhoeddi roeddwn yn ymwybodol imi dderbyn cymorth gan nifer o gyfeillion a sefydliadau, ac rwy'n ddiolchgar i bawb a fu'n gefnogol imi. Cytunodd Delwyn Tibbott yn garedig i ddarllen y fersiwn gyntaf ohoni, a chyflawnodd y llafur hwnnw'n fanwl. Bu hynny o fudd mawr imi a gwerthfawrogaf ei ymroddiad a'i arbenigedd. Cefais gymorth hefyd gan eraill a fu'n barod iawn eu cymwynasau mewn sawl cyfeiriad, yn arbennig Alison Harvey a Peter Keelan o Lyfrgell y Celfyddydau ac Astudiaethau Cymdeithasol Prifysgol Caerdydd. Bu aelodau o staff Llyfrgell Genedlaethol Cymru a Carole Morgans o Lyfrgelloedd Caerdydd hefyd yn barod iawn i'm cynorthwyo. Rhoddodd fy merch Eleri Melhuish o'i hamser i'm cynorthwyo i lunio'r mynegai a thrin cymhlethdodau'r cyfrifiadur mewn ffordd y tu hwnt i'm gallu i'n aml ac rwy'n ddiolchgar iddi.

Rwy'n dra diolchgar i gomisiynwyr Gwasg Prifysgol Cymru, Llion Wigley a Sarah Lewis, i reolwraig cynhyrchu'r wasg Siân Chapman, ac i olygydd y wasg Dafydd Jones, am eu parodrwydd i gyhoeddi'r gyfrol ac am eu hynawsedd wrth fy rhoi ar ben ffordd ar bob achlysur pan fyddwn yn galw am eu harweiniad. Mae fy niolch yn fawr, yn ogystal, i'm golygydd copi Leah Jenkins, ac i gysodydd y gyfrol Eira Fenn Gaunt. Gwerthfawrogaf hefyd gymorth Alun Ceri Jones, a luniodd y clawr. Diolchaf am y nawdd a dderbyniais gan Gyngor Cyllido Addysg Uwch Cymru ac i Ysgol Hanes, Archaeoleg a Chrefydd Prifysgol Caerdydd am gefnogaeth barod pan wneuthum gais am grant i gyhoeddi'r gyfrol. Yn olaf gwerthfawrogaf yn fawr amynedd Enid fy ngwraig a roddodd bob croeso i ysbryd John Penry gyfeillachu â ni ar yr aelwyd am amser maith. Teimlaf fod y tri ohonom wedi mwynhau cwmni'n gilydd yn trin a thrafod ei helbulon mynych, ei ddyheadau ysbrydol, ei gyfraniad at Biwritaniaeth ei oes a'i dystiolaeth ddi-ildio a'i gwnaeth yn ferthyr dros ei ffydd yng nghyfnod cyffrous twf Protestaniaeth.

BYRFODDAU

BC	*Y Bywgraffiadur Cymreig hyd 1940,* gol. J. E. Lloyd ac R. T. Jenkins (Anrhydeddus Gymdeithas y Cymmrodorion, Llundain 1953)
Cal. State Papers Dom.	*Calendar of State Papers Domestic Series*
English Hist. Docs	*English Historical Documents, 5, 1485–1558,* gol. C. H. Williams (London, 1967)
English Hist. Docs	*English Historical Documents, 5(A), 1558–1603,* gol. I. W. Archer a F. D. Pine (London, 2011)
LlB	Llyfrgell Brydeinig
LlGC	Llyfrgell Genedlaethol Cymru
Llsgr.	Llawysgrif
ODNB	*Oxford Dictionary of National Biography*
PRO	Public Record Office
SR	*Statutes of the Realm,* 1547–1585, 4 (London, 1963)
Three Treatises	J. Penry, *Three Treatises concerning Wales,* gol. D. Williams (Cardiff, 1960)
TNA	The National Archives (Kew)
Traf. Cymmr.	*Trafodion Anrhydeddus Gymdeithas y Cymmrodorion*

Rhestr Darluniau

Rhagarweiniad

Cyfrol academaidd yw hon wedi'i chynllunio'n bennaf ar gyfer darllenwyr sy'n ymddiddori yn natblygiad cenhedlaeth gyntaf y Diwygiad Protestannaidd yng Nghymru a Lloegr yn ail hanner yr unfed ganrif ar bymtheg. Ceir ynddi amlinelliad o'r cysylltiadau cyfandirol a'r sefyllfa grefyddol yn ystod y newidiadau ysgubol yn nhrefn a chredo'r Eglwys yn nheyrnasiad y Brenin Edward VI a pholisi gwrth-Brotestannaidd ei hanner chwaer Mari. Ar ei marwolaeth hi a gorseddu Elisabeth I yn 1558 sefydlwyd Eglwys Wladol ar sail dwy brif ddeddfwriaeth flwyddyn wedi hynny ac fe'u holynwyd gan y Deugain Erthygl Namyn Un a roddodd iddi drefn ddiwynyddol yn 1563. Cyfnod cyffrous oedd blynyddoedd canol y ganrif, yn arbennig oherwydd bygythiadau Catholigiaeth a thwf araf mewn Piwritaniaeth na chyfrifai'r Eglwys yn sefydliad diwygiadol dilys. Mewn cyfnod ansefydlog cododd gwrthwynebiad cynyddol i ffurflywodraeth, trefn, disgyblaeth a diwinyddiaeth newydd, cymaint yn wir fel y gorfodwyd y Frenhines a'i llywodraeth i amddiffyn eu hunain rhag eu gelynion gartref a thramor.

Yn y cyd-destun hwnnw gosodir John Penry – a aned, yn ôl y traddodiad, bedair canrif i'r llynedd ar lethrau mynydd Epynt – yng nghefndir berw crefyddol a roddodd iddo gyhoeddusrwydd, yn gyntaf fel Presbyteriad ac yna, fel Ymwahanwr yn Llundain. Cymro oedd hwn a gynrychiolai'r to o Biwritaniaid a fu'n frwd dros ddiwygio ymhellach yr Eglwys Brotestannaidd a sefydlwyd gan lywodraeth Elisabeth I. Er iddo gael ei fagu yn un o ardaloedd mwyaf gwledig Cymru yn sir Frycheiniog bu'n ffodus i gael addysg gynnar, efallai yn Aberhonddu, ac wedi hynny yn Peterhouse, Caergrawnt a choleg Neuadd St Alban yn Rhydychen. Penderfynodd beidio â pharatoi ei hun ar gyfer yr offeiriadaeth a threuliodd weddill ei ddyddiau byr yn cyhoeddi traethodau yn beirniadu'n llym gyflwr a threfn yr Eglwys a phrinder pregethwyr, yn arbennig yn ei famwlad. Ymunodd â'r Presbyteriaid yn Lloegr gan ddefnyddio gwasg ddirgel yn Llundain, Cofentri a mannau eraill yng nghanolbarth Lloegr. Priododd Eleanor Godley, aelod o deulu Piwritanaidd yn Northampton yn 1588 a ganwyd iddynt bedair merch, sef Deliverance, Comfort, Safety a Sure Hope, enwau a oedd yn fynegiant o dueddiadau crefyddol cryf Penry. Fe'i cyhuddwyd o ysgrifennu traethodau bradwrus o dan yr enw Martin Marprelate a ffodd i Gaeredin i osgoi erledigaeth y llywodraeth lle y parhaodd i gyhoeddi traethodau gwrth-eglwysig. Wedi iddo ddychwelyd i Lundain yn 1592 ymunodd â'r Ymwahanwyr o dan arweiniad Henry Barrow, ac yn 1593 fe'i ducpwyd gerbron Llys Mainc y Brenin a'i ddedfrydu i farwolaeth. Er iddo bledio'n daer dros ei gydwladwyr a drengai'n ysbrydol am nad oedd ganddynt weinidogaeth bregethu na'r Beibl cyflawn yn eu hiaith, byr iawn fu ei ymweliad â'i wlad enedigol, ac ni cheir tystiolaeth iddo ennill fawr o gefnogaeth i'w neges efengylaidd yno.

Yn 1593, ac yntau'n ddeg ar hugain oed, dedfrydwyd Penry i'w grogi ar gyhuddiad o deyrnfradwriaeth. Nid cofio blwyddyn ei enedigaeth yw'r prif reswm dros archwilio'i yrfa fer yn yr astudiaeth hon eithr trafod ei gyfraniad at Biwritaniaeth. Yn ôl ei ddatganiadau ei brif gymhelliad dros gyhoeddi cymaint o draethodau pwysfawr mewn cyfnod byr oedd i wella cyflwr ei gyd-Gymry mewn oes pan oedd cyflwr yr Eglwys yn ei famwlad yn bur druenus a gwacter ysbrydol yn eu llethu. Fe'i disgrifir gan John Waddington yn ei gyfrol arloesol *John Penry:The Pilgrim Martyr* (1854) yn 'morning star' y Diwygiad Protestannaidd yng Nghymru, darlun, yn ddiau, sy'n gorliwio'r hyn a gyflawnodd. O gofio'r newidiadau carlamus ym myd crefydd ym mlynyddoedd canol teyrnasiad y Frenhines, mae'n rhaid ei osod mewn goleuni ehangach ar gyfer bwrw golwg manylach ar ei yrfa fer a thrwy hynny ddehongli natur ei gyfraniad i dwf y ffydd Brotestannaidd newydd yn y deyrnas Duduraidd. Mae'n rhaid ystyried hefyd pa gyfiawnhad sydd yna dros ei gydnabod yn eiriolwr dros ei genedl gan na chafodd ef ei hun y cyfle i genhadu yn ei famwlad. Yn sgîl hynny trafodir y dadleuon o blaid ac yn erbyn ei ddisgrifio'n 'ferthyr' dros ei ffydd, enw a gawsai gan rai sylwebyddion ar y mudiad Piwritanaidd. Nid ofnai ymateb i'r awdurdodau eglwysig na seciwlar ac ymlynai'n ystyfnig wrth ei neges angerddol i achub eneidiau ei gydwladwyr.

O'i draethodau mwyaf sylweddol y cyntaf, sef *The Aequity of an Hvmble Svpplication*, yn ddiau, yw'r un sydd fwyaf perthnasol gan iddo ystyried yn ddwys sefyllfa druenus Cymru, fel y dehonglai ef hi. Gorfu iddo wynebu sefyllfaoedd bygythiol, yn bennaf oherwydd ei gysylltiadau â'r wasg gyfrinachol Biwritanaidd yng nghanolbarth Lloegr a gelyniaeth yr awdurdodau eglwysig o dan arweiniad John Whitgift, Archesgob Caergaint, a Richard Bancroft, Esgob Llundain, ymhlith eraill o'i elynion. Anodd yw dirnad beth, yn union, oedd ei berthynas â Martin Marprelate, yr awdur anhysbys ac enllibus hwnnw a gyhoeddodd draethodau dychanol a gwrth-sefydliadol sarhaus, gan nad ofnai gynhyrfu'r drefn eglwysig na'i harweinwyr, a pha dystiolaeth sydd ar gael i brofi mai Penry oedd yr awdur. Er iddo ddefnyddio pa adnoddau bynnag a feddai i geisio hybu ei genhadaeth mae'n amlwg nad oedd ganddo ddigon o gefnogaeth mewn Eglwys na llywodraeth, a hynny'n arbennig oherwydd hinsawdd ddiwylliannol yr oes. Er mai Cymro ydoedd, wedi'i fagu mewn ardal hollol Gymreig yn sir Frycheiniog, nid ymdrechodd i gyflwyno'i neges yn ei famiaith na cheisio trafod ag arweinwyr eglwysig Cymru i geisio datrys y sefyllfa. Yn ddiau, nid oedd arweinwyr yr Eglwys yng Nghymru ar yr un donfedd ysbrydol ag ef gan na roesant sylw iddo na'i gynorthwyo i argyhoeddi awdurdodau'r llywodraeth a'r Eglwys Wladol yn Llundain o'r ffordd ymlaen. Ni cheir unrhyw dyst-iolaeth ychwaith iddo geisio ennill ffafr esgobion Cymru i'r math o genhadaeth a oedd ganddo gan iddynt oll fod yn driw i'r sefydliad ac iddynt, er mor ddwys eu cwyn am dlodi eu hamgylchiadau, ddefn-yddio pa ddulliau bynnag, cyfreithlon neu amheus, a feddent i dlodi'r Eglwys dan eu gofal o'i hadnoddau prin i gynnal swyddi. Er i hanes-wyr gredu mai cyflwr eneidiau ei gyd-Gymry a'i pryderai fwyaf, ac iddo, yn ôl tystiolaeth ei draethodau, ddilyn llwybr unig wrth geisio cymhwyso'i ddadleuon i anghenion Cymru ei ddydd, gellid dadlau mai cymhellion ehangach a oedd ganddo yn y bôn.

Er bod gan Penry gyfeillion ymhlith Ymwahanwyr eraill yn Lloegr, gŵr unig a myfyrgar ydoedd, pererin â'i neges danbaid yn ei ym-ddieithrio oddi wrth y rhai a allai fod wedi cydymdeimlo ag ef pe byddai'n fwy parod i gyfaddawdu. Ond roedd y neges honno'n bwysicach na'r un a'i cyhoeddai, ac ymroddodd Penry'n llwyr i'w genhadaeth a rhoi'r lle blaenaf yn ei fywyd iddi gan beryglu ei ddiogelwch ef ei hun a'i deulu yn wyneb erledigaeth gynyddol a gawsai effeithiau arteithiol ar nifer o arweinwyr Ymneilltuol a Chatholig ym mlynyddoedd olaf canrif y Tuduriaid.

Gwasgarog oedd y dylanwad Piwritanaidd ar y gorau, a hynny mewn blynyddoedd pan oedd Ardrefniant crefyddol Elisabeth yn gwreiddio er cymaint y bygythiadau gwleidyddol a chrefyddol i'w sefydlogrwydd gartref a thramor. Er i Penry dreulio amser byr yn yr Alban a theimlo yno'r dynfa tuag at Ymwahanrwydd, ni chryfhaodd ei berthynas â'i gyfeillion yno'n barhaol, ac wedi iddo ddychwelyd i Lundain canfu'i hun mewn sefyllfa bryderus pan oedd Whitgift a'i gyd-gynghorwyr eglwysig ac ysbiwyr y llywodraeth yn eu herlid.

Ychydig o ddylanwad parhaol gafodd ei holl gyhoeddiadau, ac er iddo, mewn sawl un ohonynt, gyhoeddi ei neges a phledio dros sefydlu gweinidogaeth bregethu ym mhulpudau plwyfi yng Nghymru er gwella cyflwr ysbrydol y genedl, syrthio ar glustiau byddar wnaeth apêl daer o'r fath. Digwyddodd hynny am amryw resymau, ac nid y lleiaf ohonynt oedd pwysau'r Ardrefniant yn 1559 ar unffurfiaeth a threfn grefyddol. Mae'n bosibl, fodd bynnag, fod galwad Penry am gyfieithiad o'r Ysgrythurau i'r Gymraeg yn 1587 wedi darbwyllo Whitgift, i danseilio dadleuon Penry trwy gymell William Morgan i gwblhau ei orchwyl, ond nid oes tystiolaeth destunol bendant i brofi hynny. Wedi dweud hynny, er na phregethai Penry gorff o ddiwin-yddiaeth Galfinaidd ffurfiol fel y gwnâi eraill ymhlith y Piwritaniaid cynnar, ni ellir diystyru ei gyfraniad i'r ethos Piwritanaidd cynnar yn Lloegr gan mai ei brif her oedd ceisio dwyn perswâd ar yr awdurdodau yno i gydnabod a derbyn yr hyn y safai drosto. Er cymaint angerdd ei gynhyrchion ysgrifenedig ni chyrhaeddodd ei nod er i'w gred yng ngweinidogaeth gwir Eglwys Dduw, fel y diffiniai ef hi, fod yn ddi-sigl. Eto, bu i'r gred honno oroesi yng ngweinidogaeth cenedlaethau o Ymwahanwyr a'i dilynodd. Yn ddiau, Cymro ysbrydoledig a diwyd ydoedd a feddai ar gryfderau na ellid eu diystyru gan archwilio'i gyflwr ysbrydol ei hun, fel y gwnâi Piwritaniaid. Beth bynnag fo'r farn am gyfreithlondeb ei ffawd mae'n rhaid cyfaddef iddo wynebu'r gosb eithaf oblegid ei argyhoeddiadau dwfn a dim arall ac, oblegid hynny, ni ddylid gwadu iddo, ymhlith eraill o'r un anian grefyddol ag ef, farw'n ferthyr. Amcan y gyfrol hon yw adlewyrchu natur ac arwyddocâd y gwrhydri a'r gwytnwch a ddangosodd ef ac eraill, fel Henry Barrow a John Greenwood, a wynebodd yr un tranc yn yr un flwyddyn ag ef.

I

'Helbulon Crefyddol': Piwritaniaeth
Oes Elisabeth I

Wrth astudio cyfnod cynharaf y Diwygiad Protestannaidd yn Lloegr
amlygir pedwar datblygiad sylfaenol yn y bywyd crefyddol o ail
ran teyrnasiad Harri VIII hyd at y cynnydd mewn Protestaniaeth yn
oes y Frenhines Elisabeth I.

Yn gyntaf, toriad Harri VIII oddi wrth
awdurdod y Pab yn y 1530au, a gweddill ei deyrnasiad yn siglo rhwng
boddhau'r ceidwadwyr a garai i Loegr fod yn Gatholigaidd ond heb
y Pab, ar y naill law, a'r radicaliaid a oedd am gael newidiadau mawr
mewn ffurfwasanaeth ac athrawiaeth, ar y llaw arall. Yn ail, cyflwyno
newidiadau radicalaidd yn ystod teyrnasiad byr Edward VI (1547–
53), yn arbennig cyhoeddi Ail Lyfr Gweddi Gyffredin yr Archesgob
Thomas Cranmer, y Deugain a Dwy Erthygl ac ail ddeddf Unffurfiaeth
i orfodi'r defnydd o'r Llyfr Gweddi, y cyfan yn 1552. Yn drydydd,
adfer Catholigiaeth lawn o dan Mari Tudur (1553–8), merch Catrin o
Aragon, gwraig gyntaf Harri VIII, brenhines benderfynol a'i bryd ar
ailsefydlu'r 'Hen Ffydd' gyda chymorth y Fatican a Sbaen. Yn bedwer-
ydd, yr ymdrech i sefydlu cyfaddawd rhwng y ddwy ffydd wedi i
Elisabeth esgyn i'r orsedd – bod yn Gatholig o ran ffurfwasanaeth ac
yn Brotestannaidd o ran athrawiaeth.[1] Nid oedd cyflawni'r olaf o'r
rhain yn dasg hawdd oherwydd y safbwyntiau crefyddol gwahanol
a goleddwyd yn y deyrnas. Ni ddylid derbyn, fel y dywed rhai hanes-
wyr, nad oedd gan y Frenhines ddiddordeb mewn crefydd; ym-
gymerodd â'i dyletswyddau crefyddol o ddifrif, gan nad oedd dewis
ganddi os oedd ei theyrnas i ffynnu. Yn ddiau, realydd gwleidyddol
oedd hi ond ni olygai hynny ei bod yn ddifater o anghenion ei phobl.
Yn ei swydd frenhinol roedd hi'n dalentog, awdurdodol ac anfoddog,
ond gweithredai'n amddiffynnol i warchod buddiannau ei medd-
iannau hefyd. Fel merch i Anne Boleyn, ail wraig ei thad Harri VIII a
ffafriai ddiwygwyr crefyddol, fe'i codwyd yn Brotestant a pharhaodd
ar ei hesgyniad i'r orsedd i lynu wrth y ffydd honno er diogelu ei

hawdurdod a hybu ei chred mewn brenhiniaeth absoliwt. Cyfeirir yn aml at argyfwng blynyddoedd canol canrif y Tuduriaid mewn sawl maes, yn arbennig yr economi a chyni cymdeithasol. Teimlwyd pwysau trwm chwyddiant a'r cynnydd mewn prisiau, tlodi a diweithdra, ac yn ychwanegol at hynny daeth y trafferthion crefyddol a wynebai Elisabeth i fod yn rhan annatod o'r argyfwng hwnnw.

Wedi marwolaeth Harri VIII roedd y llywodraeth yn nheyrnasiad ei fab Edward VI mewn safle anodd wrth i bwysau cynyddol am ddiwygio crefyddol achosi cryn wrthdaro rhwng Protestaniaid ac ymlynwyr wrth yr 'Hen Ffydd'. Oherwydd minoriaeth y Brenin dyrchafwyd Edward Seymour, Dug Somerset, y 'Good Duke' fel y gelwid ef, yn Arglwydd Amddiffynnydd.[2] Aeth yntau ati, gyda chefnogaeth Thomas Cranmer, i ddileu'r ddeddf brad, y Statud Proclamasiynau, deddf y Chwe Erthygl a hen statud Lolardaidd *De Heretico Comburendo* ynghyd â'r defnydd o'r iaith Ladin i weinyddu'r offeren. Rhoddwyd caniatâd hefyd i offeiriaid briodi, ac o ganlyniad i newidiadau o'r fath heidiodd diwygwyr o'r cyfandir i Loegr, yn ysgolheigion Zwinglïaidd a Chalfiniaidd yn bennaf i brifysgolion Rhydychen a Chaergrawnt, fel Peter Martyr o'r Eidal, John à Lasco o Wlad Pwyl, a Martin Bucer a Paul Fagius o'r Almaen. Golygai hyn oll ehangu gorwelion yr Eglwys, a'r prif bynciau trafod oedd athrawiaeth gras, dilysrwydd y sagrafen a thrawsylweddoliad. Diddymwyd y siantrïau ac adfeddwyd eu gwaddoliadau, dinistriwyd delwau ac eilunod a gweinyddwyd y cwpan i leygwyr adeg y cymun.

Yn 1549 lluniwyd y Llyfr Gweddi Gyffredin â'i ieithwedd ysblennydd gan Cranmer fel cyfaddawd rhwng y ddwy ffydd, a bu hwnnw'n sail i'r Ardrefniant a sefydlwyd yn 1559. Diwygiad digon ceidwadol oedd hwn fel y gallai'r Pabydd Cuthbert Tunstall, Esgob Durham, a John Hooper, Esgob Caerloyw, disgybl i Zwingli, ei dderbyn. Ond nid felly'r mwyafrif llethol o'r werin geidwadol yn y deyrnas, yn arbennig yng Nghernyw a Dyfnaint, a'i gwrthwynebai'n hallt ac a wrthryfelodd dan arweiniad Robert Ket yn 1549.[3]

Aeth y sefyllfa'n fwy argyfyngus pan ddilynwyd Somerset gan y Rhaglyw John Dudley, Iarll Warwick, a ddyrchafwyd yn Ddug Northumberland yn 1551, gŵr trahaus ac uchelgeisiol, a llai idealistig na Somerset. Defnyddiodd y cyfleoedd a gawsai i gefnogi Protestaniaeth yn hollol ddidostur i hybu ei fuddiannau personol ac ysbeilio'r Eglwys gyda chymorth y Cyfrin Gyngor y dibynnai gymaint arno.[4] Cymhelliad arall dros wrthod derbyn yr 'Hen Ffydd' oedd atal y Pabydd Thomas Howard, trydydd Dug Norfolk, rhag hawlio grym gydag ef. Prysurodd

Northumberland, fel y gwnaeth Somerset, i ddryllio delwau, ond ar raddfa lawer mwy gan anrheithio eglwysi a llenwi coffrau tirfeddianwyr rheibus a'i cefnogai â chyllidau eglwysig. Yn 1550 cyflwynwyd Trefnolyn (Ordinal) diwygiedig, a hepgorwyd o Lyfr Gweddi Gyffredin 1549, ar gyfer ordeinio offeiriaid a chysegru esgobion. Golygai hynny ymwrthod â'r defnydd o'r geiriau 'aberth' ac 'aberthu', a pharodd hynny gryn wrthdaro rhwng Catholigion yn ogystal â diwygwyr, fel Hooper, ar fater gorfod tyngu llw i'r saint a gwisgo urddwisgoedd.[5]

Carcharwyd yr esgobion Stephen Gardiner ac Edmund Bonner gan iddynt wrthod y diwygio, a symudodd yr esgobion Nicholas Ridley, Esgob Llundain, a John Hooper yn nes at ddaliadau Protestannaidd fwy nag y dymunai Cranmer pan gadarnhawyd y newidiadau yn yr ail ddeddf Unffurfiaeth yn 1552.[6] Ynddi adolygwyd y Llyfr Gweddi Gyffredin gan nad oedd y diwygwyr Zwinglïaidd yn cymeradwyo hollgynhwysedd y fersiwn gyntaf gan iddi gydnabod gwasanaeth y cymun yn unig fel ffurf addasedig ar yr offeren yn hytrach na'i dderbyn yn seremoni goffadwriaethol. Bu'r Llyfr Gweddi newydd yn fodd i ddiffinio athrawiaeth a ystyrid yn amwys yn y fersiwn gyntaf, ac enillodd y Zwinglïaid y dydd. Defnyddiwyd y termau 'gweinidog' a 'bwrdd' yn lle 'offeiriad' ac 'allor', gwrthodwyd y gred mewn trawsylweddiad ac, i blesio'r Protestant pybyr John Knox o'r Alban, ychwanegwyd rhuddell arbennig i wahardd penlinio wrth dderbyn y bara a'r gwin. Golygai hyn oll mai'r llywodraeth bellach a osododd ffurfwasanaeth ar y deyrnas a gorfodwyd ei deiliad – clerigol a lleyg – i'w dderbyn gyda'r bwriad o sefydlu corff o athrawiaeth unedig.

Er i Cranmer argymell yn ei *Reformatio Legum Ecclesiasticarum* (1550) y dylai'r offeiriaid gael caniatâd i weithredu eu hawdurdod yn ôl y drefn ganoloesol, fe'i gwrthodwyd ac yn lle hynny lluniwyd y Deugain a Dwy Erthygl yn 1553 a gondemniodd brif wendidau'r Eglwys Gatholig, tra'n derbyn ewyllys rydd ac athrawiaeth cyfiawnhad trwy ffydd Martin Luther. Datganiad o ffydd oedd yr erthyglau hyn ar sail cyfaddawd rhwng credoau Lutheraidd, Calfinaidd a Zwinglïaidd. Eto, er i esgobion Protestannaidd lenwi'r cadeirlannau dibynnai'r drefn newydd yn gyfan gwbl ar barhad Edward VI ar yr orsedd. Er i Northumberland ddienyddio Somerset yn 1552 methiant fu ei gyfnod mewn grym gan fod y Brenin ifanc gwantan ar fin marw o'r ddarfodedigaeth. Er na lwyddodd Protestaniaeth i ymestyn i'r rhannau helaethaf o'r deyrnas erbyn diwedd cyfnod Edward VI ac er mai moddion i gryfhau cyllidau y llywodraeth a ffyniant pendefigion a gefnogai Northumberland oedd diddymu siantrïau, rheibio meddiannau eglwysig,

3

tiroedd esgobol ac adeiladau, mae'n rhai cydnabod bod blynyddoedd y Brenin ar yr orsedd wedi gosod sylfeini'r ffydd a sefydlwyd gan ei hanner chwaer Elisabeth.[7]

Cyn hynny, fodd bynnag, cafwyd pum mlynedd o adwaith Pabaidd bygythiol yn ystod teyrnasiad fer Mari, a feddai ar rai o nodweddion ystyfnig ei thad, ond o safbwynt gwahanol, a pheryglwyd trefn grefyddol 1553. Ni ellid troi'r cloc yn ôl i'r sefyllfa a gafwyd yn 1529 gan fod Stephen Gardiner, un o'i phrif gynghorwyr mewn materion eglwysig, yn awyddus i adfer y drefn a geid ar farwolaeth Harri VIII a Reginald Pole yn barod i fynd ymhellach ac ailsefydlu awdurdod llawn y Pab. Cred Eamon Duffy fod y ffydd Gatholig yn gryfach nag a dybir gan haneswyr yn nheyrnasiad Mari a bod y gwrth-ddiwygiad y pryd hwnnw hefyd yn fwy effeithiol.[8] O dderbyn hynny nid oes amheuaeth iddi golli'r ffordd yn llwyr mewn rhai cyfeiriadau, yn arbennig gyda'i pholisi crefyddol i adfer y ffydd Gatholig yn swyddogol. Yn ei Senedd gyntaf diddymwyd newidiadau ei brawd gan adfer y sefyllfa a fodolai ar ddiwedd teyrnasiad Harri VIII. Gwrthodwyd defnyddio'r Llyfr Gweddi a gweinyddwyd yr offeren yn yr iaith Ladin. Rhyddhawyd esgobion Catholig o'r carchar a rhoddwyd eu swyddi'n ôl iddynt, er enghraifft Edmund Bonner yn Llundain, Stephen Gardiner yng Nghaerwynt a Cuthbert Tunstall yn Durham. Gan fod mwyafrif y boblogaeth, yn arbennig yng nghanolbarth a gogledd Lloegr a Chymru yn parhau'n geidwadol eu harferion croesawyd yr hen drefn. Eto, nid oedd dychwelyd dan awdurdod y Babaeth yn dderbyniol oherwydd, bellach, roedd y deyrnas yn barod i gydnabod y Frenhines yn bennaeth ar Eglwys Gatholig genedlaethol yn unig, ond ni fodlonai Mari ar hynny gan ei bod o blaid llywodraethu Eglwys lawer ehangach nag un annibynnol mewn gwladwriaeth seciwlar. Roedd ei phriodas â Philip II o Sbaen yn 1554 yn arwydd eglur o'r hyn y dymunai ei gyflawni, ond methiant fu'r uniad hwnnw.

Yn ychwanegol at hynny, yn nhrydedd Senedd Mari yn 1554, aethpwyd ati i weithredu polisi a fu'n drychinebus yn hanes ei theyrnasiad, sef erlid Protestaniad a thrwy hynny adennill hygrededd yr Eglwys Gatholig. Diddymwyd deddfau Edward VI a difreiniwyd tuag un rhan o bump o offeiriaid a oedd wedi priodi. Cyn diwedd 1554 dychwelodd y Cardinal Reginald Pole, llysgennad i'r Frenhines yn y Fatican, o Rufain gyda'r neges fod ganddi'r hawl i adfer awdurdod y Babaeth yn y deyrnas. Adferwyd statud *De Heretico Comburendo* ac aethpwyd ati i gyflawni erchylltra'r erledigaeth i achub y deyrnas rhag heresi, er i Philip geisio'i darbwyllo i ymddwyn yn fwy cymedrol. Cyneuwyd

'Tanau Smithfield' yn gyson yn 1555 ac aberthwyd tua 300 o'r rhai a wrthwynebai ei pholisi, y mwyafrif ohonynt yn bobl gyffredin.[9] Y cyntaf a losgwyd oedd John Rogers, awdur y *Matthew's Bible* (1537), a thebyg fu ffawd Robert Ferrar, Esgob Tyddewi, Hugh Latimer, Esgob Caerwrangon a Nicholas Ridley a Thomas Cranmer, bob un ohonynt wedi'i ddedfrydu fel teyrnfradwr yn hytrach na Phrotestant.

Tasg Elisabeth I yn ei blynyddoedd cynnar o 1559 ymlaen oedd ceisio trawsffurfio eglwys a fuasai'n Gatholig ei chyfansoddiad a'i hathrawiaethau i fod yn sefydliad Protestannaidd cenedlaethol. Disgwylid i'r Eglwys honno, o dan arweiniad Matthew Parker, ei harchesgob cyntaf, ymgodymu â'i hanghenion sylfaenol, sef dinistrio hyd y gellid y gwrthwynebiad i'r drefn newydd, cyflwyno athrawiaeth Brotestannaidd a fyddai'n dderbyniol gan y mwyafrif – eglwysig a lleyg – yn y deyrnas, hyfforddi clerigiaeth ddysgedig, ac mewn cyd-destun ehangach, creu gwladwriaeth genedlaethol unedig gyda'r Eglwys yn un o'i sylfeini cadarnaf. Nid gorchwyl hawdd oedd cyflawni hynny mewn teyrnas lle cafwyd cryn ymlyniad o hyd wrth yr 'Hen Ffydd' a lle gwrthwynebwyd yr Ardrefniant yn 1559, sefydliadau llywodraethol ac Eglwysig, a thu allan iddynt, yn arbennig ym mharthau mwyaf ceidwadol y deyrnas.

Ceisiwyd gosod fframwaith newydd i Eglwys a welsai gryn newid yn y byd crefyddol rhwng cyfnod Harri VIII ac esgyniad Elisabeth. Er cymaint y bygythiad i'r 'Hen Ffydd' yn nheyrnasiad Edward VI cymerodd gryn amser i'r Eglwys Brotestannaidd a'i threfniadaeth wreiddio, yn arbennig ym mhlwyfi anghysbell yr esgobaethau lle'r oedd ofergoeliaeth ac anllythrennedd yn rhemp a hynny'n esgor ar anwybodaeth. Gorchwyl anodd hefyd oedd ceisio gwarchod buddiannau tymhorol yr Eglwys newydd rhag effeithiau chwyddiant ariannol a'r cynnydd enbyd mewn prisiau. Cawsai hynny ganlyniadau gwael ar lefelau incwm yr offeiriadaeth yn gyffredinol, yn arbennig y rhai isaf eu gradd, a bu'n destun pryder i'r rhai a geisiai gynnal a diwygio'r Eglwys ymhellach. Yng Nghymru, fel mewn parthau pellennig eraill o'r deyrnas, ni theimlid grym awdurdod archesgobol Caergaint i'r graddau y gallai ymyrryd yn llesol yn ei buddiannau. Parhaodd bygythiadau mewnol i beri trafferthion, yn arbennig ymhlith y rhai eithafol eu daliadau crefyddol na fynnent dderbyn trefn newydd gymedrol. O du'r llywodraeth, fodd bynnag, disgwylid i'r drefn honno yn 1559 gyfrannu'n helaeth tuag at greu gwladwriaeth gadarn a theyrnas sofran genedlaethol. Yn y cyd-destun hwnnw roedd Eglwys Wladol Elisabeth yn Erastaidd, yn sefydliad seciwlar gwleidyddol dan arweiniad y llywodraeth. Ystyrid mai sofraniaeth y wladwriaeth o dan y frenhiniaeth a'i llywodraeth oedd y pennaf awdurdod, a chyfrifoldeb y frenhiniaeth honno oedd gwarchod ei buddiannau mewn oes ansefydlog. Yng nghanol y berw a arweiniodd at sefydlu Eglwys Brotestannaidd newydd wedi marw'r Frenhines Mari Tudur gosodwyd sylfeini'r drefn newydd trwy awdurdod y Senedd. Yn y flwyddyn 1559 pasiwyd y deddfau Uchafiaeth ac Unffurfiaeth yn sefydlu Elisabeth yn 'Oruchaf Reolwr' ar yr Eglwys ynghyd â gosod Eglwys wladol unffurf ar y deyrnas, ac yn 1563 lluniwyd y Deugain Erthygl Namyn Un a seiliwyd ar Ddeugain a Dwy Erthygl Thomas Cranmer yn 1552 ac a fu'n gonglfaen athrawiaeth yr Eglwys byth oddi ar hynny. Awdurdodwyd yr erthyglau hynny gan y Confocasiwn (cynulliad neu synod o glerigwyr Anglicanaidd taleithiau Caergaint a Chaerefrog), ac fe'u derbyniwyd yn ffurfiol gan y Frenhines a'i Senedd wyth mlynedd wedi hynny yn 1571. O ganlyniad sefydlwyd athrawiaeth yr Eglwys ynghyd â datganiad o'i ffydd gan gadw cydbwysedd rhwng diwinyddiaeth Luther, Zwingli a Chalfin. Ar ben hynny, yn y flwyddyn 1563, deddfwyd y dylid cyfieithu'r Ysgrythurau a'r Llyfr Gweddi Gyffredin i'r Gymraeg er hyrwyddo'r 'Ffydd Newydd' ymhlith y Cymry, mesur a sicrhaodd barhad yr iaith honno yn ei ffurf lenyddol er mai'r prif gymhelliad oedd sefydlu trefn grefyddol unedig yn y deyrnas Duduraidd.[10]

Piwritaniaeth a'r wladwriaeth

O sôn am Brotestaniaeth mae'n ofynnol i haneswyr crefydd symud ymlaen i ddiffinio agweddau diwinyddol arbennig arni a ddaeth i'r amlwg yng nghyfnod Elisabeth, er eu bod wedi eu gwreiddio cyn ei chyfnod hi, sef Piwritaniaeth a Phresbyteriaeth. O wneud hynny gellir deall safbwyntiau John Penry'n well a chanfod maint ei gyfraniad iddynt ym mlynyddoedd canol teyrnasiad Elisabeth I. Ac nid termau hawdd i'w diffinio yw 'Piwritaniaeth' a 'Phresbyteriaeth'. Gair yw 'Piwritaniaeth' yn wreiddiol a ddefnyddiwyd yn y gorffennol mewn cyd-destunau llawer rhy llac a chyffredinol, ac weithiau'n ddiystyr. Cred rhai haneswyr mai Protestaniaid lleyg a chlerigol brwd oeddynt a oedd yn gulach eu credoau crefyddol, wedi ymrwymo i buro'r Eglwys o'i Chatholigiaeth a chyflwyno moesoldeb beiblaidd i'w dysgeidiaeth. Mae'n wir eu bod am ddiwygio'r drefn ymhellach gan na theimlent fod Eglwys Elisabeth wedi cyflawni'r hyn a ddisgwylid ganddi, ond amrywient o fod yn radicalaidd i fod yn gymedrol eu safbwyntiau.

Ymosodasant ar lygredd yr Eglwys a'r defodau Catholig yn cynnwys defnyddio'r Groes yng ngweinyddiad y bedydd, penlinio wrth gymuno, gwisgo cobannau a gwenwisgoedd a defnyddio offeryn mewn gwasanaeth. Credent mewn derbyn addewid Duw i'w etholedig rai a chael ffydd adfywiol trwy sefydlu trefn Bresbyteraidd. Gwrthodai'r radicaliaid gyfaddawdu a chydymffurfio ag arferion Eglwys a ystyrient yn annuwiol. Ar y llaw arall cydymffurfiai'r cymedrolwyr wedi i'r awdurdodau bwyso'n ddwfn arnynt, ond gwnaent hynny dan brotest rhag ofn i'w gwrthodiad i gydymffurfio beri iddynt golli bywoliaethau neu drwyddedau pregethu, ac felly beryglu'r weinidogaeth bregethu yn yr Eglwys.

Wrth i'r anghytundeb ynglŷn â threfn a defodaeth gynyddu un wedd amlwg o'r dadleuon oedd 'Ymryson yr Urddwisgoedd' (*Vestiarian Controversy*), 'lifrai'r Anghrist', fel y gelwid hwy gan y Piwritaniaid. Gwrthodasant eu derbyn ynghyd ag amryw ddefodau ac arferion eraill, a ymylai ar fod yn Gatholig, yn cynnwys cynnal dyddiau gwyliau eglwysig. Tarddai'r term 'Piwritan' o'r dadleuon ynghylch 'Ymryson yr Urddwisgoedd' – sef Piwritaniaid yn gwrthod eu gwisgo am eu bod, yn eu barn hwy yn 'wehilion Catholigiaeth', ynghyd ag arwydd y Groes yng ngweinyddiad y bedydd, penlinio adeg y cymun a chynnal dyddiau gŵyl eglwysig ym mlynyddoedd canol y 1560au. Dyma'r garfan a wrthodai gydymffurfio â rhuddellau'r Llyfr Gweddi (1559), ac o ganlyniad defnyddid y termau 'Piwritaniaid' neu 'Ddefodolwyr' (*Precisionists*) i'w disgrifio. Nid urddwisgoedd, fodd bynnag, oedd gwir achos yr ymryson eithr mater o ddiwygio'r Ardrefniant, natur yr Eglwys ddiwygiedig a sefydlu rhyddid crefyddol. Cred rhai haneswyr crefydd, fodd bynnag, nad trefn, addoliad a disgyblaeth yn unig oedd y rhesymau am dwf Piwritaniaeth eithr, yn bwysicach, gweddau eraill fel gwahaniaethau athrawiaethol a'r 'pethau olaf',[11] ac yn y 1570au bu i garfan fechan o Bresbyteriaid – a dyma'r ail wedd ar Brotestaniaeth yn oes Elisabeth – ffurfio adran radicalaidd y mudiad Piwritanaidd o fewn yr Eglwys. Credent mewn sefydlu llywodraeth eglwysig o dan drefn henaduriaethau gyda gweinidogion, diaconiaid a blaenoriaid yn rheoli yn ôl trefn John Calfin, ac ymosodent ar yr hierarchaeth swyddogol. Erbyn diwedd y ganrif, fodd bynnag, pan oedd y mudiad Presbyteraidd yn dirywio, defnyddid y gair 'Piwritan' i ddisgrifio'r Protestaniaid mwyaf penboeth, duwiol eu hymarweddiad a bucheddol eu moesau.

Wrth i'r gwrthwynebiad i Eglwys Loegr gynyddu, gorfodwyd y Presbyteriaid i osod sylfeini cyfansoddiadol i'r Eglwys oddi mewn iddi.

Yn 1574, felly, cyhoeddodd Walter Travers, Piwritan o argyhoeddiad o swydd Nottingham, ei *Ecclesiasticae Disciplinae (. . .) Explicatio* i'r pwrpas hwnnw. Heriwyd y sefydliad esgobol gan na chredid ei fod yn gyfreithlon yn Eglwys Dduw, ond methiant fu'r ymdrech yn 1586– 7 i ddileu'r sefydliad hwnnw ac i gyflwyno *The Book of Discipline* ar sail un Genefa yn lle'r Llyfr Gweddi Gyffredin. Nid oedd Piwritaniaeth ar y cychwyn yn sect ar wahân i'r Eglwys, ac nid oedd yn garfan wrthbleidiol yn Nhŷ'r Cyffredin. Ni ellid gwahaniaethu rhyngddynt a'r Protestaniaid mwy cymedrol o ran credo ar faterion sylfaenol megis rhagordeiniad, neu ffurf Bresbyteraidd ar lywodraeth eglwysig. Tanbeidrwydd eu profiadau ysbrydol, eu duwiolfrydedd personol, eu pwyslais ar bregethiad y Gair a'u hymroddiad i ddiwygio crefyddol pellach a roddodd iddynt eu hunaniaeth arbennig a'u henw dirmygus.

Er i'r Piwritaniaid deimlo'n siomedig na chafwyd y diwygio a fynnent yn yr Eglwys yng nghwrs teyrnasiad Elisabeth credent y byddai newidiadau'n digwydd trwy rym seneddol unwaith y byddai'r Catholigion yn cael eu trechu'n llwyr. Cafwyd elfen o oddefgarwch ar y dechrau ond, pan roddodd yr Archesgob Parker fwy o bwysau ar unffurfiaeth, dwysáodd y gwrthwynebiad i'r drefn. Gwrthododd Parker roi trwyddedau pregethu i'r rhai nad oeddynt yn barod i gydymffurfio, ac ym Mawrth 1566 lluniodd ei *Book of Advertisements* a fynnai fod yr offeiriadaeth yn cydymffurfio ar fater y cymun sanctaidd a'r sacramentau. Ynghyd ag 'Ymryson yr Urddwisgoedd' arweiniodd hyn at fygythiad enbyd i hygrededd yr Eglwys. Gallai hynny ei gwanhau a chryfhau Catholigiaeth a barhaodd i fod yn fygythiad i'r drefn newydd yn Lloegr a Chymru. Peryglwyd yr awdurdod esgobol a llywodraeth eglwysig, ac yn wir holl gynnwys yr Ardrefniant Protestannaidd. Methodd y llywodraeth â sefydlu unffurfiaeth gan fod Piwritaniaeth yn ffynnu ymhlith nifer gynyddol o Aelodau Seneddol â'u bryd ar sefydlu'r gwir Ddiwygiad. Cosbwyd clerigwyr na chydymffurfient trwy eu difuddio o'u bywoliaethau, ond parhaent i bregethu y tu allan i'r Eglwys. Credai'r Presbyteriaid y byddai sefydlu cyfundrefn Bresbyteraidd yn rhan o lywodraeth eglwysig yn fodd i greu gweinidogaeth bregethu ym mhob plwyf.

Taranai Thomas Cartwright, athro Diwinyddiaeth ym Mhrifysgol Caergrawnt, yn erbyn y swydd esgobol a gwadai fod gan reolwyr yr Eglwys unrhyw hawl i'w gweinyddu na'i harwain. Nid bod mwyafrif y Piwritaniaid bryd hynny – yn y saithdegau a'r wythdegau – mor eithafol eu syniadau ag ef. Credai llawer ohonynt y dylai'r esgobion hyrwyddo ffyniant y 'diwygiad duwiol' mewn cydweithrediad â'r

'tywysog unionfryd'. Cafwyd hynny ymhlith rhengoedd uchaf hier-
archaeth yr Eglwys yng ngyrfaoedd Matthew Parker ac ym mlynydd-
oedd cynnar archesgobaeth ei olynydd Edmund Grindal, pan dystiwyd
yn gadarn i esiampl arweinwyr duwiol yn cyflawni eu hamcanion
ysbrydol.

Safai Grindal yn gadarn yn erbyn amlblwyfaeth ac absen-
oledd, a chymeradwyai weinidogaeth bregethu a'r 'Proffwydoliaethau'
(*prophesyings*) Piwritanaidd – y *classis* – sef cynulliadau lleol o glerigwyr
Piwritanaidd ar gyfer astudio'r Ysgrythurau a thrafod problemau
eglwysig i geisio gwella safonau dysg ymhlith y glerigiaeth. Fe'u
sefydlwyd gyntaf yn Norwich yn 1564 ac wedi hynny yn Northampton
yn 1573, a thrwyddynt cryfhawyd ymdrechion y Presbyteriaid i
ddiwygio'r Eglwys. Bu John Whitgift, olynydd Grindal a chyfaill a
noddwr William Morgan yn y dasg o gyfieithu'r Ysgrythurau, yn fwy
pendant ei bolisi i gryfhau gafael yr Eglwys Wladol ac i ymosod ar
Biwritaniaeth. Parodd ei benderfyniad i orfodi'r Deugain Erthygl
Namyn Un ar yr Eglwys honno i fod yn ofid, yn arbennig ym
mlynyddoedd yr wythdegau a'r nawdegau, i'r Piwritaniaid a deimlai
eu bod yn dechrau colli tir.

Nid gorchwyl hawdd yw ceisio diffinio Piwritaniaeth i fodloni pob
lliw hanesyddol sydd wedi ceisio esbonio natur y grefydd Brotestan-
naidd yn ail hanner yr unfed ganrif ar bymtheg yn Lloegr. Yn ddiau,
perthynai i'r mudiad wahanol weddau nad ŷnt bob amser yn cydlynu
â'i gilydd er iddo gyflwyno newidiadau pellgyrhaeddol ym myd
crefydd, gwleidyddiaeth, yr economi a chymdeithas mewn oes bur
gythryblus pan wynebai brenhiniaeth y Tuduriaid heriau gartref a
thramor a allai fod wedi dymchwel y deyrnas. Ymhlith yr haneswyr
modern blaenllaw sydd wedi ymdrin yn fanwl â'r traddodiad Piwritan-
aidd yn ail hanner y ganrif saif Patrick Collinson, Peter Lake, Christopher
Haigh, Michael Watts a Patrick McGrath ymhlith yr amlycaf.[12] Mae
gan bob un ohonynt safbwyntiau amrywiol digon dilys a hynny
am y rheswm nad mudiad unffurf oedd Piwritaniaeth eithr mudiad
a fu'n ganolog yn hanes yr ymrysonau a'r gwrthdaro crefyddol ar y
cyfandir ac wedyn yn Lloegr yn oes y Diwygiad Protestannaidd. Ar
y cyfandir yn y 1550au mwynhaodd alltudion y 'Ffydd Newydd' – yn
ysgolheigion a diwinyddion – o Loegr a Chymru gyfnod byr o seibiant
rhag erledigaeth, yn bennaf yn ninasoedd Protestannaidd Genefa,
Strasbourg, Basel, Zurich a Frankfurt. Yn eu plith cafwyd Richard Cox
ac Edmund Grindal yn Lloegr, y ddau ohonynt i gael eu dyrchafu'n
esgobion yn fuan wedyn. Yng Nghymru, dychwelodd Richard Davies
a Thomas Young, dau eto i gyrraedd y brig fel esgobion (a Young yn

Archesgob Caerefrog). Er nad oedd yr eglwyswyr hyn yn gefnogol i Biwritaniaeth ni ellir gwadu eu bod yn ddiwygwyr pybyr, rhai ohonynt dan ddylanwad John Foxe, a fu yn Frankfurt a Basel, ac a ysgrifennodd ei gyfanwaith enfawr *Acts and Monuments of the Christian Church* (1563) – yr *apologia* Protestannaidd a seiliwyd ar y ddamcaniaeth eglwysig mai hi oedd y wir Eglwys hanesyddol a ffurfiwyd, trwy arweiniad yr Ysbryd Glân, yn nyddiau cynharaf Cristnogaeth, ac a gafodd ddylanwad mawr ar dwf Piwritaniaeth, yn arbennig oherwydd y pwyslais a roddasai ynddo ar ferthyrdod.[13] Yn eu plith hefyd dychwelodd John Parkhurst, James Pilkington a John Jewel, pob un ohonynt yn eu tro i gael eu dyrchafu'n esgobion. I'r Alban hefyd yn 1559 y dychwelodd John Knox, y gwrth-Babydd tanbaid, o Genefa i arwain y blaid ddiwygiadol yno.

Meddai unigolion o'r fath ar gredoau diwinyddol amrywiol ond, yn ganolog i'r dehongliadau hynny, lleisiwyd anfodlonrwydd â threfn yr Eglwys Wladol a sefydlwyd gan lywodraeth Elisabeth I, ac yn y Senedd yn 1559 mae'n amlwg fod yna gonsensws Calfinaidd a barhâi'n deyrngar i'r Goron. Yn ôl Collinson, yr awdurdod pennaf ar Biwritaniaeth Oes Elisabeth, mae'n rhaid dehongli Piwritaniaeth ar sail ehangach gan iddo gynnwys cyfraniad lleygwyr yn ogystal â'r offeiriadaeth.[14] Tueddai clerigwyr cymedrol i gefnogi gweddau ar Biwritaniaeth ond gwrthodent ochri'n ormodol rhag ofn iddynt golli eu bywoliaethau a'u trwyddedau pregethu. Yn ddiau, ceid gwahanol ddehongliadau am fod Piwritaniaeth yn cynnwys delfrydau a gwrthdrawiadau gwleidyddol, tensiynau cymdeithasol ac economaidd a dadleuon diwinyddol brwd.

Ym marn Paul Christianson Presbyteriaid oedd Piwritaniaid a anufuddhaodd i esgobion, ond gweithredent i ddiwygio oddi mewn i'r Eglwys ac amddiffyn goruchafiaeth frenhinol yr un pryd.[15] Nid âi barn o'r fath yn ddigon pell i Collinson a Lake gan mai disgrifiad sarhaus ydoedd 'Piwritaniaeth' a ddefnyddiwyd i ddisgrifio pob math o bobl wrthodedig mewn cymdeithas. Ystyrid bod y mwyafrif, fodd bynnag, yn wrthwynebus i ddefodau Catholig yn yr Eglwys ac fe'u hystyrid yn 'dduwiol' gan iddynt fagu dulliau crefyddol a moesol cul. Deuai'r rhaniad rhwng y Piwritaniaid cymedrol ac eithafol yn amlycach yn ystod y cyfnodau mwyaf dirdynnol yn hanes teyrnasiad Elisabeth, ac arweiniodd hynny at sefydlu carfanau ymwahanol. Roedd y naill garfan a'r llall yn ymwybodol o'r angen i 'buro' y drefn eglwysig wladwriaethol ond bod yr Ymwahanwyr yn argyhoeddedig mai o'r tu allan i'r sefydliad yn unig y gellid hyrwyddo'r 'gwir eglwys'

Brotestannaidd. Achosai'r diwylliant Protestannaidd gryn dyndra cymdeithasol yn Oes Elisabeth, a bu hynny'n thema bwysig yn astudiaethau treiddgar Collinson. Dengys ei ddadleuon ef pa mor eang a dwfn oedd hanfod Piwritaniaeth.[16]

Yn ôl Richard Baxter, y pregethwr Piwritanaidd dadleugar, yn 1677 roedd Piwritaniaeth yn derm amwys a diystyr a ddefnyddid mewn sawl ffordd, er iddo ymhen tair blynedd newid ei feddwl a diffinio Piwritaniaid fel y Cristnogion haelfrydig mwyaf difrifol, ufudd i'w cydwybod, ymarferol a sobr y gwyddai amdanynt erioed, a 'channwyll llygad Duw'.[17] Y mae'r wedd hon ar y Diwygiad Protestannaidd, fodd bynnag, wedi arwain haneswyr a diwinyddion i'w ddiffinio'n fwy ystyrlon yn ôl eu credoau hwy eu hunain ac i'w ddehongli'n ôl datblygiadau'r ffydd Gristnogol a gawsai effeithiau eang ar y profiad hanesyddol dros y pum canrif ddiwethaf. Y diffiniad sy'n fwyaf derbyniol erbyn hyn yw bod Piwritaniaid, yn wahanol i Brotestaniaid cydymffurfiol eraill, yn credu'n fwy angerddol yn yr angen am ddiwygio ymhellach yr Eglwys Wladol a sefydlwyd gan Elisabeth I yn 1559 i'r graddau y gallent barhau i addoli oddi mewn i sefydliad puredig. Fel y cyfeiriwyd eisoes, fe'u gelwid hwy yn Ddefodolwyr (*Precisionists*), y Piwritaniaid cynharaf a roddai'r lle blaenaf i safonau ymddygiad uchel, yn arbennig mewn perthynas â chadwraeth defodau crefyddol, ac adlewyrchwyd hynny yn eu duwioldeb (*pietism*), eu disgyblaeth a'u hymlyniad wrth ddysgeidiaeth Galfinaidd.

Â gwreiddiau Piwritaniaeth yn ôl gryn bellter mewn amser yn Lloegr cyn i Elisabeth I ddod i'r orsedd. Yn ei hanfod mudiad crefyddol ydoedd. Yn ddiau, bu toriad Harri VIII oddi wrth awdurdod y Pab yn y 1530au, yn gyfrwng i beri rhaniad difrifol yn ystod ail hanner ei deyrnasiad a siglai rhwng boddhau'r ceidwadwyr a garai i Loegr fod yn Gatholig ond heb y Pab, ar y naill law, a'r radicaliaid, ar y llaw arall, a gredai fod newidiadau mawr mewn ffurfwasanaeth ac athrawiaeth yn allweddol. Eto, cyflawnodd y Brenin lawer mwy oblegid ni ddaeth y newidiadau litwrgaidd ac athrawiaethol i fod o ganlyniad i hynny ac nid oedd pawb yn y deyrnas o'u plaid ychwaith. Er na ellir diystyru'r cymhellion gwleidyddol a fu'n fodd i hybu uchelgeisiau haenau uchaf y gymdeithas mae'n rhaid ystyried y cyd-destun deallusol ac ysbrydol a ddeilliai o'r Diwygiad gwleidyddol hwn y gellir ei olrhain i gyfnod John Wycliffe a'r Lolardiaid, a'r Anabaptistiaid ar y cyfandir a fu'n dra beirniadol o safonau'r offeiriadaeth, yn arbennig eu cyndynrwydd neu anallu i ddehongli'r Gair. Yn wyneb hynny trowyd at yr angen am fersiwn o'r Beibl yn iaith lafar y bobl (*vernacular*);

Gair Duw a ystyrid y pennaf awdurdod yn yr Eglwys, pwysicach na moddion gras sacramentau'r Eglwys honno. Er na ellir gwadu'r cysylltiadau cynnar hyn, yn ddiau hanfod y Biwritaniaeth ym mlynyddoedd canol yr unfed ganrif ar bymtheg oedd Calfiniaeth Genefa, ac ar eu dychweliad i'r wlad bu i'r alltudion Protestannaidd fynnu diwygiad pellach i'r drefn eglwysig gan Elisabeth I, a hynny oddi mewn ac nid oddi allan i'r Eglwys.[18]

Cyflwynodd Edward VI newidiadau radicalaidd eithafol, ond adferwyd Catholigiaeth lawn o dan Mari Tudur, a pharai hynny gryn ddryswch mewn gwladwriaeth nad oedd ganddi'r gallu, mewn cyfnod byr pan deyrnasai dau hollol annhebyg eu daliadau crefyddol yn olynol ar orsedd Lloegr, i ddygymod â'r sefyllfa.[19] Anelwyd at sefydlu cyfaddawd rhwng y ddwy ffydd – rhwng Genefa (*sola scriptura*) a'r offeren Rufeinig ar y naill law a *magisterium* yr Eglwys newydd ar y llaw arall – wedi i Elisabeth esgyn i'r orsedd, sef bod yn Gatholig o ran ffurfwasanaeth ac yn Brotestannaidd o ran athrawiaeth. Nid oedd honno, fodd bynnag, yn dasg hawdd o gofio am y safbwyntiau crefyddol gwahanol a fagwyd bellach yn y deyrnas, ac yn sicr ni chyflawnwyd hynny gan fod cryn ymryson ar fanylion athrawiaethol rhwng gwahanol garfanau yn yr Eglwys ac oddi allan iddi er cymaint y pwyslais a roddwyd gan brif weinidogion y Frenhines, yn arbennig William Cecil, i sicrhau hynny.[20] Bwriad Elisabeth oedd datrys y problemau a fygythiai undod Eglwys a gwladwriaeth, ac fel merch i Harri VIII, disgwylid llawer ganddi. Ar ei gorseddiad teimlid bod sefydlogrwydd pellach wedi'i adennill ac y byddai annibyniaeth y deyrnas, gartref a thramor, yn ddiogel. Yn ddiau roedd angen arweinydd cryf yn symbol o rym ac undod i lunio polisi cadarn a fyddai'n adfer sadrwydd a allai wrthsefyll gelyniaeth fewnol ac allanol wedi teyrnasiad Mari, ac roedd Elisabeth yn addas i'w swydd yn rhinwedd ei hunanhyder, a'i chraffter gwleidyddol wrth ymdrin â phrif faterion gwladweinyddol. Fe'i gorfodwyd i weithredu'n ofalus gan fod cysgod teyrnasiad ei hanner chwaer yn parhau i fod yn fygythiad, yn arbennig yr ymlyniad cryf wrth Gatholigiaeth mewn sawl rhan geidwadol o'r deyrnas. I'r diben hwnnw rhoddodd ei holl fryd ar sefydlu unffurfiaeth, ac mewn llythyr at Matthew Parker, Archesgob Caergaint, yn Ionawr 1564 pwysleisiodd arno i hyrwyddo hynny. Ni oddefai wahanol safbwyntiau crefyddol, defodau a dulliau newydd o grefydda nac unrhyw swyddog mewn awdurdod o fewn ei theyrnas a gefnogai Anghydffurfiaeth.[21] Yn ddiau, teimlai'n bryderus ynglŷn ag undod cyfansoddiadol ei theyrnas, ac eglurodd hynny yn ei llythyr at Parker:

yet in sundry places of our realm of late (. . .) there is crept and brought into the Church by some few persons (. . .) an open and manifest disorder, and offence to the godly, wise and obedient persons (. . .) specially in the external decent, and lawful rites and ceremonies to be used in the churches.

Cyfeiriad oedd hwn at hedyn y Biwritaniaeth a oedd i dyfu'n gyflym yn ystod blynyddoedd cyntaf ei theyrnasiad.

Roedd y galw am ddiwygio'r Eglwys wedi cyflymu ers dyddiau Harri VIII ond gellid olrhain y gwreiddiau'n ôl i gyfnod Wycliffe a'r Lolardiaid yn y bedwaredd ganrif ar ddeg pan ymddangosodd y rhwyg rhyngddynt hwy a'r Eglwys Gatholig. At hynny, cyhoeddwyd llenyddiaeth Brotestannaidd ac ynddi cyflwynwyd syniadau y gellid eu cysylltu â gwrthwynebiad ymhellach i erlid merthyron a dychweliad alltudion o'r cyfandir wedi cyfnod Mari Tudur. Yn ddiau, dengys tystiolaeth fod ceidwadaeth boblogaidd yn dal ei thir ymhob rhan o'r deyrnas, ond yn amlycach mewn ardaloedd gwledig, yn arbennig yng ngogledd Lloegr a Chymru, a golygai hynny fod defodau traddodiadol yn parhau. Tystir mewn ymweliadau esgobol hefyd fod yr ymlyniad wrth yr 'Hen Ffydd' yn gryf ac na allai Ardrefniant 1559 newid llawer arno yn ei flynyddoedd cynharaf, ac araf hefyd oedd disgyblaeth esgobol i sicrhau ufudd-dod i'r drefn newydd. Ar agoriad y Senedd yn Ionawr 1563 aeth yr Arglwydd-Geidwad Thomas Williams ati i bwysleisio'r gwendidau hyn, ac yn eu mysg diffyg disgyblaeth, a chan nad oedd mewn urddau eglwysig, nid oedd dim a allai ei atal rhag mynegi ei farn yn ddiamod:

You are also earnestly to think and consider of the discipline of the Church as of one of the strong pillars of religion, which doubtless at this time hath two great lacks (. . .) the imperfection of laws for caution for confirmance of it (. . .) [and] (. . .) the slothfulness, corruption, and fearfulness of the ecclesiastical ministers and officers in the due execution of such of those laws as be good and yet continue.[22]

Yn gynnar yn yr unfed ganrif ar bymtheg cyhoeddwyd ysgrifau dychanol yn erbyn yr offeiriadaeth, ac enghreifftiau o hynny oedd pregeth John Colet, Deon San Pawl, a draddodwyd mewn Confocasiwn yn 1511 pan bwysleisiodd yr angen difrifol am ddiwygiad eglwysig, a beio seciwlariaeth ymhlith yr offeiriadaeth am ddifodiant bywyd ysbrydol yr Eglwys. Cyhoeddwyd gweithiau gwrth-glerigol tebyg hefyd fel *Supplication of the Beggars* (1528) gan Simon Fish, *Obedience of a Christian Man* (1528) gan William Tyndale a phregethau gwrth-Gatholig Hugh Latimer, Esgob Caerwrangon.[23] Nid egin Biwritaniaid oedd y rhain o gwbl, ond gyda hwy a'r diwinyddion Protestannaidd praff o'r cyfandir – Martin Bucer, Peter Martyr, John à Lasco a Paul Fagius – yn nheyrnasiad Edward VI y gwreiddiwyd y 'Ffydd Newydd'. Roedd Bucer yn Athro yng Nghaergrawnt a Martyr yn Rhydychen. Cynorthwyodd y ddau ohonynt Thomas Cranmer yn y gwaith o lunio'r Llyfr Gweddi Gyffredin (1549), a thrwy hynny gosodwyd sylfeini'r Eglwys Brotestannaidd ddiwygiedig yn Lloegr.

Nid camp hawdd i'w gyflawni oedd sefydlu Protestaniaeth mewn gwlad lle'r oedd ymlyniad cryf ymhlith y werin wrth yr 'Hen Ffydd', fodd bynnag, a dangoswyd cryn wrthwynebiad i Brotestaniaeth mewn sefydliadau cyhoeddus. Yn y cyswllt hwnnw amlygwyd dau fater cyfreithiol, sef rhoi i'r Senedd rym nad oedd ganddi dan Harri VIII ond a enillodd yn nheyrnasiad ei fab Edward VI. Yn ail, fel deddf Goruchafiaeth 1534, rhoddwyd hefyd awdurdod eglwysig i'r Frenhines reoli'r offeiriadaeth yn 1559, ond bu iddi ddirprwyo i'r Senedd lawer o'r hawliau hynny i'w gweithredu. Y pennaf egwyddor yn neddf Unffurfiaeth 1549 – datganiad seneddol cyntaf o'r Diwygiad Protestannaidd yn Lloegr – oedd mai trwy statud yr awdurdodwyd y ffurf gyfreithlon o addoli trwy orfodi defnyddio'r Llyfr Gweddi. Gallai hynny achosi llawer o drafferthion yn y berthynas rhwng comisiynau eglwysig newydd a'r Senedd. Ni ellid newid dim ar y Llyfr Gweddi heb ganiatâd statudol y Senedd honno a dirywiodd y berthynas rhyngddi a'r Goron oherwydd hynny. Grym statudol oedd sail y sefydliad yn 1559, ac o ganlyniad ni chawsai'r Frenhines reolaeth gyflawn ar yr Eglwys er cymaint ei dymuniad i'w meddiannu.

O blith ei phrif weinidogion Syr William Cecil (Arglwydd Burghley wedi hynny) yn ddiau oedd ar ddeheulaw'r Frenhines, ac roedd angen arweiniad cadarn gŵr o'r fath arni mewn cyfnod a allai fod yn dyngedfennol. Diswyddodd esgobion Catholig ystyfnig a fu'n gwasanaethu yn nheyrnasiad Mari Tudur, a'r dychweledigion o'r cyfandir, yn llawn eiddgarwch i ddiwygio'r Eglwys, oedd yr unig rai a allai hybu'r 'Ffydd Newydd' er nad oedd y Frenhines wrth ei bodd ag agweddau mwyaf eithafol ar eu diwinyddiaeth Galfinaidd. Erbyn dyfod Elisabeth i'r orsedd dychwelodd y diwygwyr Protestannaidd cyfandirol a fuasai yn y deyrnas ynghynt i Genefa wedi iddynt gweryla â John Knox, y diwygiwr tanllyd o'r Alban, yn Frankfurt, ac oblegid hynny ni chafodd y drefn newydd fawr ddim o'u cymorth. Nid Ardrefniant a symbylai gyfaddawd oedd un 1559, felly, oherwydd tueddiadau Calfinaidd cryf ymhlith y diwinyddion. Ni allai tyndra parhaol nag ansefydlogrwydd oddi mewn i'r Eglwys, fodd bynnag, amharu ar y berthynas rhwng y diwygiadau crefyddol a gwleidyddol a ddigwyddasai ac a fu'n gymorth i gryfhau sylfeini'r deyrnas a hybu dysg a deallusrwydd ymhlith yr addysgedig. Y cysylltiadau â Lolardiaeth oedd sail y diwygiad cyntaf a chododd yr ail o wrth-glerigiaeth a ddaethai'n amlycach yng nghyfnod Harri VIII.[24] Gellid dweud bod Elisabeth, erbyn diwedd ei theyrnasiad, wedi cynyddu mewn hunanhyder, a hynny i raddau helaeth am ei bod wedi ennill cefnogaeth y mwyafrif llethol o'r boblogaeth nad ymddengys fod y drefn newydd yn ormod o lyffethair arnynt. Gyda grym propaganda enillasai gefnogaeth y wladwriaeth ynghyd â theyrngarwch er cymaint ei helbulon dros flynyddoedd maith ei theyrnasiad. Meddai John Jewel, Esgob Caersallog:

> We do beleue that ther is onely one Churche of God and that the same is not shut up as in time past (. . .) into any one corner or kingdome, butte is Catholike and uniuersall, & dispersed into al the world, so that nowe there is no nacion that maye truely complaine that thei be excluded, and can haue no parte with the Churche and people of God, We doe beleue that the same Church is the kingdome, is the body, is the spouse of Christe, and of this kingdome that Christe is the only Prince (. . .) for wee beleue bothe that Christe is alwayes present with his Church, and that he needeth no Vicare that shoulde supplie hys roume in all pointes: and that it is vnpossible for anye mortall man so muche as to comprehende in his minde, much more to set in ordre and rightly and profytablye to gouern the whole universalle Churche.[25]

Geiriau ystyrlon oedd y rhain yn hepgor awdurdod y Pab a phwysleisio canologrwydd Crist yn ei Eglwys. Mae'r gwaith yn datgelu'r ffydd mewn dull a fyddai'n dderbyniol gan eglwysi diwygiedig y cyfandir, ac er nad oedd yr eglwysi hynny'n hollol gytûn eu diwinyddiaeth a'u trefn, prif amcan Jewel oedd rhoi'r man blaenaf i undod yng Nghrist.[26] Canfu'r Ysgrythurau'n allweddol i ddeall ystyr awdurdod oddi mewn i'r Eglwys honno a phrawf hynny trwy archwilio gweithiau'r tadau Cristnogol a'r Eglwys Fore. O droi at ddadansoddiad Richard Hooker o'r Eglwys Brotestannaidd wedi 1559 yn ei *Of the Laws of Ecclesiastical Polity* daw yntau i'r un casgliad â Jewel. 'The visibl Church of Jesus Christ', meddai, 'is therefore one, in outward profession of those things, which superficially appertain to the very essence of Christianity, and are necessarily required in every particular Christian man'.[27] Ymwrthododd

Hooker â chred y Piwritaniaid mai'r ysgrythurau oedd yr unig awdurdod i sicrhau iachawdwriaeth i'r credadun ond, yr un pryd, derbyniodd rannau ohonynt fel yr awdurdod terfynol.

Yn ei gyflwyniad Lladin o'r Beibl Cymraeg i'r Frenhines pan ymddangosodd yn 1588 pwysleisiodd William Morgan, rheithor Llanrhaeadr-ym-Mochnant ar y pryd, mai rhoi'r Ysgrythurau i'r Cymry yn eu hiaith eu hunain oedd y gorchwyl pwysicaf yn hytrach na cheisio sicrhau undod iaith – polisi'r deddfroddwyr – a thrwy hynny rhoi'r sylw pennaf, nid ar undod gwladwriaethol, eithr ar achub eneidiau gwerin gwlad anllythrennog. Iddo ef ffynhonnell ysbrydol oedd y Beibl, rhodd Duw i'w bobl iddynt ei ddarllen a myfyrio arno er sicrhau iachawdwriaeth mewn iaith a ddeallent:

> Os myn rhai pobl, er mwyn sicrhau ceisio cytgord, y dylid gorfodi'n cydwladwyr i ddysgu'r iaith Saesneg yn hytrach na chael cyfieithu'r Ysgrythurau i'n hiaith ni, fe ddymunwn i ar iddynt, yn eu sêl dros undod, fod yn fwy gwyliadwrus rhag sefyll yn ffordd y gwirionedd; ac yn eu hawydd i hyrwyddo cyd-ddealltwriaeth, dymunaf iddynt fod yn fwy awyddus fyth i beidio â disodli crefydd.[28]

Credai'r Piwritaniaid mewn anadlu anadl burach yn yr Eglwys, a rhoi iddi ysbryd mwy bywiol na bod yn sefydliad gwladwriaethol. Mewn Eglwys a oedd, yn ei hanfod, yn Laodiceaidd, yn llac a chymodlon, gwnaed ymdrech i sicrhau na chyhuddid hi o syrthio i fagl anffaeledigrwydd.

Fel y cyfeiriwyd eisoes lleiafrif llafar oedd y Presbyteriaid, ac mae unrhyw astudiaeth o Brotestaniaeth yn gofyn am ddadansoddiad o weddau gwahanol arni, ac yn y cyswllt hwn safai Piwritaniaeth a Phresbyteriaeth yn amlwg yn y cyd-destun crefyddol ym mlynyddoedd cynnar teyrnasiad Elisabeth I. Yn y cefndir hwn y gosodwyd John Penry a'i gymdeithion Presbyteraidd, rhai ohonynt yn fwy radicalaidd nag eraill, a rhoddasant bwyslais di-amod ar awdurdod bob rhan o'r Ysgrythurau. Cyfoed i Penry oedd y Presbyteriad Walter Travers, Piwritan argyhoeddedig o swydd Nottingham, a elwid yn 'baragon Piwritanaidd oes Elisabeth', a gyhoeddodd ei *Ecclesiasticae Disciplinae* (. . .) *Explicatio* yng Ngenefa, gwaith a gyfieithwyd gan Thomas Cartwright, prif arweinydd Presbyteriaeth yn Lloegr, yn 1584. Seiliwyd ef ar drefn Galfinaidd wedi'i haddasu ar gyfer Eglwys Loegr a rhoddodd yr awdur y lle blaenaf i awdurdod ysgrythurol. Datganodd fod disgyblaeth eglwysig yn gyfan gwbl angenrheidiol, a chredai fod yr

Eglwys Gatholig wedi dirywio i feithrin 'breuddwydion a ffantasïau Pabaidd' ac anwybyddu'r ddisgyblaeth a ddysgwyd yn y Beibl.[29] Cyfeiriodd Cartwright yn aml yn ei draethodau at hanfodion y ffydd a geid ynddo:

> the study of the Scripture itself, which for some yeares as you write hath worthily shut forth the floud of all by writers that professe their attendance upon it (. . .) for whithersoever you goe out of the paradise of the Holy Scriptures, you shall in the best grounds meet with thornes and thistles (. . .) neither is there any so free from evill aires, when you goe from the sweet and wholesome breathes of the Lords Garden.[30]

Disgrifiad braidd yn or-liwgar, efallai, ond, fel y dywed L. H. Carlson:

> It is often overlooked (. . .) that the Puritan belief in the supremacy of the Scriptures placed the ministers in a position of great advantage. If the Scriptures were accepted as the rule not merely of the Church but for daily life, those qualified to interpret them were in a position of unusual power.[31]

Cydnabuwyd gras Duw ac etholedigaeth yn gonglfaen eu diwinyddiaeth. Heriwyd y sefydliad esgobol gan na chredid ei fod yn gyfreithlon yn Eglwys Dduw, ond methiant fu'r ymdrech yn 1586–7 i ddileu'r sefydliad hwnnw ac i gyflwyno *The Book of Discipline* (*Disciplina Ecclesiae* neu *Directory of Church-government* ynghanol y ganrif ddilynol), gwaith Walter Travers, ac, efallai, Thomas Cartwright, y ddau ohonynt yn efrydwyr yng Nghaergrawnt, ar sail un Genefa. Y math hwn o grefyddwyr a wrthodwyd gan John Jewel, un o lenorion ffyrnicaf eu hamddiffyniad o'r Ardrefniant newydd. Yn ei *Apologia Ecclesiae Anglicanae* (1562) gwrthwynebodd y ffydd Gatholig a daeth i'r casgliad na allai unrhyw Eglwys arall, ac eithrio'r un a sefydlwyd yn 1559, fod wrth fodd Duw. Cyhuddwyd Eglwys Rufain am ei heresïau a'i haflendid: 'wherin nother the worde of God could be hearde purely taught: nor the Sacramentes rightly administered.'[32] Yn Eglwys Elisabeth, meddai ymhellach, 'all thynges ar soberly and reverently handeled, and so farre forth as we were able to attayne most neerely unto the order of the olde time', sef y ffydd gysefin a arferid cyn i Gatholigiaeth ei difrodi yn yr Oesoedd Canol.[33]

Presbyteriaeth, Ymneilltuaeth ac Archesgob Whitgift

Pan astudir natur a threfn Piwritaniaeth gynnar yn oes Elisabeth I gwelir nad oedd ganddi hi rym yn Nhŷ'r Cyffredin. Yn araf ond yn sicr y dangosodd ei hochr a mynnu mwy o sylw. Ni olygai hynny, fodd bynnag, nad oedd ysbryd mwy tanllyd ar led ymhlith rhai fel Cartwright, Travers, John Field ac eraill, ac y byddai hwnnw'n cael ei amlygu wrth i'r Eglwys sefydlu'i hun ar dir cadarnach. Yn ddiau roedd Cartwright yn Bresbyteriad di-ildio a'i ddylanwad yn gryf ar y cyfandir yn ogystal â Lloegr. Pe bai'n cael ei orfodi byddai'n barod i gyflwyno'i Bresbyteriaeth yn ddirgel i'r sefydliad eglwysig, a gwnaeth hynny'n amlwg:

> That if the Cyvill maiestrate (. . .) shall refuse to admytt of the desired discyplyne that then the mynisters may allure the people unto ytt and for their owne partes not only may putt the same in practise as they maye themselves but likewyse use all other meanes of the better accept-ance or establishinge of ytt.[34]

Fe'i gelwid yn 'Standard-bearer of the Presbytero-Puritans against Whitgift' pan oedd yng Nghaergrawnt, ac ymddangosai yr adeg honno'n gryfach dadleuydd nag ef, ond ni allai weld fod gan Archesgob Caergaint adnoddau na allai Cartwright fyth eu tanseilio.[35] Gellir ei gymharu i raddau â John Penry, y ddau ohonynt yn bybyr dros eu hargyhoeddiadau ac yn elynion mawr i Whitgift, ond tra roedd Cartwright yn ofalus o'i eiriau yn ei berthynas â'r archesgob, ni allai Penry ymddwyn yn bwyllog a synhwyrol.[36] Wedi i Cartwright orffen ei lyfr olaf yn 1577, taerodd dair blynedd ar ddeg yn ddiweddarach nad oedd wedi tramgwyddo'n erbyn y Frenhines: 'from the writing of my last book (. . .)', meddai, 'I never wrote nor procured any thing to be printed which might be in any sort offensive to her Ma'tie or the state'.[37]

Collodd Cartwright ei swydd yn Athro Diwinyddiaeth yng Ngaer-grawnt o ganlyniad i'w gyfres o ddarlithiau ar Actau'r Apostolion yn y brifysgol honno yn 1570 pan ddadleuodd mai Eglwys Bresbyteraidd, o ran ei threfniadaeth, oedd yr Eglwys Fore a bod ei threfn wedi'i sefydlu ar awdurdod dwyfol (*iure divino*), cred hollol wahanol i'r hyn a feddai John Whitgift – ei brif elyn erbyn diwedd y ganrif. Cred ydoedd mai ordinhad dynol (*iure humano*) ac nid dwyfol oedd sail esgobydd-iaeth. I Cartwright a'i gyd-Bresbyteriaid Gair Duw oedd sail awdurdod

John Whitgift, Archesgob Caergaint (1583–1604).

yr Eglwys.[38] Dadleuai y dylid rhoi'r pwyslais pennaf ar bregethiad y Gair a hyfforddiant yn yr Ysgrythurau, ac ef a ysgogodd John Field a Thomas Wilcox i gyhoeddi *The First Admonition to Parliament* (1571), maniffesto Presbyteraidd wrth-esgobol. Cyhoeddwyd ail *Admonition* yn fuan a phriodolwyd hwnnw i Cartwright ond a ysgrifennwyd, mae'n debyg, gan Christopher Goodman, Protestant radicalaidd.[39] Amddiffynnwyd y ddau gyhoeddiad yma gan Cartwright yn 1573, ac arweiniodd at *Answer to the Admonition* yn 1572 a *The defense of the Aunswere to the Admonition* yn 1574, gwaith enfawr gan John Whitgift, is-ganghellor Caergrawnt a Deon Lincoln, ac at ddadleuon tanbaid rhwng y ddau.[40] Cefnogai Cartwright benodi gweinidogion gan gynulleidfaoedd, a beirniadodd esgobion a'r offeiriadaeth yn hallt am eu hesgeulustod yn ymdrin ag anghenion ysbrydol plwyfolion. Ni fu'n fyr ychwaith o ddangos ei gasineb tuag at Gatholigion y deyrnas a'u cefnogaeth lwyr i awdurdod y Pab:

> so deeplye are the Popishe traditions printed in their tender Consciences, esteeming the breache of them to be a greater offence, the[n] idolatrye, blasphemie, peniurie, theft, slaunder, or any transgression of Gods holy commaundments. Whiche thinge oughte to make all the Babilonicall Bishoppes ashamed (but yt they are past all shame already) because they suffer Gods people to be so drowned in ignoraunce, that they can not discern the commaundments of God, fro[m] the dirtye dregs of papisticall traditions.[41]

Dadleuai Whitgift trwy gyfeirio'n aml at ddysg y Tadau Eglwysig a Phrotestaniaid amlwg fel Calfin, Zwingli a Beza. Er nad oedd yn awyddus i danseilio eglwysi eraill yn gyfan gwbl, rhoddai'r flaenoriaeth i esgobyddiaeth a brwydrodd yn erbyn y ffydd Gatholig a Phresbyteriaeth oddi mewn i'r Eglwys Wladol. Meddai am y Presbyteriaid yn ei lythyr at Burghley wrth gyflwyno copi o'r gwaith iddo:

> if they should be suffered to proceed as they have begun, nothing else in the end can be looked for, then confusion both of the Church and of the State. But convenient discipline, joined with doctrine, being duly executed, will soon remedy all. For sects and schisms can by no means abide these two: neither will they long continue, where they are not by some in authority cherished and maintained.[42]

Gorhyderus oedd barn Whitgift, mae'n wir, o gofio am dwf yr Ymwahanwyr ar draul y Presbyteriaid ym mlynyddoedd olaf y ganrif.

Yn ddiau, Whitgift oedd eu gelyn pennaf ym mlynyddoedd olaf Elisabeth I. Bu'n ddi-baid yn ei wrthwynebiad i'r sect ac roedd ganddo wrth law yr adnoddau swyddogol i'w gynorthwyo mewn sefydliadau llywodraethol a chyfreithiol. Ni ellid cael dau Archesgob mor wahanol i'w gilydd, Grindal, ei ragflaenydd, yn fwy parod i gyfaddawdu a Whitgift yn hollol wynebgaled yn ei berthynas â'r arweinwyr Piwritanaidd. Roedd hwnnw'n graff a thra gwybodus am eu symudiadau, a chydweithredodd yn agos â'r Llysoedd Uchel Gomisiwn a Siambr y Seren. Gŵr tebyg i Whitgift o ran ei natur oedd ei olynydd Richard Bancroft am nad oedd ganddo yntau amynedd â'r sectau. Fe'u cyhuddodd o wyleidd-dra ffals a balchder lled-guddiedig mewn pregeth enwog a draddododd ar 9 Chwefror 1589 yn eu herbyn ger Croes Pawl Sant yn Llundain:

[They] bitterly explain against the pride of bishops as though they affected nothing else by their desired equality but some great lowliness, and to prostrate themselves at your feet for your service; whereas indeed they shoot at greater superiority and preeminence than ever your bishops did use or challenge unto them; and would no doubt tyrannize by their censure over both prince and people at their pleasure in most intolerable and pope-like manner.[43]

Er bod cynnydd yn y gwrthwynebiad i Bresbyteriaeth dangosai rhai esgobion beth cefnogaeth iddynt, yn arbennig Edmund Grindal, John Jewel, Richard Cox a James Pilkington, pob un ohonynt yn alltudion a ddychwelsai o'r cyfandir a'u bryd ar ddiwygio. Parhaodd y cysylltiad â phrif drefi'r cyfandir ac oddi yno deuai ysgolheigion i Loegr i barhau'r genhadaeth. Yn 1574, er enghraifft, gadawodd Cartwright yr eildro am yr Almaen wedi iddo gyfieithu *Ecclesiasticae Disciplinae* (. . .) *Explicatio*, gwaith Presbyteraidd gan Walter Travers, Piwritan brwd a chadarn arall, y cyfeiriwyd ato eisoes, a gefnogai hunan-lywodraeth eglwysig.[44] Bwriad y garfan Bresbyteraidd hon oedd sefydlu trefn lywodraethol eglwysig yn ôl patrwm Genefa a reolwyd gan henuriaid etholedig, a rhoddwyd y flaenoriaeth i'r gweinidogion, y diaconiaid a'r henuriaid. Gwrthodasant esgobyddiaeth am fod y Presbyteriaid yn credu yng nghyfrifoldeb yr unigolyn tuag at Dduw, ac nid ystyrient fod awdurdod honedig yr esgobyddiaeth yn ddilys. Golygai hynny wrthod 'olyniaeth apostolaidd', ordeiniad esgobol, trefn gwasanaeth a'r rheolau ynglŷn â'r defnydd o urddwisgoedd ac addurniadau yn *Book of Advertisements* (1566) Parker.[45]

Cysylltid esgobyddiaeth ganddynt ag awdurdod absoliwt y Goron a urddwyd gan Dduw, hawl a ddiystyrid gan Bresbyteriaeth. Yn 1571 aeth y radical William Strickland, Aelod Seneddol dros Scarborough, ymlaen i areithio yn y Tŷ ar yr angen i ddiwygio'r Llyfr Gweddi Gyffredin, a'r un pryd cyfeiriodd at wendidau'r Eglwys na ddylid eu goddef, ond gwrthodwyd ei ddeiseb ar y sail fod Strickland yn ymyrryd â rhagorfraint frenhinol, pwnc dyrys yn y berthynas rhwng y Goron a'r Senedd yng nghyfnod Elisabeth I.

Agwedd bwysig ar dwf Piwritaniaeth gynnar yn Lloegr oedd y 'Proffwydoliaethau'. Golygai hynny wella'r gallu i bregethu'n gyhoeddus, a gwnaed hynny gerbron cynulleidfa o offeiriaid profiadol ar ffurf 'mewn hyfforddiant' ar gyfer y weinidogaeth. Addaswyd y gair a ddefnyddiwyd gan yr Apostol Paul i ddiffinio pregethu cyhoeddus, yn ddehongliad neu'n esboniad o'r Ysgrythurau, mewn mannau poblog yn achlysurol, fel rheol ar ddyddiau marchnad.[46] Edmund Grindal, olynydd Parker yng Nghaergaint, oedd un o brif gefnogwyr y dull hwn o addysgu, ac amddiffynnodd y drefn honno mewn datganiad i'r Frenhines yn 1576:

> The reading of the godly homilies hath his commodity, but is nothing comparable to the office of preaching. The godly preacher is termed in the Gospel, *fidelis servus* ('a faithful servant') (. . .) who can apply his speech according to the diversity of time, places, and hearers, which cannot be done in homilies: exhortations, reprehensions, and persuasions are uttered with more affection, to the moving of the hearers, in sermons than in homilies. Besides, homilies were devised by the godly bishops in your brother's time, only to supply necessity, for want of preachers.[47]

Nid gorchwyl hawdd yw penderfynu i ba raddau y bu 'Proffwydoliaethau' yn llwyddiant ond, yn ddiau, roedd cyfraniad lleygwyr a ddaethai dan eu dylanwad yn fygythiad na ellid ei anwybyddu gan lywodraeth y Frenhines. Roedd y math hwnnw o bregethu'n apelio'n fawr at y Presbyteriaid, ac yn gaffaeliad iddynt, wrth iddynt hyrwyddo eu hachos yn erbyn yr Eglwys. Dim ond yn esgobaeth Norwich y bu unrhyw fesur o lwyddiant yn yr ymgyrch i'w difa. Ofnai'r Frenhines y byddent yn peryglu ei rhagorfraint, ac ym Mai 1577, mewn ymateb i safbwynt Grindal o'u plaid, fe'i gorfodwyd i'w gwahardd:

> We hear (. . .) that in sundry parts of our realm there are no small numbers of persons presuming to be teachers and preachers of the Church (. . .)

which, contrary to our laws established for the public divine service of Almighty God (. . .) do daily devise, imagine, propound, and put in execution sundry new rites and forms in the Church, as well by their preaching, reading and ministering the sacraments, as well by procuring unlawful assemblies of a great number of our people out of their ordinary parishes and from place far distant (. . .) to be hearers of their disputations and new devised opinions upon points of divinity.[48]

Cymaint oedd cefnogaeth Grindal i'r 'Proffwydoliaethau' fel y bu iddo gael ei ddiarddel o'i swydd yn 1583 ac fe'i dilynwyd yng Nghaergaint gan John Whitgift a gefnogai bolisi gwrth-Biwritanaidd llym yr awdurdodau er iddo, yn gynnar yn ei yrfa, dderbyn rhai o'u credoau llai eithafol. Yn 1583, gosododd Bedair Erthygl ar Hugain ar y deyrnas, a seiliwyd ar y Deugain Erthygl Namyn Un (1563) a'r Llyfr Gweddi Gyffredin yn gwahardd 'Proffwydoliaethau' a mynnu bod yr offeiriadaeth yn defnyddio'r Llyfr Gweddi a'r *Advertisements*, a chanlyniad hynny oedd i 200 o glerigwyr golli eu bywoliaethau am wrthod cydweithredu â'r gyfraith. Yn yr erthyglau gorfodwyd yr offeiriadaeth i dderbyn uchafiaeth eglwysig y Goron, ac i gydnabod bod cynnwys y Llyfr Gweddi Gyffredin a'r Deugain Erthygl Namyn Un yn ddilys yn ôl Gair Duw. Credai'r rhai a ddiarddelwyd na allai 'anffaeledigrwydd' yr Eglwys nac awdurdod Llys yr Uchel Gomisiwn, a sefydlwyd yn 1559 yn archesgobaethau Caergaint a Chaerefrog, fyth gael eu hamddiffyn pan geisiai Whitgift ddiddymu ymneilltuaeth grefyddol. Yn ddiau, roedd ei bolisi'n ergyd drom i'r mudiad Piwritanaidd. Er hynny, parhaodd y *classis* cymdeithasfaol, sef carfanau lleol o synodau yn cynnwys offeiriaid Piwritanaidd, i ymgyrchu dros ddiwygio eglwysig, a defnyddiwyd y 'Proffwydoliaethau' i hyrwyddo Presbyteriaeth oddi mewn i'r Eglwys gan baratoi ymgeiswyr am y weinidogaeth a darparu esboniadaeth ar yr Ysgrythurau. Meddai Grindal yn ddi-ofn yn ei lythyr at y Frenhines yn 1576:

Public and continual preaching of God's word is the ordinary mean and instrument of the salvation of mankind (. . .) By it the ignorant is instructed, the negligent exhorted and incited, the stubborn rebuked, the weak conscience comforted, and to all those that sin of malicious wickedness the wrath of God is threatened. By preaching also due obedience to Christian princes and magistrates is planted in the hearts of subjects (. . .) So as generally where preaching wanted, obedience faileth.[49]

Defnyddiwyd y *classis*, a ymledodd yn swyddi Suffolk ac Essex, i weithredu trwy broffwydo, dehongli'r Ysgrythurau a gorfodi disgyblaeth lem ar eu haelodau. Roedd y mwyafrif ohonynt i'w canfod yn ne-ddwyrain y deyrnas, ac yn y rhan fwyaf ohonynt trafodwyd cynnwys y Llyfr Gweddi Gyffredin yn hytrach na hyrwyddo Presbyteriaeth. O gofio am y gwrthwynebiad a wynebai'r mudiad Piwritanaidd, oddi mewn i'r Eglwys y pryd hwnnw, defnyddiasant pa ddulliau bynnag oedd ar gael iddynt i'w diwygio a thanseilio'i hygrededd. Yn y bôn, cynlluniwyd y *classis* i alluogi'r aelodau i drafod eu gweithrediadau heb ymyrraeth esgobol. Fe'i harweiniwyd gan John Field, brodor o Lundain, un o'r 'gwŷr ieuanc duwiol' amlycaf a wrthodai wisgo urddwisgoedd yn 1566, ac a ymgyrchodd dros ddiddymu Ardrefniant 1559 a hyrwyddo Llyfr Gweddi Genefa, amcan a fethodd oherwydd y gwrthwynebiad iddo ar ran arweinwyr eglwysig teyrngar i'r Eglwys Wladol. Ni fu ymgyrch Field yn llwyddiannus ond, yn ôl Collinson, pe byddai amgylchiadau wedi bod yn fwy ffafriol iddo ef a'i gyd Bresbyteriaid gallai fod wedi'i ddyrchafu i fod yn 'un o wladweinyddwyr Calfinaidd ei oes' y gellid ei gymharu ag Andrew Melville neu John Knox yn yr Alban.[50]

Roedd Field yn ddilynwr ffyddlon i Cartwright ac ef, ynghyd â Thomas Wilcox, curad All Hallows, Honey Lane, Llundain, a gyflwynodd *The First Admonition to Parliament* yn 1571. Dyna un o uchafbwyntiau'r dadleuon rhwng Cartwright a'i elyn John Whitgift, ymrysonau a ymestynnodd dros nifer o bynciau heblaw awdurdod ysgrythurol, megis llywodraeth eglwysig a'r berthynas rhwng y gymuned Gristnogol ac awdurdod seciwlar.[51] Fe'i disgrifiwyd yn 'a brilliant piece of journalism' gan Collinson ac yn faniffesto poblogaidd gyntaf Presbyteriaeth yn Lloegr, a hynny oherwydd iddo fod, yn ôl Collinson, y 'critique' Piwritanaidd cyntaf o'r drefn sefydledig, yn ymosodiad hallt a bywiog ar Eglwys Elisabeth a'r swydd esgobol.[52] Mae ei eiriau'n gondemniad iasol:

> In that the lord bishops (. . .) and such ravening rabblers, take upon them, which is most horrible the rule of God's Church, spoiling the pastor of his lawful jurisdiction over his own flock given by the word, thrusting away most sacrilegiously that order which Christ hath left to His Church, and which the primitive Church hath used, they show they hold the doctrine with us, but in unrighteousness, with an outward show of godliness, but having denied the power thereof, entering not in by Christ, but by a popish and unlawful vocation.[53]

Cyflwynwyd *A Second Admonition* i'r Senedd yn y flwyddyn ddilynol, ac yn hwnnw hefyd ymosodwyd yn llym ar esgobyddiaeth ynghyd ag awgrymu argymhellion i ddiwygio'r weinidogaeth, yn bennaf trwy benodi 'gweinidogaeth bregethu' ymhob plwyf. Ni chyfeirir at y Catholigion ynddynt oherwydd, fel y gellid disgwyl, dau faniffesto Bresbyteraidd wrth-Gatholig eithafol oedd y rhain.[54] Cynhaliodd Field a Wilcox gynadleddau *classis* i astudio eglwysyddiaeth Galfinaidd, a'r tebyg yw y byddai Field wedi parhau i gyhoeddi ei syniadau radicalaidd pe na bai wedi marw yn 1588. Bu farw ei noddwr Robert Dudley, Iarll Leicester, hefyd yr un flwyddyn ynghyd ag eraill a fu'n gefn i Bresbyteriaeth. Yn ôl Collinson, Field oedd prif gonglfaen y mudiad yn ei ddyddiau cynnar ac achosodd ei fygythiadau drafferth mawr i'r hierarchi eglwysig a'r drefn seciwlar.[55]

Parhaodd y gwrthwynebiad i'r drefn gydnabyddedig er i'r Confocasiwn gyflwyno erthyglau diwygiadol yn 1585 gyda'r bwriad o danseilio Presbyteriaeth. Yn ogystal â gweithgarwch Field a'i ddilynwyr cynyddodd y gwrthdaro rhwng y Frenhines a'r Senedd a bu'r brodyr Piwritanaidd Peter a Paul Wentworth yn ddraenen yn ystlys y llywodraeth oblegid eu hymosodiadau cyson ar y drefn eglwysig a'r rhagorfraint frenhinol ynghyd â'u galwad am ryddid barn ar faterion cyfansoddiadol. Ar 28 Chwefror 1587 cyflwynodd Syr Anthony Cope, Aelod Seneddol dros Banbury a Phresbyteriad cadarn, ei *Bill and Book* i Dŷ'r Cyffredin yn pledio'r angen i ddiddymu'r drefn esgobol ac i sefydlu llywodraeth synodaidd yn lle'r Eglwys. Mae'n bosibl fod John Penry, a gyhoeddodd ei *Aequity of an Humble Supplication* yn gynnar yn yr un flwyddyn a'i gyflwyno i Dŷ'r Cyffredin, wedi'i gefnogi gyda'i sylwadau brathog gwrth-sefydliadol.[56] Diau ei fod ef, gydag ychydig o gefnogaeth seneddol gan y Piwritaniaid, megis Edward Downlee a Job Throckmorton, ynglŷn â'i gysylltiadau â Chaergrawnt, prif ganolfan addysgol Piwritaniaeth yr oes, a'r sefydliad a fu'n gyfrwng iddo droi'n Bresbyteriad, wedi hybu'r achos. Rhoddai ei bwyslais ar 'so many souls, as perish in miserable Wales for want of preaching',[57] yr anllythrennedd, yr anwybodaeth affwysol a'r amgylchiadau cymdeithasol gwael a lesteiriai ddatblygiad y Diwygiad Protestannaidd yn ei famwlad.

Yn y 1580au symudodd y Diwygiad Protestannaidd ymlaen i ymddangosiad carfanau bychain mewnblyg o Biwritaniaid a adawodd yr Eglwys yn gyfan gwbl, ac a fu'n sail i'r 'sentars', sef y sectau ymwahanol nad oeddynt yn barod i dderbyn y drefn. Pwysleisient y gynulleidfa rydd a wrthodai'r gynghrair rhwng Eglwys a gwladwriaeth a nodweddai'r Presbyteriaid. Roedd y prif arweinwyr yn wŷr a feddai ar adnoddau meddyliol cryf, yn arbennig Henry Barrow a Robert Browne, a ddadleuai yn eu traethodau maith o blaid y gynulleidfa rydd ac yn erbyn y drefn eglwysig, yn arbennig esgobyddiaeth. Barrow oedd yr arloeswr, a dadleuodd yr 'ymrysonwr crefyddol' John Greenwood, a addysgwyd yng Nghaergrawnt ac a ddifreiniwyd yn 1585, yn ffyrnig nad oedd gan yr Eglwys weinidogaeth gyfreithlon ac na osodwyd ei chynulliadau ar sail ysgrythurol gadarn eithr yn hytrach ar ganonau Catholig gwyrdröedig. Dyma a ddywed am lywodraeth yr Eglwys Wladol:

> The common wealth of England, or parish assemblies (. . .) consisting of all sorts of uncleane spirits, atheists, papists, heretickes etc, are not the true apparant established churches of Christ, or communion of saincts (. . .) theire worship and ministerye to be idolatrous (. . .) the ministers, lawes, and other ordinances, wherby the parish assemblies are governed, are not such as Christ apointed to his church, of pastor, teacher, elders, deacons etc. But by such officers, courts and canons as are hatched from Rome, as archbishops, lord bishops etc. whose titles, office, or administracions, were never heard of in the Scriptures.[58]

Ar ben hyn bu traethodau gwrth-sefydliadol Martin Marprelate, y mae eu hawduriaeth yn parhau i fod yn ddirgelwch, yn faen tramgwydd i'r awdurdodau ddod i'r afael â phroblem yr Ymwahanwyr, a chollasant gryn dipyn o'u hygrededd o ganlyniad i hynny. Gosodwyd dirwyon trwm a chyfnodau o garchar ar nifer ohonynt, a dioddefodd eraill y gosb eithaf fel Barrow, Greenwood a Penry – a drodd o fod yn Bresbyteriaid i ymuno â'r Ymwahanwyr – yn 1593. Yn 1582, er iddo ymadael â'r Ymneilltuwyr hyn, cyhoeddodd Robert Browne *A Treatise of reformation without Tarying for anie*, un o'r traethodau maith a ffyrnig yn erbyn y sefydliad crefyddol. Fe'i hystyrir yn un o'r cymeriadau mwyaf annirnadwy yn hanes Ymneilltuaeth gynnar, a bwriad y traethawd hwn o'i eiddo oedd cyhoeddi bod angen diwygio gweinidogion aflan nad oeddynt yn barod i ymgymryd â'u cyfrifoldebau nes byddai swyddogion y llywodraeth sifil yn eu gorfodi trwy gyfraith.[59] Mae'n rhaid gweithredu, meddai, cyn i'r ynad ('magistrate'), sef swyddog sifil y gyfraith, dderbyn gorchymyn i wneud hynny gan y Frenhines. Ac meddai ymhellach:

Woe to you therefore ye blinde preachers and hypocrites: for ye spread a vaile of darkenes vpon the people, and bring vpon them a cursed couering, because by your policie you hide them vnder the power of Antichrist, and keepe from their eyes the kingdome of Christ (. . .) let the Church rule in spirituall wise, and not in worldlie maner: by a liuelie lawe preached, and not by a ciuill lawe written: by holinesse in inwarde and outwarde obedience, and not in straightnesse of the outwarde onelie.[60]

Ac nid Browne oedd yr unig un o blith ei gydnabod i ddilorni'r drefn eglwysig dan awdurdod yr esgobion a'u swyddogion. Pwysleisid ganddynt 'the Church of Christ', a chredent mai'r sefydliad hwnnw a feddai ar allweddau teyrnas nefoedd a ymddiriedid i wir weision Duw ar y ddaear, a dyna a ddatganai Robert Harrison, Piwritan na wyddys fawr ddim am ei ddyddiau cynnar, yn barhaus yn *A Treatise of the Church and the Kingdome of Christ* (di-ddyddiad) a briodolir iddo. 'Where Christ doth rule & raigne', meddai, 'there he is King, but where rule and regim[en]t is taken out of his hands, he is dispossessed of the right of his inheritance, w[hi]ch is the Kingdome'.[61] Yn ddiau, amcan datganiadau o'r fath oedd gosod pwysau cyson ar yr hyn yr ystyriai'r Ymwahanwyr i fod yn sail i annuwioldeb yr Eglwys.

Cynrychiolai'r ddau Ymwahanwr yma'r sect Annibynnol a gynyddai i fod y garfan gryfaf yn eu plith. Eu bwriad oedd tanseilio hygrededd yr Eglwys Wladol a bu'r llywodraeth yn llym ei hymosodiad arnynt. Ystyriai'r dilynwyr eu harweinwyr yn ferthyron a aberthai eu hunain mewn ymgyrch i ddifa malltod y drefn eglwysig dan awdurdod y wladwriaeth seciwlar. Ym mlynyddoedd canol ei theyrnasiad, cymaint oedd y problemau a wynebai'r Frenhines yn ei pherthynas â'r Senedd ynglŷn â'i rhagorfreintiau – y bygythiad Catholigaidd, ei pholisi tramor, yn arbennig yr elyniaeth rhyngddi â Sbaen, a'r wasgfa economaidd – fel na allai ymroi i wastrodi'r Presbyteriaid oddi mewn i'w Heglwys a'r Ymwahanwyr oddi allan iddi. Wedi dweud hynny, fe'u gosodwyd mewn cyfyng-gyngor ynglŷn â'r sefyllfa wleidyddol sef, fel dinas-yddion teyrngar, a ddylent gefnogi'r Frenhines a'i theyrnas mewn oriau argyfyngus yn eu hanes neu barchu eu cydwybod. Fel y nesái diwedd y ganrif tynnodd y Goron yn nes at yr Eglwys nag at y Senedd gan ei bod yn barod i amddiffyn ei rhagorfreiniau, sefyllfa a ffromodd y Piwritaniaid ymhellach. Yn 1583 daeth John Whitgift i swydd Arch-esgob Caergaint, a'r pryd hwnnw rhoes heibio ei dueddiadau Piwritan-aidd cymedrol a chaledu ei wrthwynebiad i Biwritaniaid trwy

27

ddefnyddio'r Llys Comisiwn Uchel ac erthyglau i'w cosbi'n llym. Archesgob grymus oedd hwn â'i fryd ar gynnal y drefn grefyddol a sefydlwyd yn 1559 ac amddiffyn i'r carn undod y berthynas rhwng yr Eglwys a'r wladwriaeth trwy ddefnyddio propaganda deifiol yn ei bregethu a'i ddatganiadau cyhoeddus . Yn ddiau, ef oedd yr archesgob mwyaf effeithiol o'r tri a wasanaethodd yng nghyfnod Elisabeth a'r un uchaf ei barch ganddi.[62] Teimlai Syr William Cecil, swyddog nad oedd yn or-wrthwynebus i Biwritaniaeth, fod Whitgift yn bwriadu gweithredu'n rhy drwm yn eu herbyn, fel y gwnâi'r Chwilys Sbaenaidd (*Spanish Inquisition*) wrth gosbi Protestaniaid ar y cyfandir, ac meddai Whitgift mewn ateb iddo:

Touching the twenty-four articles which your Lordship seemeth so much to mislike (. . .) I cannot but greatly marvel at your Lordship's vehement speeches against them (. . .) seeing it is the ordinary course in other courts likewise, as in Star Chamber (. . .) I know your Lordship desireth the peace of the Church; but how is it possible to be procured, after so long liberty and lack of discipline, if a fewe persons, so meanly qualified as most of them are, should be countenanced against the whole state of the Clergy of greatest account.[63]

Lliniarodd Cecil ei wrthwynebiad ac yn 1583 cyhoeddwyd proclamasiwn brenhinol yn condemnio llyfrau cyhoeddedig Browne a Harrison trwy eu galw'n 'seditious, schismatical and erroneous'.[64] Degawd yn ddiweddarach deddfwyd 'for retaining the Queen's subjects in their due obedience' a gosbai'n llym trwy alltudio neu roi i farwolaeth y rhai hynny a wrthodai fynychu'r Eglwys neu a bwysai ar eraill i beidio â gwneud hynny.[65]

Am sawl rheswm nid oedd y mudiad Presbyteraidd yn llwyddiant. Ni fu'n rym cryf o gwbl a bu polisi Whitgift yn ergyd drom iddi. Gwnaed ymdrechion, rhai ohonynt yn y dirgel, i geisio'i hybu, a'r rheini wedi'u seilio ar *Book of Discipline* Walter Travers yn 1584, ond ni allai wrthsefyll grymoedd cyfunol yr Eglwys a'r wladwriaeth. Milwriai amgylchiadau yn erbyn parhad y mudiad, fel marwolaeth ei arweinwyr (un ohonynt oedd yr eofn John Field), y cynnydd mewn swyddogaethau dylanwadol a gawsai rai ohonynt i geisio'u darbwyllo i newid eu teyrngarwch crefyddol, effeithiau gwrthnysig traethodau Marprelate a danseiliodd Bresbyteriaeth fel mudiad o fewn yr Eglwys, ynghyd â'r fuddugoliaeth dros Armada Sbaen yn 1588, y cyfan yn adfywio'r sefydliad gwladol yn rhan o ymwybyddiaeth genedlaethol.

Ar ben hynny, gweithredodd y Llys Comisiwn Uchel yn frwd, trwy arweiniad Whitgift a Richard Bancroft, Esgob Llundain, y ddau ohonynt yn ymosod ar y *classis* yn 1591 ac ar bob math o gynnyrch llenyddol bradwrus, i bardduo'u harweinwyr a'u dwyn i gyfraith, a bu Bancroft yn flaenllaw yn cyflawni'r gorchwyl hwnnw. Roedd y Frenhines ei hun yn ymwybodol o dwf Piwritaniaeth ac yn ofni ei chanlyniadau, ac amlygwyd hynny ganddi mewn llythyr at Iago, brenin yr Alban ar y pryd, yng Ngorffennaf 1590:

Let me warn you that there is risen, both in your realm and mine, a sect of perilous consequence, such as would have no kings but a presbytery, and take our place while they enjoy our privilege (...) Yea, look we well unto them. When they have made in our people's hearts a doubt of our religion, and that we err if they say so, what perilous issue this may take I rather think than mind to write.[66]

Bu i rybudd o'r fath wneud Iago'n ymwybodol o'r presenoldeb Presbyteraidd yn ei deyrnas a hefyd lled awgryma, mewn cyfnod diweddar yn nheyrnasiad y Frenhines, mai ef fyddai'n ei holynu ar orsedd Lloegr. Roedd Bancroft, a ddilynodd Whitgift yng Nghaergaint, yn elyn digyfaddawd i Biwritaniaeth, a hynny mewn cyfnod pan oeddynt yn fwy ymwybodol nad oedd digon o undod rhyngddynt mewn materion diwinyddol, diffyg o'u gwneuthuriad hwy eu hunain. Er enghraifft, gwahaniaethai Robert Browne a Robert Harrison ar bynciau o'r fath megis eu safbwyntiau ar yr Eglwys, ac arweiniodd dadleuon amrywiol ymhlith arweinwyr eraill at fethiant i gydgytuno yn eu cynadleddau, yn arbennig ynglŷn â chynnwys *Book of Discipline* Travers. Ni theimlai aelodau o'r *classis* yn fodlon ar rannau ohonynt, ac mewn cyd-destun ehangach collodd Piwritaniaeth gefnogaeth yn y llys brenhinol wedi marwolaeth Iarll Leicester. Buasai ef yn gefnogwr brwd iddynt, ac mewn llythyr yn Awst 1576, at Thomas Wood, pregethwr Piwritanaidd o ganolbarth Lloegr, tystiodd i'r hyn y ceisiodd ei gyflawni drostynt:

that there is no man I knowe in this realme of one calling or other that hath shewed a better minde to the furthering of true religion then I have done (...) And when tymes of some troble hath bene amonge the preachers and ministers of the Church for matters of ceremonies and such like (...) who did move for them (...) Or who in England had more blame of both for the successe that followed thereby then my selfe? I would fayne knowe at the most divilyshe enemie's hand that I have what one act have I done to hinder or dimynish the Church of God? I defye their worst. For my conscience doth witnes the contrary.[67]

Erbyn hynny roedd Presbyteriaeth, a geisiai leihau uchafiaeth frenhinol ar yr Eglwys, wedi colli tir a hynny'n bennaf oherwydd ffactorau gwleidyddol ac ymdrechion y llywodraeth i'w thanseilio. Y prif ymosodwyr arni oedd Richard Bancroft, Dr John Bridges, Deon Caersallog, John Aylmer, Esgob Llundain a John Whitgift, a heriodd yn llwyddiannus wrthwynebiad Presbyteriaid i hawl ddwyfol esgobyddiaeth. Un o'r ffyrnicaf yn eu plith oedd Bancroft a gasglasai ddigon o dystiolaeth yn 1593 i gyhoeddi *Daungerous Positions and Proceedings* yn dilyn ei ymosodiadau ar y *classis* Presbyteraidd, ac meddai hwnnw'n ddi-flewyn-ar-dafod amdanynt:

Ridiculous men and bewitched! As though Christ's sovereignty, kingdom and lordship were nowhere acknowledged or to be found, but where half a dozen artisans, shoemakers, tinkers and tailors, with their Preacher and Reader (eight or nine cherubims forsooth) do rule the whole parish.[68]

Fel amddiffynwyr y drefn eglwysig gyfansoddiadol fe'u dilornwyd gan awdur (neu awduron) 'Traethodau Marprelate' yn 1588–9. Tybiwyd mai Job Throckmorton, Aelod Seneddol dros swydd Warwick, oedd un ohonynt a dyfynna Bancroft beth o farn yr awdur am Whitgift yn ei gyfrol *Daungerous Positions and Proceedings* yn 1593:

Of all the Bishops that euer were in the See of the Archbishop of Canterburie, there was neuer any did so much hurt to the Church of God as he hath done. No bishop theuer had such an aspiring and ambitious minde as hee (. . .) He sits upon his cogging stoole, which may truly be called the chaire of pestilence. His mouth is full of cursing against God and his Saintes. His feet are swift to shed bloude: there is none of God's children, but had as leeue see a Serpent as meete him.[69]

Yn ôl Throckmorton ni allai balchder a gorthrwm y Cardinal Thomas Wolsey, Stephen Gardiner, Esgob Caerwynt, nac Edmund Bonner, Esgob Llundain, fyth gymharu â drwgweithredoedd Whitgift.

Cyhoeddodd Dr John Bridges gyfrol anferth *A defence of the Government established in the Church of England* yn 1587, cyfrol a fu'n gyfrifol am ymosodiadau mileinig Martin Marprelate ar yr Eglwys a'i huchel swyddogion. Fe'i beirniadwyd yn hallt gan John Penry am ei Gatholigiaeth ac am lurgunio'r Ysgrythurau trwy ddadlau mai ynddynt y crewyd esgobyddiaeth.[70]

Yn y cyfnod pan edwinai Presbyteriaeth a'r *classis* cynyddai bregethu'r Ymwahanwyr, a derbyniai rhai ohonynt gefnogaeth aelodau o deuluoedd breintiedig a feddai ar swyddi mewn llywodraeth leol, y llys brenhinol a'r Senedd, a bu hynny'n gaffaeliad iddynt. Nid bod yr Ymneilltuaeth gynnar hon yn niferus, ond parhâi i fod yn ddraenen gynyddol yn ystlys y frenhiniaeth ym mlynyddoedd olaf Elisabeth a'i holynwyr ar yr orsedd. Ymadawsant â'r Eglwys am na chredent ei bod yn wir was Duw a sefydlasant eu cynulleidfaoedd bychain a gwasgaredig eu hunain a elwid yn 'eglwysi cynulledig', ac ymunodd rhai Presbyteriaid â hwy. Heuwyd hadau sectyddiaeth dan arweiniad Robert Browne a Robert Harrison, a sefydlodd y ddau ohonynt 'eglwys gynulledig' yn Norwich yn 1580, a pharodd hynny iddynt ddangos eu dicter tuag at sefydliad eglwysig a oedd, yn eu barn hwy, yn llawn crychni, llygredd a brychau. Fel ei gyd-awduron Piwritanaidd credai Harrison y dylai'r awdurdodau seciwlar ('magistrates') symud ymlaen i ddiwygio er sefydlu'r Eglwys ddilychwin:

> The Churche of Christe is sanctifyed and made glorious without spotte or wrinckle; but in their Church thei confes there bee great pollutions: therfore thei haue not the Churche of Christe (. . .) We acknowledge there may be manie pollutions (. . .) not openly indaungering ye state of ye Church: but many grosse pollutions openly appearing in ye outward state of ye Church gou[er]nm[en]t, are such spottes & wrinckles, as declare ye Church not to be glorious nor sanctified to Christ.: & therfore to be none of his.[71]

Sarhad o'r fath a ddangosai cymaint oedd dicter yr Ymwahanwyr tuag at yr Eglwys ac nid oedd ganddynt deimladau cynnes ychwaith tuag at Thomas Cartwright a'i gyd-Bresbyteriaid oherwydd eu methiant i 'fynd â'r maen i'r wal' i ddiwygio oddi mewn i'r sefydliad. 'Therefore,' meddai amdanynt, 'as though they hadde done their whole dewtie, they haue made sute, and haue bene disappointed of their hope; Therefore as though they hadde done their whole dewtie, they haue set them downe, and waxed colde and careless'.[72]

Ynghyd â John Greenwood grymusodd Henry Barrow ei genhadaeth i ddileu uchafiaeth frenhinol dros yr Eglwys a'i diddymu fel gwir Eglwys Crist. Ar ei ryddhau o'r carchar yn 1582 symudodd Barrow i'r Iseldiroedd lle cyhoeddwyd ei weithiau llenyddol, ac roedd yn awyddus i amddiffyn safbwynt yr Ymwahanwyr, yn arbennig yn erbyn dadleuon ffiaidd George Gifford, offeiriad a'i cyhuddai ef a'i gyfeillion o fod yn Ailfedyddwyr (*Anabaptists*), rhwygwyr (*schismatics*), hereticiaid a Donatistiaid – aelodau o sect Gristnogol hynafol a gredai mai hwy'n unig oedd y gwir gredinwyr – cyhuddiad hollol wallgof yng ngolwg Barrow.[73] Arweiniodd y gwrthdaro hwn at ei draethawd *Plaine Refutation of M. Giffardes* (. . .) *short treatise against the Donatists of England* a gyhoeddwyd yn 1591. Ynddo, ymosododd yr awdur yn ddidrugaredd ar Gifford ac ar yr Eglwys:

And for the Church of England we neither did or doe condemne it (. . .) but we condemned the publick worship of their Church of England presently injoyned, received and used, as devised by men, popish, superstitious, idolatrous, abhominable, not such as God commandeth, requireth, or accepteth, and therefore not such as anie faithfull Christian may offer up unto God, be compelled, or consent unto (. . .) wee condemne not the Church of England as separate from Christ (. . .) But rather as never rightly gathered to Christ, for that al the prophane and wicked are received and retayned as members of their churche.[74]

Ergydiodd Barrow yn galed iawn yn erbyn addysgu'r Eglwys a gwrthododd yn llwyr y cyhuddiad mai Donatistiaid oedd yr Ymwahanwyr na chredai fod bedyddiadau ac ordeiniadau sectau eraill yn ddilys. Yn ei draethawd archwiliodd yn fanwl bedwar gwendid sylfaenol yn Eglwys y wladwriaeth Duduraidd. Yn gyntaf, fel y dangosai'r Llyfr Gweddi Gyffredin, roedd yn euog o ffug-addoliad a grewyd gan ddyn, a weithredwyd gan yr hierarchaeth eglwysig ac a seiliwyd ar draddodiad Catholigaidd. Credai'r hyn a ddysgwyd gan Cartwright, Theodore Beza a John Calfin mai'r Beibl yw'r awdurdod absoliwt a bod awdurdod Duw uwchlaw'r un eglwysig.

Credai Barrow yn argyhoeddedig hefyd y gellid olrhain cynnwys y Llyfr Gweddi Gyffredin yn ôl i hen ffurfwasanaethau Catholig a delw-addoliaeth cwbl ddynol. Yn ail, derbyniodd yr Eglwys bob un byw, boed yn wir grediniwr neu'n lliaws annuwiol anghysegredig ('profane ungodly multitude').[75] I Barrow, dim ond y rhai a wnaeth gyfamod â Duw ac a gadwodd ei orchmynion a dderbyniwyd yn aelodau o'r gwir Eglwys, y rhai a ddatganai eu ffydd ac a addunedai i fod yn ffyddlon iddo. Yn drydydd, pryderai Barrow am gyflwr yr offeiriadaeth a gwrthgyferbynnai'r drefn wladwriaethol eglwysig â phatrwm y Testament Newydd a greodd drefn weinidogaethol, addysgwyr, henuriaid, diaconiaid a lliniaryddion, sef unigolion a ordeiniwyd gan gynulleidfaoedd i ofalu am y llesg a'r tlawd. Disgrif-iodd yr esgobion yn wŷr 'cableddus, anawdurdodedig, hunanfalch a rhyfygus ('blasphemous and unwarranted (. . .) arrogant and pre-sumptuous'). Mae'r 'anghrist yn ymdrybaeddu yn eu ffieith-dra', meddai ac nid arbedai ei hun rhag cymryd unrhyw gyfle i sarhau gweinidogaeth yr Eglwys: 'That the learned ministrie of the Church of England is nourished even from their cradles with the milke of superstition, instructed in the schols of heathen vanitie, brought up in the colleges of more than monckish idleness and disorder.'[76]

Yn 1559, meddai Barrow ymhellach, ni wnaed unrhyw ymdrech i ddidoli'r gwir Gristnogion oddi wrth yr hereticiaid a'r Pabyddion, ac yn ei farn ef crewyd cymysgfa gymhleth o ymlynwyr mewn Eglwys halogedig ag iddi naws seciwlar, a'i phrif swyddogaethau ym medd-iant y rhai a drawsfeddiannai'r hyn a feddai Crist yn unig:

> For if it be blasphemy for any mortal man to receive (. . .) those names, titles, dignities, or offices which are peculiar and proper to Christe's sacred person alone', meddai, 'then are these chief ministers of the Church of England (. . .) highlie guilty of blasphemie'.[77]

Yn bedwerydd, ac yn olaf, datganodd na osodwyd adeiladwaith yr Eglwys ar sail yr Eglwys fore fel y disgrifid hi yn y Testament Newydd, ac oherwydd hynny amheuai Barrow hawl yr Eglwys i fod yn wir briod Crist ('the spouse of Christ'):[78] 'No true established church of Christe may willinglie receive, or wittinglie stand subject under anie other ecclesiaticall government than Christ hath prescribed and instituted.'[79]

Gan nad oedd yr Ardrefniant Eglwysig wedi'i sylfaenu ar yr Ysgryth-urau nid oedd yr Eglwys Wladol yn wir Eglwys Grist.[80] Gan na fu Barrow fyw'n ddigon hir i barhau ei ddadleuon â Gifford ar ei ddych-weliad o'r cyfandir gadawyd i eraill o'r un cefndir a chredoau ag ef amddiffyn ei safbwyntiau. Ni wireddwyd argyhoeddiadau Barrow na Greenwood gan i'r ddau ohonynt, ynghyd â John Penry, gael eu crogi yn 1593 ar gyhuddiad o fradwriaeth. Eto, parhaodd dylanwad ac enw da Barrow ymhlith Ymwahanwyr wedi ei farwolaeth, yn arbennig yn ei gyfrol wrth-eglwysig *A Brief Discovery of the False Church*, a ysgrifennwyd tra oedd yng ngharchar y Fflud yn 1589, gwaith a ystyrid yn athrodus gan yr awdurdodau. Ac meddai yn ei hwyliau mwyaf ymosodol yn y gyfrol honno:

All the lawes of God are heere broken and rejected (. . .) both of the ecclesiasticall and civille estate, and of everie particular person in both, both in the worship of God, and in civile justice and conversation: all things being innovate, according to the lustes and pleasures of men, the law and word of God being quite rejected and cast aside, as may appeare, if the estate either of the church or common welth be examined or tried by the world of God (. . .) And what then are the enormities that ensue therof to everie estate, degree and person. This need no other demonstration, than the general excesse, pride, superfluitie, covetousnes, rapine, crueltie, deceit, malice, debate, inordinate affections, unbridled lustes, dissolutnes, disobedience, etc which are found most rife, even in all estates and degrees amongst them. Neither hath all kind of sinne and wickedness more universally raigned in any nation at any time, than heere at this present in this land; where all are receaved into the church, all made members of Christ.[81]

Yn ddiau, condemniad llym gorymatebol i gyflwr eglwysig y deyrnas oedd hyn mewn cyfnod, ar ddiwedd canrif y Tuduriaid, pan wynebai'r Ardrefniant argyfwng mewn perthynas â'i elynion crefyddol gartref a thramor, y bygythiadau oblegid hynny i'w hygrededd fel un o sylfeini undod y wladwriaeth, a'r gwendidau economaidd a chymdeithasol a effeithiai'n enbyd ar safonau byw'r difreintiedig. Wedi dweud hynny, parhaodd yr ymgyrchu ymhlith Ymneilltuwyr i wrthwynebu'r drefn ar droad y ganrif, a phan ddaeth Iago VI o'r Alban i orsedd Lloegr ar farwolaeth Elisabeth yn 1603 ystwythwyd y berthynas ychydig rhwng y Goron a Phiwritaniaeth Bresbyteraidd ac â'r Ymwahanwyr. Fodd bynnag, ni fu hynny'n destun llawenydd iddynt mewn cylchoedd llywodraethol canolog a gwelsant eu gobeithion bellach yn y rhanbarthau er bod polisi didostur Whitgift a'i olynydd Bancroft yn erbyn y Presbyteriaid a'r Ymwahanwyr mwy eithafol yn ehangach ac yn niweidiol i'w hachos.[82] Prif nod y polisi hwnnw oedd sicrhau bod offeiriaid ac eraill a bregethai'r efengyl yn tanysgrifio i dair erthygl o'i eiddo yn 1583, a'r ail ohonynt a barai dramgwydd i Biwritaniaid, sef gorfod ufuddhau i gynnwys y Llyfr Gweddi Gyffredin: 'That the Book of Common Prayer, and of ordering bishops, priests and deacons, containeth nothing in it contrary to the word of God, and that the same may lawfully be used (. . .) in public prayer and administration of the sacraments, and none other.'[83]

Aeth y datganiad hwn i graidd gwrthwynebiad y Piwritaniaid i drefn athrawiaethol yr Eglwys, a ffyrnigwyd Ymneilltuwyr fel Henry Barrow, a amddiffynnodd ei hun yn 1589 gerbron y Cyngor a William

Cecil (a ddyrchafwyd erbyn hynny'n Arglwydd Burghley). Credai'n ddiymwad fod yr Eglwys Wladol yn cynnal gweinidogaeth anghrist, bod yr addoliad yn ddelw-addolgar ac ofergoelus a'i bod wedi'i seilio nid ar Destament Crist eithr ar lysoedd a chanonau Rhufeinig.[84] Credai Barrow a Greenwood ei bod hi'n bosibl ennill ffafr Cecil trwy apelio at gydbwysedd ei farn ar faterion crefyddol, ond tra roeddynt yng ngharchar y Fflud ym Medi 1590 anfonasant lythyr ato yn mynegi siom gyda'i ymateb i'w dadleuon a'i herio i chwilio'i gydwybod:

Shall this famous land, then, right honorable, lye still in the known dregges of popery under God's wrath for the same? Shall a few pompeous prelates for their owne private lucre, pride and idleness, with hold the practise of Christe's Testament and mislead the whole land to eternall judgement? Shall her majestie's most loyall subjects be persequnted [persecuted] and miserably made awaye in prison for not bowinge downe to these confessed abhominations? Shall her majestie and her most honourable counsell be thus made guiltie of innocent bloud by suffering the bishops in this unchristian procedinges? God forbid.[85]

Cysylltir yr Eglwys ganddo â'r drefn Gatholig lygredig a'r diffeithwch ysbrydol a ddioddefasai'r deyrnas dan awdurdod esgobion anghymwys i weithredu yn Eglwys Crist. Paham, meddai, fod deiliaid teyrngar yn gorfod wynebu pwysau erledigaeth am nad oeddynt yn barod i ymostwng i'r fath ffieidd-dra, a phaham fod y Frenhines a'i Chyngor yn euog o dywallt gwaed diniwed am eu bod yn dioddef arweinwyr eglwysig anghristnogol. Fel Barrow, nid oedd Greenwood yn barod i ymatal rhag mynegi ei argyhoeddiadau dwfn am natur y wir Eglwys a methiant llywodraeth Lloegr i'w chynnal hi yn ei pherffeithrwydd. Roedd tystiolaeth olaf Barrow yn y llys yn gadarn a diwyro:

I find in the word of God no such authority given to any man, neither such stinted liturgies prescribed or used in the primitive churches; and therefore hold it high presumption to impose any one devised Apocrypha prayer upon the Church (. . .) I think that the sacraments as they are ministered in these public assemblies are not true sacraments; and seal not the favour and blessing of God unto them.[86]

Yn sylfaenol, fodd bynnag, y maen tramgwydd yn y dadleuon rhwng Piwritaniaeth a'r Eglwys Wladol oedd yr awdurdod a roddid i'r Ysgrythurau ar draul seremonïaeth a ffurfwasanaeth. Yng ngolwg y Piwritaniaid Gair Duw a sancteiddrwydd y gydwybod ddynol a chredo Galfinaidd mewn rhagordeiniad oedd bennaf a holl-ddigonol tra credai'r Eglwys, fel yr eglurai Richard Hooker, mai ei gorchwyl hi'n unig oedd ei ddehongli. Ystyriai fod teyrngarwch i'r Eglwys Wladol yn rhan o deyrngarwch deiliaid y deyrnas i'r frenhiniaeth, a'r tramgwydd mwyaf oedd ceisio asio sefydliad cynhwysol ag un-ffurfiaeth, ond methiant fu'r polisi hwnnw yn y pen draw. Eto, gellid bod wedi sicrhau cyfaddawd pe bai'r amgylchiadau'n fwy ffafriol gan nad oedd Piwritaniaid mwy cymedrol yn wrth-esgobyddol y pryd hwnnw, ond collodd y Frenhines y cyfle (fel y gwnaeth yng nghyfnod archesgob Grindal), a'i holynydd Iago I wedi hynny yng Nghyn-hadledd Hampton Court (1604), i gydweithio â Phiwritaniaid cymedrol ar faterion eglwysig.

Yn ddiau, roedd cyflwr yr Eglwys ar ddiwedd yr unfed ganrif ar bymtheg yn ddigon gwan a diymadferth ac adlewyrchid hynny yn natganiadau sarhaus arweinwyr Piwritanaidd. Beirniadwyd safon addysg wael a thlodi affwysol yr offeiriaid plwyf, amlblwyfaeth, absenoledd, bydolrwydd, cyfforddusrwydd a moethusrwydd haenau uchaf ymhlith y glerigiaeth, ynghyd â thrachwant lleygwyr barus a drawsfeddiannai diroedd eglwysig a'u degymau.[87] O blith yr esgobion a fu farw yn y 1570au a'r 1580au ac a fu'n alltudion yng nghyfnod Mari Tudur cafwyd James Pilkington o Durham, John Parkhurst o Norwich ynghyd â'r Archesgob Grindal, pob un ohonynt yn gymedrol eu hagwedd tuag at Biwritaniaeth. Gyda dyfod Whitgift yn archesgob ac eraill yn esgobion, fel John Woolton yng Nghaerwysg, John Young yn Rochester a John Aylmer yn Llundain, daeth tro ar fyd pan gryf-hawyd yr adain ddisgyblaethol i arwain yr Eglwys.

Daethai cenhedlaeth gythryblus gyntaf yr Ymwahanwyr yn Lloegr i ben, nid ar ddyrchafiad Iago I i'r orsedd yn 1603 eithr yn 1593, y flwyddyn pan ddienyddiwyd Henry Barrow, John Greenwood a John Penry. Eisoes, carcharwyd arweinwyr eraill fel Thomas Cartwright, a ystyrid gan Collinson yn wir sylfaenydd Presbyteriaeth Lloegr ('the true progenitor of English Presbyterianism'), yn 1590, a John Udall, a gysylltid â chyhoeddi traethodau Martin Marprelate a chyfaill agos i Penry, un arall a amheuid o fod yn un o'r awduron, yn 1592.[88] Dyma'r cyfnod hefyd a welodd ddiwedd y 'mudiad clasurol' Presbyteraidd a ddaethai i amlygrwydd yn y 1570au a'r 1580au.

Gellir dadlau na lwyddodd yr Eglwys Wladol i gyflawni'r hyn a ddisgwylid ganddi yn 1559. Gwelwyd dadfeiliad yr Ardrefniant ymhell cyn diwedd teyrnasiad y Frenhines, a dyna farn haneswyr modern hefyd er cymaint oedd her Presbyteriaeth i'r drefn esgobyddol ac ymateb pwerus Whitgift a'r esgobion i'r her honno trwy erledigaeth. Ond roedd hedyn sectyddiaeth eisoes wedi'i blannu ac i ddwyn ffrwyth yn nyddiau mwy adfydus blynyddoedd canol yr ail ganrif ar bymtheg.[89] Efallai mai gŵr canol oed llawn asbri fyddai John Penry pe na bai wedi cael ei grogi yn Llundain union ddeng mlynedd cyn gorseddiad Iago I, ac nid camsyniad fyddai tybio iddo fod ymhlith arweinwyr sect Annibynnol amlycaf Lloegr – ac efallai Cymru – yn negawdau cynnar yr ail ganrif ar bymtheg.

37

2

'Eglwys Burlan Crist': Ardrefniant 1559 yng Nghymru

Yn ei adroddiad ar gyflwr ei esgobaeth yn Nhyddewi i'r Cyfrin Gyngor yn Ionawr 1569 apeliodd yr Esgob Richard Davies, un o brif arweinwyr y ffydd Brotestannaidd yng Nghymru rhan gyntaf teyrnasiad Elisabeth I, am ei graslonrwydd wrth iddo ddatgan i'r Cyngor 'all the sp'uall sores and diseases of the dioces' ac am iddo geisio gwella'r amgylchiadau yn ôl ei ddoethineb duwiol.[1] Fel ei gyd-esgobion yng Nghymru roedd yn ymwybodol o'r gwendidau a lyffetheiriai ei ymdrechion i ddiwygio'r drefn eglwysig yn yr esgobaeth honno, y fwyaf ei maint o'r pedair yng Nghymru. Eto, er y trafferthion a wynebai roedd yn ddigon cytbwys ei farn ar gyflwr yr esgobaeth. Meddai ar ddiwedd ei adroddiad:

I most humblely besech yor L[ordships] of yor Christian care to goddes religion and service and for furtheraunce of the quens ma[es]ties most godly zeale to become protectors and defenders of the church in my dioces, that it be no further troblede spoyled or impoverishede. But that smale patrymony of the church which is yet remayning to the maintenance of goddes s'vice, may so styll co'tinue to the sustentacon (as I trust) of preachers and teachers.[2]

Er yr holl ddiffygion mae'n amlwg fod yr esgob yn eiddgar i barhau, gyda chymorth y Cyfrin Gyngor ac asiantaethau eraill, i gynnal enw da Tyddewi gan ei fod yn ymwybodol o'r traddodiadau hanesyddol hynod a berthynai iddi. Yr un anfanteision a wasgai ar esgobaethau eraill Cymru'r cyfnod hwnnw pan oedd y Diwygiad Protestannaidd yn egino ym mharthau annatblygedig y deyrnas. Cawn enghraifft o hynny yn araith William Bleddyn, Esgob Llandaf, i'w brebendariaid yn 1575–6 – tua naw mis wedi iddo gael ei gysegru i'w swydd – pan gystwyai hwy am eu llacrwydd yn ymdrin â'u dyletswyddau, ac roedd yn awyddus i sicrhau bod yr Eglwys dan ei ofal yn gymeradwy yn enw'r Frenhines a noddwyr rhinweddol ei theyrnas. Yn yr araith honno pwysleisiodd ddyletswydd a chyfrifoldeb ynghyd â'r rhwystredigaethau yn y gorchwyl o hyrwyddo llwyddiant yr Eglwys newydd. Roedd Bleddyn yn dra ymwybodol o'i ddyletswyddau ei hun oddi mewn i'r esgobaeth, ei barch i'r frenhiniaeth, ei angen i amddiffyn yr Eglwys fel symbol o undod cyfansoddiadol y deyrnas a'i gyfrifoldeb i ddiogelu buddiannau gorau ei esgobaeth, er cymaint y camarferion a'i llesteiriai:

> Since this ruinous church of Llandaff has presented itself to me, may I never cease from looking after it and caring for it by turning every stone (. . .) In such contempt have you held the church that you do not in the least value it. While I call these things to mind and contemplate them at home, so many impediments seem to meet me which tear my mind in various directions; the ruin of the church, the debts, the smallness of the rents, and your contempt.[3]

Roedd Bleddyn yn eglwyswr digon cydwybodol i sylweddoli beth oedd ei ddyletswyddau ac i bwysleisio i'r prebendariaid beth yn union oedd eu cyfrifoldebau. Nid cyflwr ariannol ei esgobaeth yn unig a'i pryderai, er mor ddirdynnol oedd hynny, eithr yn hytrach effeithiau camweinyddu a'r diffyg mewn ymroddiad ysbrydol. Yn ddiau, etifeddodd esgobion Cymru helbulon a achosai gryn drafferth i'w rhagflaenwyr mewn dyddiau ansefydlog yn yr Eglwys ac roedd hynny, yn arbennig diffyg beirniadaeth fewnol, yn arwydd o wendid a difaterwch.[4]

Bwriad Elisabeth I oedd sefydlu Eglwys y gellid ei llywodraethu gan ei hesgobion. Yng Nghymru a Lloegr fe'i hwynebwyd gan arweinwyr eglwysig a thueddiadau Catholigaidd ganddynt, bob un ohonynt, ac eithrio Anthony Kitchin, cyn-Abad Eynsham ac esgob hyblyg Llandaf, cydymffurfiwr a chynffonnwr, yn gwrthod tanysgrifio i'r deddfau Uchafiaeth ac Unffurfiaeth. Er nad oedd Kitchin yn hollol deilwng o'i swydd ni weithredodd heb ddangos rhai rhinweddau yn ei rôl esgobol o 1545 hyd at 1563. Fe'i gelwid ymhlith ei gyfoedion a haneswyr yn 'This greedy old man, with but little learning', ac yn *fundi nostri calamitatis* ('y trychineb i'n heiddo') gan Francis Godwin, un o'i olynwyr.[5] Er hynny, ac er ei feiau, daeth i'r esgobaeth a ystyrid y dlotaf yng Nghymru, a'i bywoliaethau'n bur druenus a bylchog o ran offeiriaid trigiannol. Mewn arolwg o gyflwr yr esgobaeth yn

1560–1, dangoswyd bod amlblwyfaeth ac absenoliaeth yn rhemp ac eto, erbyn blwyddyn marwolaeth Kitchin yn 1563, roedd y sefyllfa wedi gwella rhywfaint oherwydd, er bod amlblwyfaeth yn destun pryder, cafwyd llai o fywoliaethau gwag a mwy o ymgeiswyr offeiriadol, ac yn ddiau roedd Kitchin yn gyfrifol am hynny. Parhaodd gwendidau'r esgobaeth yn nyddiau ei olynydd, Hugh Jones, cynreithor Tredynog, ond gwnaeth pa gyfraniad a allai i sicrhau parhad y drefn grefyddol newydd dan Elisabeth I. Yn ei lythyr at y Cyfrin Gyngor yn 1570 yn cyflwyno cyflwr esgobaeth Llandaf rhoddodd ddisgrifiad pur ffafriol ohoni gan nodi bod pedwar o bregethwyr ymhlith yr offeiriaid, yn cynnwys Bleddyn, ond hefyd bod nifer o'r eglwysi sylweddol heb gurad i'w gwasanaethu, ac achosai hynny gryn bryder iddo:

> manye churches being good benefyces voyde of good and lerned curattes by reason of longe leases made and confyrmed before my tyme unto dyvers men of worsshippe and gentlemen in my dyocese whoe wyll alowe no stipende wherebye eanye lerned and meete curattes may serve theyre cures.'[6]

Yn ddiau, roedd problemau amfeddu (*impropriation*) ac amlfeddu (*pluralism*) yn bla yn esgobaeth Llandaf fel ymhob esgobaeth arall drwy'r deyrnas, a bu hynny'n achos pryder mawr i John Penry hefyd.

Yn wahanol i'w thad, a ymyrrai â materion materol ei Eglwys newydd, gosododd y Frenhines Elisabeth y cyfrifoldeb am fanylion o'r fath ar ei phrif swyddogion eglwysig, ei harchesgobion ac yn bennaf ei hesgobion. Nid 'Pab lleyg' ydoedd eithr 'llywodraethwraig'. Trosglwyddwyd y grym Catholig (*potestas jurisdictionis*) i Harri VIII a roddodd iddo'r hawl i lywodraethu'r Eglwys mewn materion tymhorol. Ni hawliodd y *potestas ordinis*, sef awdurdod ysbrydol y Pab gan na allai feddiannu grymoedd offeiriadol. Gyda chymorth Thomas Cromwell, ei Ficer-Cyffredinol, meddiannodd hawliau esgobol ond gwrthododd y rhai offeiriadol. Ymgymerodd Elisabeth hefyd â gweithredu'r hawliau hynny ond trosglwyddodd ddyletswyddau diwinyddol i'r arweinwyr crefyddol. O dan drefn o'r fath gwreiddiodd yr *Ecclesia Anglicana*, a gadarnhawyd gan statudau 1559 a'r Deugain Erthygl Namyn Un (1563), a gorfodwyd yr esgobion i fynnu unffurfiaeth. Ni ellir cytuno â'r gred mai ymgais i sefydlu *via media* a gafwyd yn yr Eglwys yng nghyfnod y Frenhines, a hynny oherwydd y datblygiadau newydd y tu hwnt i'w gallu i'w rheoli.[7] Ni ellid cynnal y drefn a

ddewisai hi a seiliwyd ar yr Eglwys yn nheyrnasiad Edward VI a Llyfr
Gweddi Gyffredin diwygiedig 1552. Bwriad Syr William Cecil, yr
Ysgrifennydd Gwladol, oedd sicrhau nad oedd perygl i ddymchwel
sofraniaeth wladwriaethol na'i sefydlogrwydd, fel y dehonglid hynny
gan Biwritaniaid neu Babyddion.

Yr Eglwys a'i thrallodion

Y prif fygythiadau i'r drefn eglwysig oedd Catholigiaeth, yr her i
sefydlogi'r deyrnas mewn materion eglwysig, cynnal lletygarwch a
disgyblaeth, gwarchod dyletswyddau bugeiliol, yn arbennig yn y
plwyfi, a gofalu am hygrededd y drefn grefyddol newydd. Dymuniad
y Goron oedd gweld Eglwys a roddai'r pwys mwyaf ar weinyddiaeth
effeithiol dan reolaeth esgobion galluog a chydwybodol a gweinid-
ogaeth barhaus a dysgedig, ond ni ellid cyflawni hynny gan fod y
llywodraeth yn tlodi'r Eglwys trwy annog esgobion a'r offeiriadaeth
uchaf ynddi i ryddhau tiroedd i dirfeddianwyr lleyg am renti ar
brydlesi maith mewn cyfnod o chwyddiant, gwendid y cyfeiriodd
Penry ei hun yn dra beirniadol ato yn ei *Aequity*.[8]

Ni allai'r drefn wedi 1559 ymgodymu'n llwyddiannus â holl oblyg-
iadau'r sefyllfa grefyddol fregus ar y pryd. Dibynnai'r gallu i drechu'r
bygythiadau ar osod esgobion Protestannaidd cadarn mewn swydd, y
galluocaf yn eu plith wedi dychwelyd o'r cyfandir ar esgyniad Elisabeth
i'r orsedd, rhai fel Richard Davies, a ddaethai'n esgob Llanelwy a
Thyddewi wedi hynny, a Thomas Young yn Nhyddewi. Dengys adrodd-
iadau esgobol i'r preladiaid, er cymaint eu trafferthion, geisio sicrhau
undod o fewn eu hesgobaethau, ond roedd difa Catholigiaeth, a droes
yn reciwsantiaeth ystyfnig yn ddiweddarach yn nheyrnasiad Elisabeth,
yn her anodd iddynt i'w hwynebu. Roedd y sefyllfa yng Nghymru,
er enghraifft, yn wael, fel y dengys Nicholas Robinson, Esgob Bangor,
yn ei lythyr at Cecil yn 1567. Roedd ufudd-dod a theyrngarwch
plwyfolion i awdurdod, meddai, yn ddi-fai ond pryderai'n fawr am
eu hanwybodaeth, difaterwch yr offeiriadaeth, trachwant tirfeddianwyr
rheibus a'r anallu i ddeall yr Ysgrythurau gan nad oeddynt wedi'u
cyfieithu i'w hiaith eu hunain. Gwelai fod olion cryf o arferion Catholig
yn achosi fwy o boendod iddo nag o fygythiad gan y teimlai mai ym-
lyniad ceidwadol diymadferth i'w traddodiadau crefyddol yn hytrach
na gwrthwynebiad ymwybodol i'r drefn sefydledig a nodweddai'r
werin. Nid oedd ei gwynion yn ddieithr yn y deyrnas yn gyffredinol:

Apon this inhabilitie to teache gods word (. . .) i haue found since I came
to this cuntry images and aulters standing in churches undefaced, lewde
and undecent vigils and watches obserued, much pilgrimage-goyng,
many candles sett up to ye honour of saincts, some relicuis yet caried
about, and all ye cuntry full of bedes and knotts besides diuerse other
monumentes of wilfule seruing of God.[9]

Dengys datganiad o'r fath fod esgobion fel Robinson yn deyrngar i'r
frenhiniaeth a threfn newydd yr Eglwys, yn arbennig yn wyneb y
dylanwad Catholig a barhâi mewn rhannau helaeth o'r wlad, ac roedd
esgobaeth Bangor ymhlith y rhai mwyaf anghysbell o sefydliadau'r
llywodraeth ganolog a Chaergaint. Ymddangosodd bygythiad yr 'Hen
Ffydd' mewn sawl cyfeiriad, ymhlith yr offeiriadaeth, teuluoedd tir-
feddiannol ceidwadol a'r haenau isaf yn y gymdeithas. Nid gorchwyl
hawdd oedd sicrhau unffurfiaeth, yn arbennig pan oedd y bygythiadau
allanol i undod y deyrnas yn peryglu safle'r frenhiniaeth ei hun a'r
hyn y safai drosto. Ac roedd hynny'n arbennig o heriol yn rhanbarthau
mwyaf ceidwadol y deyrnas.[10]

Yng Nghymru Oes Elisabeth gorseddwyd un esgob ar bymtheg,
un ar ddeg ohonynt yn Gymry o'u genedigaeth ac yn agos at eu
cymunedau. Roedd hynny'n dra gwahanol i'r blynyddoedd cyn hynny,
c.1500–58, pan weithredasai saith o Gymry yn eu cadeirlannau, a rhai
ohonynt am gyfnodau byr. Yn ddiau roedd ansawdd nifer dda o'r
esgobion wedi 1558 yn foddhaol; addysgwyd naw ohonynt yn Rhyd-
ychen a'r saith arall yng Nghaergrawnt. Bu rai ohonynt yn y ddwy
brifysgol ac enillodd wyth ohonynt radd Doethur mewn Diwinydd-
iaeth. O'r esgobion hyn hefyd gweithredasai wyth ohonynt mewn
bywoliaethau yng Nghymru cyn cael eu dyrchafu, ond nid oedd pob
un ohonynt yn drigiannol ynddynt. Cadwai nifer dda ohonynt gysyllt-
iad agos ag ysgolheictod a dysg yng Nghymru a bu rhai ohonynt yn
noddwyr amlwg i'r beirdd teithiol. Roedd Saeson fel Hugh Bellot ym
Mangor, Gervase Babington a Francis Godwin yn Llandaf a Marmaduke
Middleton ac Anthony Rudd yn Nhyddewi, yn ysgolheigion o radd
uchel, a Godwin yn hynafiaethydd o fri a diwygiwr brwd. O blith y
Cymry Cymraeg dangosodd Richard Davies, Nicholas Robinson a
William Morgan alluoedd ysgolheigaidd a llenyddol arbennig, Davies
a Morgan yn gyfieithwyr yr Ysgrythurau, a Robinson, a ddisgrifiwyd
yn 'excellent scholar' ac yn 'very wise man',[11] yn hynafiaethydd a
gyfieithodd *Hanes Gruffudd ap Cynan* o'r Gymraeg i'r Lladin ar gais
Morus Wynn o Wedir.[12] Yn ddiau, roedd safon addysg esgobion Cymru

43

yn rhoi iddynt statws i'w edmygu, ond nid oedd cyflwr economaidd ac ysbrydol eu hesgobaethau yn fanteisiol iddynt amlygu eu hunain ymhlith eu cyd-esgobion mewn cyd-destun ehangach. Er cymaint diffygion rhai ohonynt a'r cyfyngiadau a osodwyd arnynt cyfranasant yn eithaf sylweddol i gynnydd y 'Ffydd Newydd' yn eu rhanbarthau eglwysig. Penderfynodd nifer ohonynt ddatgan yn onest nad oedd y cyfleusterau a oedd ganddynt yn gymorth iddynt gyflawni'r hyn a ddisgwylid er hyrwyddo'r ffydd honno. Adroddiad Richard Davies yn Llanelwy yn 1560 oedd un o'r datganiadau mwyaf digalon a luniwyd ar gyflwr unrhyw esgobaeth. Dim ond deg o blith cant a ordeiniwyd; roedd deunaw yn absennol, saith ohonynt yn trigo mewn bywoliaethau eraill yn yr esgobaeth. Anaml y ceid lletygarwch oblegid roedd pregethwyr yn brin – pump ohonynt yn unig – a safon addysgol yr offeiriaid yn wan.[13] Amrywiai'r glerigiaeth o ran eu galluoedd a'u safle cymdeithasol. Deuai rhai ohonynt o gefndir teuluol cefnog a rhannent yr un manteision â mân uchelwyr yn geidwaid tai ac yn noddwyr beirdd. Nid dyna'r amgylchiadau a fwynheid gan y gweddill ohonynt, fodd bynnag; prin oedd eu hadnoddau, ac anaml y ceid pregethwyr sefydlog mewn plwyfi. O ganlyniad, amddifadwyd plwyfolion tlawd o'r gofal, y gynhaliaeth a'r maeth ysbrydol a ddisgwylid, a phryderai John Penry gymaint am hynny fel y cyfeiriodd at y diffygion hynny yn ei ragair i'w draethawd maith cyntaf:

> My brethren for the most part know not what preaching meaneth, much lesse think the same necessarie to saluation (. . .) they think it sufficient to heare one sermon once perhaps in al their life. Therefore was it needful for me to set downe the necessitie of preaching and of continual preaching (. . .)[14]

Daethai Robinson (Bangor) o linachau Seisnig a Chymreig a sefydlwyd y teulu yng Nghonwy a Chilgwri. Roedd Richard Vaughan (Bangor) a Henry Rowland (Bangor) yn frodorion o Lŷn, a deuai Richard Davies (Llanelwy a Thyddewi), Thomas Davies (Llanelwy), William Hughes (Llanelwy) a William Morgan (Llandaf a Llanelwy) o Ddyffryn Conwy a'r cyffiniau, Thomas Young (Tyddewi) o sir Benfro a William Bleddyn (Llandaf) o Went. Byr iawn fu arhosiad Young yn Nhyddewi oherwydd fe'i penodwyd gan yr Archesgob Matthew Parker yn Archesgob Caerefrog. Er mwyn ennill bywoliaeth gymedrol meddai'r esgobion ar diroedd *in commendam* ynghyd â bywoliaethau lled fras. Fel eraill o blith esgobion roedd Richard Davies, Richard

Vaughan a William Morgan yn noddwyr cyson i'r beirdd proffesiynol a deithiai o amgylch tai bonheddig Cymru i foli'r perchenogion a'u perthnasau agosaf ac, yn ôl John Wynn o Wedir yn ei *Memoirs*, bu farw'r tri ohonynt yn ddigon tlawd eu byd.[15] Mwynhaodd ambell esgob arall fywyd lled fras dan amgylchiadau a'i gwnâi'n debyg o ran safon byw i rai o esgobion gogledd Lloegr, a rhoddodd Wynn eto y tro hwn gymeradwyaeth wresog i Henry Rowland, Esgob Bangor ar ddiwedd Oes Elisabeth wrth ddisgrifio'i weithredoedd elusengar mynych – 'a good and provident governor of his church and diocese (. . .) in housekeeping and hospitality, both to rich and poor, the greatest that has been in our time, and yet died rich.'[16] Er nad oedd William Hughes (Llanelwy) a Marmaduke Middleton (Tyddewi) yn esgobion o'r safon a ddisgwylid oherwydd eu camweithredoedd, rhoddodd Hughes lyfrau i William Morgan, a oedd ar y pryd yn offeiriad yn ei esgobaeth, i'w gynorthwyo i ddyfalbarhau â'r dasg o gyfieithu'r Beibl, a chyflwynodd Middleton, er cymaint ei gamweddau, adroddiad dirdynnol o gyflwr ei esgobaeth i Syr Francis Walsingham, yr Ysgrifennydd Gwladol, yn 1583. Roedd Catholigiaeth yn destun pryder mawr iddo ynghyd ag anghrediniaeth (*atheism*) ymhlith plwyfolion ac un deg pedwar pregethwr graddedig yn unig mewn bywoliaethau.[17] Yn esgobaeth Bangor hefyd cwynai Robinson nad oedd digon o bregeth-wyr ar gael a bod yna brinder offeiriaid a allai wasanaethu yn yr iaith Gymraeg.[18] Mewn rhagarweiniad i'w orchmynion i'w offeiriaid yn ei esgobaeth yn 1583 meddai Middleton:

> Because I understand there is used in most parts of my diocese an infinite number of popish ceremonies and other things, contrary to the laws of God and the Queen's Majesty's most godly proceedings, I thought good (. . .) to set down these Injunctions (. . .) requiring you (. . .) to have a special care (. . .) for the speedy observation and fulfilling of the same (. . .) you shall not only obey God's commandments, observe her Highness' laws, and discharge your own duties, but shall also greatly benefit the Commonweal, increase true religion, and maintain the country in all virtue and godliness.[19]

Er nad Middleton oedd yr esgob mwyaf effeithiol yng Nghymru ei genhedlaeth diau y ceir yma ymdrech ar ei ran i gydlynu dylet-swyddau crefyddol a seciwlar ac ymestyn disgyblaeth i gynnwys, nid yn unig arweiniad moesol ac ysbrydol ond hefyd y gallu i amddiffyn buddiannau materol a chyfansoddiadol y deyrnas a'r 'lles cyffredin' (*commonweal*). Cymylwyd ei gyfnod yn Nhyddewi gan gyhuddiadau difrifol yn ei erbyn fel camddefnyddio cronfeydd esgobaethol, teyrnfradwriaeth, simoniaeth (cysegr-fasnach) dwywreiciaeth a ffugio ewyllys ynghyd ag ymrysona â gelynion lleyg, yn arbennig Syr John Perrott, Haroldston, gŵr tra phwerus a thrahaus. Canlyniad ei ddrwgweithredoedd fu iddo gael ei ddwyn gerbron Llys Siambr y Seren yn 1590–1 ac wedi hynny Llys y Comisiwn Uchel a chael ei ddiurddo yn 1593.[20]

Wrth drafod cyfraniad esgobion Cymru ail hanner yr unfed ganrif ar bymtheg amlygir nodweddion a fu'n gymorth iddynt, o fewn eu galluoedd, i hybu llwyddiant Protestaniaeth. Cyfreithiwr eglwysig oedd Thomas Davies, Esgob Llanelwy – brodor o Gaerhun, Dyffryn Conwy – a'i fryd ar osod sylfeini gweinyddol cadarn i Ardrefniant Elisabeth yn ei esgobaeth.[21] Perthynai i ddosbarth gweinyddol yr Eglwys ac nid y diwinyddion a'r arweinwyr ysbrydol, ac ymddiddorai'n fawr mewn addysg gyfreithiol, fel y dengys ei gymynroddion i Goleg y Breninesau, Caergrawnt, ac Ysgol Friars, Bangor. Esgob blaenllaw oedd hwn nad yw ysywaeth wedi cael y sylw a haedda gan haneswyr y Diwygiad Protestannaidd yng Nghymru. Yn achos William Morgan, er iddo ennill ei enw da'n bennaf am iddo gyfieithu'r Ysgrythurau i'r Gymraeg, dangosodd yr un pryd ymdrechion di-ildio i gynnal hygrededd yr Eglwys trwy amddiffyn ei hawliau yn wyneb uchelgeisiau trachwantus lleygwyr pwerus a fynnai drawsfeddiannu degymau a bywoliaethau.[22] Meddai mewn ateb i lythyr gan John Wynn o Wedir wedi iddo ddeall beth oedd ei fwriadau:

> One thing moveth me against all these vz. My conscience, which assureth me that youre request ys such that in grauntyng yt [sef prydles bywoliaeth Llanrwst] I shall prove my selfe an unhonest, unconscionable and irreligiouse man, ye a sacrilegiouse robber of my church, a perfydiouse spoyler of my diocesse and an unnatyrall hinderer of preachers and good Scholers.[23]

Fel archesgobion ac esgobion cyfnod Elisabeth yn Lloegr ystyriai arweinwyr yr Eglwys yng Nghymru fod propaganda yn elfen hanfodol yn y gorchwyl o gryfhau sail y ffydd Brotestannaidd ac ymestyn ei dylanwad. Yn Lloegr, mae'r gweithiau poblogaidd yn eu dydd, sef *Apologia Ecclesiae Anglicanae* (1562) gan John Jewel, Esgob Caersallog, a *The Book of Martyrs* (1563) gan John Foxe, yn enghreifftiau amlwg o'r ymgyrch dros sefydlogi'r 'Ffydd Newydd', ond gellir olrhain y ddamcaniaeth yn ôl i waith William Tyndale, yn arbennig *The Obedience of a Christian Man* (1528). Ymhlith ysgolheigion eraill fel Matthew Parker, Archesgob Caergaint, a fawrheid gan y Frenhines, credai Richard Davies yn gryf yn y propaganda Protestannaidd ynglŷn â tharddiad y ffydd Gristnogol ym Mhrydain. Yn ôl y traddodiad hwnnw cyflwynwyd eglwys Brotestannaidd a'r Ysgrythurau gan Sant Joseff o Arimathea i ynys Prydain cyn i Gatholigiaeth Awstin Fynach ei llygru wedi iddo ddod, dan orchymyn y Pab Grigor I, i genhadu ymhlith Sacsoniaid Lloegr yn OC 597 a chyflwyno eilunaddoliaeth ac ofergoeliaeth i'r tir gan danseilio ffydd ddilychwin yr hen Frythoniaid. Yn ei ragarweiniad i'r Testament Newydd Cymraeg, dan y teitl *Epistol at y Cembru*, cyfeiriodd Richard Davies at y golled fawr a gawsant wedi dyfod Awstin i'r wlad:

Ac am hynny ar ôl ir Sayson dderbyn cyfryw amhur Chrystynogaeth a hynn attunt, nit oedd teilwng can y Britaniait gyfarch gwell ir vn o honynt, cyd bai fodlon centhynt or blaen tra oeddent paganiait, cyd-brynnu a gwerthu, cyt dyddio, cytfwytta ac yfet, a chydhelyntio ac wynt (. . .) Sef fal hynn i digwyddawdd cymyscu Chrystynogaeth y Brytaniait ac amhuredd crefydd y Sayson.[24]

Aeth Davies ymlaen i annog ei gyd-Gymry'n daer i dderbyn ffydd eu hynafiaid, sef Protestaniaeth, adfywiad o'r grefydd yn ei phurdeb cyntefig yn y Testament Newydd, a gyfieithwyd i'r Gymraeg yn 1567:

Cwympa ditheu ar dy liniay am hynny a diolch i Dduw sy heddiw yn ymwelet a thi yn drugaroc, ac yn dechre dy godi i th hen fraint a th vrddas pennaf gynt, trwy dy wneuthyr yn gyfrannog oi air bendigedic ef, a danfon yt y Testament cysegredic, rhwn a ddengys dy ddiarebion a th ymadroddion vchot i vot yn hen gynefin yt gynt.[25]

Her oedd y geiriau hyn, nid gymaint i werin anllythrennog ond i'r rhai hynny a simsanai rhwng glynu wrth yr hen ffydd Gatholig neu dderbyn â breichiau agored eu hen etifeddiaeth.

Cred Saunders Lewis mai arwydd o argyfwng yr iaith Gymraeg fel cyfrwng addas i ledaenu dysg y Dadeni oedd cynnwys rhagair Davies, ond gellir mynd ymhellach na hynny i ddadlau mai argyfwng Protest-aniaeth oedd amlycaf ar y pryd, ac mai hynny fu'n brif gymhelliad iddo ef, William Salesbury, Humphrey Llwyd ac ysgolheigion dyn-eiddiol eraill yn Lloegr ac ar y cyfandir i hybu traddodiad crefyddol newydd a adfywiwyd yng nghyfnod y Dadeni.[26]

Damcaniaeth yr oedd ysgolheigion y Dadeni a phenaethiaid teuluol Protestannaidd yn ymddiddori ynddi oedd hon, a phrin iddi gael dylanwad ar y werin dlawd. Eto, er cymaint y cymhelliad i'r Cymry adennill yr hyn a gollwyd, nid oedd cyflwr yr Eglwys dan y drefn newydd yn oes Elisabeth yng Nghymru'n adlewyrchu'r 'purdeb' a ddisgwylid. Parhaodd dylanwad trefn a defodaeth Eglwys Gatholig yr Oesoedd Canol yn drwm ar Gymru a rhannau helaeth o Loegr, a gorchwyl anodd oedd i ddyrnaid o ddyneiddwyr eglwysig a lleyg ymlafnio i geisio tanseilio'r geidwadaeth a nodweddai nifer o deuluoedd tiriog grymus yn eu cynefin a phlwyfolion cyffredin. Nid oedd Ardrefniant Eglwysig Elisabeth yn dderbyniol i Gatholigion eiddgar i gynnal eu traddodiadau nac ychwaith i Biwritaniaid y trafodwyd eu cefndir a'u twf oddi mewn ac oddi allan i'r sefydliad newydd yn ail hanner yr unfed ganrif ar bymtheg yn y bennod gyntaf. I'r Presbyteriaid oddi mewn i'r Eglwys nid oedd y diwygio Protestannaidd wedi mynd yn ddigon pell ynddi ac i'r Ymwahanwyr mwy ymosodol eu barn ar ei hathrawiaeth a'i threfn nid Eglwys Dduw oedd hi.[27]

Yn ddiau, etifeddodd Eglwys Elisabeth y gwendidau hynny a ystyrid yn hollol annerbyniol gan y diwygwyr oblegid ofergoeledd eu defodau a'r awdurdod dwyfol a hawliai'r Babaeth. Nid cyfiawnhau bodolaeth Eglwys Elisabeth oedd unig fwriad John Jewel yn ei amddiffyniad cadarn iddi, ond hyrwyddo ac amddiffyn yr ysbryd Protestannaidd yng ngwledydd Ewrop, a dyna paham yr ystyrid yr *Apologia* yn 'flaen-ffrwyth llenyddiaeth ddiwinyddol y Diwygiad Protestannaidd' yn Lloegr.[28] Er i Maurice Kyffin gyfieithu'r gwaith i'r Gymraeg 'er mwyn y rhai annyscedig' ni allai mwyafrif llethol y boblogaeth ei ddarllen na deall ei gynnwys heb sôn am ei brynu.[29] Iddynt hwy yr offeiriad lleol oedd prif ladmerydd y ffydd, ac nid oedd ganddo ef yn aml yr adnoddau ysbrydol nac addysgiadol i'w tywys i ddeall a derbyn y 'Ffydd Newydd'. Yn gynnar iawn yn hanes Protestaniaeth yn 1547 gwelodd Syr John Price o Aberhonddu, yn ei ragair i *Yny Lhyvyr hwnn*, beth oedd y prif wendid yn y cyfathrebu rhwng offeiriad a phlwyfolion: 'Kanys heb ffydd ny ellir rhengi bodd duw, ar perigloryon y sy yny mysk oswaethiroedd, y naill ae nys medran, ae nys mynnan ddangos yw plwyvogyon y petheu y maen yn rhwymedic y llaill yw dangos, ar llall eu gwybod (. . .).'[30]

Yn ogystal â thlodi, anwybodaeth, anllythrennedd affwysol ac amgylchiadau bregus a diflas offeiriaid lleol nid oedd cyfraniad bugeiliol rhai o'r esgobion ychwaith yn ddigon effeithiol. Yn ei ragarweiniad i'w gyfieithiad o *A Spyrytuall and most Precious Pearle* (1595) gan Miles

Coverdale, aeth Huw Lewys, rheithor Llanddeiniolen a changhellor Eglwys Gadeiriol Bangor wedi hynny, ati i feirniadu'n llym a graffig oferedd llawer o'r offeiriad a gresynu nad oedd digon o lyfrau ar gael yn y Gymraeg i wella cyflwr ysbrydol plwyfolion:

> Yrawrhon, y diffig hwn o lyfreu sy in mysc (gida bod y Preladieit ar gwyr eglwysig hwythau yrhann fwyaf yn ddiog yn ei swydd ai galwedigaeth, heb ymarddel a phregethu ac a deongl dirgelwch gair duw i'r bobl, eythr byw yn fudion, ac yn aflafar, fal cwn heb gyfarth, clych heb dafodeu, ne gannwyll dan lestr) yw yr achos paham y mae cymeint o anwybodaeth mewn pethau ysprydawl in mysc.[31]

Mae'n sarhaus o sefyllfa'r Eglwys yng Nghymru ei ddydd, a hynny, dros dri degawd wedi iddi gael ei sefydlu, pan gyfeiria at bobl dros drigain mlwydd oed oedd mor ddall ac annysgedig fel na allent roi cyfrif o bynciau'r ffydd mwy na allai babanod newydd-anedig. Y diffyg hwnnw, meddai ymhellach, a gyfrifai am y 'chwyn, gwyg ac efrae' a ddifodai'r gwenith ym maes yr Arglwydd, y gwacter yn yr Eglwys a achosid gan draddodiadau, dychmygion a gosodigaethau (sef rheolau) a gynhwyswyd yn gymysg â 'gwir, ac a phurlan air duw'.[32] Ffieiddiai rhag y defodau Catholig a lurguniai 'gwir eglwys Crist'. Er i'r Beibl gael ei gyfieithu, meddai, a hynny'n dra chymeradwy gan William Morgan, wyth mlynedd cyn i Lewys gofnodi ei ofidiau am gyflwr yr Eglwys, ni welai fantais o'i gael gan ei fod yn gloëdig yn yr eglwysi plwyf ac yn cael ei ddarllen yn gyhoeddus ac yn gymorth i'r plwyfolion ar un diwrnod o'r wythnos yn unig.[33] Cyflwynodd Lewys ei gyfieithiad i Richard Vaughan, Archddiacon Middlesex a brodor o Nyffryn yn Llŷn, clerigwr cymeradwy a gafodd ddylanwad ar yr archesgob John Whitgift ac a ddyrchafwyd yn esgob Bangor (1595), Caer (1597) a Llundain (1604). Cyn iddo gael ei benodi i Fangor roedd wedi ennill ffafriaeth yr archesgob a Syr John Wynn o Wedir a'i disgrifiodd yn 'worthy housekeeper and a liberal-minded man (. . .) an excellent and rare scholar (. . .) and very industrious and painful in his vocation'.[34] Roedd gan Lewys hefyd feddwl mawr ohono, yn bennaf oherwydd ei gefnogaeth i'r Gymraeg a'i diwylliant: 'ymysc llawer o rinweddae a chyneddfae da, fod arnoch yr vn gamp honn yn hyspysawl, sef bod yn greugar, yn dirion, yn dyner, ac yn naturiol tu-ac at eich gwlad, gann garu, hoffi, perchi, a mawrygu ych iaith gyssefin eich hun.'[35]

Nid Huw Lewys oedd yr unig un i fynegi ei siom nad oedd yr Eglwys sefydledig yn cyflawni'r hyn a ddisgwylid ganddi a rhydd y bai'n bennaf ar ddiffygion yr offeiriadaeth a'r esgobion. Yn 1586 ymddangosodd datganiad deifiol gan ŵr anadnabyddus o sir Frycheiniog a ddisgrifiodd gyflwr yr Eglwys yno. Cyfeiriodd at fywoliaethau a oedd bron i gyd wedi'u hamfeddu, a heb bregethwyr ynddynt ond curadiaid cyflogedig diddysg a oedd yn gyfrifol am ddau neu dri phlwyf. Prin y cai plwyfolion tlawd y cyfle i fynychu gwasanaethau wythnosol a thymor y Grawys, a gadawyd iddynt gladdu eu meirw eu hunain gan nad oedd offeiriaid i gyflawni'r gorchwyl. Truenus oedd eu gwybodaeth o bynciau'r ffydd, er bod y rheini wedi'u hargraffu yn 1547 gan Syr John Price, brodor o'r sir, oherwydd eu hanllythrennedd, yn ôl y datganiad, ddwy flynedd cyn ymddangosiad y Beibl Cymraeg:

> Hereof it cometh to passe, that infinite people of ripe and great yeeres can neither saye the Lordes Prayer, the Articles of their belief, nor the X Commandments in the language they vnderstande; and hardlie can any Childe, or aged bodie be founde, that doth vtter and speech, without great othe, or curse; as By God, By Jesus. The devil have my Soule (. . .) A thing most horrible and offensive of the maiestie of God.[36]

Arferid amlblwyfaeth, simoniaeth, amfeddiant tiroedd a chamarferion tebyg eraill, dulliau a amlygai gyni ymhlith offeiriaid a geisiai wella eu safon byw a thrachwant ar ran lleygwyr tirfeddiannol a fanteisiai ar y cyfle i reibio tiroedd eglwysig wedi diddymu'r mynachlogydd yn 1536 a'u natur chwenychgar yn eu perthynas ag esgobion a blygai i'w gofynion. Ymhlith y Catholigion a sarhâi gyflwr yr Eglwys Brotestannaidd, enghraifft amlwg o hynny yw tystiolaeth eithafol y reciwsant pybyr Robert Gwyn, mab Siôn Wyn ap Thomas Gruffydd o Benyberth, Llŷn. Beirniadodd yn ddiedifar gynnwys pregeth John Jewel, Esgob Caersallog, a draddodwyd ger Croes Pawl yn Llundain ar 26 Tachwedd 1574.[37] Gwyn, nid Gruffydd Robert o Filan, a ysgrifennodd Y Drych Cristianogawl (c.1586–7) ar y pedwar peth olaf a goleddid gan Eglwys Rufain. Fe'i hargraffwyd yn Rhiwledyn, ac yn ei ragarweiniad dywed bethau hallt am gyflwr ysbrydol ei gyd-Gymry ynghyd ag esgeulustod boneddigion Cymru am wrthod ymgymryd â'r dasg o wella hynny:

> ond yr owron myfi a glowa fod aml leoedd ynGhymbry, ie Siroedd cyfan heb vn Cristiawn ynddynt, yn byw mal anifeilieid, y rhann fwyaf o honynt heb wybod dim odd i wrth ddaioni, ond ei bod yn vnig yn dala

henw Crist yn ei cof, heb wybod haychen beth yw Crist mwy nag anifeilieid (. . .) Mae r Bonheddigion ar hai Cyfoethoccaf heb feddwl am phydd yn y byd, heb fod na thwymyn nag oer (. . .) Am hynny y bydd rhaid ir bonneddigion ar y dydd dial roi cyfrif nyd yn vnic am eu pechodae i hunain ond am lawer or cyphredin syn golledig o ethryb sampl drwg y bonheddigion. [38]

Yn y cyswllt hwn ni ddylid bod yn orfeirniadol o anallu'r Eglwys yng Nghymru i gyflawni ei dyletswyddau ac o uchelgais offeiriaid tlodaidd eu hamgylchiadau yn cydio bywoliaeth wrth fywoliaeth, a hynny am fod cynnal safon byw yn achos pryder iddynt. Eto, er hynny, bu iddynt ymroi'n ffyddlon i waith Teyrnas Dduw ymhlith eu praidd. Amlygir hynny yn rhagarweiniad Robert Llwyd, ficer Y Waun, ar y ffin â Lloegr, i'w gyfieithiad o waith anogaethol Arthur Dent *The Plaine Man's Pathway to Heaven* dan y teitl *Llwybr hyffordd yn cyfarwyddo yr anghyfarwydd i'r nefoedd* . . ., yn 1630, pan gyfeiria at deyrngarwch sawl offeiriad i'r Eglwys trwy wasanaethu ei braidd yn ddiwyd:

> chwi a gewch weled yno lawer o'ch tan-fugeiliaid yn trin ac yn areilio eu praidd yn ofalus, yn daclus, yn drwyadl. Rhai bywiog a chalonnog (. . .) Rhai yn casglu cerrig llyfnion gweithgar o afon Gair Duw (. . .) rhai yn gyrru yn bybyr, yn ddi-rus, ac yn wrolwych yn eu galwedigaeth (. . .) Ac eraill yn rhagorol eu dysg a'u dawn yn dwyn i adeiladaeth Eglwys Crist roddion gorchestol o bur athrawiaeth, ffraethineb ymadrodd, a hyfder i guro i lawr bechod a drygioni.
>
> Eto er hyn i gyd, y mae yn hyderus gennyf na bydd anghymeradwy gan eich Arglwyddiaeth chwi weled eraill, eiddilach eu grym a gwannach eu nerth, yn dwyn pwys y dydd a'r gwres yn ol eu gallu, drwy wneuthur cydwybod o drin yn ofalus ac yn ffyddlon y talentau bychain a distadl yr ymddiriedwyd iddynt amdanynt. [39]

Sylw yw hwn gan offeiriad a oedd ei hun yn dra chymeradwy yng ngwaith yr Eglwys ac a oedd yn awyddus i gefnogi ymdrechion offeiriaid dysgedig, lawer ohonynt heb fod yn dda eu byd, i gynnal safonau eu galwedigaeth. Penderfynodd gyfieithu trwy ddefnyddio geiriau syml fel y gellid deall y cynnwys yn haws, a chynhyrchodd 'waith clasurol bychan o ryddiaith bywiog'. [40]

Achosid llawer o'r trafferthion materol yn aml, nid gan gamweith-redoedd clerigol yn unig, eithr yn ganlyniad i gyflwr economaidd y wlad, yn arbennig yn y cyfnod tua 1540–1640 pan gododd chwyddiant ariannol i'w raddfa uchaf. Bu hynny'n rhwystr i esgobion Cymru

fwynhau safon byw gyfforddus.[41] Nid oedd eu hincwm o'r un raddfa
â'r hyn a fwynheid gan offeiriaid yn esgobaethau Lloegr, ac oherwydd
hynny cyfyngwyd llawer ar eu buddiannau. Nid yw'n syndod felly fod
amlblwyfaeth wedi cynyddu a safon yr offeiriadaeth wedi dirywio, ac
effeithiai hynny hefyd ar gyflwr adeiladau eglwysig. Wrth i guradiaid
ddioddef o ganlyniad i amfeddu ac effeithiau chwyddiant, chwyddo
wnaeth cyfoeth yr amfeddwr oherwydd y cynnydd mewn prisiau.

Yn y cyd-destun economaidd arferiad anghymeradwy oedd am-
feddu tiroedd eglwysig gan fod hynny'n tlodi'r plwyfi ac yn cyfoethogi
tirfeddianwyr. Mewn llythyr gan Richard Price, mab Syr John Price,
Aberhonddu, at William Cecil, dilornwyd hynny'n llym. Roedd
cymaint ohonynt yng Nghymru, meddai, fel yr achoswyd caledi i'r
offeiriaid ac amddifadwyd plwyfolion o hyfforddiant crefyddol. Prin
iawn oedd nifer y bywoliaethau ar gael i gynnal curadiaid, ac eithrio'r
rhai, yn ei eiriau ef, 'as please the proprietaries and their farmers to
give, which commonly wil give as little as they can'.[42] Ac meddai
ymhellach:

> But this lack of good Teachers doth partly growe by reason the Churches
> are (. . .) all improprite (. . .) unless the foresaid enormities and exactions
> be spedely redressed, as the people are already greatly disquieted and
> impoverished therby, so they will shortly be alltogeather unable to yeld
> the Prince anie Subsidie worthe the leveing, or to serve her Majesty but
> with their bare bodies.[43]

Dadleuai fod tlodi materol yn effeithio ar gyflwr ysbrydol yr Eglwys
a bod rhaib a thrachwant yn gyfrifol am y naill wendid a'r llall.

Roedd sicrhau tiroedd *in commendam* ymhlith esgobion a chlerigwyr
eraill hefyd yn gymorth i gynnal safonau materol ac ysbrydol. Nid
oedd arferiad o'r fath yn ddieithr o gwbl yn eu plith gan nad oedd un
fywoliaeth yn ddigonol i gynnal teulu a lletygarwch, cwyn a leisiwyd
gan esgobion gymaint ag unrhyw glerigwr arall. Rhoddodd Archesgob
Parker ganghelloriaeth Bangor i Thomas Davies, esgob Llanelwy, 'for
the better keeping up the part of a bishop.' Meddai John Strype ym-
hellach am Parker: 'And though he did not like of Commendations
nor Pluralism, yet in small Bishopricks and Preferments, he thought
a less inconvenience, than that Hospitality and the Credit and Esteem
of the clergy should be lost.'[44]

Pwysleisiwyd yr angen am nawdd a lletygarwch fel prif nodwedd-
ion gweinidogaeth gymeradwy ac yn gymorth i gynnal safonau uchaf

yr offeiriadaeth. Ffurfiai'r anallu i gynnal nawdd a lletygarwch ran o amgylchiadau economaidd dyrys a lesteiriai effeithiolrwydd gwein-yddiaeth a bugeiliaeth yr Eglwys leol. Ymhlith y ffactorau amlycaf cafwyd difaterwch ar ran yr uwchoffeiriaid esgobol a chymysgedd o anllythrennedd, anwybodaeth ac ofergoeledd ymhlith haenau isaf y gymdeithas a'r pwysau a osodwyd ar yr Eglwys gan amfeddwyr rheibus.

O ystyried cyflwr esgobaeth Llanelwy yng nghyfnod Elisabeth I deuir i ddeall pa mor ddiraddiol y gallai safonau fod, ac amlygid hynny mewn dogfen ddienw a luniwyd ar 24 Chwefror 1587 dan y teitl 'A Discoverie of the Present Estate of the Bishopric of St Asaph', adroddiad a anfonwyd at Syr William Cecil, yr Arglwydd Drysorydd erbyn hynny.[45] Ynddo, ceir gwybodaeth lawn am gyflwr pob parth eglwysig o fewn yr esgobaeth, a'r cyfan yn adlewyrchu'n gwbl an-ffafriol ar ei chyflwr. Dadlennir y manylion ynglŷn ag amlblwyfaethau a segurswyddi, a dangosai pa mor ddiymadferth a niweidiol oedd y sefydliad yn yr esgobaeth, a'r rheswm am hynny oedd esgeulustod a chamweithredu ar ran yr esgob William Hughes.[46] Arweiniodd ei hun i gorsydd dyfnion yn ei ddyddiau cynnar fel caplan Dug Norfolk pan draddododd bregeth gwbl gableddus yng Nghaerlŷr yn 1567 yn dadlau bod Crist wedi disgyn i uffern – athrawiaeth y *Descensus* – pwnc dad-leuol mewn prifysgolion yn ei ddydd.[47] Cymaint oedd ei ddiddordeb yn y pwnc fel y bu iddo lunio nodiadau Lladin ar awdurdod ys-grythurol a Thadau Eglwysig er gwybodaeth i Syr William Cecil.[48] Er mor ddisglair oedd ei ysgolheictod ni lwyddodd Hughes, wedi iddo gael ei ddyrchafu i esgobaeth Llanelwy, i'w rheoli'n llwyddiannus, ac enillodd enw drwg am ddibrisio'r anghenion pennaf fel bugail a gweinyddwr. O ganlyniad, dioddefodd nifer o'r bywoliaethau mwyaf yn yr esgobaeth, a nodwyd ar ddechrau'r adroddiad yn 1587 pa mor wael oedd eu cyflwr – 'some with cure of souls and some without in the possession of such men as do dwell out of the country'. At hynny, roedd safon y pregethu'n bur wael a nifer y pregethwyr yn brin iawn: 'There is never a preacher within the said diocese (the Lord Bishop only excepted) that keepeth ordinary residence and hospitality upon the living but Dr Powel and Dr Morgan and the parson of Llanfechain, an aged man about lxxx years old.'[49]

Mae datganiad o'r fath yn arwydd o nychdod a oedd yn llestair i'r gynhaliaeth ysbrydol yng ngogledd-ddwyrain Cymru mewn blynyddoedd pan oedd pwysau crefyddol a gwleidyddol yn peryglu annibyniaeth y deyrnas. Yn ddiau roedd y tri phregethwr a enwid yn y 'Discoverie' yn dra chymeradwy, sef Dr David Powel, ficer Rhiwabon a Meifod, hanesydd ac ysgolhaig dyneiddiol amlwg, William Morgan, yr enwocaf ohonynt, ficer Llanrhaeadr-ym-Mochnant a Llanarmon Mynydd Mawr, a oedd newydd orffen cyfieithu'r Ysgrythurau i'r Gymraeg ac ar fin eu cyhoeddi, a Thomas Powell, archddiacon Llanelwy (1566–73), offeiriad mawr ei barch a fugeiliai ei braidd yn ddiflino.[50] 'Great housekeepers', meddid, 'there no longer be', a dywedwyd am Thomas Banks, deon Llanelwy, nad oedd wedi cadw tŷ erioed yn ei fywyd, a'i fod yn hollol anghymwys ar gyfer ei swydd a'i alwad.[51] Â cofnodwr y 'Discoverie' ymhellach ar y pwnc hwnnw trwy gyfaddef yn onest: 'By reason of the com'endams and absence aforesaid, hospitalie now of late is greatly decayed in that dioces. These are cleane gon w'ch of late were great howskeepers.'[52] Beirniadwyd William Hughes yn hallt am iddo feddu ar archddiaconiaeth Llanelwy a nifer fawr o fywoliaethau – un deg chwech ohonynt ar wahanol adegau – gwerth £150 y flwyddyn *in commendam*. Er hynny, mae'n rhaid ystyried mai esgobaeth dlawd oedd hi a bod angen cymorth ar yr esgob i gynnal ei fraint a'i swydd. Nid ef oedd y cyntaf na'r olaf i ddal bywoliaethau segur dan y drefn honno, ac ar ei ddyrchafiad i'r esgobaeth rhoddwyd caniatâd iddo wella ei amgylchiadau.[53]

Ar drothwy ymosodiad llynges Sbaen ar Loegr yn 1588 a'r cynnydd ym mhwerau ymosodol Catholigaidd Ewrop, nid oedd Eglwys na theyrnas Elisabeth yn ddiogel rhag grym blaengyrchydd Catholigiaeth Ewrop. Fe'i hysgymunwyd hi yn 1570 gan y Pab Pius V yn y bwl *Regnans in Excelsis*, a chanlyniad hynny fu'r ymdrechion i'w disodli a gosod Mari, brenhines yr Alban, yn ei lle ar orsedd Lloegr gyda chymorth Philip II o Sbaen a'r reciwsantiaid a barai bryder i'r awdurdodau. Yn un o'i awdlau dychanol yn difrïo'r Eglwys, aeth y bardd Siôn Tudur ati i bwysleisio'r *malaise* a barai ddifodiant ym mywyd ysbrydol Cymru. Cyfeiriodd at 'gau-dduwiau' a addolid, 'gwagedd o faswedd', ymwrthod â Gair Duw a diystyru pregethiad yr efengyl. Miniog hefyd oedd ei ddisgrifiad o raib a thrachwant yr esgobion a'r offeiriadaeth falch, lygredig a chwenychgar, a chanlyniad hynny, meddai, oedd ffydd lwgr wedi'i halogi gan rymoedd Rhufain.[54] Nid oedd reciwsantiaeth yn peryglu'r deyrnas i'r un graddau ymhob rhan ohoni, ac yng Nghymru ni ellid cymharu'r sefyllfa, er enghraifft, yn esgobaeth Llandaf â'r hyn ydoedd yn esgobaeth Tyddewi a rhai'r gogledd, ac eithrio Wrecsam a'r cyffiniau.[55] Sut bynnag, roedd yr esgobion yn wastad yn ymwybodol o'r trafferthion a achoswyd iddynt yn eu swyddi, ac roedd cyfeiriad Richard Davies o Dyddewi at y

'spiritual sores and diseases' a'i blinai ef yn arwydd hefyd o deim-
ladau'r esgobion eraill a'r *malaise* parhaol a bwysai arnynt. Mewn
dogfen ddi-ddyddiad am gyflwr crefydd yng ngogledd Cymru ym
mlynyddoedd canol Oes Elisabeth datgenir yn eglur mai diffyg preg-
ethwyr a roddai'r cyfle gorau i elynion y drefn grefyddol newydd i'w
dymchwel. O dan yr amgylchiadau hynny, ym mannau gwannaf y
wlad y byddai'r Catholigion yn llwyddo i adennill tir gan nad oedd
y rhai breintiedig a phawb arall yn hyddysg yn y Gair:

> Trewlie at this daie yf you loke throwlie to the whole number of gents
> and others of all sortes in North Wales ye shall scarcelie find anie (the
> Byshops and some fewe others excepted) yet in anie sorte well instructed
> in the faithe of Christe (. . .) Yf the enemies of God and trewe religion
> shall ever endevor the disquiette of the setled state, they are in policie
> to practise the same where ignorance moste aboundeth, and where the
> gospel hath bine leaste preached, w'ch suerlie is in Wales.[56]

Amrywiai nifer y pregethwyr sefydlog o un esgobaeth i un arall:
yn 1560 a 1563 yn olynol pump ohonynt a geid yn Llanelwy[57] a phed-
war yn Llandaf,[58] deg yn Nhyddewi yn 1570[59] a chwech ym Mangor
yn 1567.[60] Diffygion ym mhregethiad y Gair a gymhellodd Edward
James, ficer Llangatwg ger Castell-nedd a Changhellor Llandaf wedi
hynny, i gyfieithu'r homilïau i'r Gymraeg yn 1606 'fel y galle y rhai
ni chlywant lafar pregethwyr ond yn ambell, wrth arfer o glywed
darllen y pregethau duwiol dyscedig hyn yn fynych ddysgcu mewn
amser gredu yn Nuw yn inion ac yn ffyddlon . . .'[61] Mae cyflwyniad
James yn gyfraniad allweddol sy'n cyd-fynd â chyfieithu'r Beibl a'r
Llyfr Gweddi Gyffredin, a chyflawnodd ei waith mewn dyddiau pan
gafwyd prinder cyfieithwyr addas yn y Gymraeg, costau uchel iawn
a sicrhau gwerthiant teilwng yn her i unrhyw lyfrwerthwr. Nid rhyfedd
felly mai un argraffiad a ymddangosodd. Roedd llawer o'r homilïau'n
faith ac yn anodd eu trosi, a thybir bod nifer o'r offeiriaid yn analluog
i'w meistroli. Wrth gyfeirio at hynny dywed James yn ei ragymadrodd
am ei gymhelliad – 'fel y gallai'r offeiriaid a'r curadiaid annysgedig,
y rhai ni fedrent yn amgen eto wrth adrodd datcan a darllen yr homi-
lïau hyn, bregethu i'w pobl wir athrawiaeth'.[62] Er hynny, yn ôl Glanmor
Williams, *Llyfr yr Homilïau*, yn Saesneg ac yn y Gymraeg 'oedd prif
ffynhonnell pregethau'r oes a'r un fwyaf adnabyddus (. . .) tarddle
diogelaf yr oes am bregethau, yr un a drwyddedwyd, cymeradwywyd
a gwarantwyd gan lywodraeth y dydd'.[63]

Wrth astudio cefndir esgobion Cymry yn oes Elisabeth, yn arbennig eu ffaeleddau a'u rhwystrau, nid yw'n syndod iddynt fethu â chyflawni'r dyletswyddau a ddisgwylid oddi wrthynt. O droi at y cyflenwad o gerddi mawl a marwnad a genid iddynt hwy a nifer o offeiriaid unigol gan feirdd proffesiynol eu dydd, yn ôl confensiwn barddol nid oes pall ar y gymeradwyaeth a roddid iddynt, a hynny'n bennaf ar sail eu tras a'u Cymreictod, eu hysgolheictod a'u galluoedd bugeiliol. Nid bod y moliant bob tro'n haeddiannol, wrth gwrs, ond cadwai'r beirdd, yn arbennig Wiliam Cynwal, Wiliam Llŷn a Siôn Tudur, at y traddodiad o feithrin teyrngarwch i'r drefn sefydliadol mewn gwladwriaeth ac Eglwys seiliedig ar y frenhiniaeth.[64] Amlygir hynny'n gryf yng nghywydd mawl Siôn Tudur i'r Frenhines:

> Wyd biler, hyder yrhawg,
> I'r Efengyl grafangawg,
> Caed enw cryf yn cadw'r crefydd,
> Ceidwad, amddiffyniad ffydd.[65]

Ni chafwyd disgrifiad mwy cryno a chymen i adlewyrchu'r modd y diffinnid safle Elisabeth yn bennaeth ar yr Eglwys: pwysleisir ei graslonrwydd ynghyd â'i doethineb, cywirdeb coeth a'i chyfoeth. Gellir gorliwio geiriau o'r fath, wrth gwrs, fel y gwnâi'r beirdd caeth yn fynych yn ôl gofynion eu crefft. Un wedd oedd hon ar berthynas deiliad y Frenhines a'i Heglwys, yn arbennig wedi iddi ymsefydlu. Mae'n debyg mai cyn cyfnod Penry y cyfansoddodd yr un bardd 'Bustl y Byd', cerdd ddychan ar ffurf sylwebaeth lem ar amgylchiadau truenus bywyd cyhoeddus a chymdeithasol Cymru a Lloegr oes Elisabeth. Yn ei bennill ar gyflwr yr eglwys a chrefydd yn gyffredinol, yn arbennig diffyg astudiaeth o'r Ysgrythurau, gwêl wendidau sylfaenol a pharhad dylanwadau pabyddol. 'Sgrythur lan lydan ni chofleidir hon', meddai a 'pregeth dda'i 'styriaeth a ddi'styrir'. Ar ddiwedd y pennill rhydd ddatganiad pendant ar gyflwr ffydd – 'Llygrwyd ein crefydd, llygrir yn wastad, Llygriad hwyr fendiad o'r Rhufeindir', y cyfan yn adlais cryf o farn Penry ar Gymru ei gyfnod.[66]

Esgobion, offeiriadaeth a'r gymdeithas

Er cymaint oedd beiau William Hughes, Esgob Llanelwy, canai beirdd fel Wiliam Llŷn a Siôn Tudur yn eiddgar iddo gan fawrhau ei ysgolheictod – 'Doeth yw, ben dysgeidiaeth byd',[67] cyfeiriad, yn ddiau, at y cymorth a roddodd ef i William Morgan trwy fenthyca llyfrau iddo adeg cyfieithu'r Ysgrythurau.[68] Yn y cyd-destun hwnnw dylid rhoi sylw i natur y gyfundrefn y gweithiai'r esgobion yn rhan amlwg ohoni. Mae'n amlwg eu bod yn gweinyddu sefydliad a lesteiriwyd gan ei thlodi difrifol a reolwyd ac a wanhawyd gan rymoedd chwyddiant economaidd. Nid rheolaeth aneffeithiol a achosodd sefyllfa o'r fath eithr effeithiau difreiniad, traddodiadau oesol a rhaib teuluoedd bonheddig trachwantus. Nid oedd eu cymwysterau addysgol yn ddiffygiol o gwbl gan fod y mwyafrif ohonynt wedi eu trwytho'n llawn yn y ddiwinyddiaeth Brotestannaidd ac yn hyddysg yng ngweithiau'r Tadau Eglwysig. Ni ellid dweud hynny am y cwbl ohonynt o bell ffordd, er bod ysgolion gramadeg yn araf godi'n gynyddol mewn gwahanol rannau o Gymru i feithrin eu galluoedd academaidd. Gwnaed ymdrechion i wella'r sefyllfa er sicrhau parhad y drefn newydd gan esgobion fel William Hughes, a waddolodd arian er sefydlu ysgol rydd yn Llanelwy.[69] Nid oes tystiolaeth gadarn iddi gael ei hagor ac eithrio'r hyn ddywed Syr Roger Mostyn amdani yn 1613–14 – 'an excellent school at St Asaph and the better by much in respect my Lord Bishop [Richard Parry mae'n debyg] useth once or twice a week to come to the school to oppose the children'.[70] Hefyd, sefydlodd Henry Rowland, Esgob Bangor, ysgol ym Motwnnog ('a petty school in Llŷn'), a agorwyd tua 1618, ddwy flynedd wedi ei farwolaeth.[71] Bu uwch-glerigwyr o dras Gymreig yn Lloegr hefyd yn sefydlwyr ysgolion, gwŷr fel Geoffrey Glyn, Prebendari Caerlwytcoed, Doethur mewn Cyfraith Sifil a Dadleuwr yn Llys y Bwâu, brawd William Glyn, Esgob Bangor (a noddodd Ysgol Friars, Bangor),[72] Thomas Lloyd, Prif Gantor Tyddewi (sefydlydd ysgol Caerfyrddin)[73] a Dr Gabriel Goodman, Deon Westminster, a gyfrannodd at gyhoeddi Beibl yr Esgobion yn 1568 ac a fu'n noddwr ysgol enwog Rhuthun yr un flwyddyn.[74]

O safbwynt galluoedd academaidd pur nid yw'n bosibl ffurfio asesiadau manwl o safonau addysgol yr offeiriadaeth yng Nghymru, ond o ystyried rhestr esgobol esgobaeth Bangor yn y 1570au a'r 1580au cesglir mai 43 y cant ohonynt yn unig oedd yn raddedigion, a'r tebyg yw i ansawdd y pregethu ddioddef o ganlyniad i hynny. Er bod cynnydd erbyn y 1590au nid gorchwyl hawdd yw ceisio dyfalu pa mor effeithiol oedd pob un ohonynt.[75] Yn ei ragarweiniad i *Deffynniad Ffydd Eglwys Loegr* (1595) cyfeiriodd Maurice Kyffin at yr offeiriaid a esgeulusai eu dyletswyddau addysgol ac amddifadu anghenion ysbrydol eu plwyfolion:

Yn wir chwith iawn yw dal sylw ar lawer o wyr Eglwysig cymreig yn byw ar bris eneidieu dynion, a bagad eraill o Gymry yn cymeryd arnynt eulun dysc a goruchafiaeth, heb genthynt fri'n y byd a'r iaith eu gwlad, eithr rhusso'i doedyd, a chwylyddio'i chlywed, rhag ofn iss-hau ar eu gradd a'u cymeriad; heb na medry darllen, na cheisio myfyrio dim a fae a ffrwyth yntho'n gymraeg.[76]

Dyneiddiwr yw hwn sy'n feirniadol o ymagweddu sarhaus rhai offeiriaid, yn arbennig o blith yr uchaf eu safle, tuag at y Gymraeg wrth ymwrthod â hi er cynnal eu goruchafiaeth eglwysig. Rhydd sylw hefyd i glerigwr o Gymro, nad yw yn ei enwi, a wrthwynebai argraffu unrhyw waith llenyddol yn y Gymraeg, yn cynnwys yr Ysgrythurau, gan y teimlai fod dysgu'r Saesneg yn orchwyl amgenach:

pan grybwyllwyd am roi cennad i vn celfydd i brintio Cymraeg, yntef a ddoedodd nad cymmwys oedd adel printio math yn y byd ar lyfreu Cymreig, eithr ef a fynne i'r bobl ddyscu Saesonaeg, a cholli eu Cymraeg, gan ddoedyd ym-mellach na wnaer Beibl gymraeg ddim da, namyn llawer o ddrwg (. . .) Nid digon oedd gantho ef speilio'r Cyffredin am eu da dayarol, ond ef a fynne gwbl anreithio eu heneidieu hwy hefyd.[77]

Mae'n bosibl mai ymateb negyddol William Hughes, Llanelwy, mewn Confocasiwn a gyfrifai am ymateb parod Maurice Kyffin.[78] Yn *A playne and a familiar introduction* (1567), mewn llythyr a gynhwyswyd ynddo gan William Salesbury at Humphrey Toy, masnachwr o Gaerfyrddin, cyfeiriodd at y gwrthwynebiad ar ran rhai i ddeddf breifat 1563 ar gyfer cyfieithu'r Beibl a'r Llyfr Gweddi i'r Gymraeg 'this godly enterprise (. . .) some saying with Iudas the Traitor, what needed thys waste?'[79] Dadleuwyd nad oedd digon o offeiriaid llythrennog yng Nghymru i gyfiawnhau'r fenter. Wrth drafod y cynnig i drwyddedu argraffydd i gynhyrchu llyfrau yn Gymraeg ni chawsai'r cynllun fawr o dderbyniad mewn rhai cylchoedd, yn bennaf oherwydd bod Sales-bury a'r argraffydd John Waley yn awyddus i sicrhau breinlythyr a roddai iddynt fonopoli i'r pwrpas hwnnw.[80] Ar y llaw arall dangosodd Syr William Cecil, mewn memoranda yn 1587, mor hanfodol oedd deddf 1563, a diau iddo leisio barn y Cyfrin Gyngor, gan iddi gryfhau'r Ardrefniant crefyddol yn wyneb bygythiadau Catholigaidd. Mae'n amlwg fod crefydd yn hytrach nac iaith yn brif achos ymraniad mewn cymdeithas a chydnabu Cecil fod y ddeddf yn un o'r pum deddf a gaseid gan Gatholigion.[81]

Cyfeiria Robert Gwyn, y reciwsant o Benyberth, Llŷn, yn ei rag-ymadrodd i *Drych Cristianogawl* yn 1585, at yr esiampl dda a roddai'r 'boneddigion' yn Lloegr i'r 'Cyphredin', mewn cymhariaeth â di-ffeithwch bywyd ysbryd arweinwyr eu cymunedau yng Nghymru. Ymdeimlad o ddigalondid a fynegir gan y Pabydd hwn o Lŷn wrth fwrw ei sen ar ddifaterwch uchelwyr na faliai ddim am eu cyflwr ysbrydol eu hunain heb sôn am drueni'r bobl dan eu hawdurdod. Gor-ddweud oedd datgan fod rhai ardaloedd yng Nghymru heb Gristion ynddynt. Nes ati fyddai iddo feirniadu diffyg adnoddau a amharai ar allu arweinwyr eglwysig plwyfi anghysbell i gyflawni eu dyletswyddau.[82]

Diau mai geiriau eithafol oedd y rhain, o gofio am gyfraniad nifer o foneddigion a wasanaethodd eu cymunedau'n ddigon cymeradwy. Cafwyd rhai eraill, fodd bynnag, a ddefnyddiai eu galluoedd ystrywgar i elwa ar eiddo'r Eglwys, ac un o'r enghreifftiau amlycaf yw Syr John Wynn o Wedir a gyhuddwyd gan William Morgan o geisio'i ddefn-yddio i sicrhau prydlesoedd ar diroedd eglwysig a gyrru pregethwyr fel petris i'w rwydau ei hun ('to dryve preachers partryges to hys nets').[83] Pwysleisiodd Francis Godwin, olynydd Morgan yn Esgob Llandaf, yr angen i ddiogelu buddiannau pregethwyr, ac yn ei orch-mynion ar gyfer gweinyddu ei esgobaeth yn 1603, siarsiodd ei offeiriaid i rybuddio'u plwyfolion (a gynhwysai rhai digon pwerus) i beidio ag ymosod ar bregethwyr ar lafar nac yn gorfforol.[84]

Ni ddangoswyd fawr o gyfeillgarwch rhwng rhai esgobion a thir-feddianwyr rheibus, a thystir yn aml i'r gwrthdaro a fu rhyngddynt ar faterion eiddo eglwysig. Cyfeiriwyd eisoes at y berthynas elyn-iaethus rhwng Syr John Wynn a William Morgan, a gellid dyfynnu nifer fawr o enghreifftiau eraill o rannau eraill o'r wlad. O ddiddordeb yn y cyswllt hwn yw'r feirniadaeth gyffredinol lem gan Richard Davies a gynhwyswyd yn *Epistol at y Cembru* a phregeth angladdol Walter Devereux, Iarll Essex ac Ewe, ar drawsedd a thrachwant yr uchelwyr cryfaf. Meddai'n ddi-flewyn-ar-dafod yn yr *Epistol*:

Edrych ar ddull y byd, yno i cei brofedigaeth. Mae'n gymaynt trachwant y byd heddiw i tir a dayar, y aur, ac arian, a chowaeth (. . .) Trais a lladrad, anudon, dichell, ffalster, a thraha: a rhain megis a chribynae mae pob bath ar ddyn yn casclu ac yn tynnu atto (. . .) Can ys beth yw swydd ynghymru heddiw ond bach i dynu cnu a chnwd ey gymydoc attaw? (. . .) Amyl ynghymru, ir nas craffa cyfraith, i ceir neuadd y gwr bonheddig yn noddfa lladron.[85]

Yn ddiddadl, y cyfreithiwr Fabian Phillips, Syr John Perrott, Harold-
ston, a Richard Vaughan, Hendy-gwyn ar Daf, gelynion digymrodedd
i Davies, oedd yn ei feddwl wrth iddo lunio'r adran hon o'r *Epistol*.[86]
Cyffelyb yw llymder ei ffieidd-dra o ganfod amfeddwyr tir a swydd-
ogion glwth, meddwol a thrachwantus – y 'gwrth-Grist' yn ei eiriau
ef – yn rheibio'r wlad ar draul y diniwed. Miniog yw geiriau Penry
hefyd wrth iddo feirniadu'n hallt drythyllwch a thrachwant tir-
feddianwyr mewn llysoedd barn:

> The seat of iudgement in our common courts is turned into wormwoode.
> A man cannot haue his right in a yeare or two, though his euidence be
> vnaunswerable (. . .) It is irksome to think how hardly a poor man can
> keepe any thing from theeues of great countenaunce.[87]

Yn y geiriau hyn mynegodd John Penry ei anobaith o weld teyrnas
deilwng yn golchi ymaith ei gwaradwydd a'i phechodau heb bregeth-
iad y Gair, yr unig waredigaeth – 'A conscience must be wrought in
our people', meddai, 'else they wil neuer leaue their idolatry, swearing,
adulterie, and theeuery'.[88]

Tebyg oedd ymateb Richard Davies i drawsedd a thrachwant yr
oes yn ei bregeth angladdol er cof am Walter Devereux, Iarll Essex yn
1576. Meddai'n chwerw am swyddogion llywodraeth leol:

> [They] walke after the pleasures and riches of thys worlde, applye all
> their power to further and continue the kingdome of Antichrist, defend
> papistrie, supersticion and idolatrie, pilgrimages to Welles and blinde
> chappelles, procure the wardens of churches in tyme of visitacion to
> periurie, to conceale images, roode loftes and aulters. This lamentable,
> that Gods chosen officers in this blessed time of light & knowledge of
> the gospel of Christ, will neither enter themselues to the kingdome of
> Heauen, nor suffer the[m] that would.[89]

Rhan o'r feirniadaeth hon yw'r cyfeiriad at ymlyniad y tirfeddianwyr
hyn wrth yr 'Hen Ffydd' a gydlynai, yng ngolwg Richard Davies, â'u
balchder a'u drwgweithredu – y ddwy wedd yn arwyddion o'u gwrth-
wynebiad i ysbryd y 'Ffydd Newydd' ac i ddiogelwch y sefydliad
eglwysig. Er cymaint beiau Davies ac eraill o blith yr esgobion a'r
clerigwyr uchaf eu safle ynglŷn ag amfeddu tiroedd a'u meddiannu
in commendam, ni ellir gwadu iddynt ddangos eu hymroddiad bron
yn llwyr i'w galwedigaeth. Ni chanfyddir gwell tystiolaeth i hynny

na datganiad William Morgan mewn llythyr at y cyfreithiwr Thomas Martin yn ei amddiffyn ei hun wedi iddo wrthod caniatáu rhoi prydles dros dri bywyd ar reithoriaeth Llanrwst i Syr John Wynn. Roedd ei eiriau dethol yn wers i'w chofio i sgweier Gwedir:

> my conscience reclaimed against the grauntynge of thys thynge being so prediudiciall to preachers (. . .) speciallye (. . .) to the church yt self which wanteth competent maintenance for preachers (. . .) I assure youe *in verbo sacerdotis* that I thinke in my harte that I weare better Robb by the high waye side then do that which he requeasteth (. . .) I knowe that whose church I wolde defende ys able to defende me against all enemyes and wyll defende me so far as he shall see ytt to be expedient for me.[90]

Cyfeiriwyd eisoes at y cynnydd mewn pregethwyr tua diwedd oes Elisabeth. Ceir tystiolaeth fod yna un pregethwr mewn tri yn esgobaeth Llanelwy yn 1602, ac yn Llandaf a Thyddewi yn olynol gweithredai hanner cant ac wyth deg pedwar ohonynt yn eu tro, ac roedd hynny'n gynnydd sylweddol.[91] Er hynny, ni cheir tystiolaeth am ansawdd y pregethwyr hyn, a'r tebyg yw nad oedd eu galluoedd esboniadol o'r safon uchaf. O ganlyniad i dwf Piwritaniaeth yn Lloegr aeth y Presbyteriaid rhagddynt i gyllido 'gweinidogaeth dduwiol', a chynhaliwyd darlithiaethau gan leygwyr cefnog a chorfforaethau trefol. Ni chafwyd hynny yng Nghymru'r pryd hwnnw gan nad oedd Piwritaniaeth wedi egino fel mudiad ac nad oedd cyflwr economaidd y wlad yn ddigon cryf. Cwynai Francis Godwin, a oedd yn dra awyddus i wella cyflwr ei esgobaeth, na allai pregethwyr llwyr gyflawni eu dyletswyddau ac esgeuluswyd cynnal y pregethau chwarterol a orchmynnwyd yng ngorchmynion brenhinol 1559. I geisio gwella'r sefyllfa datganodd nad oedd gan bregethwyr didrwydded yr hawl i ymgymryd â'r swydd, awgrym nad oedd ei ragflaenwyr wedi cyflawni eu dyletswyddau yn y cyswllt hwn.[92]

Wedi dweud hynny, rhaid cydnabod bod yr offeiriadaeth yng Nghymru wedi cynhyrchu nifer dda o ysgolheigion dyneiddiol a gyfrannodd yn helaeth i achub yr iaith Gymraeg, ac mae hynny'n wir hefyd am ysgolheigion Catholig fel Gruffydd Robert o Filan a Morus Clynnog, arweinwyr yr ymgyrch gwrth-ddiwygiadol ar ran y Cymry ar y cyfandir.[93] Ymhlith y Protestaniaid cafwyd Dr David Powel, Edmwnd Prys, Edward James, Thomas Huet, Robert Holland a Huw Lewys ynghyd â'r lleygwr Maurice Kyffin, pob un ohonynt yn hyddysg yn egwyddorion y 'Ffydd Newydd'. Yn y traddodiad Piwritanaidd hefyd daeth carfanau bychain iawn ohonynt, yn bennaf yn ardal Wrecsam, i ledaenu'r efengyl cyn i Penry ddechrau ar ei genhadaeth. Yn 1582, er enghraifft, cyfeiriwyd at 'certain pedlars and tinkers (...) hot Puritaines and full of the gospel', gwŷr a gwragedd a ddaethai dan ddylanwad Christopher Goodman o esgobaeth gyfagos Caer.[94] Bu Walter Stephens, ficer Trefesgob yn sir Amwythig, dan warchodaeth teulu Piwritanaidd Harley yng ngorllewin sir Henffordd, a dangosodd yntau ei ymlyniad wrth ffydd a'i gwahanai oddi wrth athrawiaeth yr Eglwys. Hefyd, coleddai Rowland Puleston, curad y Bers, syniadau Piwritanaidd, fel y dengys ei lyfryn 'Llyfr o'r Eglwys Gristnogedd' anghyhoeddedig, a mynegodd ei wrthwynebiad i Babyddiaeth mewn arddull Biwritanaidd. A phan ddaeth arwyddion o dwf mudiad Piwritanaidd mewn rhannau o Gymru erbyn y 1640au ni cheid unrhyw dystiolaeth mai dylanwad Penry nac unrhyw un o'i gyfoedion a roddodd seiliau iddo.[95]

Cysylltai'r esgobion eu crefydd â'r cysyniad o wladwriaeth unedig dan awdurdod brenhinol. Yn gysylltiedig â hynny derbynient yr angen i gynnal unffurfiaeth, a chyfyd y cwestiwn i ba raddau y derbyniwyd ac y gweithredwyd 'esgobyddiaeth dda' o ran hyrwyddo'r ffydd Brotestannaidd. Ac eithrio William Hughes a Marmaduke Middleton ystyrid esgobion Cymru yng nghyfnod Elisabeth yn rhai digon cymwys i ymhél â'u dyletswyddau ysbrydol a materol. Fe'u harneisiwyd â'r galluoedd a'r tueddfryd i geisio ymdrin â'r amgylchiadau a lesteiriai gynnydd Protestaniaeth, a'r prif faen tramgwydd, yn arbennig wedi 1570 pan gyhoeddwyd y bwl *Regnans in Excelsis*, oedd gwrthwynebiad y Catholigion hyd at flwyddyn methiant yr Armada i oresgyn y deyrnas bron genhedlaeth yn ddiweddarach. Yn ddiau, enillodd William Morgan fri ymhlith y beirdd caeth a gymeradwyai ei gamp, a chanwyd yn afieithus iddo mewn cywyddau ac awdlau gan rai fel Huw Machno, Owain Gwynedd a Siôn Mawddwy a ganmolai ei ysgolheictod a'i ymroddiad i'r 'Ffydd Newydd'.[96] Bardd o'r un anian â hwy oedd Edward ap Raff, Protestant pybyr, a ganodd i ganmol cyfraniad y Frenhines i gynnal y ffydd honno a chaniatáu cyfieithiad o'r Ysgrythurau i'r Gymraeg:

> Gras duw a ddaeth, gwan stôr
> I'n mysg a iawn ymesgor,
> Elsbeth, bu odieth ei bod
> Yn frenhines fry'n hynod ...

Harddwch ar ôl ein hurddo
Hir i ferch Harri a fo
Einioes iddi'n y swyddau
Yn un prins inni'n parhau.[97]

Sylfaen hirbarhaol a gafaelgar yw'r Frenhines, meddai, cynheiliad y ffydd, ei gwarcheidwad a'i hamddiffynnydd. Ni ellid cryfach tystiolaeth ym marddoniaeth gaeth y cyfnod i'r berthynas anwahanadwy rhyngddi hi a'r sefydliad eglwysig. Yn ei lythyr at brebendariaid Llandaf disgrifiodd William Bleddyn ei hun yn feistr ar long dymhestlog ei esgobaeth ('master of the stormy ship'), ac apeliodd atynt i adfer mawredd yr esgobaeth a'i thraddodiad hanesyddol ysblennydd: 'Therefore, let us awake. It is time to rise from sleep. The night has advanced. But the day of salvation approaches and this is the day which the Lord hath made we will rejoice and be glad in it.'[98]

Yn ddiau, roedd Bleddyn yn ymwybodol o'r peryglon Catholigaidd a gynyddai gyda chymorth y pwerau mawr ar y cyfandir, yn arbennig Sbaen a'i chyswllt hi â Mari, brenhines yr Alban. Byddai diwygio'r Eglwys yn gymorth i sicrhau goruchafiaeth wedi i'r pwerau hynny gael eu trechu. Fel y cyfeiriwyd eisoes nid oedd Syr Richard Price o Aberhonddu, cyfaill agos i Arglwydd Burghley, yn fodlon ar gyflwr moesol ei gyd-Gymry mewn llythyr ato yn 1575 pan oedd diffygion mewnol ac allanol y deyrnas yn niweidio enw da'r Eglwys Wladol mewn gwlad lle roedd prinder pregethwyr o ansawdd yn destun pryder:

Whereby the common people are so rude and ignorant in the most necessary parts of the Christian faith that many of them cannot as much as say the Lord's Prayer and Articles of Belief in any language that they understand. And therefore it is no marvel that they are very injurious one to another and live in contempt both of the laws of God and man.[99]

Rai blynyddoedd ynghynt, yn 1567, apeliodd Nicholas Robinson, Esgob Bangor, ar yr awdurdodau i'w gynorthwyo i ymgymryd â'r cyfrifoldeb o wella cyflwr ysbrydol ei esgobaeth a oedd y fwyaf anghysbell yng Nghymru. Pwysleisiai yntau hefyd mai anwybodaeth ddirywiol oedd sail yr aflwydd. Creai hwnnw ofergoeliaeth a achosid gan 'ddallineb' offeiriad ynghyd â thrachwant y cyfoethog a fwydai ar wlad lom ei hadnoddau a diffyg y Beibl yn iaith y bobl. O dan amgylchiadau dirdynnol o'r fath credai na allai lwyddo i sefydlu

Protestaniaeth yn gadarn na chyfiawnhau ei arweinyddiaeth yn rhinwedd ei swydd:

> But touching ye welsh peoples receauving of ye ghospell, I finde by my small experience among them here yt ignorance continuweth, many in ye dregges of superstition, which did grow chyfely upon ye blyndness of the clergie ioined with greadines of getting in so bare a cuntrey, and also upon ye closing up of Gods worde from them in an unknowen tongue.[100]

Faint tybed o ddylanwad a gawsai cynnwys *Yny Lhyvyr hwnn*, ynghyd â'r Testament Newydd a'r Llyfr Gweddi yn 1567 gan William Salesbury, Richard Davies a Thomas Huet? Mae'n wir nad oedd orgraff Salesbury yn ddigon dealladwy i fwyafrif yr offeiriaid ac i hynny fod yn llestair i ledaeniad Protestaniaeth, ond ni leihaodd hynny ddim ar safon ysgolheictod Salesbury a'i gyd-gyfieithwyr. Bu raid disgwyl am gyhoeddi Beibl safonol William Morgan yn 1588 a fersiwn 1620 gan yr Esgob Richard Parry a Dr John Davies, Mallwyd, er nad oedd hwnnw ar gael i werin Cymru am iddo fod yn 'gloëdig' yn yr eglwysi hyd at ymddangosiad 'Y Beibl Bach' yn 1630.[101]

Lle methodd pregethwyr i hybu'r ffydd dichon nad y cwndidau oedd fwyaf llwyddiannus i ymestyn ei neges. Ond bu'r beirdd Catholig hefyd yn llafar eu barn dros amddiffyn yr 'Hen Ffydd' a chyfansoddwyd carolau, cywyddau ac englynion gan feirdd fel Thomas ab Ieuan ap Rhys, Syr Dafydd Llwyd, Llywelyn Siôn, Siôn ap Rhisiart ac Ieuan ap Wiliam ap Siôn. Canodd Siôn Brwynog gywydd nodedig yn cymharu'r ddwy ffydd,[102] cerdd a luniwyd naill ai yn ystod y blynyddoedd 1550–3 neu ym mlynyddoedd cynharaf teyrnasiad Elisabeth pan oedd gwasgfa gynyddol ar y ffydd Gatholig. Credai fod yr ymosodiadau llym ar Gatholigiaeth wedi dinistrio gwir addoliad a amddifadwyd o ddiddosrwydd yr offeren a'r symbolaeth sancteiddiol wedi i'r mannau cysegredig gael eu dymchwel:

> Y gweinidog annedwydd
> Â gŵn ffwr, egwan ei ffydd,
> Wrth y bwrdd nerth ei ben
> A bregetha brygawthen (. . .)
> Oerder yn ein amser ni,
> Yr iâ glas yw'r eglwysi.
> On'd oedd dost, un dydd a dau,
> I'r llawr fwrw yr allorau?[103]

Cyferbynnir oerni'r gwasanaethau Protestannaidd a cholli'r ymdeimlad â'r profiad o naws gysegredig yr offeren, y gyffes a'r 'eglwys a'i haroglau'.

Yn sail i'r Brotestaniaeth yn Lloegr a Chymru, a ddaethai dan ddylanwad ysbryd diwygiadol y cyfandir, yn arbennig cyfnod Calfin a'i ddisgyblion yng Ngenefa, Basel, Frankfurt, Strasbwrg a dinasoedd eraill, a Zwingli yn Zurich, datblygwyd y berthynas agos rhwng yr Eglwys a'r wladwriaeth.[104] Yn ddiau Eglwys Elisabeth, ynghyd â'r Goron, y gyfraith a'r Senedd a ffurfiodd y pedwar cadarnle a fu'n graidd i undod ac unffurfiaeth yn y wladwriaeth.[105] Mewn gair, sefydliad Erastaidd oedd yr Eglwys, wedi'i seilio ar gyfraith statudol. Cynigiodd fuddiannau lawer i'r tirfeddianwyr lleyg, ac ar yr un pryd cynhaliodd egwyddorion llywodraeth dda o'i mewn ac yn y gymdeithas seciwlar. Oblegid hynny, roedd hi'n dŵr cadarn i drefn mewn oes pan roddwyd pwyslais ar hierarchaeth a sefydlogrwydd, nodweddion canolog y wladwriaeth genedlaethol.[106]

O fewn cyd-destun o'r fath, pan geisiai esgobion Cymru y dulliau hwylusaf i wella cyflwr yr Eglwys mewn gwlad amddifad o'r adnoddau ysbrydol a materol i'w chynnal yr oeddynt, yr un pryd, yn ymwybodol o'r angen i'w hamddiffyn rhag ei gelynion pennaf, sef ymlynwyr wrth yr 'Hen Ffydd' ac anwybodaeth ac anllythrennedd y werin. Mewn cyfwng o'r fath, ac yn unol â gorchymyn deddf 1563 aeth Salesbury a Davies, a William Morgan wedi hynny, i gryfhau undod rhwng y ffydd Brotestannaidd a'r wladwriaeth. Yn ei ragair Lladin i'r esgobion yn *Kynniver Llith a Ban* (1551) – yr Epistolau a'r Efengylau – ar ddiwedd teyrnasiad Edward VI, fe'u beiwyd gan Salesbury am nad oeddynt wedi gweld yr angen am gyfieithiad o'r Ysgrythurau, a chyfeiriodd at drueni ysbrydol ei gyd-Gymry o ganlyniad i hynny yn wyneb y gelyn Catholig, ac meddai ymhellach:

alas, the Word of God is bound with fetters – when no hope appeared, nor even the least probability existed, that it would ever be undertaken: then at the last, touched to the quick by the misery of those born in the same country and of the same people as myself – a people, however, ignorant of sacred science, yet burning more than most men with a fervent zeal for God – I presumed to say that I had some regard at all events for that momentous, but true, statement of the Apostle – that if our gospel is hidden, it is hidden to those that perish.[107]

Mae trywydd Salesbury yma yn dilyn yr un ddadl a nodweddai cwynion dyneiddwyr Protestannaidd eraill na welsai ddim amgenach na phydredd ysbrydol ymhlith pobl amddifad o'r gwir werthoedd. A dyna fyrdwn cyflwyniad Lladin William Morgan i'r Frenhines yn 1588, ac fel Salesbury, pwysleisiodd yr angen i hyrwyddo cynnydd y ffydd yn yr iaith Gymraeg. Bwriad deddf 1563 oedd sicrhau y byddai Protestannaidd yn ymsefydlogi ymhlith y Cymry ac y byddent, trwy gymharu'r fersiynau Cymraeg a'r Saesneg o'r Beibl a'r Llyfr Gweddi, yn dod yn hyddysg ymhen amser yn yr iaith honno.[108] Datganodd y rhagair i'r ddeddf dair gwedd ar ddiplomyddiaeth y Tuduriaid, sef yr angen i sefydlu unffurfiaeth mewn crefydd, ymwrthod â'r ffydd Gatholig a hyrwyddo dull effeithiol o gyfathrebu purdeb yr Ysgrythurau.[109] Ni allai Morgan wadu bod cyflwr crefydd yng Nghymru yn amddifad o adnoddau i ateb gofynion cyhoeddi'r Beibl, ond mynegodd ei obaith y byddai'r cyfieithiad yn sylfaen gadarn i Brotestaniaeth oherwydd y pwyslais a roddid ar bregethiad o'r Gair a'r darlleniad ohono. Credai Morgan hefyd fod cyfieithiadau Salesbury a Davies yn foddion i gynorthwyo'r Cymry i ddod 'yn llawer mwy hyddysg yn yr iaith Saesneg, wrth iddynt fynd ati i gymharu â'i gilydd yr hyn a ysgrifenasid yn y Frytaneg a'r hyn a ysgrifenasid yn Saesneg'. Ond, yn ddiau, eu cyfraniad mwyaf, meddai, oedd 'hyfforddi yn y gwirionedd a thuag at ddod yn hyddysg yn y gwirionedd'. Cyn hynny ni allai pregethu ac athrawiaethu wneud dim ond disgyn ar glustiau byddar:

> Yr oeddent mor anghyfarwydd â'r Ysgrythurau fel na allent wahaniaethu rhwng beth oedd tystiolaeth yr Ysgrythurau eu hunain a beth oedd yn esboniad ar yr Ysgrythurau hynny: gyda'r canlyniad eu bod yn heidio'n frwdfrydig i wrando ar bregethau, ac yn rhoi sylw eiddgar iddynt, ond bod y rhan fwyaf ohonynt yn ymadael mewn ansicrwydd ac amheuaeth.[110]

Canlyniad llafur y ddau ysgolhaig, meddai Morgan ymhellach, oedd goleuo'r genedl yn egwyddorion y ffydd fel y ceid y rheini yn y Testament Newydd, ac yn y rhagair cyfeiria at bwysigrwydd yr Hen Destament, a gyfieithwyd ganddo, er iddo fod yn ymwybodol mai peth arafwch na allai ei gyd-esgobion ei esgusodi a gyfrifai am yr oedi cyn cyflawni'r gorchwyl. 'Yr un pryd', meddai'n hollol ymddiheugar, 'y mae hynny yn bradychu ein difaterwch a'n syrthni ni, gan i ni fethu â chael ein cyffwrdd gan ddifrifwch yr angen na'n hysgogi gan gyfraith mor fanteisiol ond yn hytrach adael mater mor bwysig bron heb ei gyffwrdd am gyhyd o amser'.[111] Credai Morgan fod cyfieithu'r Ysgrythurau i'r iaith Gymraeg yn bwysicach 'na chyffelybrwydd a chytgord iaith' i'r diben o sicrhau undod mewn crefydd. Cyn y gall y Cymry ddod yn gyfarwydd â'r ffydd mae'n rhaid iddynt yn gyntaf gael eu hyfforddi yn y Gair yn eu hiaith eu hunain. Ac meddai ymhellach am hynny: 'nid yw dewis undod yn hytrach na defosiwn, cyfleustra yn hytrach na chrefydd, a rhyw fath o gyd-ddealltwriaeth allanol rhwng dynion (. . .) yn arwyddo duwioldeb digonol (. . .) Oblegid os na ddysgir crefydd yn iaith y bobl, fe erys yn guddiedig ac yn anhysbys.'[112]

Tystia Morgan i'r cyfraniad a wnaeth ei ragflaenwyr i hyrwyddo'r ffydd, ac yn y cyd-destun hwnnw ni ellir diystyru llafur eraill yn eu mysg o blith esgobion ac offeiriad yn negawdau cynnar sefydlu'r ffydd Brotestannaidd yn Oes Elisabeth. Am y tro cyntaf yn hanes yr Eglwys yng Nghymru penodwyd cyfres o esgobion Cymraeg eu hiaith a oedd mewn safle i hybu'r ffydd a'r iaith, pob un ohonynt yn ysgol-heigion a addysgwyd yn y prifysgolion. Cydnabuwyd Thomas Davies, esgob Llanelwy, yn ŵr cadarn ei safiad drosti yn rhinwedd ei alluoedd cyfreithiol a gweinyddol. Dangosodd ei deyrngarwch i'r Frenhines a'i pholisi crefyddol trwy arwyddo'r Deugain Erthygl Namyn Un a luniwyd gan y Confocasiwn yn 1563, ac yn ei Gyngor Esgobol cyntaf yn 1561 mynegodd ei fwriad ar fyrder i ddifa pob arwydd o ofer-goeledd a gosododd drefn ar y ffurfwasanaeth eglwysig yn y plwyfi. 'That every of them', meddai yn ei orchymyn i'r offeiriaid, 'shall forth-with avoyd, remove and put away or cause to be put away all and every fayned relygions and other superstycyons had withyn that severall churches, and abolyshe their aylters yn the same, within eight days'.[113]

Er na chawsai ei olynydd, William Hughes, cystal enw da o bell ffordd, a hynny am ei syniadau diwinyddol anghyffredin a'i anallu i roi trefn ar ei esgobaeth, eto, fel y cyfeiriwyd eisoes, fe'i cydnabyddid yn ysgolhaig praff, a bu'n gymorth i William Morgan, offeiriad yn ei esgobaeth ar y pryd a'i olynydd yn Llanelwy, trwy fenthyca llyfrau iddo wrth ymlafnio gyda'r cyfieithu. Canodd nifer dda o feirdd eu clodydd iddo trwy glodfori ei ysgolheictod a'i dras, ond ni ddylid rhoi gormod o bwysau ar dystiolaeth o'r fath, o gofio am ei gamweddau. Yr hyn mae'r dystiolaeth honno'n ei arwyddo yw iddo fod yn Gymro pybyr ac yn arweinydd i'w genhedlaeth yn Llanelwy.

Yng nghyfnod Elisabeth, o'r ddau esgob ar bymtheg a benodwyd i'r esgobaethau yng Nghymru, roedd un ar ddeg ohonynt yn Gymry, a'r rhan fwyaf ohonynt yn wŷr o bwys yn y byd diwylliannol Cymreig. O blith yr esgobion di-Gymraeg ychydig iawn a ddangosai unrhyw ddiddordeb yn yr iaith er iddynt fod yn ymwybodol ohoni ac yn eiddgar i'w hybu er llwyddiant i'r drefn grefyddol newydd. Er nad oedd Hugh Bellot, Esgob Bangor (1585–95), yn Gymro, roedd yn gyfaill agos i Gabriel Goodman, Deon Westminster. Cynorthwyodd William Morgan trwy fenthyca llyfrau iddo pan oedd yn cyfieithu'r Beibl a rhoddodd ddyrchafiad i offeiriaid galluog, pedwar deg tri allan o 154 ohonynt yn bregethwyr, yn cynnwys Henry Rowland a Richard Parry. Yn ei gofeb yn eglwys blwyf Wrecsam fe'i disgrifir yn ŵr a adnabyddid am ei 'singular godly piety, his integrity, practical wisdom and learning'.[114]

Ysgolor o radd uchel oedd Francis Godwin, brodor o swydd Northampton, yn Llandaf (1601–17). Cyhoeddodd nifer o weithiau gwreiddiol a hynafiaethol fel *Catalogue of the Bishops of England* (1601), ac roedd yn dra awyddus i weld diwygio'i esgobaeth dlawd gwerth £150. Dengys ei orchmynion yn 1603 pa mor ddirywiedig oedd hi, yn arbennig cyflwr yr adeilad ac ansawdd y pregethwyr a'r offeiriaid.[115] Cymaint oedd y cyni ynddi fel y gorfodwyd Godwin i benodi darllenwyr mewn sawl curadiaeth ynddi 'as a minister will not accept thereof, as not being able to live by it'.[116] Roedd nifer o'r curadiaid yn ddiaddysg ac yn analluog i bregethu, a dirywiodd y sefyllfa oherwydd hynny.

Yn ychwanegol at y tlodi a'r diffyg addysg ymhlith offeiriaid wynebwyd yr esgobion hefyd gan raib tirfeddianwyr a'u hanallu i gynnal incwm o safon i'w galluogi i fyw'n gymesur â'r preladiaid mwyaf da eu byd. At hynny, fe'u trafferthwyd gan barhad ymlynwyr wrth y ffydd Gatholig, yn arbennig yn esgobaeth Llandaf a rhan o Lanelwy. Ar wahân i'r problemau mewnol a wynebai Godwin casâi reciwsantiaeth Catholig yn ei esgobaeth, yn arbennig dylanwad teuluoedd fel Morganiaid Llantarnam a Thwrbiliaid bro Morgannwg yn y deddwyrain. Trigai teuluoedd Catholigaidd cryf hefyd yn y gogledd, megis Puwiaid Penrhyn Creuddyn, Oweniaid Plas Du a theulu Edwards, Plas Newydd, Y Waun, ynghyd â mân deuluoedd bonheddig yn ardal Ffynnon Wenfrewy, Treffynnon, a afaelai'n dynn ar eu ffydd, a chadw cysylltiadau agos â'u cyd-Gatholigion mewn rhannau eraill o'r wlad yng Ngwynedd, Penfro a pharthau eraill.

Fodd bynnag, edwino wnaeth yr 'Hen Ffydd' ym mlynyddoedd olaf yr unfed ganrif ar bymtheg mewn cyfnod o bwysau gwleidyddol a chrefyddol o'r cyfandir dan arweiniad y Fatican, ac er i'r Eglwys a'r wladwriaeth uno i amddiffyn Protestaniaeth, nid oedd y sefyllfa'n esmwyth o bell ffordd. Aeth rhai o'r beirdd caeth rhagddynt i hybu'r ffydd honno yn eu cerddi moliant i arweinwyr y ffydd yng Nghymru.

Meddai'r bardd Owain Gwynedd yn ei foliant i William Morgan wedi ymddangosiad ei gyfieithiad o'r Beibl:

> Diniwliaist ynny eilwaith
> a oedd yn niwl ddoe i'n iaith.[117]

Cyfeiriad yw hwn, mae'n debyg, at ymddangosiad cyfieithiad Morgan o'r Hen Destament (ac efallai'r Apocrypha) na fu'n ddealladwy i'r werin, ac yn ei gyflwyniad Lladin o'r Beibl i'r Frenhines dengys pa mor hanfodol oedd darparu'r Ysgrythurau cyflawn i'w gyd-Gymry, bwlch y sylwodd Penry hefyd arno yn ei *Aequity*.[118] Tystiodd Morgan gymaint i arwyddocâd yr Hen Destament ag y gwnaeth i'r Newydd gan iddo ragfynegi Gair Duw yng Nghrist – 'y Testament', meddai, 'sy'n rhagddywediad cuddiedig o'r llall, yn llun gwan ohono ac yn dyst diamheuol iddo.'[119]

Drachefn, yng nghyfieithiad Maurice Kyffin o *Apologia Ecclesiae Anglicanae* gan John Jewel, Esgob Caersallog, cynhwysir datganiad o burdeb yr Eglwys wladol a hanai o'r ffydd a ystyrid yn seiliedig ar yr Ysgrythurau:

> A darfod inni geisio yn yr Ysgrythurau glân di-dwyllodrus, a thynnu allan ohonynt math a ffurf sicr ar grefydd gan ddychwelyd drachefn at brif Eglwys yr hen dadau a'r apostolion, sef yw hynny, at y dechreuad a'r drefn gyntaf megis sylfaen a gwaelod ffynhonnau'r eglwys.[120]

Cafwyd ymateb i'r gwrthwyneb hefyd gan feirdd pleidiol i ffydd Rhufain, fel y cwndidwr Tomas ab Ieuan ap Rhys o Landudwg, a ganodd yn feirniadol am newidiadau Protestannaidd yn nheyrnasiad byr Edward VI:

> fo aeth dy ffydd di ar goll;
> y ddyni oll yn ddoillion.[121]

Ac ategwyd hynny mewn geiriau dirdynnol gan y bardd Catholig Siôn Brwynog tua'r un amser:

> Cyffeswn, neswn i'r nod
> Duw a wrendy, ar Drindod
> Iddo, fel Pedr y medrwn
> Ufuddhau, fo faddau hwn

Awn i'w nawdd yn un weddi,
Ymprydiwn, penydiwn ni.[122]

Cwpledi yw'r rhain na ellir llai na theimlo bod ynddynt brofiad iasoer ac anghynnes, ar y naill law a'r cynhesrwydd a ddeuai i ran y gwir grefyddwyr a gadwai'r 'Hen Ffydd' ar y llaw arall.

Ar derfyn teyrnasiad Elisabeth ceir manylion mewn adroddiad ystadegol am nifer y cymunwyr eglwysig a'r gwrthodedigion Catholig roedd eu henwau'n wybyddus i'r awdurdodau. Yn ddiau, yn esgobaeth Llandaf y cafwyd y nifer fwyaf o reciwsantiaid (381), ac yn dilyn hynny Llanelwy (250), Tyddewi (145) a Bangor (32).[123] Ar wahân i'r teuluoedd mwyaf breintiedig a barhâi i ymlynu wrth Babyddiaeth, ar lawr gwlad mewn ardaloedd diarffordd a gwasgaredig y cafwyd nifer o ddilynwyr, llawer ohonynt, fel y tystia Nicholas Robinson, yn fwy ofergoelus ac anwybodus nag yn selog eu cred. Mewn dogfen anhysbys sy'n disgrifio cyflwr crefydd yng ngogledd Cymru yn ail hanner canrif y Tuduriaid cyfeiria'r awdur at anwybodaeth ac anllythrennedd: 'The people naturallie are vearie devoute, havinge in harte doubtless engraffed as great feare regarde and reverence of a sup'nall power as anie people, in the wowrld elsewhere have, but more than the name of God they knowe noethinge att all.'[124]

Yn fwy na dim ofnai Robinson ddylanwad teuluoedd Catholig mewn ardaloedd gwledig ymhell o ganolfannau trefol lle nad oedd Protestaniaeth wedi cael cyfle i gydio'n ddigon dwfn trwy bregethiad y Gair. Fel yr amlhâi'r ddeddfwriaeth yn eu herbyn yn negawdau olaf Oes Elisabeth, yn arbennig wedi'r ymgyrchoedd Iesuaidd yn 1581, a'r cosbau llym a ddioddefai aelodau o'r teuluoedd hynny, cynyddodd y pwysau arnynt ac eithrio mewn ardaloedd ffiniol yn y de-ddwyrain lle cawsai offeiriaid loches mwy diogel. Mae'n wir y gorfodwyd Catholigion pybyr ym mro Morgannwg a Mynwy i dalu dirwyon trwm, fel y Twrbiliaid a theulu Rhaglan, ac ofnai'r Cyfrin Gyngor yn 1591, yn ystod y rhyfel rhwng Lloegr a Sbaen, y byddai dylifiad cynyddol o reciwsantiaid o odreon siroedd Lloegr i Went a Morgannwg yn llesteirio twf Protestaniaeth ar y gororau.[125] Rhybuddiwyd y Cyngor yn Llwydlo i fod yn fwy gwyliadwrus a pharod i'w cosbi, a chanlyniad hynny fu iddo ddegawd wedi hynny ddeffro i fod yn fwy ymwybodol o'r perygl hwnnw:

A treatife containing the

Nonrefidencies were not tolerated, a teaching minifter in Walles might liue wel by the Church. Is it not intolerable that fome of our Gentle-men fhould haue 6. impropriate liuings?

Our earneft and humble petition vnto her Maiefty and this high court of Parliament is, that it would pleafe them to decree, that the tenth part of euery impropriat liuing in Wales, may be beftowed to the maintenãce of a teaching minifter: which is fo reafonable, that I hope it wil be grãted And that the minifter finding hir Maiefty fufficient fecurity, may be hir farmer in euery impropriat liuing, that belõgeth vnto hir highnes within wales. We humbly intreat, that the fame order may be taken with al impropriations in our coun-trey whatfoeuer.

Non-refidencies haue cut the throte of our Church. Some that neuer preached haue three Church liuinges. Many of our liuinges are poffeffed by ftudents of either of the Vniuerfities: who neuer come amongft vs, vnles it be to fleece. This I hope wil be tolerated no longer: feeing it is the very defolation of the Church, the vndoing of the common wealth, and a demonftratiue token, that the Lorde will watch ouer vs to euill, and not to good. Our petition is that none whofoeuer maie poffeffe aboue one liuing, and that al may be conftrained to bee refident on their charges. Thefe reafonable petitions cõ-
[57] cerning Non-refidencies | and impropriations being graunted, a great many liuinges will bee ready to entertaine a learned paftor. Thus I hope al the difficulties that feemed to hinder preaching vnto vs are taken away.

But I maruel what will be faid to bee the caufe why we haue not had publicke reading in welfh to any purpofe as yet. The old teftament we haue not in our tongue, therefore the 1. leffon is read in Englifh vnto our people in many places that vnderftand not one word of it. This reading is taken to be the blafphemous maffe. And they giue it the very name of the maffe. *û maû yr offairiad ar y fferê,* (fay they, when the firft leffon is read,) that is the prieft is at maffe. One man feene in the original by the bleffing of God would bee able to tranflate the whole in 2. yeares: more handes would make more fpeede. The fmall prophets in welfh might be read vnto

40

Tudalen allan o A treatise containing the aeqvity of an hvmble svpplication (Oxford, 1587).

there is great backsliding in Religion in these parts, and especially in the confines of the shires between England and Wales as Monmouthshire and the skirts of the shires bounding upon them (. . .) there are many runners abroad and carriers of mass books, super altars, all kinds of massing apparel, singing bread, of wafers and all other things used at or in the singing of mass.[126]

Mae'r manylder wrth gofnodi'r cyfarpar a oedd ganddynt yn dangos bod yr awdurdodau wedi archwilio'r sefyllfa'n bur drylwyr yn y parthau hynny a gynhaliai lawer mwy o reciwsantiaid nag unrhyw ran arall o'r wlad ac eithrio'r gogledd-ddwyrain.

Wedi dweud hynny, ni ellir casglu bod Cymru na Lloegr yn wledydd Protestannaidd pybyr ym mlynyddoedd olaf teyrnasiad Elisabeth. Ynghanol y berw economaidd, y chwyddiant ariannol, caledi, problemau cymdeithasol, y gwrthdaro gwleidyddol cyn ac wedi gwrthryfel Iarll Essex a'r rhyfeloedd â Sbaen ac Iwerddon wynebodd y deyrnas gyfyngiadau a bygythiadau sy'n arwain haneswyr i gredu nad 'Oes Aur' oedd cyfnod maith y Frenhines ar yr orsedd wedi'r cwbl.[127] Ym myd crefydd, edwino wnaeth Piwritaniaeth, yn arbennig wedi iddi golli nawdd yn y llys brenhinol a pholisi llym yr Archesgob Whitgift yn ei herbyn, ac yn yr un cyfnod dwysáu wnaeth y gwrthdaro rhwng yr Iesuaid a'r offeiriaid seciwlar yn y deyrnas ynglŷn â'r math o arweinyddiaeth y dylid ei fabwysiadu a'r olyniaeth frenhinol wedi marwolaeth Elisabeth. Yn ddiau, methiant fu polisi'r llywodraeth i sicrhau undod crefyddol, ac er i Bresbyteriaeth golli gafael ar y cyfle i hybu ei chenhadaeth ddiwygiadol tyfodd y gwreiddyn Ymneilltuol, a ddatblygasai yn y 1580au a'r 1590au, a dod yn ddraenen boenus yn ystlys Iago I a'i fab Siarl. Tri o'r arloeswyr amlycaf yn nhyfiant y sectau hynny oedd Henry Barrow, John Greenwood a John Penry, ac fe'u crogwyd hwy am eu hargyhoeddiadau. Er cymaint eu helbulon, parhaodd y tri ohonynt i gynnal tân eu ffydd hyd y diwedd.

3

'Y Gŵr o Fynydd Epynt': Piwritaniaeth John Penry

Efallai nad yw John Penry wedi cael yr un cyhoeddusrwydd â rhai o brif arweinwyr Piwritanaidd eraill ei gyfnod yn Lloegr, yn arbennig Henry Barrow, Robert Browne a John Greenwood, eto ni ellir gwadu iddo'i le yn hanes twf y mudiadau crefyddol a geisiai sicrhau diwygiadau pellgyrhaeddol yn nhrefn, swyddogaeth a thystiolaeth yr Eglwys Wladol fel y sefydlwyd hi ar ddechrau teyrnasiad Elisabeth I. Ychydig o flynyddoedd yn unig a gafodd Penry i gyhoeddi ei genhadaeth a chanfod beth oedd effeithiau'r hyn y dymunai ei genhadu mewn oes pan oedd yr awdurdodau llywodraethol ac eglwysig yn elyniaethus tuag ato. Ni olygai hynny na chawsai unrhyw ddylanwad o gwbl yn ei ddydd, ac o gofio mai o fewn tua chwe blynedd yn unig y cawsai'r cyfle i gyflwyno'i gredoau'n gyhoeddus mae ei gynnyrch llenyddol cyhoeddedig yn bur sylweddol. Amlygwyd hynny'n bennaf ar ffurf tri thraethawd maith a gyflwynwyd, yn eu tro, i'r Frenhines, i'r Senedd ac i Henry Herbert, ail Iarll Penfro ac Arglwydd-Lywydd y Cyngor yn y Mers, gyda'r bwriad o ddileu holl wendidau'r drefn eglwysig a gwella cyflwr ysbrydol ei gydwladwyr.[1] Mae'r hyn a gyflawnodd y gŵr ifanc, y credir iddo fod yn frodor o ardal mynydd Epynt, yn dystiolaeth i'w ddeallusrwydd a'i alluoedd meddyliol praff. Ni wyrai o gwbl oddi wrth ei brif amcanion i 'buro' yr Ardrefniant eglwysig a sefydlwyd yn 1559 a'i glanhau o'i holl gamarferion a'i ffaeleddau, a hynny yn wyneb pob gwrthwynebiad a sarhad, a dengys cynnwys ei ryddiaith ymosodol ac amddiffynnol ei benderfyniad i ddisodli'r math o Brotestaniaeth a sawrai o athrawiaeth, trefn a defodau Catholig. Yn fwy na'i gyfeillion ymhlith y Presbyteriaid, a'r Ymwahanwyr cynnar wedi hynny, glynai'n ddigyfaddawd wrth un bwriad, sef, yn ôl ei dystiolaeth ei hun, diwygio'r Eglwys yng Nghymru, a gwella safonau moesol ac ysbrydol ei gydwladwyr mewn cyfnod pan na roddwyd unrhyw ystyriaeth gan yr awdurdodau gwladol i'w apeliadau taer dros ei genedl.

Yn y cyd-destun ehangach roedd Penry'n byw mewn cyfnod cyffrous pan roddwyd y sylw pennaf mewn llywodraeth i undod cyfansoddiadol yn ôl tueddiadau gwleidyddol yr oes dan ddylanwad twf mewn syniadau a sefydliadau gwleidyddol newydd. Dyna'r blynyddoedd pan gododd breniniaethau absoliwt i'r brig yn Ewrop a fu'n gyfrwng i hybu ymwybyddiaeth genedlaethol, a gwireddwyd hynny yn Lloegr, Ffrainc. Sbaen, Portiwgal a'r gwledydd Sgandinafaidd.[2] Daethai'r frenhiniaeth i fod yn symbol o undod cenedlaethol ac annibyniaeth, ac ynddi gweithredid sofraniaeth genedlaethol ar draul rhyddfreiniau lleol a ffiwdal. Yn y cyd-destun hwnnw crewyd grymuster gwleidyddol (*power-politics*), ac ohono datblygwyd y gwladwriaethau cenedlaethol wedi'u sylfaenu ar athroniaeth yr Eidalwr sinigaidd Machiavelli, a gynhwyswyd yn ei *Il Principe* (Y Tywysog) yn 1532 a'i *Discourses on Livy* yn 1531. Credai hwnnw mai sicrhau goruchafiaeth wleidyddol oedd unig orchest pob tywysog neu *condottieri* Eidalaidd. Ei *raison d'etre* oedd bod dynoliaeth, yn ei hanfod, yn ddrwg ac mai cyfraith y wladwriaeth yn unig a allai gadw trefn.[3] Mewn cyd-destun o'r fath yr unwyd Cymru a Lloegr yn 1536–43, mater o'r grym cenedlaethol cryfaf yn llyncu'r gwannaf, ac felly, pan gyhoeddai John Penry anghenion ysbrydol ei genedl fach ei hun, yn arbennig yn ei ddull eithafol, ni chawsai'r un gwrandawiad. Nid cenadwri wleidyddol oedd gan Penry oblegid ni welai ddim amgenach nag undod mewn Eglwys a gwladwriaeth yn y cyd-destun hwnnw. Derbyniai uchelwyr Cymru y drefn newydd, sef yr uniad gwleidyddol â Lloegr yn 1536, er na chyfeiriodd Penry at hynny o gwbl, ac ni ellid gwell tystiolaeth i hynny na datganiad y dyneiddiwr Humphrey Prichard, rheithor Llanbeulan, Môn:

Yr ydym ni oll yn trigo ar yr un ynys, yr ydym yn ddinasyddion yr un wladwriaeth; y mae'r un gyfraith yn bod i'r naill a'r llall ohonom, a'r un Frenhines, dra hyglod; y mae materion busnes, cyfeillachau, cydgynulliadau, priodasau, materion cyfraith a chrefydd (. . .) yn gyffredin rhyngom ni a'r Saeson.[4]

Nid Penry, wrth gwrs, oedd yr unig un a roddodd sylw tanbaid i anghenion y Cymry, a lleisiodd unigolion fel Maurice Kyffin, Syr John Price a'i fab Richard Price o Aberhonddu a'r offeiriad Huw Lewys o Aber, ymhlith eraill, eu cri'n gyhoeddus yn erbyn gwendidau'r drefn eglwysig na roed iddynt ystyriaeth haeddiannol gan yr offeiriaid.[5] Y mae rhagair Syr John Price i *Yny lhyvyr hwnn*, llawlyfr defosiynol yn

cynnwys cyfieithiad i'r Gymraeg o'r Credo, Gweddi'r Arglwydd a'r
Deg Gorchymyn, yn egluro'r gwendid hwn yn amlwg:

> Kanys heb ffydd ny ellir rhengi bodd duw, a'r perigloryon y sy yny
> mysk oswaethiroedd, y naill ae nys medran, ae nys mynnan ddangos
> yw plwyvogyon y petheu y maen yn rhwymedic y llaill yw dangos, ar
> llall eu gwybod, duw ae dycko yr iawn ac y adnabod y perigleu, pa
> wedd y gorffo arnyn atteb am yr eneideu elo ar gyfyrgoll drwy y heisieu
> hwy.[6]

Gwêl Price fod angen difa anllythrennedd a lledaenu'r ffydd newydd
yn iaith y bobl. Ac meddai ei fab Richard Price am ei gyd-Gymry wrth
feirniadu prinder offeiriaid yn ei sir: '[they are] so rude and ignorant
in the most necessary points of the Christian faith [and who] . . . live
in contempt both of the laws of God and man'.[7]

Ymhlith Presbyteriaid Lloegr, a wrthodai ffurflywodraeth esgob-
yddiaeth ac a ymgyrchodd dros ddiwygio o fewn yr Eglwys safai
Thomas Cartwright ymhlith yr enwocaf. Daethai dan ddylanwad trefn
Galfinaidd Genefa, sef eglwysi ymreolaethol gyda'u gweinidogion,
henuriaid etholedig a diaconiaid a arolygwyd gan synodau a chyn-
ulliad cenedlaethol.[8] Achosodd ei ddarlithiau ar Actau'r Apostolion
yng Nghaergrawnt gryn gynnwrf, yn arbennig ei ddatganiad y dylid
dileu swyddogaethau'r archesgob a'r esgob, a phenodi gweinidogion
yn eu lle. Ni cheir tystiolaeth fod Penry wedi dod i gysylltiad ag ef
ond, yn ddiau, ni allai osgoi ei ddysgeidiaeth gan iddo gymdeithasu
ag eraill a ymgyfeillachodd ag ef yng Nghaergrawnt. Pwysleisiai Penry
fod ei genedligrwydd yn sail i'w argyhoeddiadau, ac yn fynych
cyhoeddodd ei ymrwymiad i'w bobl ei hun: 'yet', meddai yn ei rag-
ymadrodd i'w draethawd mawr cyntaf, sef ei *Aequity* yn 1587, 'the
preaching of the word in Wals is Gods glorie, And therfore must stand'.[9]
Ar drothwy ei farwolaeth yn 1593 apeliodd yn daer, ond yn ofer, at
Syr William Cecil, a enillasai gryn awdurdod a ffafriaeth frenhinol ac
a ddeuai o deulu Cymreig ar y ffin ddeheuol â Lloegr, iddo ystyried
ei ewyllys i wella cyflwr ysbrydol ei wlad:

> I am a poore man borne and bredd in the mountaynes of Walles: I am
> the first, since the last sprining vpp of the Gospel in this latter age, that
> publicly laboured to haue the blessed seed therof sowen in these barrayne
> mountaynes (. . .) In the earnest desire I had to se the Gospel planted in
> my natiue country, and the contrary corruptions removed.[10]

Aeth yr hanesydd Donald McGinn rhagddo i ddadlau nad oedd gan John Penry gymaint o ddiddordeb mewn diwygio'r Eglwys yng Nghymru nac mewn gwarchod buddiannau ysbrydol ei gyd-Gymry, ac mai rhywbeth i guddio'i brif amcan oedd y mynych gyfeirio at hynny.[11] Yn ei farn ef ei wrthwynebiad i'r drefn esgobol yn Lloegr oedd sail ei holl ymosodiadau ar yr Eglwys yn Lloegr. Mae'n wir fod Penry'n llym iawn ei feirniadaeth ar y drefn esgobol fel sefydliad gan na chredai fod y swydd yn ddilys yn ôl yr adrannau ar sylfeini'r Eglwys Fore yn Llyfr yr Actau. O ddarllen ei draethodau daw'n amlwg mai esgobion Cymru a sarheid fwyaf ganddo er nad yw'n enwi unrhyw un ohonynt yn bersonol. Mae'n amlwg y gwyddai fwy am gyflwr yr Eglwys yng Nghymru na thros y ffin, er iddo dreulio'r rhan fwyaf o'i oes fer yn Lloegr. Nid yw'n eglur felly sut y gwyddai am amgylchiadau yng Nghymru gan nad ymddengys iddo deithio fawr ddim o'i gartref i barthau eraill o'r wlad yn ei lencyndod nac wedi hynny. Ni wyddys pa gysylltiadau eglwysig a oedd ganddo, os o gwbl, yn esgobaethau Cymru ac ni cheir cyfeiriadau ganddo at ei sir enedigol ychwaith. Amlygir mwy o wybodaeth am hynny yn ffynonellau swyddogol yr Eglwys yn y pedair esgobaeth, ac ni ddengys unrhyw dystiolaeth iddo eu harchwilio o gwbl na chael y cyfle i wneud hynny. Rhaid cyfaddef mai cyffredinol ac ailadroddus yw llawer o'i ddatganiadau a'i sylwadau ar gyflwr crefydd yng Nghymru. Gan na chyfeiria at enw un esgob na swyddog eglwysig arall gellir tybio naill ai mai ei gwrteisi oedd hynny i arbed unrhyw gyhuddiad o enllib yn ei erbyn neu ei anwybodaeth o'r sefyllfa. Defnyddia enghreifftiau lluosog o'r sefyllfa yng Nghymru a'u gwau, pan gaiff gyfle, i ddangos sut y gallai amgylchiadau gwleidyddol a chymdeithasol neu adfydau a bygythiadau fod yn gymorth iddo brofi gwirionedd ei ddadleuon.[12] Mae'n wir iddo ddefnyddio gwendidau'r Eglwys ledled y deyrnas hefyd i gryfhau ei ddadleuon ar gyflwr crefydd, a'r tebyg yw iddo gasglu'r wybodaeth honno yn ystod ei gyfnod yn y prifysgolion, ac yn arbennig oddi wrth y Piwritaniaid y cymysgai â hwy, yn arbennig yng Nghaergrawnt, ac mewn rhannau eraill o'r wlad. Er iddo fod yn ymwybodol mai Eglwys Loegr oedd sail y drefn wedi 1559, yn y bôn, fodd bynnag, cymhwysa Penry ei ddadleuon i ystyriaeth o sefyllfa Cymru. Amgylchiadau adfydus yr Eglwys yn ei famwlad – yn arbennig yn esgobaeth Tyddewi – a roddodd iddo'r cyfle i atgyfnerthu'r genhadaeth Biwritanaidd y tu hwnt i'w ffiniau. Dywed yn ei *Aequity* mai ychydig yn y deyrnas oedd yn ymroi i bregethu'r Efengyl a dymuna i Dduw ofalu am y Frenhines a'i harwain i edifarhau:

If anie by the great goodnesse of God be called (. . .) in some corner of
the Church of England were the gospel is preached. And long may it be
preached there (. . .) And our God remember Queen Elizabeth herein,
and wipe not outhir kindness shewed toward thy people, shew mercy
vnto hir, in that daie (. . .) and forget hir not in this life also, seing by
means of fostering thy Gospell in hir land.[13]

Cyfeiriad yw hwn at yr angen am bregethiad y Gair drwy'r holl deyrnas
a dengys gymaint o barch oedd ganddo i'r Frenhines gan ddeisyf arni
i ymgymryd â'i dyletswyddau i hybu'r ffydd. Fodd bynnag, er dweud
hyn oll, ni ellir derbyn dadleuon McGinn mai isradd oedd cyfeiriadau
Penry at Gymru o'u cymharu â ffactorau eraill, ac mai dyfais yn unig
i orchuddio'i wir amcan oedd ei apêl dros ei genedl. Yn fynych iawn,
gesyd ei apêl am ddiwygio'r Eglwys ac amlhau pregethiad y Gair
o fewn cyd-destun ei famwlad. Yn ei ail draethawd, a gyflwynwyd
i Henry Herbert, ail Iarll Penfro, yn Llwydlo, apeliodd John Penry
ato i ymgymryd â'i ddyletswyddau i sicrhau llwyddiant diwygiad
eglwysig yn benodol yng Nghymru, a dengys hynny cymaint oedd
ei bryder dros gyflwr ei bobl yno. Meddai wrtho:

That it essentially belongeth vnto your calling, to see all within Wales
taught bythe woorde preached, is prooued, by reason that you are
gouernor ouer all. For you ought to acknowledge your selfe ruler ouer
none, that doe not subiect themselues at least outwardly vnto true
religion.[14]

Herbert oedd prif lywiawdwr Cymru dan awdurdod y Goron, a
dyna paham y disgwyliai Penry iddo warchod holl fuddiannau'r
genedl.

Troeon yr yrfa

Yn ôl traddodiad ganwyd John Penry yn 1563 – bedwar cant a hanner
o flynyddoedd yn ôl – yng Nghefn Brith, ffermdy anghysbell ar lethrau
gogleddol mynydd yr Epynt, ym mhlwyf Llangamarch a nepell o'r
pentref.[15] Mae'r tŷ'n parhau i sefyll a chofeb foel fechan ger y drws
yn cofnodi hynny. Diddorol yw nodi hefyd mai yn y flwyddyn honno
y deddfwyd i gyfieithu'r Beibl a'r Llyfr Gweddi Gyffredin i'r Gymraeg.
Ni wyddys fawr ddim am ei gefndir cynnar ond tybir bod y teulu'n

rhydd-ddeiliaid eithaf cefnog a oedd wedi dod ymlaen yn y byd, yn bennaf trwy briodi i deuluoedd sylweddol eraill yn yr ardal. Maredudd Penry, disgynnydd o deulu Elystan Glodrydd, sylfaenydd pumed llwyth brenhinol Cymru, a mân dirfeddiannwr oedd ei dad a drodd at Brotestaniaeth, ond ni cheir tystiolaeth i ddangos sut y bu i'r teulu newid eu teyrngarwch na phryd y derbyniodd John Penry y ffydd, ai yn ystod ei lencyndod ynteu yn y brifysgol yng Nghaergrawnt.[16] Y tebygrwydd yw mai yn Peterhouse y daeth i gysylltiad â Phresbyteriaid, a dirmyg ar ran un o'i elynion pennaf oedd iddo ddisgrifio Penry 'as arrant a Papist as ever came out of Wales' ar ei fynediad i'r brifysgol gan nad oes dystiolaeth i brofi hynny. Efallai mai'r Eglwyswr Thomas Nashe, awdur *An Almond for a Parrat*, a gyfeiriodd yn dafotrwg a difrïol, mewn dull tebyg i Martin Marprelate, ato fel hyn, ac meddai ymhellach:

> in those daies [he] would haue run a false gallop over his beades with anie man in England, and helpt the Priest for a shift to saie Masse at high midnight (. . .) Say what you will, he is a close lad, & can carrie a ring in his mouth, though all the world see it not; what though he now dissemble with the time, & disguise his Spanish heart in a Precisions habit.[17]

Geiriau deifiol o'r math hwn a ffyrnigodd Penry wrth iddo ymgyrchu dros Eglwys Dduw, ond nid oes unrhyw arwydd o Gatholigiaeth yn ei yrfa golegol. Nid oes unrhyw dystiolaeth ar gael ychwaith i ddangos ym mhle y cafodd Penry ei addysg gynnar. Mae'n bosibl mai'r offeiriad lleol a roes gychwyn i'w yrfa addysgol ac efallai fod Thomas Huet, Prif Gantor Tyddewi, a phrebendari absennol Llangamarch yn 1556, a gynorthwyodd William Salesbury a Richard Davies trwy gyfieithu Llyfr y Datguddiad i'r Gymraeg, wedi cael peth dylanwad arno. Ond pur annhebyg fyddai hynny, a dylid edrych ar eraill â chysylltiadau ganddynt â'r plwyf a allai fod wedi gosod Penry ar ei ffordd yn ystod ei lencyndod. Penodwyd Thomas Howell, tad James Howell, y teithiwr a'r awdur, yn gurad y plwyf gan Gruffudd Toy, pregethwr o fri, aelod o deulu amlwg yng Nghaerfyrddin a phrebendari Tyddewi yn 1576, ac mae'n bosibl ei fod yntau wedi rhoi cymorth iddo.[18] Efallai hefyd fod Penry wedi'i addysgu yng Ngholeg Crist, Aberhonddu, gan fod dwy ran o dair o ddegymau'r plwyf yn rhan o waddoliad y sefydliad hwnnw, a rhoddid darpariaeth addysgol ar gyfer efrydwyr lleol. Gan fod Penry wedi astudio'r clasuron yng Nghaergrawnt byddai bwrw ei brentisiaeth yn y coleg o fantais fawr iddo.[19]

Erbyn canol canrif y Tuduriaid cynyddodd nifer yr efrydwyr bonheddig a fynychodd ysgolion gramadeg a'r prifysgolion, ac yn eu plith lawer ohonynt yn feibion i rydd-ddeiliaid cefnog ac oherwydd hynny aeth John Penry i Peterhouse, y coleg hynaf yng Nghaergrawnt, gyda chymorth ei fam, fel y dywed ef ei hun mewn llythyr o'r carchar at ei ferched ar 10 Ebrill 1593, prin fis cyn iddo gael ei grogi. Mae'n amlwg fod y teulu'n ddigon cefnog, oherwydd fe'i hanfonwyd yn 1580 i Gaergrawnt – cryn bellter o ffordd o Gefn Brith – fel 'pensiynydd' heb orfod derbyn cymorth ariannol gan ei goleg. Meddai am y cymorth a gawsai gan ei fam:

> And be an especial comfort in my stead, unto the grey hairs of my poor Mother, whom the Lord used as the only means of my stay for me in my beginning up at my studies, whereby I have come unto the knowledge of that most precious Faith in Christ Jesus.'[20]

Ac meddai wrth gydnabod cefnogaeth ei rieni a roes y cyfle iddo fanteisio ar addysg uwch yng Nghaergrawnt a Rhydychen er budd i'w gydwladwyr:

> because it pleased the Lord of life that therin I first sawe the light of the sunne, and haue been by my parents there liuing, brought vp in both the vniversities of this land, to the end if euer the Lord enabled me, I should procure the good of my natiue countrymen. I haue vowed my selfe dutifully to benefite them al the waies I may.[21]

Yn ddiau, roedd addysg yn brif uchelgais meibion teuluoedd tiriog a masnachol yng nghyfnod y Dadeni Dysg, ac fe ymddengys i Penry fwynhau ei gyfnod yn y ddwy brifysgol.[22] Mae'n debyg iddo fod yn ymwybodol o'r ffaith fod William Morgan ac Edmwnd Prys, ymhlith ysgolheigion eglwysig eraill, wedi'u haddysgu tuag ugain mlynedd yn gynharach nag ef yng Nghaergrawnt, y ddau ohonynt yng Ngholeg Ioan Sant er na fu iddo roi unrhyw gydnabyddiaeth iddynt am eu hysgolheictod, yn arbennig yn ei draethawd cyntaf, yr *Aequity*, lle y galwodd yn daer am gyfieithiad o'r Beibl cyflawn i'r Gymraeg.[23]

Meistr Peterhouse ar y pryd oedd Dr Andrew Perne, gŵr digon eangfrydig i ganiatáu i'r efrydwyr ledu eu gorwelion crefyddol, a'r tebyg yw i Penry fanteisio ar hynny i'w ddibenion ei hun. Nid ymddengys iddo ennill cyfeillgarwch llawer tra roedd yng Nghaergrawnt ac eithrio rhai o'r un tueddfryd crefyddol ag ef fel John Udall, Henry

Barrow a John Greenwood, a bu Thomas Nashe – y cyfeiriwyd ato eisoes – yn sarhaus wrth gyfeirio ato yn *An Almond for a Parrat* (1590), pamffledyn gwrth-Marprelate eithafol a briodolir iddo, er nad oes sicrwydd mai ef oedd yr awdur:

> *Pen*[ry] (. . .) was sometime (. . .) a scholler of that house in Cambridge whereof C. Per. Was maister. Where, what his estimation was, the scorn wherin he liued can best relate. For the constitution of his bodie, it was so clean be contrarie to all phisiognomie of fame, that a man wold haue iudged by his face, God and nature deuising our disgrace had enclosed a close stoole in skinne, and set a serpentine soule, like a conterfet diamond, more deep in dong (. . .) he was begotten in adultery and conceiued in the heate of lust, so was he brought into the world on a tempestuous daie & borne in that houre when all planets wer opposite.[24]

Ystyriai Nashe fod Penry, fel Piwritaniaid eraill a gysylltid â llen-yddiaeth fradwrus, yn ddim gwell nag 'impudent Beggars, that can not be content to stay their stomakes with a Benefice, but they will needs breake their states with our Bishops'.[25] Geiriau sarhaus a arwyddai gymaint oedd y casineb a ddangosid tuag at y rhai a ddirmygai'r drefn eglwysig a'i harweinwyr yn nhraethodau Martin Marprelate, a chredai Nashe ac eraill mai Penry oedd y Marprelate anhysbys hwnnw a achosodd gymaint o ddifrod wrth gyhoeddi enllibion ac anfri ar yr Eglwys a'i harweinwyr. Ar y llaw arall fe'i hystyrid gan eraill yn ŵr da i'w Arglwydd ac yn ferthyr dros Iesu Grist, a datganodd ef ei hun ei fod yn cydnabod bod y cyfle a gâi i bregethu'r Gair yn 'rhodd dda'. Credai hefyd ei fod yn llinach ferthyraidd rhai fel John Wycliffe, William Tyndale a Hugh Latimer. Pan ymddangosodd gerbron y llysoedd, fel y gwnaeth Henry Barrow a John Greenwood, nid ofnai farw dros ei argyhoeddiadau gan iddo ddatgan yn barhaol ei fod yn deyrngar i'r Frenhines. Yn y cyweirnod hwnnw y bu iddo'i amddiffyn ei hun rhag y cyhuddiad cyntaf yn ei erbyn:

> And I thank God that whensoever I end my days, as I looke not to lyve this weeke to an end, myne innocency shall benefit mee so much, as I shall dye Queen Elizabeths most faithfull Subiect. Even in the conscience of my very Adversaries themselves.[26]

Nid dyna'r tro cyntaf iddo arddangos ei deyrngarwch i'r Frenhines gan y derbyniai fod ei statws cyfansoddiadol hi'n mynnu hynny. Eto, nid oedd, hyd yn oed ar ei awr beryclaf yn ystod ei brawf, yn barod i ildio iddi ar faterion eglwysig. Haerllug oedd geiriau agoriadol ei draethawd yn beirniadu Elisabeth tua 1590: 'It is not your Maiestie that wee are to deale with, but it is our God (. . .) wee your Subiects this daye are not permitted to serve our God vnder your government according to his worde.'[27]

Ym mhrifysgol Caergrawnt, canolfan gref yn nhwf Piwritaniaeth, y daeth Penry dan ddylanwad syniadau diwygiadol, fwy efallai nag yn Rhydychen lle bu am gyfnod byr yn haf 1586, ac nid oedd y symud yno yn anarferol oherwydd byddai efrydwyr yn mynd yno i raddio ymhellach wedi treulio'u hamser yng Nghaergrawnt. Yn ddiau, derbyniodd Penry Bresbyteriaeth wedi iddo ddod â'i astudiaethau i ben yn 1586, ac wedi hynny bu iddo ymroi'n gyfan gwbl i baratoi ei draethodau. Credir, fodd bynnag, ei fod wedi dychwelyd adref i Gefn Brith am gyfnod i baratoi ei draethawd mawr cyntaf, sef yr *Aequity*, ei gyflwyniad mentrus i'w ddadleuon a barodd gymaint o wrth-wynebiad iddo ac amheuaeth ohono.

Wedi hynny, prin fu ei gysylltiadau â'i famwlad a bwriodd ati fel lleygwr o Biwritan i ledaenu ei neges er lles ei gyd-Gymry yng nghanol-barth Lloegr a'r Alban. Wedi iddo gyflwyno ei draethawd cyntaf i'r Senedd yn Chwefror 1587 fe'i gwysiwyd gerbron y Llys Comisiwn Uchel ar gyhuddiad o deyrnfradwriaeth a heresi, ac fe'i carcharwyd am fis. Cipiwyd 500 copi o'r *Aequity* gan weision Whitgift ond ni rwystrodd hynny'r Piwritan di-ildio rhag parhau â'i genhadaeth mewn dull mwy beiddgar. Nid oedd ei argyhoeddiad wedi pylu ac amlygid hynny'n fwy eofn fyth yn ei *Th' Appellation of Iohn Penri vnto the Highe court of Parliament, from the bad and iniurious dealing of th' Archb[ishop] of Canterb[erie] & other his Colleagues of the high commission . . .* (1589). Ei fwriad oedd ymateb yn amddiffynnol i ddatganiad Whitgift y byddai'r llys pwerus hwnnw'n sicr o ganfod rheswm dros ei garcharu, yn arbennig gan ei fod yn gwrthod tyngu llw i'r Eglwys Wladol. Ac meddai'n ddigon gonest yn *An Exhortation vnto the Gouernoure and people of Hir Maiesties contrie of Wales* (1589):

I know not my daunger in writing these things. I see you my dere & natiue countrymen perish. It pitieth me; I come with the rope around my necke to saue you howsoever it goes with me, I labour that you may haue the Gospel preached among you; though it cost me my life: I thinke it well bestowed.[28]

Yn ddiau, roedd Penry y pryd hwnnw'n teimlo bod Whitgift yn benderfynol o'i atal rhag parhau â'i genhadaeth ac na chymerai ei gri i ystyriaeth. 'I am judged by th[e] Arch[bishop] of Canterbury and others in commission with him', meddai, 'to be a man vnwilling to lieu in any state'.[29] Dyna pam y penderfynodd Penry argraffu ei draethodau'n ddirgel, er na fu hynny o fantais iddo o gofio am yr erlid di-baid a fu arno.

Erbyn hynny roedd ei berthynas â Phiwritaniaid Northampton wedi'i chryfhau, ac ar 5 Medi 1588 priododd ag Eleanor Godley, merch Henry Godley, dinesydd a Phiwritan amlwg yn y ddinas.[30] Lleolwyd Northampton yn esgobaeth Peterborough ac yno daeth Penry i gysylltiad â phobl o'r un anian ag ef, ac yno hefyd magodd dueddiadau Presbyteraidd. Mewn ardal ymhell o'i famwlad bu hynny'n gyfrwng iddo ymestyn ei ymdrechion i ddiwygio'r Eglwys yng Nghymru, ac yn 1587 sefydlwyd henaduriaeth – clwstwr o fân eglwysi Calfinaidd mewn rhanbarth a arolygid yn ganolog – a daeth yn aelod ohoni. Oherwydd ei frwdfrydedd daeth hefyd yn amlwg ymhlith y Presbyteriaid yno ac aeth ati i gyhoeddi mwy o draethodau, cysylltu â rhwydwaith Piwritanaidd a rhannu profiadau mewn 'Proffwydoliaethau' ac yn y *classis*, ynghyd â chryfhau ei argyhoeddiadau. O ganlyniad dechreuodd ymosod ar yr offeiriaid a ddarllenai yn hytrach na phregethu yn y gwasanaethau – gwendid, yn ei farn ef a oedd yn un o brif gamarferion yr Eglwys.

Yn y cyd-destun hwn mae'n bwysig i ddeall o dan ba amgylchiadau y cyflwynodd Penry ei draethawd cyntaf i'r Senedd. Yn ddiau, cododd yr ymgyrch Bresbyteraidd i'w huchafbwynt yn y blynyddoedd 1586–7 pan gyflwynodd Syr Anthony Cope, Aelod Seneddol dros Banbury, gyda rhai o'i gyd-aelodau Piwritanaidd, yn cynnwys Peter Wentworth ac Edward Lewknor,[31] ei ail *Bill and Book* i'r Senedd yn cefnogi sefydlu ffurf Genefa o addoli, diddymu'r Llyfr Gweddi Gyffredin a defnyddio llyfr addoli'r Piwritaniaid.[32] Casglodd o'i amgylch nifer o weinidogion o'r un tueddfryd ag ef yn ei etholaeth, a phenododd gurad Piwritanaidd yn eglwys Hanwell. Bwriad y *Bill and Book* oedd dangos 'the necessity for a learned ministry and the amendments of things amiss in the ecclesiastical estate'.[33]

Bu gweithgarwch awdur traethodau Marprelate ynghlwm wrth y wasg gudd, a chyhuddwyd Penry o gael mwy o gysylltiad â hwy na threfnu'r gwaith argraffu a materion o'r fath. Nid oedd unrhyw amheuaeth fod ganddo ran bwysig yn y fenter, yn cynnwys trefnu symud y wasg ar fyrder pan oedd hynny'n angenrheidiol yn wyneb bygythiadau. Eto, yn yr achos llys terfynol yn ei erbyn gwadai fod ganddo unrhyw beth i'w wneud â'r awduraeth, ac amddiffynnai Job Throckmorton, un arall a amheuid, yr un pryd. Ac meddai amdano'i hun:

I dislyked many thinges in Marten for his maner, and for his matter of writing (. . .) I know not what ar in all his bookes, neyther do I possiblie know wher to gett, or wold bestowe the labour in reading, yf ever I read them it was so cursoryly that I greatly heeded them not.[34]

Er bod Penry yn gallu bod yn hy ar sawl achlysur, yn arbennig yn ei ddatganiadau, eto roedd yn ofalus sut y byddai'n trin a thrafod symudiadau'r wasg mewn dyddiau argyfyngus, mwy o dasg yn aml na llunio'i draethodau. Henry Sharpe, rhwymwr llyfrau, oedd yr unig un i'w gyhuddo o fod yn Marprelate: 'he could talk of them [sef gweithiau Marprelate]', meddai, 'before they were printed, and of the tymes of their coming forth.'[35] Nid yw hyn yn profi dim mai Penry a'u hysgrifennodd, ac fe'i hamddiffynnwyd gan ei gyfaill John Udall, ond mae apeliadau Penry at Burghley o'r carchar yn awgrymu ei fod yn amau barn ei gyhuddwyr amdano.[36] Datganodd yn ddiymwad nad ef oedd yr awdur, ac wrth i'r achos yn ei erbyn ddirwyn i ben pwysodd yn drwm mai ei brif genhadaeth yng Nghymru oedd bwysicaf iddo er na fu yn y wlad rhyw lawer wedi iddo ymadael am ei addysg yng Nghaergrawnt. Amddiffynnodd ei gyfaill Job Throckmorton er ei bod hi'n amlwg mai ef, agosaf at Penry a Waldegrave, oedd fwyaf tebygol o fod yn Marprelate.[37]

Tri chyhoeddiad yn bennaf a gyhuddodd Penry o ysgrifennu'r traethodau maleisus hyn, sef *An Almond for a Parrat* (1590), a briodolir i Thomas Nashe, a dau lyfr gan Matthew Sutcliffe, sef *An Answere to a Certaine Libel Supplicatorie (. . .)* (1593) ac *An Answere Vnto a Certaine Calumnious letter published by M. Job Throckmorton* (1595). Gwan oedd dadleuon Nashe yn ei erbyn gan iddo haeru iddo gael ei eni'n anghyfreithlon a'i fod hefyd yn Babydd rhonc pan aeth i Peterhouse. Er ei fod yn rhagfarnllyd, dylid rhoi mwy o bwys ar yr hyn a ddywedodd Sutcliffe yn ei erbyn. O drafod arddulliau llenyddol traethodau Marprelate a Penry mae'n amlwg fod gwahaniaeth mawr rhyngddynt, y naill yn fwy ymosodgar ac yn barod i sarhau unigolion wrth eu henwau a'r llall, er yn finiog a dychanol, yn fwy gwyliadwrus yn ei gyfeiriadau at swyddogaethau yn yr Eglwys ac yn ddoeth heb enwi neb. Tra'r oedd Marprelate yn fwy garw ei arddull, cadwai Penry at ddull mwy didwyll ac ysgrythurol a wnâi ei waith yn ei brif gynhyrchion yn drymaidd ac ailadroddus.[38] Nid oedd McGinn yn cytuno â'u barn hwy, a chredai y gallai Penry ddefnyddio pa arddull bynnag a garai i gyrraedd ei amcan, a dyfynnodd nifer o enghreifftiau i geisio profi hynny. Saif rhai yn ddigon amlwg, mae'n wir, fel y cyfeirir atynt yn y geiriau gwatwarus canlynol o'i eiddo am esgobion Cymru yn ei *Exhortation*:

And I trust in the Lord Iesus, to see his church florish in wales, when the memorie of Lord-Bishops are buried in hell whence they came. Beare witnesse hereof you adges to come. And giue you ouer your places, or doutlesse, the plague and cursse of God will eat you vppe. You are vsurpers, you tyrannize ouer the Lords people.[39]

Ni chyfeirir atynt wrth eu henwau ond mae rhai o'r esgobion lleiaf teilwng yn amlwg, sef William Hughes yn Llanelwy a Marmaduke Middleton yn Nhyddewi. Fodd bynnag, wrth ystyried ai Penry oedd Marprelate ai peidio mae'n rhaid gofyn sawl cwestiwn ar wahân i fater arddull lenyddol a thueddfryd crefyddol, sef: a garai Penry ysgrifennu fel pe bai'n ddau awdur ac, o gofio am ei weithgarwch gyda'r wasg, a fyddai wedi cael yr amser i gwblhau'r gwaith? Credai Marprelate nad oedd dull Penry o gyflwyno'i neges yn ddigon effeithiol gan nad oedd ei arddull yn ddigon ymosodol a beiddgar, a barn McGinn, sy'n dra awyddus i ddadlau dros Penry fel yr awdur, yw y gallai fod wedi defnyddio dwy arddull wahanol pe dymunai hynny, i ddwysáu ei genhadaeth. Yn wahanol i Marprelate ysgrifennai Penry fel pregethwr Piwritanaidd ac nid oedd ganddo'r miniogrwydd cellweirus a dychanol a feddai Marprelate.[40] Ond beth am eraill y gellid eu hystyried yn awduron, fel John Udall, Giles Wigginton, Francis Merbury, John Field, Eusebius Pagit, Henry Barrow a Job Throckmorton? Mae'n annhebygol fod rhai ohonynt yn awduron dilys, a'r mwyaf tebygol yn eu plith fyddai Udall neu Throckmorton.[41]

Â McGinn ati i ddadlau fod rhannau o brif draethodau Penry, yn arbennig y *Supplication*, yn rhoi mwy o sylw i ddiffygion yr Eglwys yn Lloegr yn hytrach na Chymru'n benodol, a daw i'r canlyniad mai eilbeth oedd ei bryderon dros Gymru. Ymgais yw hon ar ei ran i orfodi dadl ar ei ddarllenwyr nad yw'n hollol ddilys. Mae'n wir dweud bod llawer o sylwebaethau Penry yn cyfeirio'n benodol at gyflwr yr Eglwys Wladol, ond nid yw hynny'n lleihau ei ymroddiad i ddadlennu trueni Cymru o gwbl. Cymer McGinn frawddeg o'i ragair fel enghraifft:

I do from the bottome of mine heart earnestly beseech that they would consider, that in dealing for the puttinge downe of the dumbe ministery, for the abolishing of Nonresidency, and the rooting out of Lord Arch[bishops] and Lord Bishops, and whatsoeuer els the right hand of the Lord hath not planted: and in seeing that the worde preached, may freely sound thorowout this kingdome, they do therby nothing els, but desire that the God of heauen and earth may be acknoledged, and accounted worthy alone to rule in his Church within this land.[42]

Mae'n wir nad oes cyfeiriad arbennig at Gymru yn yr adran hon ond, yn ddiau, cynhwysir nifer o gyfeiriadau at Gymru yng nghorff y *Supplication*, ac yn y rhagair a'r testun rhoir sylw i Gymru o fewn y cyd-destun Seisnig gan mai'r un Eglwys a sefydlwyd yn y ddwy wlad yn 1559, ac meddai:

behold, the mountayns of Wales, do now in the 31. yeare of the raign of Queen ELIZABETH, call heauen and earth to witnes, that they are weary of their dumb ministers, nonresidents, Lord Bishops etc. and that they desire to be watered by the dewe of Christs holy Gospell, and to be compassed about, with that beautifull wall of his holy gouernment.[43]

Yn ddiau, Cymru oedd o dan sylw ganddo gan mai trefniadaeth a diwinyddiaeth Eglwys Brotestannaidd y deyrnas a weithredid yn y naill wlad a'r llall. Yn ei frawddeg olaf yn y *Supplication* datgenir yn eglur mai dyletswydd y Frenhines a'i Senedd oedd gofalu am fudd-iannau ysbrydol ei gydwladwyr:

And haue you R[ight] honourable & worshipful of this parliament, poore Wales in remembraunce, that the blessing of many a saued soule therein, may follow her Maiestie, your Hh[ighness] and worships, overtake you, light vppon you, and stick vnto you for euer.[44]

Er y dylid edmygu ysgolheictod a brwdfrydedd Donald McGinn yn ei astudiaeth o Penry a Marprelate ni ellir derbyn ei ddadl mai ef oedd awdur y traethodau sarhaus hynny. Ni ellir ystyried ychwaith, fel yr haera McGinn, mai agwedd led-wladgarol a feddai Penry ac na cheid ganddo ddadleuon ehangach a llawer mwy perthnasol i'r mudiad Piwritanaidd. Ni olygai hynny nad oedd y dadleuon Piwritanaidd can-olog yn bwysig iddo, ond ei gryfder oedd iddo eu gwau'n berthnasol fel y gellid rhoi i'r cyd-destun Cymreig safle amlwg yn ei draethodau.

Y wasg a Martin Marprelate

Yn y mudiad Piwritanaidd yn Lloegr bu Job Throckmorton a Peter
Wentworth yn weithredol yn y Senedd, ynghyd â Walter Travers a
John Field oddi allan iddi, bob un ohonynt yn Biwritaniaid pwerus a
ddaeth i amlygrwydd ymhlith y cynulliadau bychain yn Lloegr.[45] Fel
y cyfeiriwyd eisoes, daeth y *classis* hefyd i'r amlwg, sef cymdeithasau o
glerigwyr Piwritanaidd o fewn yr Eglwys mewn cynadleddau gweini-
dogaethol, tebyg i synodau o dan drefn y Presbyteriaid y gobeithid
eu sefydlu yn yr Eglwys, i benodi gweinidogion addas i hybu budd-
iannau'r mudiad diwygiadol.[46]

Cyflwynwyd yr *Aequity* i'r Senedd gan Throckmorton, cyfaill agos
i Penry, ac Edward Downlee, Abercynfor, Llandyfaelog, sir Gaer-
fyrddin, Aelod Seneddol dros fwrdeistrefi sir Gaerfyrddin a disgyn-
nydd i deuluoedd Dwnn, Cydweli, a Johns Abermarlais a theulu Lee
o swydd Buckingham.[47] Ef a ddechreuodd y ddadl ar 28 Chwefror
1587 ar gyflwr yr Eglwys, a chyflwynodd yr *Aequity* gan Penry yn ei
beirniadu'n hallt ac yn galw am weinidogaeth bregethu yng Nghymru.
Roedd Throckmorton yn Biwritan amlwg, yn gyfoethog a chefnogol
i Penry gan iddo roi lloches iddo. Yn Nhŷ'r Cyffredin rhoddodd
Downlee ei gefnogaeth lawn i'r *Aequity* gan ddadlau dros 'the equitie
of the petition', ac yn ei araith yn Nhŷ'r Cyffredin dilornai eilun-
addoliaeth, anwybodaeth a difaterwch yr Eglwys, anfoesoldeb rhai
o'r offeiriaid, a'r gwendidau a achoswyd gan brinder offeiriaid dysg-
edig. Ac meddai ymhellach mewn geiriau gwatwarus:

> of the great idolatry begun again in Wales to an idol, of the number of
> people that resort to it; of the solitary [character] and closeness of the
> place, amongst bushes, where they abuse other men's wives; of the
> service (. . .) said in neither Welsh nor English tongue; and of the
> susperstition they use to a spring-well, in casting it over their shoulders
> and head; and what ignorance they live in for lack of learned and honest
> ministers.[48]

Nid yw'n syndod o gwbl i Downlee golli ei gomisiwn ar fainc yr
ustusiaid yn ei sir yn rhannol o ganlyniad i ddatganiad o'r fath.
Methiant fu'r *Aequity* am fwy nag un rheswm, ond, yn bennaf, y
gwrthwynebiad i'r Eglwys a gynhwyswyd ynddo oedd beryclaf. Cip-
iwyd copïau ohono ond ni chafwyd popeth a ddymunnid oherwydd
natur wasgarog Piwritaniaeth yn y wlad yn gyffredinol. Eto, roedd

John Penry wedi cael ei gyfle i fynd â'r maen i'r wal i gyflwyno'i apêl ar ran ei genedl i'r Frenhines yn rhinwedd ei safle'n bennaeth sofran yr Eglwys a'r deyrnas. Ymlaen ag ef wedi hynny, flwyddyn yn ddiweddarach, i baratoi ei ail a'i drydydd traethawd, sef *An Exhortation vnto the governors and people (. . .) of Wales* a *A View of some part of such public wants and disorders*, ail-gyhoeddiad o'r atodiad arbennig i ailargraffiad o'r *Exhortation*. Ceir cyfle yn y bennod nesaf i drafod yn fanylach gynnwys y traethodau hyn, ond mae'r tri ohonynt yn dwyn i sylw brif ddadleuon Penry, sef yr angen i ddiwygio'r drefn gyda'r bwriad o atgyfnerthu gwerthoedd ysbrydol a moesol ei bobl. Yn ei drydydd traethawd cyflwynodd ei ddadleuon yn gryno a heriol mewn brawddeg:

Consider how lamentable a case it is, that in the flowrishingest gouernment for outward peace, that it again vnder the cope of heauen; where publicke idolatrie hath bene bannished, not one family or one tribe; but a whole nation should perishe for want of knowledge.[49]

Ymdrechai i amddiffyn rhagoriaeth y ffydd Brotestannaidd fel y ceid honno yn y traddodiad Cristnogol, sef thema barhaol a grasol yng ngwaith Penry trwy ei yrfa fer. Dyna oedd sail ei gred mewn iachawdwriaeth. Nid traddodiad a hynafiaeth yn unig a ystyrid yn bwysig ganddo eithr ideoleg grefyddol Galfinaidd, profiad a feddai ar waddol ysbrydol.

Yn Northampton ymgyfeillachodd John Penry â sawl un dylanwadol â thueddiadau Piwritanaidd cryf ganddo, yn arbennig Syr Walter Mildmay, Cynghorwr y Cyfrin Gyngor, a sylfaenydd Coleg Emmanuel yng Nghaergrawnt, Syr Richard Knightley, Fawsley House, Northampton,[50] Peter Wentworth, Aelod Seneddol dros y swydd honno, ac yn arbennig Job Throckmorton o Haseley, swydd Warwick, o deulu Piwritanaidd, ac Aelod Seneddol dros East Retford (1572–83) yn y swydd honno.[51] Gwŷr oedd y rhain a safai yn gyfochrog ag eraill o'r un statws cymdeithasol â hwy ac a gydweithredai â Phiwritaniaid fel Iarll Caerlŷr a Syr Francis Walsingham, un o ddau Ysgrifennydd Gwladol y Frenhines. Cawsai'r cydweithredu hwn gryn ddylanwad ar Penry a bu'n gymorth i ledaenu ei neges a choethi ei ddawn lenyddol.

O ran cyhoeddi llyfrau nid oedd y sefyllfa'n rhwydd i awduron, yn arbennig rhai radicalaidd neu deyrnfradwrus oblegid, os na cheid caniatâd Cwmni'r Llyfrwerthwyr (Stationers' Company), ni ellid mentro cyhoeddi unrhyw beth. Rhoddwyd y siartr i'r cwmni hwnnw yn 1557 – yng nghyfnod y Frenhines Mari Tudur – gyda'r bwriad o atal unrhyw gyhoeddiad a allasai danseilio'r drefn gyhoeddus.[52] A phan ddaeth Elisabeth I i'r orsedd dwysáodd y sensoriaeth a pharhaodd y Cyfrin Gyngor y polisi ynglŷn â hawl cyhoeddi yn 1586 pan roddwyd caniatâd i Archesgob Caergaint ac Esgob Llundain yn unig drwyddedu unrhyw waith llenyddol.[53] Bu Penry'n ffodus iawn i gyflogi Joseph Barnes, argraffydd o Rydychen, i argraffu ei draethawd cyntaf, ac ar yr wyneb-ddalen nodwyd bod y traethawd ar gael i'w werthu 'in Paul's Church-yard at the signe of the Tygerhead 1587', yn siop Toby Cooke.[54] Parodd hyn gryn anesmwythyd i Penry oherwydd, gan iddo ofni na fyddai'r traethawd yn ymddangos cyn i sesiwn o'r Senedd gau, penderfynodd dorri ymaith llawer o'r testun a cheisio'r un pryd gynnal ei brif ddadleuon. Credai Whitgift, ymlidiwr penderfynol y Piwritaniaid, fod ei gynnwys yn drosedd ddifrifol, ond wedi i Penry gael ei ryddhau o garchar aeth rhagddo i baratoi ei ail draethawd, a bu'n ddigon eofn i ymgymryd â'r dasg mewn cyfnod pan roddai unrhyw arwydd o wrthwynebiad i'r drefn gyfansoddiadol hawl i'r awdurdodau gosbi'r troseddwyr yn llym. Yn *Th' Appellation*, fel y cyfeiriwyd eisoes, eglura mai ei brif genhadaeth oedd gwella lles ysbrydol ei gyd-Gymry, ac eglura hynny mewn geiriau teimladol, os nad arteithiol, gan na wyddai beth fyddai ei dynged. Dengys ei eiriau na chredai y byddai'n gallu parhau'r genhadaeth honno yn wyneb y sarhad a ddioddefai, ond datganai'n ddi-ymwad ei ymlyniad wrth ei Dduw yn wyneb trahauster y rhai a wrandawai'r achos yn ei erbyn.[55]

Ynghanol maint y gwrthwynebiad iddo ac mewn amser pan oedd traethodau Marprelate anhysbys yn cylchredeg yn anghyfreithlon ac yn cynnwys beirniadaeth ddychanol lem ar yr hierarchaeth esgobyddol, nid gorchwyl hawdd oedd dod o hyd i argraffydd nac ychwaith y cyfle i gynhyrchu'r gwaith. Yn *Epistle*, un o draethodau deifiol Marprelate yn 1589, cafwyd portread gwatwarus o John Bridges, Deon Sarum, a gyhoeddodd *A Defence of the Government Established in the Church of England* (1587), gwaith swmpus a ddisgrifiwyd gan Penry yn 'plaine popery'. Ac meddai ymhellach am gynnwys ei gyfrol yn ei drydydd traethawd *A Supplication vnto the High Court of Parliament* (1588): 'In which booke of his, he hath offered her Maiestie & the Parliament most vndutifull injurie, by going about (. . .) to allienat the hearts of the loyallest subiects in the lande, from their most carefull prince and gouernors.'[56]

Nid oedd amgylchiadau John Penry yn ddiogel yn y blynyddoedd 1587–9, pan fu'n ymwneud â'r wasg ddirgel yn y canolbarth cyn iddo gilio am gyfnod byr i'r Alban, a hyd yn oed yno nid oedd yn sicr o'i ryddid rhag llid yr awdurdodau. Bu ei briodas ag Eleanor Godley yn gyfrwng iddo ymsefydlu dros beth amser gyda'i theulu yn Northampton, a chryfhaodd ei berthynas â'r arweinwyr Piwritanaidd yno, yn arbennig Job Throckmorton a oedd yn ddi-flewyn-ar-dafod wrth amddiffyn ei ddaliadau. Er nad yw'r dystiolaeth yn ddigon pendant cred rhai haneswyr mai ef oedd Martin Marprelate. Un broblem fawr i'r Piwritaniaid yn y canolbarth oedd y tynhau a fu ar y wasg, ac o 1586 ymlaen John Whitgift, yr archesgob newydd, gŵr a oedd yn dân ar groen Penry a Throckmorton a'r gweddill, a gadwai lygad barcud ar gynnyrch y wasg. Yn 1580–1 cafwyd deddf i gosbi'n drwm unrhyw un a gyhoeddai eiriau bradwrus neu straeon yn erbyn y Frenhines. Byddai troseddwr yn dioddef y gosb eithaf, a datgenir hynny'n glir yn y statud:

> That yf any person or persons (. . .) shall (. . .) with a maliciouse intente (. . .) devyse and wrighte printe, or set forthe (. . .) any false sedicious and slaunderous Matter to the Defamacion of the Queenes Majestie (. . .) or to the encouraging stirring or moving of any Insurrection or Rebellion (. . .) shall suffer suche paynes of Deathe and Fortfeyture (. . .) as in case of Felonye ys used.[57]

Mae'r cyhuddiadau'n ei erbyn yn berthnasol i'r cyfnod pan oedd yn Bresbyteriad ac nid yn Ymneilltuwr. Fe'i barnwyd a'i gondemnio ar sail dogfennau a gipiwyd oddi arno ond a oedd heb eu cyhoeddi.

Gwyddys am ei gysylltiad â'r wasg gudd yng nghanolbarth Lloegr a'i weithgarwch drosti yn 1587–9, ynghyd â Robert Waldegrave, mewn gwahanol fannau cyfrin i osgoi'r awdurdodau, fel East Moseley (yn Nyffryn Tafwys), Fawsley yn swydd Northampton, Norton-by-Daventry a chartref Roger Wigston ym Mhriordy Wolston rhwng Cofentri a Rugby. Daeth Penry i gysylltiad â Robert Waldegrave o sir Gaerwrangon, gŵr a feddai ar wybodaeth am weisg yn Lloegr a'r defnydd dirgel a wnaed ohonynt gan iddo argraffu heb drwydded *Diotrephes*, y traethawd gwrthesgobol ar ffurf dadl rhwng esgob, Pabydd, usuriwr, gwestywr a phregethwr Gair Duw, gan John Udall, gweinidog Kingston-upon-Thames, yr awdur Piwritanaidd radical-aidd, yn 1588.[58] Canlyniad hynny fu i'r wasg honno gael ei hatafaelu, ac fe'i gorfodwyd i ffoi o Lundain. O'i berthynas â Penry yr ymddangosodd ail draethawd, sef yr *Exhortation* hefyd yn 1588. Symudwyd y wasg i dŷ Mrs Elizabeth Crane, gweddw o dueddiadau Piwritanaidd a drigai yn East Molesey a Llundain, a'i hail ŵr George Carleton, Aelod Seneddol o Overstone, gŵr a ddylanwadodd yn fawr ar Biwritaniaid canolbarth Lloegr, yn arbennig yn swydd Northampton.[59] Wedi hynny symudwyd y wasg deirgwaith mewn cyfnod pryderus i'r ychydig a'i defnyddiai gan nad oedd pencadlys y llywodraeth yn Llundain ymhell oddi wrthynt. Fe'i cludwyd, nid heb drafferthion, i Fawsley, swydd Northampton, gan i Syr Richard Knightley addo y byddai'n dod o hyd i fan diogel ar ei ystâd i argraffu'r *Exhortation*. O dan amgylchiadau bygythiol mae'n amlwg mai Penry oedd cynllwynydd yr holl drefniadau a wnaed. Yn ddiau, achosai ysgrifau Marprelate ofid mawr ar y pryd i'r Arglwydd Burghley, Whitgift ac eraill o swyddogion y Goron a dwysaodd y sefyllfa. Gwnaed ymdrechion di-ildio i ddifa gweisg amheus, yn arbennig wedi ymddangosiad *Epistle*, ysgrif gyntaf Marprelate, a fwriodd sen ar Dr John Bridges, a disgrifiwyd ei lyfrau ganddo fel rhai di-ddysg ac anniben – '[His] bookes seeme to proceede from the braynes of a woodcocke as hauing neyther wit nor learning.'[60]

Gan fod yr ymchwiliad i gyhoeddiadau Marprelate yn cael ei gynnal yn Kingston-upon-Thames aeth Whitgift a'i gyd-swyddogion ati i amau Piwritaniaid lleol, yn eu plith John Udall, curad y plwyf, a chymerwyd Giles Wigginton, brodor o Oundle, swydd Northampton, i'r ddalfa gan y Llys Comisiwn Uchel. Bu'n ficer Sedburgh yn swydd Efrog ond fe'i difreintiwyd a'i garcharu fwy nag unwaith. Er cymaint oedd eu hargyhoeddiadau, ni ddatgelwyd unrhyw wybodaeth am leoliad y wasg ond, wedi dweud hynny, ni allai Penry lai na bod yn ymwybodol ei fod mewn sefyllfa bryderus iawn, a bu'n rhaid iddo symud y wasg unwaith eto, y tro hwn o Fawsley i ffermdy yn Norton ger Daventry. Gan fod Richard Walton, swyddog yn y Llys Comisiwn Uchel, wedi archwilio tŷ Henry Godley, tad-yng-nghyfraith Penry yn Northampton, ac i lawer o bapurau Penry gael eu cymryd oddi yno, symudwyd y wasg eto'n fuan i White Friars, tŷ John Hales, nai i Syr Richard Knightley yng Nghofentri, ac yno y bu hyd at ddechrau 1589. Erbyn y gwanwyn y flwyddyn honno ymddiswyddodd Robert Waldegrave o'i waith gyda'r wasg am wahanol resymau; nid y lleiaf ohonynt oedd ei bryderon y byddai'r awdurdodau yn ei ddarganfod a'i ymwybyddiaeth o wrthwynebiad ymhlith Piwritaniaid mwy cymedrol na chymeradwyai safbwyntiau afresymol Marprelate.[61]

Cynyddodd yr ymchwiliadau i leoliad y wasg a holwyd Nicholas Tomkins, gwas Mrs Crane, gan Richard Cosins, swyddog yn y Llys Siawnsri. Simsanodd hwnnw wrth roi ei dystiolaeth ac enwodd y rhai

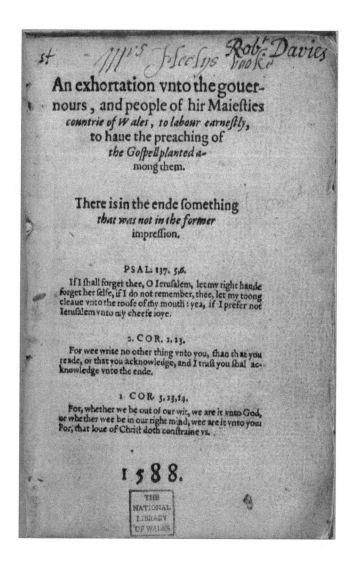

Tudalen deitl An exhortation vnto the gouernours, and people
of hir Maiesties countrie of Wales (1588).

amlycaf y gwyddai ef amdanynt a oedd gyda'i feistres yn Llundain ac yn East Molesey, ac roedd Penry, Wigginton a John Field, Ymneilltuwr a ystyrir yn un o'r 'gwrthryfelwyr mwyaf arbennig mewn oes chwyldroadol', yn eu plith.[62] Yn ei farn ef lleolwyd y wasg yn y canolbarth ond ni ddatgelodd ddim mwy, a chaniatáu fod ganddo wybodaeth fwy pendant i'w gynnig. Yn groes i'r disgwyliad, fodd bynnag, Nicholas Tomkins a roddodd y wybodaeth allweddol am ran y prif gynllwynwyr a manylion eraill ynglŷn ag argraffu traethodau Marprelate, er bod ei wybodaeth yn aneglur ynglŷn â'r lleoliad. Aeth gwas Syr Richard Knightley ymhellach i ddatgelu, o dan ddylanwad y ddiod mewn tafarn yn Llundain, mai yn Fawsley yr argraffwyd ysgrifau Marprelate, a manylion eraill. Eto, nid oedd Penry yn barod i ildio dim i'r awdurdodau a pharhaodd i chwilio am argraffydd arall wedi i Waldegrave roi'r gorau iddi, a'r canlyniad fu i ryw John Hodgins, argraffydd na chynhwyswyd ei enw yng nghofrestri Cwmni'r Llyfrwerthwyr, a Valentyne Symmes ac Arthur Thomlyn, dau drwyddedig, i ymgymryd â'r gwaith. Symudwyd y wasg i Abaty Wolston, cartref Roger Wigston ger Cofentri, ac wedi hynny i Warrington lle y cyflogwyd Henry Sharpe o Northampton yn rhwymwr llyfrau. Wedi damwain wrth symud y cyfarpar yno, dechreuodd amau wedi i'r swyddogion ganfod cydrannau ar y llawr. O ganlyniad, symudwyd ymhellach i gyrion Manceinion, ond canfuwyd yr argraffwyr gan swyddogion Iarll Derby a'u tywys i Lundain i'w cosbi.

Parhaodd Penry a Throckmorton i argraffu yn Abaty Wolston lle y cynhyrchwyd *Protestation*, traethawd olaf Marprelate, ym Medi 1589. Roedd hwnnw yn un o'i weithiau mwyaf beiddgar, fel y datgelir yn ei ragair:

> Wherin notwithstanding the surprizing of the printer, he maketh it known vnto the world that he feareth, neither proud priest, Antichristian pope, tiranous prellate, nor godlesse catercap: but defiethe all the race of them by these presents and offereth conditionally, as is farthere expressed hearin by open disputation to apear in the defence of his caus against them and theirs.[63]

Er cymaint ei feiddgarwch yn glynu wrth ei gredoau ni allai John Penry osgoi'r peryglon a'i hwynebai a bu'n llochesu mewn tafarn yn Fawsley a mannau eraill. Roedd yn ymwybodol fod llawer o'i gydgynllwynwyr naill ai mewn carchar neu wedi'u holi'n fanwl, megis Syr Richard Knightley, Roger Wigston, John Hales a Henry Sharpe, rhwymwr gweithiau Marprelate, a gyfaddefodd y cyfan a wyddai i Syr Christopher Hatton, yr Arglwydd Ganghellor. Am Penry ei hun, na feiddiai wneud dim i beryglu ei fywyd, derbyniodd gymorth ariannol gan ei gyfaill Job Throckmorton i'w alluogi i ddianc i'r Alban. Nid bod y wlad honno'n fan hollol ddiogel iddo ychwaith, oherwydd fe'i hamheuwyd yno o fod yn Martin Marprelate. Canlyniad hynny fu ei osod ar brawf yng Nghaeredin yn 1590 am ei ran yn cynhyrchu'r tractau, ond ni chosbwyd ef oherwydd ei gysylltiadau lleol. Eto, rhyddid i amgylchiadau gwahanol eraill ddigwydd oedd hynny oherwydd roedd Piwritaniaeth yn colli tir yn Lloegr. Nid oedd nawdd pendefig mor llewyrchus ar raddfa fawr wedi marwolaeth Iarll Penfro ac eraill a chynyddodd pwysau'r llywodraeth ar y Piwritaniaid yn Lloegr. Cipiwyd y wasg ger Manceinion yn Awst 1589, ac ar ei ffordd i'r Alban galwodd Penry heibio i John Udall yn Newcastle-upon-Tyne cyn symud ymlaen i Gaeredin lle yr ymunodd â'i wraig a'i deulu yn y man. Fe'i noddwyd gan rai o weinidogion Caeredin, ac yn ei draethawd *A Briefe Discovery of the Vntrvthes and Slanders* (1590), a argraffwyd gan Waldegrave, a ffodd hefyd i Gaeredin, rhoddodd deyrnged iddynt am eu haelioni a'u hamddiffyn rhag cyhuddiadau ffals a wnaed yn eu herbyn gan Richard Bancroft eu bod yn annheyrngar, mewn pregeth a draddodwyd ganddo yng Nghroes Pawl yn Chwefror 1589.[64] Bu'n ddigon gonest i osod ei enw'i hun o dan draethawd amddiffynnol arall o'i eiddo yn 1590, sef *A Treatise Wherein is manifestlie proved, That Reformation and Those that sincerely fauour the same, are vnjustly charged to be enemies vnto hir Maiestie, and the state*, a hynny, mae'n debyg am ei fod mewn gwladwriaeth wahanol.[65]Gwadodd yn ffyrnig ei fod yn anffyddlon i'r Frenhines, ond, ar gyngor swyddog o Sais, cyhoeddwyd ef yn herwr gan Iago VI yn ystod yr haf y flwyddyn honno, ond ni chosbwyd ef tra bu yn yr Alban am dair blynedd hyd at 1592. Yn y cyfamser, cyfieithodd waith Theodore Beza i'r Saesneg, dan y teitl *Propositions and Principles*, a'i gyhoeddi yng Nghaeredin yn 1591, ac yno hefyd ysgrifennodd waith anorffenedig *The historie of Corah, Dathan and Abiram*, a ysgrifennwyd yn 1592 ac a gyhoeddwyd flynyddoedd wedi hynny yn Middelburg yn yr Iseldiroedd ym Medi 1609.[66] Fe'i seilir ar wrthryfel Corah, Dathan ac Abiram yn erbyn Moses yn yr anialwch, ac ynddo ceryddir gweinidogaeth yr Eglwys a gymharwyd ganddo â'r gwrthryfelwyr hyn yn yr Hen Destament, am iddi wrthod derbyn y drefn Bresbyteraidd a sefydlwyd yn yr Ysgrythurau.[67] Craidd y cynnwys yw'r gymhariaeth a wna Penry rhwng yr awdurdod sifil a'r awdurdod eglwysig. Cyfrifoldeb y naill yw sicrhau ufudd-dod mewn materion seciwlar a chyfrifoldeb y llall yw gweithredu awdurdod eglwysig. Ni allai unrhyw lywodraeth orfodi defodau crefyddol, meddai ymhellach, gan mai trwy addoliad mewnol yn unig y gall yr unigolyn gael iachawdwriaeth ac nid trwy gydymffurfio allanol. Mae'n debyg hefyd fod John Penry, yn ystod ei gyfnod yn yr Alban, wedi newid o fod yn Bresbyteriad i fod yn Ymneilltuwr, ac wedi iddo ddychwelyd i Lundain ym Medi 1592 ymunodd â'r eglwys newydd a agorwyd gan Henry Barrow a John Greenwood gyda Francis Johnson yn fugail arni a Greenwood yn athro. Yn fuan wedyn, fodd bynnag, daeth awr cyfyngder i'w ran pan gymerwyd ef i'r ddalfa. Y tebygolrwydd yw, fel y dywed Glanmor Williams, i Penry ddechrau ffafrio'r Ymneilltuwyr cyn teithio i'r Alban ac iddo gadarnhau ei benderfyniad tra bu yno. Gwelsai nad oedd y berthynas rhwng y Brenin Iago VI a'r Presbyteriaid yno'n rhy esmwyth ac oherwydd hynny ni ellid sicrhau'r diwygiad ysbrydol a arfaethid.[68] Cred R. Tudur Jones, fodd bynnag, mai penderfyniad di-ildio Penry i achub eneidiau'r Cymry oedd bwysicaf ganddo ac a gyfrifai am ei ddychweliad cyflym i Lundain.[69]

Yn Stepney yn Llundain ar 22 Mawrth a 21 Mai 1593 y cynhaliwyd ei achos yn Llys Mainc y Brenin ac yno defnyddiwyd ysgrifau o'i eiddo a ddarganfuwyd yn yr Alban, a'r cyfan yn dystiolaeth i'r erlyniad.Apeliodd ar yr Arglwydd Burghley a thrwy ei ddylanwad ef, efallai, gohiriwyd yr achos ac yr agorwyd achos newydd ar 25 Mai.

Yn ei lythyr at Burghley cyfeiria Penry at y trallod a ddaw i ran y deyrnas os na phenderfynir peidio â gormesu cywir weision yr Arglwydd. Os parheid i'w herlid deuai pla, newyn neu orthrwm y Sbaenwyr Catholig i ddinistrio'r deyrnas mewn cyfnod pan oedd rhyfel rhwng y ddwy wlad yn effeithio'n ddrwg ar ei ffyniant:

> This land (my Lord) without the speedie repentance therof shalbe undoubtedly visited in the Lordes feirce wrath, for the iniurie and oppression shewed unto his truth and servantes therein. Our natiue Contry and Contrymen will not hear us speaking unto them in the name of the Lord; and therfore the iust Judg will undoubtedly plead against them, eyther with pestilence, famin, or the sword of the uncircumcised and cruell Spaniard. And think you to escape (my Lord) this avenging hand, except you make greater haste unto iustice and iudjment? Why my Lord, how doth the state of England think to stand, seeing they warr against the Lord and his sonne Christ in such sort.[70]

Yn y geiriau hyn gwêl Penry pa mor beryglus y gallai'r rhyfel â Sbaen fod yn wleidyddol, grefyddol ac economaidd, a rhagwelai y byddai 'crafangau Satan' ('Satan's instruments') yn gwbl ddinistriol i les y deyrnas a'i brenhiniaeth.[71] Y tro hwnnw defnyddiwyd ei draethawd *Reformation no Enemie*[72] yn dystiolaeth yn ei erbyn ac fe'i cyhuddwyd o ysgrifennu'n sarhaus am yr Eglwys Wladol. Ni chyfeiriwyd o gwbl at gynhyrchion Marprelate a hynny, mae'n debyg, am nad oedd yna ddigon o dystiolaeth i'w gyhuddo o hynny. Ond, yn ddiau, roedd y posibilrwydd yn sicr o fod yng nghefn meddwl y barnwyr. Ar 28 Mai plediodd Penry ar Burghley am bardwn gan iddo weld fod y sefyllfa'n ei erbyn yn dwysáu, ond ni allai hwnnw wneud dim oll drosto erbyn hynny gan fod y dystiolaeth yn ei erbyn fel radical gwrthnysig a fwriai sen ar y drefn wladol yn rhy amlwg o lawer, ac ar 29 Mai arwyddwyd gwarant i'w ddedfrydu i'r gosb eithaf gan yr Archesgob Whitgift, Syr John Popham, Ceidwad y Sêl Fawr, a Syr John Puckering, y Prif Farnwr. Daeth y diwedd y diwrnod hwnnw pan grogwyd ef yn St Thomas-a-Watering yn Surrey gan adael gweddw a phedair o ferched ifanc.

Yn ei *Supplication vnto the High Court of Parliament*, ei draethawd maith olaf, mae John Penry fel pe bai'n synhwyro rhai blynyddoedd cyn ei farwolaeth fod ei fywyd ar ddod i ben a pharhaodd i leisio'i brif neges, i wella cyflwr ysbrydol ei gydwladwyr. Yr un pryd mynega'n ddigon diffuant ei deyrngarwch i'r Frenhines a'r Senedd gan ddymuno iddynt ymroi i ddiwygio'r Eglwys a'i gwneud yn llawforwyn i'r wir ffydd:

> And be it known, that in this cause I am not afraid of death. If I perish I perish. My comforte is, that I knowe whither to go, & in that day wherein the secrets of all hearts shal be manifested, the sincerity also of my cause shal apeare (. . .) And haue you R. Honourable & worshipful of this parliament, poore Wales in remembraunce. (. . .) The eternal God giue hir Majesty & you, the honor of building his church in Wales, multiply the daies of hir peace ouer vs, blesse her and you so in this life that in the life to come the inheritance of the kingdome of heauen, may be her and your portion.[73]

Geiriau dirdynnol yw'r rhain yn 1588, bum mlynedd cyn iddo gael ei ddedfrydu i farwolaeth. Dangosant pa mor barod ydoedd i wynebu'r ffawd yr ofnai, hyd y pryd hwnnw, a ddeuai i'w ran. Ni chytunai o gwbl â chyhuddiad y Llys Comisiwn Uchel yn ei erbyn, sef ei fod yn deyrnfradwr, a phrofir hynny, fel mewn sawl man arall, yn y dyfyniad uchod. Gwyddai'n dda mai'r Frenhines a'i llywodraeth yn unig a allai ymgymryd â'r dasg o ddiwygio'r Eglwys a sefydlwyd ganddynt. Ei uchelgais ef oedd ceisio hyrwyddo'i genhadaeth i achub eneidiau ei gyd-Gymry, ac amlygwyd hynny yn ei lenyddiaeth hyd y diwedd. Yn 1590 ymddangosodd *A Treatise Wherein is Manifestlie proued, That Reformation and Those that sincerely fauour the same, are unjustly charged to be enemies, vnto hir Maiestie and the state*, y cyfeiriwyd ato uchod, ond ni chafodd y traethawd hwnnw ddim dylanwad o gwbl ar Whitgift a'i gyd-swyddogion. Yn ei ragair cyfeiria Penry at y warant a lofnodwyd gan chwe aelod o'r Cyfrin Gyngor fod yr archesgob a'r gweddill ohonynt yn ei gyhuddo o fod yn elyn y wladwriaeth.[74] Ac o ddarllen adrannau o'r llyfr lle mae Penry'n ymosod yn hallt ar swyddogion y llywodraeth, y gyfraith a'r Eglwys, disgrifir yr offeiriadaeth yn 'a troup of bloody soule mutherers [and] sacrilegious church robbers'.[75] Wedi dweud hynny, nid yw'r awdur yn dangos unrhyw wrthwynebiad i safle cyfansoddiadol y frenhiniaeth, oherwydd fe'i hystyrid yn gadarnfur yn y wladwriaeth. Sail ei wrthwynebiad i'r awdurdodau gwladwriaethol yw amharodrwydd y Frenhines, ei Heglwys a'i Senedd i ddiwygio'r drefn Brotestannaidd ymhellach a'i hymestyn i'w heithaf. Ym mhob un o'i draethodau ni ddengys unrhyw wrthsafiad i'r sofraniaeth frenhinol, ac ym mhob cyfeiriad at Elisabeth I dengys ei barch tuag ati gan eidduno iddi ymroi o'i gwirfodd i wella cyflwr ysbrydol ei gyd-Gymry a'u hachub o dywyllwch dudew eu hanwybodaeth ('. . . from that destroieng grosse darckenesse of ignorance'):

> & nowe (. . .) lay open our estate, first vnto the consideration of your excellent Maiesty my dread soueraigne Queene Elizabeth vnto whom only of all the potentates of the earth, I owe all obedience and seruice in the Lord Iesus, and next vnto the viewe of your high court of Parliament, desiring (. . .) that our petition may be so throughly waied, as our necessity requireth.[76]

Daw cyfle eto yn y bennod nesaf i drafod ymhlygiadau'r berthynas rhwng Penry a chyfansoddiadaeth y wladwriaeth Duduraidd, fel y dehonglwyd hynny yn ei draethodau a'i ymateb i honiadau'r awdurdodau eglwysig a seciwlar yn ei erbyn. Er na ellir cysylltu Penry'n derfynol ag awduraeth y *Marprelate Tracts*, yn sicr fe'i cyfrifid yn un o'r arweinwyr Piwritanaidd peryclaf yn y deyrnas, a gosodwyd pris ar ei ben. Yn y man, cyn iddo symud i Gaeredin yn 1589, ymddengys iddo ddechrau troi'n fwy eithafol ac yn Ymwahanwr a gredai mewn cymunedau neu sectau a brofasai iachawdwriaeth. Iddynt hwy ni chynrychiolai'r Eglwys Wladol y 'gwir' Eglwys, ac arweiniodd hynny hwy i sefydlu eu heglwysi eu hunain ar gyfer yr etholedig rai y tu allan iddi. Cafwyd arwyddion o hyn yn yr eglwysi cudd a welwyd yn nheyrnasiad Mari Tudur, ond yn y 1580au datblygodd sectyddiaeth pan sefydlwyd cynulliadau Robert Browne a Robert Harrison. Cynullodd Browne eglwys yn Norwich cyn iddo symud i Middelburg yn yr Iseldiroedd lle sefydlodd gyda'i gynulleidfa yn 1582. Credai'r ddau ohonynt mai cydgynulliad gwirfoddol y duwiol a rwymwyd trwy gyfamod â Duw mewn cynulleidfaoedd hunanlywodraethol oedd y gwir Eglwys. Erbyn 1593 canfuwyd eu gweithrediadau yn Llundain ac yn Chwefror y flwyddyn honno pasiwyd deddf yn erbyn 'sectyddion bradwrus' ac ar sail honno y crogwyd John Greenwood, Henry Barrow a John Penry.[77]

Y tebygolrwydd yw mai yn ystod y cyfnod y treuliodd John Penry yng Nghaeredin o 1589 hyd 1592 y trodd yn Ymneilltuwr, neu'n union wedi iddo ymadael oddi yno. Yn ei *Brief Discoverie of the False Church* (1590), gwaith mwyaf Henry Barrow, dywed y dylai Penry naill ai gydymffurfio â'r Eglwys neu ymuno â'i bobl ef, a'r tebyg yw mai hynny a'i troes oddi wrth Bresbyteriaeth ac a wnaeth iddo ymuno ag eglwys Barrow wedi iddo ddychwelyd i Lundain. Yn y traethawd maith hwnnw ni chydnabyddir gan Barrow fod bedydd yn yr Eglwys yn ddilys gan mai yn yr Eglwys Gatholig y bedyddiwyd yr offeiriadaeth cyn 1559. Dylai Penry felly droi at y Brownwyr gan nad oedd ei Bresbyteriaeth ef yn dderbyniol, ac meddai Barrow:

For if the Church of Rome be no true church, then the ministers made therin are no true ministers (. . .) where there is no church, there is no calling (. . .) both he [h.y. Penry] and his companions [yn cynnwys Job Throckmorton] must become Brownistes (. . .) or els this popish doctor [Dr Robert Some, diwinydd amlwg yng Nghaergrawnt] wil prevaile against them.[78]

Dangosai ysgrifau Penry erbyn hynny iddo ymwrthod yn llwyr â'r Eglwys Wladol, ac oblegid hynny y ducpwyd ef gerbron yr awdurdodau am y tro olaf. Cyn Ionawr 1592 ni wnaeth unrhyw les i'w achos er cymaint ei ddyhead am bardwn gan iddo feirniadu'r Frenhines yn llym, ac o ganlyniad i hynny eu ffyrnigo. Dywed fod cyfraith Duw uwchlaw cyfraith gwlad a bod y wladwriaeth yn ei hatal rhag ei wasanaethu yn ôl ei Air. Ac meddai ymhellach yn ei ddatganiad i'r Frenhines adeg yr achos llys olaf cyn ei ddedfrydu:

and people of Hir Maiesties countrie of Wales

H. LL. of hir counsell, thinke you to be, but the cursted shepheards that scatter their flockes, seeing you haue not turned your people from their euill waies. [h] Ieremy prooueth [h] *Ierem. 23.22* you to be such. Therefore wo be to the shep|heards of Wales, [22] saith Iehouah, which feede themselues, should not the shep/heards feed their flocks, you eat the fat and cloath you with the wooll, [a] but you feede not the flocke. The sentence pro/ [a] *Ezech. 34.23* nounced by the Lord against you [b] shalbe executed with [b] *Ezech. 34.10* out doubt in the time thereof, if you continue still in your vngodlye course. Take this from mee also, that vnlesse you for/sake your idlenes, those personages and those chaires of pesti/lence wherein you sit, I mean your Bishops seas will spue you out. And the Lorde I hope will make them so abhominable, and reprochfull, that all men fearing God, will be afraid hereafter to enter into those seas of Dauids, Asaph, Bangor, and Landaff, by reason of the character of sure destruction, that hee will imprint on as manie as shall supplie your places. And I trust in the Lord Iesus, to see his church florish in wales, when the memorie of Lord/Bishops are buried in hell whence they came. Beare witnesse hereof you adges to come. And giue you ouer your places, or doutlesse, the plague and cursse of God will eat you vppe. You are vsurpers, you tyrannize ouer the Lords people.

I haue other things to do then to be a contentious man, one with whome the whole world should be at debate, and I am guiltie vnto my selfe of sins, which giue me iust cause to look vpon the ground: I haue also a life, whereof there is no cause I thanke God I should bee weary, notwithstanding this I offer, to loose the life of my body before man, and the life of my soule before the Lord, if I do not prooue, that both you our non/residents, and you our Lord Bishops of Wales, in that you be non/residents and Lord/Bishops, cannot be warranted by gods word: yea, or vtterly condemned by the same, and that | all magistrates who tollerate such as you are, to be vnder [23] their gouernment, are guiltie of a fearefull sinne before the Lord. And that the Pope of Rome hath as good warrant, yea the verie same warrant, for his papall dignitie (although I know three differences betweene you and him: first, hee is a professed Idolater, secondlie, claimeth authority ouer all

Tudalen allan o An exhortation vnto the gouernours, and people of hir Maiesties countrie of Wales (1588).

We muste needes say That in all lykelyhode yf the days of your Syster
Queene mary & hir persecucion had contynewed vnto this day. That
the Churche of god in England had bene Farre more flourysshinge then
at this day it ys (...) as for the generall state eyther of the Magystracye,
or the Mynystery, or of the common people (...) beholde nothinge els but
a multytude of conspyrators against god (...) you shall fynde amongst
this Crue (...) nothynge els but a troupe of bludy sowle Murtherers,
sacrylegyous Churche robbers, & suche as made them selfes fat with
the bloude of men's sowles & the vtter ruyne of the Churche.[79]

Datganodd yn agored iddo beidio â gweithredu'n annheyrngar
tuag at y Frenhines ac awgrymodd yn gryf fod y sylwadau sarhaus a
ganfu'r awdurdodau yn ei bapurau preifat yn eiddo i eraill y bu iddo
siarad â hwy yn yr Alban ac a feirniadai gwendidau ei theyrnasiad,
a'i fod ef wedi ei hamddiffyn. Eto, nid oes tystiolaeth ar gael i brofi
gwirionedd hynny.

Ar 21 Mai cyhuddwyd Penry o deyrnfradwriaeth dan ddeddf Un-
ffurfiaeth 1559 yn Llys Mainc y Brenin, a hynny ar sail cynnwys ei
lythyrau preifat a'i ddyddiadur ac nid ei gysylltiadau â'r Presbyteriaid
a'r Ymneilltuwyr.[80] Golygai hynny fod nifer o ddigwyddiadau eraill y
bu Penry'n rhan ohonynt ond heb eu galw i ystyriaeth. Pan holwyd ef
gan Syr Henry Fanshawe yn Ebrill 1593, ymhlith pethau eraill cyhoedd-
odd Penry yn ddigyfaddawd na chydnabuwyd bod swyddogion yr
Eglwys Wladol, sef archesgobion, esgobion, archddiaconiaid, cangell-
orion, deoniaid, canoniaid, prebendariaid ac offeiriaid, yn ddilys yn
yr Eglwys Fore, yn ôl Llyfr yr Actau, gan na chawsant eu galw gan
gynulleidfaoedd y credinwyr a'u hordeinio ganddynt. Henuriaid a
diaconiaid a dderbyniwyd, trwy gytundeb yr aelodau, yn weinidogion
yn yr Eglwys honno.[81] Aeth Fanshawe ymlaen i'w groesholi gan ofyn
pam na ddyrchafwyd Penry i swydd yn eglwys yr Ymneilltuwyr yr
ymunodd â hi yn Llundain, ac yn ei ateb gwnaeth Penry hi'n amlwg
mai ei brif genhadaeth oedd dychwelyd i Gymru i achub eneidiau
yno:

Surely I was desired to take a charge and to continue with them but I
would not because it hath bene my purpose always to imploy my small
tale[n]t in my poore countrie of Wales wher I know that the poore perish
for want of knowledge: and this was the onely cause of my coming out
of the country wher I was [yr Alban] and might haue stayed privately
al my life.[82]

Mewn llythyr at yr Arglwydd Burghley ychydig cyn ei farwolaeth yn 1593 pan oedd yn amddiffyn ei hun rhag cael ei gyhuddo gan Whitgift o fod yn Martin Marprelate, meddai'n eglur: 'For my Lord althing I know that prelate to bee a great enemy of god his sayntes and truth this day even [an] enemy unto hir maiesties soule the soules of hir people and his owne'.[83] Yn ei gofiant i Penry disgrifiodd Waddington Whitgift yn eglwyswr gormesgar a hunanfeddiannol:

> He rose in consequence, by rapid steps, to the Primacy (. . .) Rank-power-patronage, and indomitable energy were all devoted by him to the one purpose of his life, the maintenance of the Anglican system in its integrity, and for the utter and prompt suppression of every movement intended to promote change and reform. Deaf to remonstrance, and insensible to the suffering of the victims, his career was one of unmitigated spiritual despotism.[84]

Er cymaint oedd beiau'r archesgob ni ellir ei ddiystyru'n llwyr fel y gwna Waddington, gan iddo gyfrannu'n helaeth i gadarnhau undod y drefn eglwysig ym mlynyddoedd mwyaf argyfyngus Ardrefniant Elisabeth. Go brin y gellir disgrifio'i bolisi yn gwbl ddespotaidd – diarbed yn fynych, mae'n wir, ond yn unionfrydig. Er mai Calfinydd ydoedd, fel y Frenhines, casâi gyfnewidiadau parhaol yn y byd crefyddol.

Apeliodd Penry yn daer hefyd at Iarll Essex gan erfyn arno i fod yn gefnogol iddo yn wyneb ei ddyddiau olaf gerbron Llys Mainc y Brenin, ond, er ei ymdrechion i achub ei fywyd ei hun, glynodd yn ystyfnig wrth ei argyhoeddiadau gan ddatgan beth oedd dyletswyddau'r Frenhines i ddiarddel swyddogaethau eglwysig, sefydlu trefn o dan gyfraith Dduw a difa'r Anghrist Rhufeinig:

> The locustes themselves being in regard of their offices (. . .) being by a mighty east wynd of hir maiesties juste laws cast into the sea and their drowned for ever more, hir maiestie is to dispose (. . .) shee is bound to see that nothing be adjoyned therunto eyther in regard of office, calling, mayntenanc, place of meeting or meanes of meeting (. . .) which have been invented by the Romane Antichrist, for the worship of divel in the cage of his Idolatrous subjects.[85]

Yn ei *Supplication* â Penry o'i ffordd i bwysleisio peryglon y rhyfel â Sbaen a'r diffeithwch y gallai hwnnw, ynghyd â dirwasgiad economaidd, eu hachosi pe na ddigwyddai'r diwygiadau a argymhellid

ganddo ef a'i gyd-Ymneilltuwyr.[86] Prif elynion y wladwriaeth oedd
yr hierarchaeth eglwysig dan awdurdod esgobaethau a hwyrfryd-
igrwydd y frenhiniaeth a'r 'ynadon' (*magistrates*), sef yr awdurdodau
sifil, i weithredu'r hyn a ystyrid yn anhepgorol er achub eneidiau
deiliaid y deyrnas.[87] Yn y prawf yn ei erbyn ni lwyddodd Penry i'w
amddiffyn ei hun, yn bennaf oherwydd bod ei argyhoeddiadau'n
llawer cryfach na'i alluoedd cynhenid i'w ddatgysylltu'i hun oddi
wrth y lleiafrif na dderbyniai'r drefn eglwysig. Yn ddiau, dangosodd
ddewrder er i rai ei feio am ei ffolineb yn aberthu ei fywyd ac am-
ddifadu ei deulu ifanc. Er bod ganddo ddigon o alluoedd academaidd
i'w baratoi ar gyfer gwasanaethu yn offeiriad i ddiwygio'r Eglwys yn
fewnol ni theimlai fod y Frenhines a'i llywodraeth am ymgymryd â'r
hyn a fyddai'n dderbyniol gan Dduw. Ni chondemniodd Penry ddysg,
ysgolheictod na deallusrwydd arweinwyr eglwysig, ond, ar ddechrau
ei yrfa ymosodol beiai'r offeiriaid am eu diffygion yn methu â dilyn
dehongliad Presbyteraidd o'r Ysgrythurau. Ystyriai fod lleygwyr
colegol, a chanddynt wybodaeth o ddiwinyddiaeth, yn fwy cymeradwy
nag offeiriaid addysgedig na chawsant hyfforddiant mewn pregethu'r
Gair. Meddai yn ei *Aequity*:

> the idoll priesthoode hath made the most glorious function vnder the
> sun, most contemptible (. . .) A number of the idle drones now in our
> ministerie would become fit for that work in one year, if preaching were
> but here and there scattered among vs, and they weekely driuen to
> exercise (. . .) Priuate men that neuer were of Vniuersity haue well profited
> in diuinity. These no doubt would proue more vpright in heart (. . .)
> than many of our learned men.[88]

Yn ogystal â'i atgasedd tuag at yr esgobion a'r swyddogion eglwysig
eraill crynhodd Penry yn y geiriau hyn y gwendid sylfaenol yn yr
Eglwys Wladol. Fe'i crogwyd yn 1593, yn bennaf am iddo ymwrthod
yn llwyr ag awdurdod y frenhiniaeth nad ufuddhaodd i'w ddymun-
iadau ef a'i gyd-Ymneilltuwyr. Mae'n wir iddo bledio am ei fywyd
a'i ryddid mewn llythyrau at Burghley ac Essex, a hynny ar sail iddo
fod yn deyrngar i'r Frenhines, ei llywodraeth a'r gyfraith wladol, ond
tranc fu ei hanes ef a'i gyfeillion Henry Barrow a John Greenwood ar
y cyhuddiad mwyaf difrifol o deyrnfradwriaeth.[89]

4

Prif Gynnyrch Llenyddol John Penry 1587–8

Fel ei gyd-Biwritaniaid ystyriai John Penry fod problemau'r Eglwys yn ymestyn y tu hwnt i ffiniau'r deyrnas. O Ebrill 1570 ymlaen cynyddodd peryglon niweidiol pan gyhoeddodd y Pab Pius V ei fwl *Regnans in Excelsis* a ysgymunodd y Frenhines a galw ar aelodau o'r Eglwys Gatholig i'w diorseddu ac, o wneud hynny, eu rhyddhau o'u teyrngarwch iddi.[1] Grymuswyd ymerodraeth Sbaen gartref a thramor yn y byd newydd ac fe'i galluogwyd i arwain cenhadaeth Gatholigaidd yn erbyn Lloegr, ac yn sgîl hynny cafwyd cynllwynion – aflwyddiannus mae'n wir – yn erbyn Elisabeth I, megis Ridolfi (1571), Throckmorton (1583), Parry (1585) a Babington (1586), yr olaf ohonynt yn gynllwyn peryglus y cymerodd Mari, Brenhines yr Alban, ran ynddo.[2] Yn wyneb y cynnydd mewn dirwyon trwm a chosbedigaethau llymach, dechreuodd y genhadaeth Iesuaidd yn Lloegr, o dan arweiniad Edmund Campion a Robert Persons, un o ymgyrchoedd mwyaf bygythiol y gwrth-ddiwygiad yn 1580.[3] Arweiniodd hyn at lunio un o'r polisïau mwyaf gormesol ac ataliol ar ran y llywodraeth i ddifa pob ymosodiad Catholigaidd yn erbyn y deyrnas. Yn ddiau bu'r genhadaeth honno'n fygythiad dirdynnol, nid yn unig i'r Ardrefniant eglwysig, eithr hefyd i annibyniaeth y wladwriaeth ynysol, a chosbwyd Catholigion yn drwm, nid gymaint am eu bod yn bleidiol i'r Fatican yn Rhufain ond am eu bod yn euog o deyrnfradwriaeth a therfysg. Arweiniodd sefyllfa o'r fath at wrthdaro rhwng teuluoedd ac unigolion a chreulondeb ar ran y llywodraeth a fynnai gynnal y drefn grefyddol newydd. Pan gyrhaeddodd anterth y rhyfel â Sbaen yn 1588 gyda'r Armada, wynebodd y deyrnas ei chyfnod mwyaf argyfyngus, a dyna'r amser y bu raid i'w deiliaid Catholigaidd naill ai benderfynu ymlynu wrth eu brenhines neu gilio rhag bod yn deyrngar iddi'n llwyr.[4]

Mewn cyfnod o newid cymdeithasol ac addasu araf i amgylchiadau gwleidyddol a chrefyddol newydd, felly, ofnai'r llywodraeth fesur yr

❧ TH'APPELLATION OF

IOHN PENRI, vnto the Highe
court of Parliament, from the bad and inju-
rious dealing of th'Archb.of Canterb.&
other his colleagues of the high commiſsion: Wher-
in the complainant,humbly ſubmitting himſelfe
and his cauſe vnto the determination of this ho-
norable aſſembly:craueth nothing els,but either
releaſe from trouble and perſecution, or juſt
tryall.

PSALM. 35.19,20,&c.

Let not them O Lord,that are mine enemies vniuſtly,reioyce o-
uer me: neyther let them vvinke vvith the eye, that hate me vvith-
out a cauſe. For they ſpeake not as friendes : but they imagine de-
ceitfull vvordes againſt the quiet of the land. And they gaped on
me vvith their mouthes,ſaying Aha,Aha,our eye hath ſeene. Thou
ſeeſt it O Lord: keepe not ſilence: be not far from me, O Lorde.
Ariſe and vvake to my iudgement, euen to my cauſe, my God, and
my Lord.Iudge me O Lord,according to my righteouſnes: and let
them not reioyce ouer me. Let them not ſay in their hearts, O our
ſoule reioyce: neyther let them ſay,vve haue deuoured him.

IEREM. 20.21.

The Lord is vvith me as a mightie Gyant, therefore my perſecu-
tors shall be ouerthrovvn, and shall not preuaile, and shalbe great-
ly confounded: for they haue done vnvviſely,&c.

ANNO DOM. 1589.

Tudalen deitl Th' Appellation of Iohn Penri, vnto the
Highe court of Parliament (1589).

ymlyniad wrth yr 'Hen Ffydd'. Caseid Catholigion hefyd gan y Piwritaniaid, a mynych y cyfeiriai Penry'n ddilornus atynt fel 'the forces of Rhomish Caine'[5] a 'that lifeless and brutish stock of Rome',[6] ac at yr offeiriad Catholig fel 'a forraine idolatrous shauen priest' a'i swydd yn wrthun.[7] Cyfrifai'r eilunaddoliaeth a arferid ganddynt yn hollol Anghrist, ac yn ei *Supplication* beirniadodd Penry lyfrau cyhoeddedig y Pabydd Robert Persons[8] a'r gwaith trwchus *Y Drych Cristianogawl* gan Robert Gwyn, yr awdur reciwsantaidd, 'printed in an obscure caue in North wales', sef yn ogof Rhiwledyn, gwaith y credai ei fod wedi'i sylfaenu ar waith Persons.[9] Teitl ei waith ef oedd *First Booke of Christian Exercise, Appertayning to Resolution* (1582), a ehangwyd yn 1585 dan y teitl *A Christiane Directory* ac a ddisgrifiwyd fel a ganlyn: 'a booke contayning many substantiall errors . . . and other shameful fables'. Er i Penry ddatgan ei deyrngarwch i'r Frenhines a'i chanmol am waredu'r deyrnas rhag y pwerau Pabaidd ofnai'r un pryd mai ad-ennill tir a wnâi ymlynwyr y ffydd Gatholig – yn arbennig trwy genhadaeth yr Iesuaid o'r cyfandir yn y 1580au – os na chedwid gwyliadwriaeth ofalus. Ysgrifennai mewn cyfnod pan oedd Lloegr a Sbaen yn elynion ac yn 1585 torrodd y rhyfel rhyngddynt oherwydd amgylchiadau yn yr Iseldiroedd a'r elyniaeth forwrol a masnachol rhwng y ddwy wlad yn y Byd Newydd. Ynghanol y gwrthdaro hwn bu Mari, Brenhines yr Alban, yn ddraenen bigog iawn yn ystlys Elisabeth oherwydd ei Chatholigiaeth, ei chysylltiadau agos â Sbaen a'i chefnogaeth i'r cynllwynion yn ei herbyn.[10]

Ynglŷn â gwasg Rhiwledyn mae'n ddiddorol nodi pa mor bryderus oedd swyddogion heddwch a diogelwch siroedd arfordirol Cymru wrth geisio sicrhau rhyddid y wlad rhag ymosodiadau Catholigaidd o Sbaen ac Iwerddon. Yn sir Gaernarfon, Dr William Griffith o'r Plas Mawr, Caernarfon, ustus heddwch, dirprwy Is-lyngesydd Gogledd Cymru ac Aelod Seneddol dros fwrdeistref Caernarfon oedd yn gyfrifol am oruchwylio diogelwch glannau'r parthau hynny, ac mewn llythyr at John Whitgift ar 19 Ebrill 1587 cyfeiriodd yn bryderus at y bygythiad y gallai Rhiwledyn ei achosi. Yn ddiau, roedd William Griffith wedi archwilio'r sefyllfa'n fanwl ac wedi dod o hyd i beth tystiolaeth am arhosiad Catholigion yn yr ogof:

Notorius recusaintes in that hundreth of Crethen (. . .) twelue or more Jesuites Seminaries & recusants (. . .) discovered by a neighbour therbye who sawe at the Caue mouth one or twoe of them with pistioles (. . .) Ther was fownde the next daye in the Cave weapons Victualls & the

Cave bordes & their alter wainscoted (...) I haue mett with some Printess of leade & spaces as I take it to putt betwixt the prints the which the foresaide seminaries & recusants vpon their flight did cast into the sea.[11]

Yn y cyfnod ansefydlog hwn y mabwysiadodd John Penry – y tybir iddo gael ei godi'n Brotestant ar fynydd Epynt – ddaliadau'r Presbyteriaid tra'r oedd yn efrydydd yng Nghaergrawnt, ac yno y dwysaodd ei wrthwynebiad i'r ffydd Gatholig. Yn ddiau, pryderai'n gyson ynghylch y posibiliadau arswydus pe byddai'r Frenhines a'i chrefydd yn colli tir. Oni bai fod Duw, meddai, wedi tagu Anthony Babington a'i gydgynllwynwyr i lofruddio Elisabeth ac i osod Mari Brenhines yr Alban ar orsedd Lloegr yn 1586, ni fyddai dim yn atal grymoedd Catholig rhag goresgyn y deyrnas, ac ychwanegodd nad oedd amser i'w golli cyn newid y drefn eglwysig yn ystod teyrnasiad Elisabeth. 'Rather the door of our hope is euerie day threatned to be shut', meddai ymhellach, a gorchwyl y Senedd, ym marn Penry, fyddai cyflawni gwir Ddiwygiad trwy gyflwyno gweinidogaeth bregethu.[12] Yn wyneb bygythiadau enbyd o'r fath ni allai'r Eglwys yn ei chyflwr presennol amddiffyn ei hygrededd na'r deyrnas Brotestannaidd a sefydlwyd yn ei henw.

Sail yr holl drafferthion oedd anallu'r Eglwys i sylweddoli pa mor berthnasol i les ysbrydol deiliaid y deyrnas oedd ei safle gwladol. Pwysai Penry'n aml ar gyfrifoldeb awdurdodau seciwlar y deyrnas, trwy ordinhad ddwyfol, i lanhau'r Eglwys a gwarchod gwerthoedd cynhenid Eglwys Dduw. Credai mai dialedd Duw ar deyrnas halogedig a gyfrifai am y caledi a'r newyn a brofid yn y wlad yn 1585, yn hytrach nag amgylchiadau tymhorol a gwasgfeydd economaidd:

We feel the Lords ha[n]d many waies against vs at this time in regard of the scarcity of all thinges, and especially of victuals, and a great number of poor. Euery man among vs was either wont to sow as much corne as serued his familie al the year, or to make asmuch of his sheep and other cattle as might buy the same. The vnseasonable haruest 1585 yealded very little Corne. Therefore many were able to sowe nothing the last year, because they had not bread corne, much lesse seed. The winter 1585 destroied al their cattle wel near.[13]

Mewn geiriau o'r fath cyfeiria sylwadau cryno Penry at gyflwr materol dirdynnol cymdeithas mewn cyfnod o gyni, ond ychwanega mai cosb Duw oedd hynny am eu trueni ysbrydol, ac meddai ymhellach am yr anffodusion tlawd a diymgeledd diedifar ymhlith ei gyd-Gymry:

This famine is for our sinnes, the Lord without our repentaunce saith it shal continue (. . .) for the Lord wil make vs sick againe in smiting of vs. (. . .) As long as the Lords house lieth wast in our land, we shal sow but meere salt'.[14]

Gwelai Penry'n ddiau mai cyfrifoldeb y corff llywodraethol oedd cadarnhau ac amddiffyn yr Eglwys a dinoethi a difa ynddi'r elfennau ysgymun a'i llurguniai, gan nad ystyrid y Confocasiwn yn ddim namyn sefydliad llygredig a roddai'r baich o ddiwygio ar ysgwyddau'r awdurdodau sifil. Os parhâi'r llywodraeth i barchu'r corff hwnnw byddid yn cynnal a meithrin gormes a thrais, a swyddogion y llywodraeth fyddai'n gyfrifol am hynny: 'vnlesse the Magistrate doe vphold his honour againt Satan', meddai am yr oruchwyliaeth seciwlar, 'it will fall to the ground'.[15] Er cymaint fu llwyddiant Lloegr yn erbyn llynges Sbaen yn 1588 a phwerau'r Anghrist, gallai dirywiad moesol, meddai ymhellach, symbylu'r gelyn i ymosod eto a llwyddo'r tro hwnnw i ysbeilio'r wlad. 'Except you grant free passage unto my gospel', traethodd yn fygythiol, 'the navy of the Spaniard (. . .) shal come againe, and fight againt this land, and waste it with fire and sword'.[16] Er i'r llynges Sbaenaidd gael ei chwalu yn haf 1588 gallai Duw ddefnyddio grym y wlad honno eto yn y dyfodol i gystwyo'r deyrnas. Unieithid sefydlu Eglwys Dduw ganddo â heddwch a threfn a diogelwch gwleidyddol. Gallai esgeuluso 'anrhydedd Duw' a thrwy hynny les moesol deiliaid y deyrnas beryglu'r corff neu'r adeiladaeth lywodraethol.

Ar y pryd plediai John Penry achos Presbyteriaeth oblegid y safbwynt gwrth-esgobol cryf a fu'n ddylanwad mawr arno yn ystod ei gyfnod yng Nghaergrawnt. Fe'i cyhuddid o gyhoeddi traethodau bradwrus rhwng Hydref 1588 a Medi 1589 dan enw'r awdur anhysbys Martin Marprelate, ond ni ellir profi hynny'n hollol derfynol er i Donald McGinn, y cyfeiriwyd ato eisoes, gredu'n gydwybodol mai ef oedd yr awdur.

Ni ellir llai nag ymdeimlo ag angerdd dwys y Piwritan pybyr hwn fel y'i mynegwyd yn ei draethodau. Dyn siomedig ydoedd gan iddo gredu fod diffygion polisi crefydd Elisabeth, fel y gwelai ef hwy, yn sarnu Eglwys Dduw. Cyfrifai ei hun yn bennaf yn gennad yn nhraddodiad Piwritanaidd ei gyfnod yn Lloegr er iddo gymhwyso'i ddadleuon yn fwriadol i'w wlad a'i genedl ei hun. Ei ofid pennaf, fodd bynnag, mewn blynyddoedd pan geid gwasgu ac erlid trwm arno ef a'i gyd-Biwritaniaid, oedd y diffyg sylfaen grefyddol a geid mewn teyrnas a feddai ar allanolion ffydd ond a amddifedid o'i gwir hanfod. Bu'n driw i'w argyhoeddiadau hyd ddiwedd ei oes fer, a chyfeiriodd ei sylwadau'n gyson at gyflwr y ffydd Gristnogol, fel y dehonglai ef hi, yng Nghymru. 'I saw my selfe bounde in conscience', meddai yn *Th' Appellation* yn 1589, 'not to giue ouer my former purpose, in seeking the good of my countrymen, by the rooting out of ignorance and blindness from among them.'[17] Apêl oedd hon am amddiffyniad yr awdurdodau i'w ddiogelu rhag gwrthwynebiad cynyddol i'w Biwritaniaeth. Ni cheisiai gael ei gyhuddo o ddim a allai fod yn niweidiol i'w brif bwrpas, sef pregethu'r efengyl ymhlith ei gydwladwyr, ond dehonglai'r awdurdodau mai hynny oedd ei gymhelliad sylfaenol.

A Treatise Containing the Aequity of an Humble Supplication (1587)

I gymdeithas ddryslyd o'r fath mewn gwleidyddiaeth, crefydd a'r bywyd economaidd y ganwyd John Penry, un o arloeswyr mwyaf tanbaid Piwritaniaeth yn Lloegr ac un o sefydlwyr Ymneilltuaeth yn ei dyddiau cynnar. Beth bynnag a ddywedir am ei gymhellion ni ellir diystyru cryfder ei argyhoeddiadau. Cyhoeddodd ei draethodau er mwyn rhoi sylw manwl i'r hyn y dylai Eglwys Grist fod o ran ei threfniadaeth a'i chredo. Yn y *Treatise containing the Aequity of an Humble Supplication*, a gyflwynwyd i'r Frenhines yn ei Senedd yn Chwefror 1587 pwysleisiai'r angen am well gweinidogaeth bregethu yng Nghymru. Nid ei draethawd ef oedd yr unig ymgais Biwritanaidd i hybu'r ymgyrch dros ddiwygio'r Eglwys, mae'n wir, ond gan iddo glywed y byddai'r Senedd yn dod i ben yn fuan aeth ati i gwrdd â'r dirywiad yn yr eglwysi diwygiadol ar y cyfandir a'r elyniaeth rhwng Whitgift a'r Piwritaniaid yn Lloegr dan arweiniad gwŷr dylanwadol fel John Field ac Anthony Cope a oedd, ymhlith eraill, yn awyddus i litwrgi Genefa'n unig gael ei sefydlu'n gyfreithlon yn lle Llyfr Gweddi Eglwys Loegr. Dyna'r rheswm pam y cyflwynodd Cope y *Bill and Book* Presbyteraidd i'r Senedd, a gefnogwyd gan Edward Downlee (neu Dunn-Lee), y cyfeiriwyd ato eisoes, Piwritan o swydd Buckingham a chanddo gysylltiadau priodasol â theulu Johns Abermarlais, ac Aelod Seneddol dros fwrdeistrefi Caerfyrddin, a Job Throckmorton, yr Aelod Seneddol dros swydd Warwick.[18] Gan fod Penry yn gyfarwydd â hwy nid yw'n rhyfeddol iddo gyflwyno'r *Aequity* i'r Senedd i gynorthwyo dadleuon Cope a hybu ei ymgyrch ei hun gyda chymorth Downlee a Throckmorton.[19]

Yn yr *Exhortation*, sef deiseb i Henry Herbert, ail Iarll Penfro, Arglwydd-Lywydd y Cyngor yn Llwydlo, yn 1588, ymosododd yn ddidrugaredd ar yr esgobion – heb enwi un ohonynt – a thrafod diffygion yn ansawdd y swydd honno gan na chredai fod cyfiawnhad ysgrythurol drosti.[20] Yr un pryd anogodd lywodraethwyr Cymru i ddarparu'n helaethach ar gyfer diwygio bywyd ysbrydol ei genedl, a siarsiodd Herbert i ymgymryd â'r dasg honno'n ddi-oed gan ei fod ef yn gyfrifol, nid yn unig am gadw heddwch a threfn ond hefyd am osod cynsail gref i'r Eglwys a ystyriai ef yn brif offeryn ordinhad Duw i'w bobl. Yn 1588 hefyd ymddangosodd *A Supplication unto the High Court of Parliament*, yr hwyaf a'r mwyaf treiddgar o'i gyfraniadau, ac ynddo ceisiodd grynhoi'n fanwl broblemau'r byd crefyddol yng Nghymru ac annog y Senedd i ymgymryd ar fyrder â'i diwygio.[21] Ym mhob un o'r traethodau hynny amlygir John Penry yn ddiwygiwr di-ildio a gyflawnai ei achos, yn ôl arfer yr oes, yn llwythog, amleiriog ac yn aml yn ailadroddus. Ceisiai foddhau arweinyddiaeth y Presbyteriaid, ac ar yr un pryd ddarbwyllo Tŷ'r Cyffredin a Chyngor y Mers o ddilysrwydd ei amcanion. Yn y cyd-destun hwnnw fe'i cydnabyddir yn un o'r lleygwyr mwyaf beiddgar ei safiad a'r mwyaf egnïol a thanbaid ei wrthwynebiad i Ardrefniant 1559.

Achwynai Penry'n angerddol nad oedd yr Eglwys yn cyflawni ei chenhadaeth i geisio adfer gwir grefydd. Dadleuai ei achos yn aml trwy ddisgrifio'r anfri a'r sen a fwrid ar y Senedd a sefydliadau eraill pe gwrthodid ei gais. Os na roddid gwrandawiad iddo, meddai, byddai Duw yn cael ei ddiystyru, safle'r Frenhines yn cael ei pheryglu a dylanwad crefydd yn edwino ymhlith llywodraethwyr y deyrnas. Heriodd y Senedd i feiddio ei chyhuddo'i hun o fod yn anystyriol o'r angen dyfnaf, sef gweinidogaeth dduwiolfrydig a chyson.

Sut aeth John Penry ati i amlygu'r gwendidau a welsai ef yn y drefn eglwysig newydd? Yn unplyg a manwl, er yn hirwyntog a phwysfawr, rhoddodd y lle blaenaf i'w ddadl ganolog, sef annigonolrwydd y weinidogaeth bregethu: 'that some order may be taken (. . .) whereby we may be freed from (. . .) ignorance wherein we now are bewrapped' er distrywio'u heneidiau hyd dragwyddoldeb, ac ystyriai fod hynny'n destun gwarth.[22] Er i'r deyrnas bellach, meddai, feddu ar y ffydd Brotestannaidd ni ellid ei chyfiawnhau oni bai ei bod yn fynegiant gwiw o Air Duw. Byddai caniatáu anwybodaeth o egwyddorion sylfaenol y ffydd ymhlith y Cymry yn weithred ysgeler y gallai Duw ddial arni. Ar bregethiad ac nid ar ddarlleniad y Gair y safai enw da'r Frenhines, meddai'n ddiedifar. Cyfeirid yn aml gan Penry at 'bwerau'r Fall' a fygythiai barhad y deyrnas ac a greai dywyllwch ysbrydol. 'We have not one in some score of our parishes that hath a saving knowledge', meddai'n ddeifiol, 'Thousands there be of our people that know Jesus Christ to be neither God nor man, King, priest or prophet'.[23] Tosturiodd wrthynt yn eu hanghrediniaeth, eu hanllythrennedd a'u hofergoeliaeth. Ystyriwyd bod trueni o'r fath, meddai ymhellach, yn arwydd o'u hanallu i ddeall ystyr cariad Duw ac yn amlygiad ohono'n fod creulon a di-drugaredd. Geilw am ryddid o 'dywyllwch dybryd anwybodaeth' ac eilunaddoliaeth trwy sefydlu gweinidogaeth bregethu.

Nid rhyfedd i John Strype, bywgraffydd cynnar yr Archesgob John Whitgift, alw Penry yn 'hot Welchman' yn 1588 wedi ymddangosiad yr *Exhortation* a'r ensyniadau sarhaus a gynhwysid ynddo.[24] Rhai blynyddoedd yn ddiweddarach yn 1594 cyfeiriodd George Owen o'r Henllys ym Mhenfro hefyd ato fel 'that shameless man' ac at y 'slanderous pamphlet' hwnnw.[25] Nid ef, fodd bynnag, oedd y cyntaf i sylwi ar y diffygion yn y dasg o genhadu Gair Duw. Rhoddwyd trwydded arbennig i bregethwyr ymhlith clerigwyr, ac ychydig a feddai'r ffraint honno. Gofidiai rhai o esgobion Protestannaidd Cymru na cheid darpariaeth ddigonol. Cwynai Nicholas Robinson, Esgob Bangor, yn 1567, nad oedd ganddo chwech o fewn ei esgobaeth a allai bregethu – 'the most part of ye priests', meddai, 'are too old, they say, now to be put to school'.[26] Priodolai dlodi ysbrydol ei bobl hefyd i'r ffaith nad oedd cyfieithiad o'r Beibl cyflawn ar gael yn y Gymraeg a phryderai oblegid hynny ar dir ysbrydol ac ieithyddol: 'ye closing up of Gods worde from among them in an unknowen tounge'.[27]

Atseiniwyd yn groyw y gri am gael yr Ysgrythurau yn yr iaith frodorol gan Penry ei hun ugain mlynedd yn ddiweddarach yn yr *Aequity*. Taer yw ei ddeisyfiad yn 1587, flwyddyn cyn cyhoeddi'r Beibl, am gael gweld Gair Duw ymhlith ei bobl a gresynai nad oedd eisoes wedi ymddangos.[28] Ni ddylai amlder tafodieithoedd, meddai, lesteirio'r dasg honno, ac er hwylustod gellid rhannu'r gwaith o gyfieithu rhwng ysgolheigion. Er cymaint ei ofid ynglŷn ag anallu llawer o'r offeiriaid i ddarllen Cymraeg credai y byddai gosod pregethwyr ym mhob plwyf yn llesol i gynnal safonau'r iaith lenyddol ffurfiol ac i achos crefydd. Pwysleisiodd yr angen am ddarpariaeth dda o bregethwyr graddedig o'r prifysgolion y gellid eu cyflogi i genhadu; a gwelodd fanteision defnyddio lleygwyr goleuedig i'r pwrpas hwnnw, syniad radicalaidd iawn yn ei ddydd. Rhoddodd bwys hefyd ar ddarparu cynhaliaeth briodol i'r gweinidogion hynny oherwydd pe sylweddolid pwysigrwydd pregethu, meddai, byddid yn fwy parod i gynnal gweinidogaeth gyflawn. Ystyriai mai cyfrifoldeb y llywodraeth oedd hynny gan mai llywodraeth seciwlar a luniodd yr Ardrefniant yn 1559, a chan nad oedd yr awdurdodau eglwysig, yn ei farn ef, yn gymwys i'r gorchwyl. 'If you do otherwise', meddai wrth y llywodraeth os gweithredid cynnwys ei apêl, 'so many souls, as perish in miserable Wales for want of preaching, be not required at your hands in the daie of iudgement'.[29] Cyflwynodd Penry ei ddadleuon yn rymus ac roedd ei ymresymu'n gyfrwng iddo ymosod ymhellach, ac o safbwynt arall, ar drefniadaeth yr Eglwys Wladol.

Ni chyfeiriodd Penry at ddeddf breifat 1563 i gyfieithu'r Ysgrythurau a'r Llyfr Gweddi Gyffredin i'r Gymraeg nac at y rhai a fu'n llafurio i gwblhau'r dasg, ond nid ef yn unig a leisiodd yr angen amdanynt. Saif William Salesbury ymhlith yr amlycaf a fu'n daer ei alwad am hyn, yn arbennig yn ei ragymadrodd i *Oll Synnwyr Pen Kembero Ygyd* (1547). 'Pererindotwch yn droednoeth, at ras y Brenhin ae Gyncor', meddai, 'y ddeisyf cael cennat y cael yr yscrythur lan yn ych iaith' i achub purdeb yr iaith a chyflwyno'r ffydd Brotestannaidd.[30] Hefyd, mae deiseb anhysbys ei hawduraeth a'i dyddiad ar gael yn cynnwys yr un gri, deiseb a luniwyd cyn 1563 ac, efallai, a anfonwyd at y Cyfrin Gyngor, y Confocasiwn neu Henry Sidney, Arglwydd-Lywydd y Cyngor yn Llwydlo, yn erchi gwell gweinidogaeth bregethu ddysgedig – 'the godlyest & best learned men in divinitiee or knowledge of the holy scriptures & the Welsh tong withal.' At hynny deisebir yn y ddogfen am gyfieithiad o'r Beibl i'r Gymraeg er budd i'r pregethwyr hynny ac er mwyn pobl Cymru – 'for the expulsment of sooch miserable darkness for the lack of the shynyng light of Christ's Gospell.'[31]

Un rheswm sylfaenol am yr alwad am gyfieithu'r Ysgrythurau oedd cyflwr yr Eglwys yng Nghymru cyn ac yng nghyfnod cynnar y Diwygiad Protestannaidd. Nid oedd y camddefnyddio mynych a geid ar fuddiannau'r Eglwys yn nodwedd anghyffredin nac annisgwyl ymhlith eglwyswyr a lleygwyr dros y canrifoedd, ond cynyddodd y duedd yn ail hanner yr unfed ganrif ar bymtheg o ganlyniad i'r cyfnewidiadau crefyddol a rhyddhau tiroedd eglwysig a'r manteisio a fu ar hynny ar ran tirfeddianwyr lleyg trachwantus. Ni allai'r Eglwys ei hamddiffyn ei hun, meddai Penry, os na allai roi trefn ar ei heiddo materol. Cystwyodd y rheini a feddai ar fywoliaethau nad oeddynt yn trigo ynddynt – 'that ghastly and fearful sin', fel y'i gelwid ganddo, yr amfeddu cyson a niweidiol ymhlith lleygwyr tiriog a'r weinidogaeth ysgymun na ddylid ymddiried iddi'r fraint o weinyddu'r sacramentau.[32] Beirniadodd yn drwm 'swarmes of vngodlie ministers',[33] a dirmygodd eu diymadferthedd a'u gormes am iddynt fod yn rhwystr i sefydlu gweinidogaeth dduwiol a dysgedig. Credai y dylid deddfu i neilltuo'r ddegfed ran o bob amfeddiad ar gyfer hynny. Beirniadai'n hallt y sawl na allai bregethu ond a feddai ar fywoliaethau bras ac a fanteisiai ar y cyfle i'w hysglyfio a'u blingo. Yng ngolwg Penry cyfrifid hwy'n watwarwyr a dinistrwyr undod y wladwriaeth Gristnogol a phurdeb ei heglwys. Dadleuai na ddylai unrhyw glerigwr feddu ar fwy nag un fywoliaeth ac y dylai drigo ynddi fel y gallai gyflawni ei briod swydd.

Prif bwrpas difrïo trefniadaeth eglwysig oedd amlygu ei hanallu i gyflawni'r hyn a fwriedid ar ei chyfer. Yn ei *Exhortation* â i eithafion i ddychanu a difenwi offeiriaid nad ymdeimlent â'u gwir alwedigaeth: 'you have admitted unto this sacred function rogues and vagabonds', meddai wrth yr awdurdodau, 'gadding about the countrey, vnder the names of schollers, spendthrifts and seruing men, that made the ministerie their last refuge.'[34]

Heb enwi neb darlunnid yr esgobion gan Penry'n arweinwyr anniben na ellid cyfiawnhau o gwbl eu swyddogaethau yn Eglwys Dduw: 'the cursed shepherds that scatter their flocks (. . .) you are usurpers, you tyrannise over the Lord's people'.[35] A phwy oedd yr esgobion yng Nghymru pan ysgrifennai Penry mor ddiraddiol amdanynt? – William Bleddyn, Esgob Llandaf, Hugh Bellot, Esgob Bangor, Marmaduke Middleton, Esgob Tyddewi a William Hughes, Esgob Llanelwy. O'r pedwar ystyrid bod Bleddyn yn brelad cymeradwy, a ymdrechodd yn gydwybodol i ddiwygio cyflwr canoniaid ei Eglwys Gadeiriol yn Llandaf,[36] ond beirniedid y ddau olaf, sef Middleton a Hughes, yn llym yn eu dydd am eu hesgeulustod a'u camddefnydd o'u hesgobaethau, a gellir tybio mai hwy a ddeuai'n bennaf dan lach Penry y pryd hwnnw.[37] Mewn un ffynhonnell gyfoes gelwid Hughes yn 'pseudoepiscopus' – esgob ffug a ffuantus – disgrifiad braidd yn angharedig efallai o ŵr a oedd, er cymaint ei wendidau, yn ysgolhaig cydnabyddedig ac yn gymorth i William Morgan yn ei lafur yn cyfieithu'r Ysgrythurau i'r Gymraeg.[38]

Wedi iddo ymdrin â safon isel yr esgobion daw Penry at bwnc ansawdd y weinidogaeth y disgwylid iddi fugeilio mewn bywoliaethau. Credai na allai unrhyw berson, pa mor dduwiol a dysgedig bynnag, fod yn weinidog cywir os na fendithid ei alwedigaeth ag ordinhad ddwyfol, yr alwad fewnol ('inward calling') fel y'i gelwid. Dadleuai ynghylch sefydlu gweinidogaeth gydradd trwy'r ddeddf ddwyfol (*iure divino*) ar sail credoau'r apostolion cynnar. Hanfod pob gweinidogaeth, meddai, yw dwyn yr etholedig at Dduw. Oblegid hynny pwysleisiodd y rheidrwydd i buro'r Eglwys trwy ddileu'r esgobion a'r 'dumb preachers' – ymadrodd a ddefnyddid yn gyson ganddo i ddynodi diymadferthedd ei gweision – ynghyd â phob swydd arall o fewn yr hierarchaeth a phlannu pregethwyr drwy'r wlad.[39] Ni feddai awdurdod esgobol, meddai, fwy o sail nag awdurdod Catholig ac ni chredai ychwaith fod gan y Confocasiwn ddiben nac ystyr yn adeiladwaith Eglwys Dduw.

* * *

Wrth drafod cynnwys y tri thraethawd a gyhoeddwyd gan John Penry fe'n dygir yn agos at ddyheadau gwaelodol Piwritaniaeth ei oes. Fe'i cyfrifir ymhlith yr arweinwyr mwyaf tanbaid ac argyhoeddedig a chanddo weledigaeth benodol ynghylch adfer iechyd eneidiol ei bobl ei hun, ac yn un o'r awduron Piwritanaidd mwyaf ysbrydoledig. Fe'n harweinir i awyrgylch y genhadaeth ddirdynnol a feddai yn yr *Aequity*, y cyntaf o'i draethiadau eofn, ac yn ei ragymadrodd iddo cyflyrir yr angerdd yn ei galon wrth iddo resynu nad oedd ei deulu agosaf ym Mrycheiniog wedi eu bendithio â phregethiad yr efengyl.

> I seek not my owne but theirs whom it concerneth, namely my parents and brethren according to the flesh. Whose estate is so miserable at this daie (...) Naie I would to God my life could winne them the preaching of the Gospel.[40]

Cyplysir yr apêl hon â'i ddymuniad ar i'r Eglwys Wladol ddeffro i'w chyfrifoldebau, ac i'r Frenhines a'i Senedd ymgymryd â'u swydd i barchu anrhydedd Duw a gofalu am iachawdwriaeth eneidiau pydredig Cymru.[41] Gallai hynny fywiogi eglwysi diwygiedig Ffrainc, Gwlad Belg, gogledd yr Iseldiroedd a'r Alban; 'if the truth be established among vs through continual preaching, but that al which professe Godlines in Europe, shall heartily thank the Lord for our zeal and courage therein.'[42] Tystiodd na wyddai ei frodyr beth oedd ystyr pregethu'r Gair nac ychwaith pa mor angenrheidiol ydoedd i achub eu heneidiau.[43] Yn eu barn hwy, meddai, roedd gwrando ar bregeth un-waith yn eu bywyd yn ddigon, a hynny a achosai'r sefyllfa argyfyngus yn eu plith. Yn ddiau, gwelodd Penry y fantais yn aml, pan oedd yn cyfeirio'n ddirdynnol at amgylchiadau crefydd, i gryfhau ei ddadleuon trwy gyfeirio at y rhai agosaf ato, sef ei bobl ei hun, a gwna hynny'n amlwg yn ei ddatganiad mwyaf eglur i'r Frenhines a'i Senedd:

> For mine owne part, because I see the spiritual miserie wherein wee nowe liue in the Country of WALES, for want of the preaching of the Gospel and the great plagues that are like vndoubtedly to fall vpon vs for the same; I cannot but be so affected toward these our calamities, as in respect of the Lords honor, the desire of the saluation of my breethren, my loyall obedience vnto her Maiesty, and the discharge of my own conscience.[44]

Mae'n ddiddorol sylwi hefyd fel y gwêl Penry ei gyfle i gyplysu ei deyrngarwch i Dduw a'r Frenhines â'i ofal am anghenion ei bobl ('my breethren') fel y gall esmwytháu ei gydwybod. Mynega ei deyrngarwch i'r Frenhines mewn dull braidd yn nawddoglyd pan gyfeiria ati fel 'your excellent Maiesty my dread soueraigne Queene Elizabeth vnto whom only of all the potentates of the earth, I owe all obedience and seruice in the Lord Iesus'.[45] Ond, ar yr un anadl, gwna hynny ar yr amod fod Elisabeth a'i llywodraeth yn ystyried cyflwr ysbrydol truenus y Cymry ac yn darparu gweinidogaeth bregeth i'w haddysgu am Dduw achubol ('sauing God'), Duw a'u gwaredai rhag holl erchyllterau bywyd diffaith y byd hwn, heb oleuni na gobaith cariad tragwyddol.[46] Mae'r defnydd a wna – a hynny'n aml – o 'anwybodaeth' ('ignorance') yn adlewyrchu cydwybod crefyddwyr Anglicanaidd a Phiwritanaidd ail hanner yr unfed ganrif ar bymtheg fel ei gilydd mewn cyfnod pan oedd y drefn eglwysig Brotestannaidd yn wynebu ansefydlogrwydd. Canlyniad yr anwadalwch hwnnw, ym marn Penry, oedd anallu'r glerigiaeth i gyfoethogi ysbrydoledd ymhlith ei phlwyfolion er mwyn dinistrio'r agendor neu'r gwacter ysbrydol rhyngddynt er budd i'w gweinidogaeth.[47] Teimla Penry fod brys i weithredu'n angenrheidiol:

> The remedy of this our grieuous case, is only had (. . .) by speedie prouiding vnto vs such pastors, as may feede vs home with the food of life, the pure worde of God, and bring vs home vnto the only Lord of pastors, & sheepeheards, the Lord Iesus.[48]

Rydym am weld Cyfreithiau Duw, meddai, yn cael eu dysgu inni, a dylai'r Frenhines a'i Senedd sicrhau na chaiff y diafol eu caethiwo ond yn hytrach i orsedd Crist gael ei sefydlu yn ein calonnau.[49] Nid oes pall ar erfyniadau Penry ar i'r awdurdodau ledaenu'r efengyl yn fwy ystyrlon.

Rhydd bwysau ei feirniadaeth yn drwm iawn ar hereticiaid a magwyr y 'grefydd ffals', megis Pelagwyr, Ariaid a Chatholigion, a drwythid gan satan i aflonyddu ar sefydlogrwydd y drefn grefyddol, a gesyd y bai wrth draed y rhai a awdurdodid i gynnal pregethiad y Gair yn y deyrnas, ond pwysleisia'n arbennig anghenion ei gyd-Gymry'n bennaf. Cywilydd fyddai anwybyddu anghenion y Cymry a gorfodi Duw i ymadael â'r deyrnas yn ei lid.[50] Mae gan y Senedd, meddai, ddewis, naill ai cystwyo'r Frenhines gan nad yw'n barod i hyrwyddo achos Crist yn ei theyrnas neu ymwrthod â phenderfyniad o'r fath ar ei rhan. Ei obaith yw na fyddai hi'n diystyru ei apêl tra bo teyrnwialen yn ei llaw. Ni ellid edmygu teyrnasiad brenhines glodwiw, meddai, heb iddi gynnal pregethiad y Gair.[51]

Yna, â Penry ymlaen i bwysleisio'i brif thema, sef ei ofal dros fywyd ysbrydol ei genedl. Cymhwysir yr hyn sydd ganddo i'w ddweud am ystyriaethau ehangach i'w brif nod, sef hyrwyddo gweinidogaeth a fyddai'n achub iachawdwriaeth ei bobl. Os na chyflawnid hynny'n swyddogol ar fyrder trwy wasanaeth yr ynad ('magistrate'), y swyddog llywodraethol yna dylid defnyddio'r penteulu'n hytrach na'r llywodraethwr gwladwriaethol i ymgymryd â'r ddyletswydd. Y mae geiriau Penry yn taro ar brif swydd y *paterfamilias* ar ei aelwyd:

> For a father and so a maister, is not only bound to see, that his sonne bee no Idolatour, or swearer (. . .) but also to bring them vppe, in instruction and information of the Lord (. . .) Good Iehoshuah protested that he, and his house, that is, all those that were vnder his gouernment would serue Iehouah.[52]

Mae Penry hefyd, trwy gyfeirio at ofynion Duw yn ei berthynas â'r Israeliaid wedi iddo lunio'r Deg Gorchymyn ar eu cyfer, yn mynnu y dylai gweision lleol y Frenhines a'r Senedd ufuddhau'n ddi-oed i gyflawni'r anghenion crefyddol yng Nghymru – 'the Magistrate must practise all that God requireth of him'.[53] Ac â ymhellach trwy bwysleisio dyletswyddau'r Frenhines a'r Senedd yn wyneb y bygythiadau erchyll i undod a hygrededd y deyrnas a thrugaredd Duw yn difa'r perygl. Cyfeiria a wna at gynllwyn Anthony Babington yn haf 1586 i lofruddio Elisabeth a rhyddhau Mari, Brenhines yr Alban, o garchar Fotheringhay. O ganlyniad dylai'r llywodraeth ymroi ati ar fyrder i wella cyflwr ysbrydol y deyrnas cyn i'r sefyllfa waethygu ac i'r Anghrist ei goresgyn:

Oh read ouer D. John Bridges/for it is a worthy worke:

❧ Or an epitome of the

fyrste Booke/of that right worshipfull vo=
lume/ written against the Puritanes/ in the defence of
the noble cleargie/ by as worshipfull a prieste/ John Bridges/
Presbyter/Priest or elder/doctor of Diuillitie/ and Deane of
Sarum.Wherein the arguments of the puritans are
wisely preuented/ that when they come to an=
swere M. Doctor/ they must needes
say something that hath
bene spoken.

Compiled for the behoofe and ouerthrow of
the Parsons/Fyckers/and Currats/that haue lernt
their Catechismes/and are past grace: By the reuerend
and worthie Martin Marprelate gentleman/and
dedicated to the Confocationhouse.

The Epitome is not yet published/ but it shall be when
the Bishops are at conuenient leysure to view the same.
In the meane time/let them be content with
this learned Epistle.

Printed oversea/in Europe/Within two fur=
longs of a Bounsing Priest/at the cost and charges
of M. Marprelate/gentleman.
1589

Tudalen deitl Oh read ouer D. John Bridges:
Or an epitome written against the Puritanes (1588).

Yea and the lords anointed, the very breath of our nostrils, she vnder whose shadow we haue beene thus long preserued from heathen popish tortors, was like to fall into their hands. The Lord graunt you of this honorable assembly wise harts before it be to late, to examine aright the cause of these vngodly attempts, & to preuent the issues of them.[54]

Er iddo bledio'i deyrngarwch i'r Frenhines mae'n amlwg nad oedd ganddo fawr o ffydd ynddi y byddai'n diwygio'r Eglwys ymhellach. Mae'n rhaid i'r senedd weithredu ar unwaith, meddai, cyn i elynion y deyrnas ei meddiannu, ac ni fyddai hynny'n bosibl tra parhai'r clerigwyr i gamddefnyddio'u hawliau ac ymarfer absenoldeb, lluosogrwydd amfeddiadau ynghyd ag ymddygiad annuwiol, digywilyddddra, gorthrwm, rhodres a balchder. Pe bai grymoedd Catholigaidd y cyfandir, sef Ffrainc a Sbaen yn benodol, ynghyd ag Iwerddon, yn deisyf goresgyn y wlad gyda chefnogaeth y Fatican ni chredai y byddai'r fath gamarferion yn gallu ei hachub. Mae'n rhaid i Gymru fanteisio trwy weithredu'n ddi-oed, a hynny tra mae'r Frenhines ar ei horsedd, ac nid oedd sicrwydd am ba hyd fyddai hynny. Credai'n ddigyfaddawd fod ganddi ddyletswydd i'w diogelu ei hun rhag anfadwyr o'r fath, ac ni ddylai oedi dim cyn ei hachub hi ei hun a'i phobl (Cymry yn y cyd-destun hwn) yn ddiymdroi, ac meddai heb flewyn ar ei dafod wrth fynegi ei bryder am y dyfodol:

For what will our children that rise after vs and their children say, when they shal be brought vp in grosse superstition, but that it was not Queene Elizabethes will, that we their Parentes should haue that true religion she professed, made knowen vnto us. Will not the enemies of Gods truth with vncleane mouthes auauch that shee had little regarde vnto true or false religion anie further than it belonged vnto hir profite?[55]

Dengys amheuon o'r fath ddwy wedd ar farn Penry am Elisabeth, sef ei wir deyrngarwch tuag ati a'i ansicrwydd a garai hi ymrwymo i ddiwygio'i Heglwys yn ôl gofynion Piwritanaidd caeth ai peidio. Ar ei geirwiredd a dim arall y safai ei hunanbarch. Byddai ei gyd-Gymry'n teimlo iddynt gael eu diystyru mewn rhan bellennig o'r deyrnas, yn annheilwng o gael hedyn Gair Duw wedi'i blannu yn eu plith. Byddai cael mwynhau braint o'r fath yn cryfhau teyrngarwch y Cymry tuag at y Goron ac yn wobr i'r Frenhines oherwydd ei pharodrwydd i'w hanrhydeddu.[56]

I gryfhau ei ddadl cyfeiria at y traddodiad am urddas y Brythoniaid cynnar yn derbyn y ffydd Gristnogol a'r Ysgrythurau o flaen unrhyw genedl arall cyn i Awstin Fynach o Rufain – 'that proud friar' a ddyr-chafwyd yn archesgob cyntaf Caergaint – ei llygru â chrefydd y Babaeth wedi iddo gael ei anfon gan y Pab Grigor I (Grigor Fawr) i genhadu ym Mhrydain yn oc 597.[57] Damcaniaeth oedd hon a oedd yn fyw iawn i Penry ac fe'i defnyddia i ddangos pa mor freintiedig oedd y Cymry cynnar – 'the inheritance which our fore-fathers the Cymbrûbrittons many hundred yeares agoe possessed in this lande'.[58] Cyhoeddwyd y traddodiad yn gyflawn mewn print gan yr Esgob Richard Davies o Dyddewi, yn ei *Epistol at y Cembru*, sef ei ragarweiniad i'r Testament Newydd Cymraeg yn 1567 a hefyd, i raddau llai, gan William Salesbury yn *Oll Synnwyr pen Kembero Ygyd* (1547).[59] Yn ôl y traddodiad, Sant Joseff o Arimathea, disgybl dirgel i'r Iesu, a anfonwyd gan Sant Phylip, un o'r apostolion, o Gâl i Brydain i gyflwyno'r ffydd apostolaidd yn ei phurdeb i'r Brythoniaid. Er i'r Diwygiad Protestannaidd adfer peth o'r glendid wedi i Awstin halogi'r ffydd, nid oedd hynny'n ddigon, meddai Penry, gan nad oedd yr Ysgrythurau ganddynt yn eu hiaith wedi canrifoedd o lygru'r ffydd, ac arferion Catholigaidd yn parhau'n frith ymhlith gwerin Cymru. Apêl daer sydd ganddo ar i'r Frenhines a'i llywodraeth adfer purdeb y ffydd a feddiennid gynt:

> we aske nothing but the possession and inheritaunce of our fathers to be restored vnto vs, which they coulde not alienate from their children. This were a fitte place to stir vp my deare countrimen to bee earnest in obteining that iewell which is woorth all their riches besides, beeing their owne right.[60]

Gwêl pa mor niweidiol fu dylanwad Catholigiaeth ar burdeb y ffydd gysefin, ac mae'n fwy na thebyg iddo ddarllen ac ystyried fersiwn Richard Davies o'r traddodiad hwnnw:

> Ac am faterion sprydol, wedi yddynt cytcordio ar Sayson mewn crefydd a gau ffydd, cytsuddo gidac hwynt ddwfnach ddwfnach a wnaythont o oes bigilidd mewn pob gauddywiaeth, delw-addolaeth, arddigonedd, ofergoel, a gauffydd. Ac erbyn attunt dychmygion traythiaday, a gosodigaythay dynion, yn lle cyfraith Dduw, ac Evengil Iesu Christ: ceremoniae aflafar ac amryw vunydiae hudolaid, yn lle llafarwch pregethu gair Duw.[61]

O ddarllen geiriau Penry am barhad llygredigaethau'r ffydd Gatholig a dioddefaint merthyron cynnar wrth geisio amddiffyn eu ffydd, dengys ddylanwad Davies ac eraill arno: 'For although at this daie', meddai, 'wee cannot cal true religion by the right name, yet are not our superstitious obseruations the blossoms of that auncient truth our forefathers professed and sealed with their blood (. . .)[62]

Mae ei eiriau ffiaidd am olion Catholigiaeth a'i hofergoeliaeth wedi'u hanelu'n benodol i ddangos, yn ei farn ef, eu heffeithiau trychinebus ar y Cymry. Cyfeiria'n arbennig at yr offeren ysgeler ('execrable masse') a ystyrid ganddo'n fam i'r holl lygredigaethau a oroesodd mewn gwlad lle nad oedd y werin bobl yn ei deall er ei bod, a'r arferion eraill ymylol iddi, yn parhau'n ddwfn ei heffeithiau yn Lloegr a Chymru. Yng nghymhlethdod cynnwys ei draethawd daw Penry wedyn at ei brif apêl, sef yr angen am weinidogaeth bregethu gan offeiriaid cymwys ym mhlwyfi Cymru. Ceisia gryfhau ei ddadl trwy gyfeirio'n benodol at ei famwlad, craidd yr apêl honno, gan ddatgan bod plwyf-olion unieithog anwybodus yn trengi gan nad oedd ganddynt wyb-odaeth am y wir ffydd yn y Beibl. Ni cheir un o blith ugain o blwyfolion yng Nghymru, meddai, sy'n gwybod beth yw ystyr iachawdwriaeth ('a sauing knowledge') am nad ydynt wedi cael eu hyfforddi. Mae'r apêl yn cynnwys ymosodiadau eithafol ar y drefn grefyddol na fyddai'n cael eu cymeradwyo o gwbl gan y Senedd:

Thousands there be of our people that know Iesus Christ to be neither God nor man, king, priest nor prophet (. . .) yea almost that neuer heard of him. If anie by the great goodnesse of God be called, this came to passe not by the diligence of their pastours which are either dumme or greedy dogs that delight in sleeping (. . .) but either extraordinarily through reading, or by meanes of their resort and abode in some corner of the Church of England where the gospel is preached.[63]

Ni wyddai mwyafrif y boblogaeth am faddeuant pechodau, ac ystyrid hwy naill ai'n anghredinwyr neu'n golledigion mewn trobwll o ofergoeliaeth. Roedd yr ail garfan yn Babyddion rhonc yn dyheu am weld yr 'Hen Ffydd' yn dychwelyd, pobl sydd wedi'u caledu mewn 'nyth halogedig ('sacrilegious nest') na allai swyddog y llywodraeth nac esgob fyth eu rheoli. Ni allai Penry lai nag enwi rhai o'r ofergoelion, megis y gred mewn tylwyth teg a 'bendith y mamau', y purdan, gweddïo ar ddelwau ac arferion tebyg. Dyma feibion Belial sydd wedi trwytho'r werin ddiniwed ('silly people') i gredu bod y tylwyth teg yn haeddu parch ganddynt.[64] Roedd gan Penry fwy o gydymdeimlad â'r garfan gyntaf o bobl gyffredin a fyddai'n ddiolchgar o gael y cyfle i ddysgu'r ffordd at iachawdwriaeth, ond heb gymorth offeiriaid diog a dienaid i gyflawni hynny, a'r canlyniad oedd eu bod yn gorfod chwilio – a hynny'n ddiobaith – am y gwirionedd eu hunain. Wrth ddod at adrannau olaf y traethawd rhydd Penry'r pwyslais mwyaf ar dranc ei gyd-Gymry gan fod eu bywyd crefyddol wedi'i felltithio gan eilunaddoliad, llawer ohono wedi ei gynnwys mewn llyfrau Cymraeg, gweddïau Lladin, gweddïau i'r saint a chaneuon Cymraeg annuwiol. Credai na allai gweinidogaeth ddarllen ddatgelu'r gwir Dduw. Y ffordd ato yw trwy'r weinidogaeth bregethu'n unig, ond sylweddola'r un pryd nad gorchwyl hawdd o gwbl fyddai hynny, a daw i'r casgliad fod tri rheswm sylfaenol am hynny, sef yr angen am weinidogaeth o'r fath yn yr iaith Gymraeg am fod y mwyafrif llethol o'r Cymry'n unieithog, y diffyg yn niferoedd offeiriaid cymwys i bregethu, a'r angen am well cynhaliaeth i'r offeiriaid hynny.[65] Yn chwarterol yn unig y ceid pregeth mewn eglwys blwyf, meddai, ond, am bob un gwasanaeth bregethu a gynhelid mewn plwyf yn y cyfnod hwnnw amddifedid ugain cynulleidfa mewn plwyfi eraill o bregeth. Telid degymau i'r Eglwys Wladol, meddai ymhellach, heb unrhyw ymdrech ar ei rhan i ddarparu'r weinidogaeth angenrheidiol i ddiwallu anghenion ysbrydol plwyfolion tlawd.[66] Credai, fodd bynnag, na fyddai'r Frenhines yn dymuno i'w deiliaid yng Nghymru barhau'n anwybodus yn egwyddorion y ffydd nes iddynt ddysgu Saesneg, ac yn y cyd-destun hwnnw daw i uchafbwynt mwyaf dirdynnol ei ddadl. 'Raise vp preaching euen in welshe', meddai ymhellach, '& the vniformity of the language wil bee sooner attained',[67] datganiad sy'n adleisio'r hyn a ddywedodd William Morgan yng nghyflwyniad y Beibl i'r Frenhines yn 1588:

> Os myn rhai pobl, er mwyn ceisio sicrhau cytgord, y dylid gorfodi'n cydwladwyr i ddysgu'r iaith Saesneg yn hytrach na chael cyfieithu'r Ysgrythurau i'n hiaith ni, fe ddymunwn i ar iddynt, yn eu sêl dros undod, fod yn fwy gwyliadwrus rhag sefyll yn ffordd y gwirionedd (. . .) nid yw dewis undod yn hytrach na defosiwn, cyfleustra yn hytrach na chrefydd, a rhyw fath o gyd-ddealltwriaeth allanol rhwng dynion yn lle'r tangnefedd hwnnw y mae Gair Duw yn ei argraffu ar enaid dyn – nid yw hyn oll yn arwyddo duwioldeb digonol.[68]

Y mae'r ddau ohonynt, ynghyd â William Salesbury[69] ac eraill, yn cydnabod y byddai undod iaith yn ddymunol, ond pwysicach yn eu barn hwy oedd cyflwr moesol ac ysbrydol y werin ddi-ddysg, a dengys

Penry y sefyllfa yng Nghymru'n fwy eglur na Morgan. Cyfeiria at Wynedd fel y rhanbarth fwyaf ceidwadol ond, yr un pryd, dywed fod ardaloedd a threfi marchnad eraill o Gasgwent i Gaerfyrddin, Penfro, Trefynwy, a'r ffiniau dwyreiniol yn sir Faesyfed yn fwy Seisnig eu hiaith. Eto, datganiad cyffredinol a geir ganddo gan na ddywed – a chaniatáu fod y wybodaeth ganddo – fod yr iaith Gymraeg hefyd yn fyw mewn sawl ardal yn y siroedd hynny, yn cynnwys ardal ei fagwraeth ef ei hun. Heb bregethiad y Gair yn yr iaith frodorol ni allai unrhyw wir ddiwygiad, fel y dehonglid hynny gan Penry, fyth lwyddo a cheisia gadarnhau ei ddadl fod yna ddigon o eirfa yn y Gymraeg i gwrdd â'r gofyn, ac nad oedd esgus gan unrhyw offeiriad i beidio â'i defnyddio. Fel William Morgan a llenorion eraill eu cyfnod, ni allai ddiystyru'r iaith a fuasai'n rhan hanfodol o dreftadaeth y genedl Gymreig yn y gorchwyl angenrheidiol o hyrwyddo'r ffydd yn ôl eu dehongliad hwy ohoni. Yn wahanol i'r dyneiddwyr Cymraeg, a'u diddordeb mewn cyfoethogi a phuro'r iaith yn ôl delfrydau clasurol y Dadeni Dysg, cymhelliad hollol ymarferol oedd gan Penry, sef defnyddio'r iaith lle'r oedd hynny'n hollol angenrheidiol i ledaenu pregethu'r Gair.

Mae'r ail ddiffyg yn dilyn yn naturiol o'r cyntaf, sef prinder offeiriaid i bregethu'r Gair, a chyfeirir ganddo at brifysgolion Rhydychen a Chaergrawnt, y sefydliadau oedd yn gyfrifol am ddarparu graddedigion i gyflawni'r gwaith. Tystia eu bod yn gallu paratoi tri chant o rai galluog, tua deuddeg ohonynt o Gymru, a byddai'r ddarpariaeth honno'n galondid. Eto, roedd yn ymwybodol fod nifer y myfyrwyr yn y prifysgolion hynny'n lleihau, a'r rhai oedd yno'n ymwrthod ag astudio diwinyddiaeth mewn cyfnod pan roddwyd mwy o bwyslais ar astudiaethau cyfreithiol gan na theimlent ei bod yn berthnasol iddynt. Hefyd, ceisiai rhai o'r myfyrwyr a enillasai gymrodoriaethau i astudio diwinyddiaeth eu hildio er mwyn osgoi gorfod ymrwymo i'r barchus swydd. Cynigia ddau reswm am hynny, sef esiampl wael offeiriad diog a segur a wnâi'r swydd honno'n anatyniadol, a methiant offeiriad i sicrhau ei fywoliaeth oherwydd y perygl y câi ei ddifeddiannu. Pe byddai'r Frenhines a'i Senedd yn deddfu i alluogi'r offeiriad i feddiannu'r bywoliaethau hynny dros dymor ei fywyd ar sail ffi rydd (*fee simple*) yna byddai'r swydd yn fwy atyniadol. Canlyniad hynny fyddai sefydlu gweinidogaeth bregethu i ysgogi'r offeiriaid diymadferth i ddeffro i'w dyletswyddau ymhen blwyddyn. Yn Eglwys Loegr, meddai ymhellach, ceir gwŷr teilwng nad ŷnt yn gweithredu fel y dylent, a chredai y gellid eu hannog hwy i ennill eneidiau i Grist. Un awgrym annisgwyl, os nad chwyldroadol, ganddo yw, fel y cyfeiriwyd eisoes, y gellid defnyddio gwŷr lleyg hyddysg yn yr Ysgrythurau fel ef ei hun, ond na chawsant erioed addysg brifysgol, i gyflawni'r gorchwyl o bregethu, a hynny'n aml yn well na sawl un o'r rhai dysgedig. Yn ei weithiau diweddarach, fodd bynnag, ni rydd gymaint o bwyslais ar y posibilrwydd hwnnw. Ni ddylid anwybyddu clerigwyr o dras Gymreig a wasanaethai mewn bywoliaethau yn Lloegr ychwaith, ac argymhella y dylid eu gorfodi i ddychwelyd i'w mamwlad gan fod ar yr Eglwys eu hangen.

Daw Penry i ddiwedd ei drafodaeth ar yr ail ddiffyg trwy gyfeirio at y 3,400 o raddedigion a ddarparwyd yn un o'r ddwy brifysgol ers dyrchafiad y Frenhines i'r orsedd. Gallai llawer ohonynt gael eu sefydlu ganddi hi mewn bywoliaethau nawdd, a gellid gosod 400 ohonynt yng Nghymru mewn cyfnod pan nad oedd deuddeg i gyflawni'r swydd yn anrhydeddus. Nid oes sicrwydd faint o dystiolaeth oedd gan Penry i gadarnhau'r ffeithiau hyn, ond dywed yn ddigon eofn fod ganddo ddigon i wynebu amheuon unrhyw un o'r rhai a wadai ei eirwiredd.[70]

Ni wêl Penry fod y trydydd diffyg, sef cynhaliaeth gweinidogaeth bregethu gyson, yn hawdd ei oresgyn, ond mae ei ateb yn arwynebol ac yn fwy awgrymog na dim arall. Ceisia weld goleuni ym mhroffwydoliaeth Esra lle cofnodir fod y Brenin Cyrus, trwy gymorth Duw, wedi talu am adeiladu'r deml ar gyfer yr Iddewon.[71] Ond roedd yn ymwybodol mai problem ymarferol gyfoes oedd hon ac mae'n dyheu ar i Dduw gyffwrdd â chalon y Frenhines i gynorthwyo, ynghyd â boneddigion cefnog, ond iddynt sylweddoli pa mor fendithiol i enaid yr unigolyn oedd pregethiad y Gair. Ni ddylai'r awdurdodau eu hesgusodi eu hunain rhag ymgymryd â'r gorchwyl angenrheidiol hwn a phe na bai absenoledd yn cael ei oddef gallai gweinidog addysgol fyw'n gyfforddus. Gwarth, meddai Penry, oedd caniatáu i rai tirfeddianwyr feddu ar chwech o fywoliaethau amfeddedig. Teimla y dylai'r Frenhines a'i Senedd sicrhau bod degfed ran pob bywoliaeth o'r fath yng Nghymru yn cael ei gosod ar gyfer cynnal gweinidog addysgedig fel y gallai hwnnw fod yn ffermwr iddi ymhob bywoliaeth amfeddedig o eiddo'r Goron yng Nghymru.[72]

Y mae beirniadaeth Penry o absenoledd ymhlith offeiriaid yn hallt a didrugaredd a thystia fod rhai na welodd bulpud erioed yn feddiannol ar dair bywoliaeth eglwysig, a llawer o fyfyrwyr yn eu meddiannu, ac yn eu habsenoledd yn blingo'r bobl. Ni ddylai unrhyw un feddiannu mwy nag un fywoliaeth ac y dylai fod yn drigiannol ynddi. Mae'n argyhoeddiadol y byddai diwygio'r gwendidau difrifol hyn yn fanteisiol i'r ymgyrch dros sefydlu gweinidogaeth bregethu. Mae'r adran fechan hon yn fwy deifiol a miniog nag unrhyw ran o'r traethawd hwn: 'Non-residencies haue cut the throte of our Church (. . .) it is the very desolation of the Church, the vndoing of the common wealth, and a demonstratiue token, that the Lorde will watch ouer vs to euill, and not to good.'[73]

Yn ôl y dychanwr enllibus Martin Marprelate, dangosodd Penry ei wrthwynebiad i absenoledd ymhlith clerigwyr yn yr achos yn ei erbyn yn Llys y Comisiwn Uchel wedi iddo gyhoeddi ei draethawd cyntaf, sef yr *Aequity*:

I haue seene the notes of their conference at the length a point of his booke began to be examined where nonresidents are thought intollerable. Here the Lorde of good London asked M. Penrie what he could say against that hurde of cattell. Aunswere was made that they were odious in the sight of God and man because as much as in them lie they bereaue the people ouer whom they thrust themselues of the ordinarie meanes of saluation which was the word preached.[74]

Ni wêl Penry unrhyw obaith diwygio'r bywyd ysbrydol yng Nghymru heb yn gyntaf i'r awdurdodau uchaf yn y deyrnas ddod yn ymwybodol o'r tranc a allai oddiweddyd gwlad a fuasai, yn ei dyb ef, yn dra breintiedig yng nghanrifoedd cynharaf y ffydd Gristnogol. Cyn iddo ddiweddu ei draethawd, cyfeiria'n ôl at fater cyflwyno testun yr Ysgrythur, y tro hwn trwy ei ddarllen mewn addoliad cyhoeddus. Ynghlwm wrth hynny oedd yr angen am gyfieithiad o'r Beibl cyflawn i'r Gymraeg i gyfoethogi profiad plwyfolion o glywed y geiriau sanctaidd yn cael eu llefaru, a dengys Penry ei anniddigrwydd am nad oedd yr Hen Destament yn Gymraeg wedi ymddangos. O ganlyniad fe'u gorfodir i wrando ar y llith gyntaf yn Saesneg er nad oeddynt yn gwybod un gair ohoni. Ni chytuna o gwbl y dylid ei darllen am ei bod yn sawru o'r offeren, a dywed fod modd i un ysgolhaig gyflawni'r gorchwyl o gyfieithu'r Hen Destament mewn dwy flynedd ac y byddai mwy o gynorthwywyr yn cyflymu'r dasg. Gellid darllen y 'Proffwydi Bach' mewn gwasanaethau i aros cyfieithiad o'r gweddill, a byddai hwnnw'n barod ar gyfer y wasg wedi i'r Frenhines roi ei chaniatâd. Dymuna weld y gwaith gorffenedig ar gael yn ddi-oed. Ni ddylai tafodiaith lesteirio'r gwaith oherwydd, os pregethid ymhob plwyf, byddai plwyfolion yn dysgu sut i ddarllen y Gair yn eu cartrefi a dod yn gyfarwydd â'r ymadroddi. Credai fod yr offeiriaid yn deall Saesneg ac mewn sefyllfa pan gaent drafferthion â'r Gymraeg, trwy gymharu'r ddwy iaith, defnyddient y Saesneg i ddeall ystyr y Gymraeg. Ond ni theimlai fod yr offeiriaid yn trafferthu i wneud hynny a'u bod felly'n ddiffygiol yn eu mamiaith. Yn hytrach maent wedi diystyru eu hiaith ac o ganlyniad wedi atal eu plwyfolion rhag deall cynnwys y Testament Newydd. Ynghyd â hynny gwêl hefyd pa mor ddamniol oedd absenoliaeth, ac yn y cyd-destun hwnnw daw Penry at ddiwedd ei draethawd yn fwy ffyrnig a deifiol ei feirniadaeth:

> Because they want preaching, some points of the high mysteries of saluation seeme vnto them to bee but vulgar and common thinges not beseeming the wisedome of the great God (. . .) What know we whether they say tru or no? Is not this our case lamentable? The faculties and dispensations of our Non-residentes, whose absense do imprint these skars of spiritual misery vnto vs, wil not deliuer vs from death.[75]

Fel y cyfeiriwyd eisoes, ni chyfeiria Penry o gwbl at gamp William Morgan a oedd ar y pryd ar fin cwblhau ei gyfieithiad o'r Hen Destament, ac er ei fod yn ymwybodol fod y Testament Newydd ar gael, ni ddywed air am yr ysgolheigion – Salesbury a Richard Davies yn arbennig – a fu'n llafurio i'w ddarparu. Cyfyd hyn gwestiwn nad yw'n hawdd ei ateb, o gofio bod Penry'n credu iddo fod yn hyddysg yng nghefndir crefyddol Cymru ei gyfnod, sef faint mewn gwirionedd a wyddai am hynny gan na fu'n trigo yn ei famwlad fawr ddim wedi iddo ymadael am Gaergrawnt. Cyffredinoli ac ailadrodd a wnâi fynychaf drwy'r traethawd, ac amheuir faint o wybodaeth ffeithiol a oedd ganddo i hyrwyddo'i achos.

Nid effeithiau absenoliaeth yn unig a ddigiai Penry oblegid cyhoeddodd wrth y Frenhines a'r Senedd mai cosb Duw am y fath annuwioldeb a achosai gyflwr economaidd dinistriol y wlad, y prinder mawr a'r newyn a achoswyd gan dywydd gwael adeg cynhaeaf 1585, un o blith nifer o argyfyngau a barodd drallodion blin i'r werin dlawd: 'the very sinowe of their mainteinance is gone', meddai'n ddirdynnol, 'many that liued well and thriftily, are faine to giue ouer both house and home, and to go abegging'.[76] Pechod, meddai ymhellach, oedd yn gyfrifol am hynny, ac ni fyddai'r trueni'n dod i ben os na fyddai'r genedl yn edifarhau. I gadarnhau ei ddadl defnyddia ymadroddion bachog megis 'As long as the Lord's house lieth wast in our land, we shal sow but mere salt' a 'the estate of that kingdome is verie ruinous, where there is not a preaching minister'.[77] Ni all unrhyw ddeddfau gwladol waredu'r deyrnas rhag gorthrymder nes yr adeiledir Teml Dduw, a chadarnheir hynny ganddo trwy ddyfynnu o broffwydi'r Hen Destament. Nid oes ball arno'n nodi'r profedigaethau a ddeuai i'w dinistrio, yn arbennig dau bla, sef poenedigaethau enfawr a lladdfa cenedl gyfan, os na waredid hi gan Aelodau Seneddol ac esgobion trwy sefydlu'r gwir Eglwys. O droi at hanes gofidus hen genedl Israel yn yr Hen Destament dywed na ddylid dilyn ystyfnigrwydd yr etholedig yn yr Aifft a wrthododd gydnabod bod Iehofa'n fyw.[78] Nid rhybuddion ar gyfer y dyfodol pell oedd y rhain, meddai Penry, ond bygythiadau y gellid eu gwireddu yn y dyddiau presennol.

Er yr holl helbulon, fodd bynnag, dywed wrth ei bobl y byddai Duw'n drugarog wrthynt ond iddynt edifarhau, gwrando ar bregethiad y Gair ac ymateb iddo yn gadarnhaol. Ar ddiwedd ei broffwydoliaeth geilw ar y Frenhines a'r Senedd i gyflawni'r hyn oedd ei angen i achub deiliaid y deyrnas – a'r Cymry'n arbennig yn y cyd-destun hwn – a'u rhyddhau o euogrwydd am iddynt gyflawni cenedl-laddiad. 'I wish in the Lord', meddai, 'that if wee perish, we may perish our selues alone', sef tranc oherwydd ystyfnigrwydd y genedl am fod Duw wedi ei gwrthod ac nid oherwydd eu hanufudd-dod i'r awdurdodau gwladol.[79]

O ddarllen yr *Aequity* ni ellir ond cydnabod mai gosod y llwyfan i'w ddadleuon y teimlai'n danbaid yn eu cylch wnaeth John Penry. Mae'n amlwg ei fod yn ddigon eofn i ymddiried ei amddiffyniad cyhoeddus i'w gyfeillion yn Nhŷ'r Cyffredin. Ysgrifennai'n llawn eiddgarwch a brysiog, a theimlai y dylid eu hystyried ar lefelau uchaf y drefn lywodraethol. Ni ddangosai unrhyw fwriad i ymwrthod rhag cyflwyno'r hyn oedd ganddo i'w ddweud, a pharhaodd – yn aml yn ailadroddus mae'n wir – i bledio dros yr hyn y credai ef iddo fod yn hanfodol i fywyd ysbrydol ei genedl. Yn ei farn ef damnedigaeth yn unig fyddai'n aros y rhai, o bob gradd yn y gymdeithas, na chaent wybodaeth achubol (*saving knowledge*) o Dduw. Cymaint oedd ei obsesiwn â'r angen am bregethiad y Gair fel y bu iddo – yn anfoddog mae'n wir – orfod cwtogi cryn dipyn ar ail ran ei draethawd gan fod y Senedd ar fin cael ei diddymu, a'i brif bwrpas oedd cyflwyno'i gynnwys, gyda chymorth dau o'i gydnabod, gynted ag oedd bosibl. Er i'r Frenhines fod ar yr orsedd am bron ddeng mlynedd ar hugain cywilyddiai Penry na fu gwelliant yng nghyflwr ysbrydol ei gyd-Gymry. Credai mai ei hanymwybyddiaeth hi o hynny a achosai'r fath gamwri, ond roedd yn argyhoeddedig nad difaterwch ar ei rhan a gyfrifai am hynny, ac ar boen cael ei alw'n athrodwr, gwrthododd ei chyhuddo o fod yn llwfr. O ran yr hawl i bregethu'r Gair roedd Penry'n ymwybodol, er na nododd hynny'n eglur, y disgwylid i offeiriad gael trwydded arbennig gan ei esgob cyn y gallai gyflawni'r ddyletswydd honno, a theimlai awdurdodau'r Eglwys a'r Goron na ddylid caniatáu rhoi gormod o'r trwyddedau hynny rhag ofn i hynny roi'r cyfle i rai o'r offeiriaid ddefnyddio'r cyfle i draethu yn erbyn y sefydliad.[80] Mewn cyd-destun tebyg y traethodd Robert Browne, wedi iddo deithio i Middelburg yn 1583, yn ei *Trve and Short Declaration* (. . .):

> Againe except they preach those things first, ffor which first & chiefly they were sent namelie what soeuer is to reclame the people, first from such especial wickednes, wherein they sinne, & so ffrom all other deffaultes, they can not be said to preach the worde.[81]

Canfu Penry ei hun mewn dadl â John Aylmer a Thomas Cooper, esgobion Llundain a Chaerwynt ynghyd â John Whitgift, Archesgob Caergaint, yn Llys y Comisiwn Uchel ar bwysigrwydd pregethu o'i gymharu â dulliau eraill o achub eneidiau. Ei ateb pendant i'r cwestiwn 'Ai pregethu oedd yr unig ffordd o achub?' oedd mai hwnnw oedd y dull arferol ond bod ffyrdd eraill y gellid eu defnyddio. Ymateb Esgob Caerwynt oedd mai heresi oedd llefaru'r fath eiriau, ond daliodd Penry at ei gred mai pregethu oedd y ffordd arferol ac roedd yn barod i ildio'i fywyd yn hytrach na chefnu ar y gred honno. Adroddwyd ar yr achos hwn gan Martin Marprelate yn ei draethawd dirmygus o'r Eglwys, sef *An Epistle* (1588), un o'i weithiau mwyaf ymosodol ar swyddogion eglwysig, ac meddai wrth gofnodi ymateb Penry i gyhuddiadau'r llys:

> at the length his worship of Winchester rose up and mildly after his manner brast forth into these words. I assure you my Lords it is an execrable heresie: An heresie (quoth John Penry) I thanke God that euer I knewe that heresie: It is such an heresie that I will by the grace of God sooner leaue my life then I will leaue it. What sir (quoth the Archb.) I tell thee it is an hersie and thou shalt recant it as an heresie: Naye (quoth Penrie) neuer so long as I liue godwilling.[82]

Cytunodd yr archesgob â'r esgob gan orchymyn i Penry ddiarddel yr hyn a gredai. Gwrthododd wneud hynny ac fe'i carcharwyd am fis yn unig am y rheswm na charai weld y Llys Comisiwn Uchel yn gwrthdaro â'r Senedd.[83]

Meddai Penry ar feiddgarwch cynhenid ymhob un o'i draethodau, ac ymddengys hynny'n amlwg yn ei *Aequity*. Mae'n wir iddo ymosod ar esgobyddiaeth yn ei ail a'i drydydd traethawd ond, yn y cyntaf, gesyd ei ddadleuon yn ddigon eglur. Er ei fod ar brydiau'n ddigon gofalus o'r dulliau a ddefnyddiai i gyflwyno chwerwder ei wrthwynebiad i'r drefn sefydledig, yn ddiau, bu'n gyson ei feirniadaeth o'r Goron a'r Eglwys ynghyd ag anallu ei gyd-Gymry i ymateb i'r anghenion ysbrydol fel y dehonglai ef hwy.[84] Bu testunau'r Hen Destament a throeon enbyd bywyd yr Israeliaid yn gyfrwng iddo ganfod cymariaethau rhyngddynt a Chymru, ac er nad oedd pob cyfeiriad beiblaidd a gofnoda ar ymylon y tudalennau yn gywir, yn y mwyafrif ohonynt gwêl ddicter Duw tuag at genedl anufudd iddo. Yn ei hanfod mae'r *Aequity* yn arbrawf gan Biwritan Presbyteraidd sy'n ceisio argyhoeddi grymusterau cryfaf y deyrnas mai ei lwybr ysbrydol ef, ac ef yn unig, a allai waredu ei deiliad rhag cael eu dymchwel gan Dduw.[85]

Yn ei ragarweiniad Lladin i'r Beibl Cymraeg a gyflwynwyd i'r Frenhines yn 1588 pwysleisia William Morgan ei ymroddiad llwyr iddi a'i gwarchodaeth dros ei deiliad yng Nghymru. Cadarnhaodd mai hi roddodd sêl ei bendith ar ddeddf 1563 yn cyfreithloni cyfieithu'r Ysgrythurau a'r Llyfr Gweddi Gyffredin trwy awdurdod y Goron a'r Senedd. Mynega ei fawl hefyd i esgobion yr Eglwys sefydledig am eu 'dyfalwch diflino', dan arweiniad John Whitgift a fu'n noddwr hael iddo pan ymlafniai â'i gyfieithiad.[86] Ac meddai am Whitgift:

> A minnau ond prin wedi ymgymryd â'r gwaith, byddwn wedi syrthio (. . .) ar y trothwy, wedi fy llwyr lethu gan anawsterau'r dasg a chan faint y gost (. . .) oni bai i'r Parchedicaf Dad yng Nghrist, Archesgob Caer-gaint, Maecenas rhagorol i lên a dysg, amddiffynnydd mwyaf eiddgar y gwirionedd, a gwarcheidwad tra doeth ar drefn a gweddustra – oni bai iddo ef lwyddo i gael gennyf barhau gyda'r gwaith, a'm cynorthwyo â'i haelioni, ei ddylanwad a'i gyngor.[87]

Nid canmol cymorth Whitgift yn unig a wna Morgan yn y geiriau hynny ond anelu ei sylwadau'n feirniadol at Penry, yn arbennig yn ei *Aequity*, am ei ymosodiad rhyfygus ar y drefn grefyddol a'r sen a fwriai ar Whitgift am iddo fethu â sicrhau bod yr Ysgrythurau'n ymddangos yn y Gymraeg. Camgymeriad neu anwybodaeth ar ran Penry oedd hynny oherwydd, yn y flwyddyn pan gyflwynodd Penry ei draethawd cyntaf i'r Senedd, gwahoddwyd Morgan gan Whitgift i dreulio blwyddyn yn adolygu ei gyfieithiad ar gyfer ei gyhoeddi. Y tebyg yw mai agwedd sarhaus Penry a'i symbylodd i wneud hynny i liniaru ychydig ar lymder ei feirniadaeth. Yn ddiau, roedd gan Whitgift ddiddordeb mawr yn y cyfieithiad, a'r tebyg yw mai ef a hyrwyddodd y fenter yn y Cyfrin Gyngor. Mae'n bosibl, felly, mai ensyniadau dirmygus Penry a fu'n gyfrifol am y modd yr ysgrifennodd Morgan ei ragarweiniad. O dderbyn hynny, mae'n bosibl mai ei feirniadaeth ef ei hun fu'n gymhelliad i Whitgift brysuro'r gwaith ymlaen, a chredai Glanmor Williams ac eraill mai Penry, yn anuniongyrchol, fu'n gyfrwng i weld cyhoeddi'r Beibl flwyddyn wedi cyflwyno'r *Aequity*.[88] Un o eironïau mwyaf hanes Cymru, meddai, yw y gallai John Penry, y llais yn yr anialwch, fod wedi cyfrannu'n derfynol trwy ddylanwadu ar yr archesgob, ei elyn pennaf, i ddod â'r gwaith o gyfieithu, a ystyrid yn gwbl angenrheidiol iddo ef a Morgan, i ben.[89] Mae'n anodd profi hynny'n bendant, ond, yn ddiau, roedd Whitgift yn dra awyddus i ofynion deddf 1563 – chwarter canrif ynghynt – gael eu cyflawni i hybu'r Diwygiad Protestannaidd. Nid effeithiodd camp Morgan, fodd bynnag, ar grwsâd Penry i ddiwygio'r Eglwys, ac yn ei ail brif draethawd, yr *Exhortation*, cyfeiriodd at y ffaith fod yr Hen Destament ar fin ymddangos – 'all readie to be printed' – yr unig gyfeiriad at ymddangosiad y Beibl Cymraeg ond dim gair am y cyfieithydd a gyflawnodd y gorchwyl.[90]

Cyfyd hyn gwestiwn canolog ynglŷn â gwybodaeth Penry am gefndir a chyflwr esgobaethau eraill Cymru. Yn yr *Aequity*, er iddo ddangos gwybodaeth am brif wendidau'r Eglwys a diffygion plwyfolion anllythrennog, ni chyfeiria'n benodol at gyfraniad adeiladol nifer o offeiriaid a wasanaethodd i gynnal y ffydd Brotestannaidd ar ffurf lenyddol ymhob esgobaeth. Er iddo restru'r prif gamarferiadau, cyffredinol yw ei ymdriniaeth o effeithiau hynny mewn gwahanol rannau o'r wlad, ac ychydig sydd ganddo i'w ddweud am adeiladwaith ysbrydol yr Eglwys newydd seiliedig ar Ardrefniant 1559 a'r rhesymau pam yr anghytunodd ag ef. Y tebyg yw nad oedd Penry'n awyddus i or-feirniadu'r gyfundrefn a'i heffeithiau yn ei draethawd cyntaf heb roi cyfle i'r Frenhines a'i Senedd ystyried difrifoldeb ei ddadleuon ac ymroi i weithredu arnynt. Ac meddai ar ddiwedd ei draethawd:

I do most earnestly beseech the Lord Iehouah (. . .) who is great and wise in counsell, seuere in punishing sinne (. . .) yet aboundant in mercy (. . .)

to turne his wrath from vs, to giue hir Maiesty and this honourable court
[y Senedd] his spirit to direct them in euery action according vnto his
word.[91]

Gwrthwynebiad Whitgift a'r Llys Comisiwn Uchel i'r *Aequity* a'i
ffyrnigodd a'i orfodi i finiogi ymhellach ei feirniadaeth lem mewn ail
draethawd, sef yr *Exhortation*, flwyddyn yn ddiweddarach, ac a ddwys-
áodd y gwrthwynebiad iddo.

An exhortation vnto the gouernors, and people of hir Maiesties countrie of Wales (1588)

Yr ymdeimlad fod yn rhaid i John Penry barhau â'i ymgyrch a arwein-
iodd at ymddangosiad ei ail draethawd manwl yn 1588, ac yn yr ail
argraffiad ychwanegwyd adran ar ei resymau dros ymwrthod â safle
ordeiniedig darllenwyr mud ('dumb ministers') yn yr Eglwys, y cyf-
eiriodd mor fynych atynt. Ffurfiodd y ddadl honno ran ganolog yn
holl waith llenyddol Penry a rhoddodd awchlym i'w holl ddadleuon.
Yn ei farn ef ni haeddent eu safle oddi mewn i'r sefydliad eglwysig
ac â ati yn ail hanner y traethawd i brofi hynny mewn dull cyfresymol.
Ar ddechrau'r adran honno datgana ei fwriad yn eglur:

> I thought good in this place, to set them downe syllogistically, to the
> end it maye appear vnto the church of God, vpon what grounds I denie
> them to be ministers (. . .) whether they, by the vnlawfull consent of our
> corrupt prelats, stealing the names, & intruding themselues vppon the
> places of ministers, that is, hauing a corrupt outward calling, be ministers
> indeede.[92]

Parhad yw'r *Exhortation* i'r hyn a ddadleuid yn yr *Aequity*, a hynny
am nad oedd y traethawd cyntaf wedi cael unrhyw effaith o gwbl ar
Dŷ'r Cyffredin. Cyhoeddwyd yr *Exhortation* ddwywaith yn 1588 gan
Robert Waldegrave yn ei argraffdy cudd yn y Strand, Llundain. Mynnai
gryfhau ei ddadleuon y tro hwn trwy gyflwyno'r traethawd i Henry
Herbert, ail Iarll Penfro a mab hynaf yr enwog William Herbert, iarll
cyntaf o'r ail greadigaeth. Etifeddodd hwnnw ystadau ym Morgannwg
a swydd Wiltshire ac ymsefydlodd ym mhlasty Wilton yn y sir honno.
Cododd i safle dylanwadol yno ac ym Morgannwg ac yn 1586 dilynodd
ei dad-yng-nghyfraith yn Arglwydd-Lywydd y Cyngor yn y Mers a

sefydlwyd yn Llwydlo, a rheolai Gymru a'r gororau ar ran y Cyfrin Gyngor. Fe'i haddysgwyd, fel Penry, yn Peterhouse, Caergrawnt, ac roedd yn gyfaill i Robert Dudley, Iarll Leicester, a'r ddau ohonynt yn ddylanwad Piwritanaidd cryf yn y llys brenhinol. Wrth gyflwyno'i draethawd iddo, nid ceisio cryfhau ei berthynas ag ef wnaeth Penry ond yn hytrach gyflwyno'i neges, sef estyniad i'w ymgyrch rymus yn yr *Aequity*, i bennaf llywodraethwr Cymru, un o wŷr cyfoethocaf y deyrnas. Enillodd flaenoriaeth yn y llys yn y 1570au a'r 1580au ond creodd lawer o elynion iddo'i hun hefyd, yn arbennig Robert Devereux, Iarll Essex. Er ei fod yn ŵr deallus a galluog gallai fod yn annoeth yn ei berthynas â'r rhai y dylai, er mantais iddo, eu cyfri'n gyfeillion iddo.[93]

Roedd hi'n amlwg fod apelio at yr Arglwydd-Lywydd yn gyfle penodol i gyrraedd y brig gwleidyddol yn y gobaith y gallai gŵr o dueddiadau Piwritanaidd hybu ei genhadaeth. Apêl sydd ganddo at 'the governors and people of Wales', sy'n cynnwys swyddogion llywodraeth leol, y gwŷr bonheddig ac arweinwyr eglwysig, y mwyafrif llethol ohonynt yn Brotestaniaid â chryn ddylanwad ganddynt. Plediodd ar i Dduw adnewyddu'r genedl yn ysbrydol mewn geiriau nid annhebyg i'r hyn a ymddangosodd yn y traethawd cyntaf:

> From which reprobate and accursed estate of wofull damnation, neither man nor angel can shew, how the whole country of Wales (. . .) may be deliuered, vnlesse it shall please God to worke in the heartes of all men there liuing, acording vnto their seuerall callings, and especiallie in yours, (right Honorable) and the rest in publicke authoritie, or supplying the place of ecclesiasticall gouernours, a conscience, to haue the woorde of reconciliation, planted among you and your people.[94]

Arweiniad yw'r geiriau hyn at apêl sy'n cynnwys llawer o ailadroddi'r hyn a gafwyd ganddo eisoes ond sydd hefyd yn fwy ymosodol, a hynny'n bennaf oherwydd ei deimlad fod amser yn prysuro ymlaen heb unrhyw obaith o newid yn y sefyllfa. Ym marn Penry mater o frys oedd sefydlu trefn Bresbyteraidd seiliedig ar bregethiad y Gair. Credai fod gan Herbert a'i swyddogion orchwyl llawer pwysicach i'w gyflawni na goruchwylio heddwch a threfn er ei fod, fel y dengys rhannau eraill o'i draethodau, yn gwbl ymwybodol fod angen amddiffyn arfordiroedd y deyrnas rhag gelyniaeth Sbaen a'r Gwyddelod a'u Catholigiaeth.[95] Cyfeiriodd at sylfeini awdurdod Herbert gan bwysleisio'i ddyletswyddau moesol yn fwy na'r angen i sefydlu unffurfiaeth grefyddol, amddiffyn llywodraeth y Frenhines a gwarchod budd-iannau'r rhanbarth o dan ei oruchwyliaeth. Onid oedd ganddo ddylets-wyddau mwy pwysfawr na chynnal hygrededd y wladwriaeth sofran yn wyneb cyflwr moesol y deyrnas, sef amddiffyn a diwygio'i safonau ysbrydol? Gwelai gysylltiad annatod rhwng rhwymedigaethau gwlei-dyddol a moesol, a'i gyfrifoldeb oedd cynnal y rhwymyn rhyngddynt. 'Gouernours my Lorde', meddai, 'must gouerne vnder God' ac aeth rhagddo i'w gynghori mai dan nerth Satan y gweithredai os byddai'n ymwrthod â hollalluogrwydd Duw ac yn gwadu fod ei Air wedi cyff-wrdd â'i enaid, ac ychwanegodd fod pob gwas dan y wladwriaeth yn gwadu Duw pe byddai'n gwadu cyflawni ei ddyletswydd i ddiarddel yr hollol ddallineb ac anwybodaeth.[96] Yn eu swyddi fel 'ynadon' (*magistrates*), sef y gair a ddefnyddid yn gyffredinol gan sylwebyddion yr oes i ddisgrifio gweision y llywodraeth wladwriaethol, dylent fwydo deiliaid y deyrnas â gwybodaeth a'u hyfforddi mewn parchedig ofn trwy sicrhau bod Duw'n gweithredu'n anrhydeddus ymhlith ei bobl. Gorchwyl Herbert oedd pwyso a mesur yr ystyriaethau hyn a pheidio â gadael i flwyddyn arall o'i lywyddiaeth fynd heibio cyn i Gymru gael ei dyrchafu'n etifedd trugaredd a ffafr.[97] Canmolai allu Herbert i gynnal llywodraeth dda ond dylai hynny fod yn sail i hyrwyddo llywodraeth Crist yn ogystal â materion seciwlar. Amheuai a allai awdurdod eglwysig gael ei osod ar ysgwyddau ynadon sifil ond pwysleisiodd bwysigrwydd eu dyletswyddau seciwlar yn rheoli'r wladwriaeth. Petrusai ychydig wrth fynegi sylwadau o'r fath gan fod yr iarll yn gwasanaethu'r Cyfrin Gyngor, ond ni phallodd rhag eu cynnwys yn yr *Exhortation*, ac meddai'n ddi-ofn: 'I came with the rope about my neck to saue (. . .) I labour that you may haue the Gospel preached among you, though it cost me my life'. Roedd yn ymwybodol o'r bygythiad hwnnw chwe blynedd cyn ei farwolaeth a chyfeiriodd ato'n achlysurol pan deimlai fod ei ddatganiadau'n ymylu ar fod yn fradwrus yng ngolwg yr awdurdodau.[98]

Ceidw Penry'n aml at yr un thema ganolog ymhob un o'i draeth-odau, sef yr angen i addysgu'r werin yng Ngair Duw trwy ei ddarllen a'i bregethu, ac yn yr *Exhortation* cyfeiria at anallu llawer o'r offeiriad i ddarllen yr Ysgrythurau (sef y Testament Newydd) a oedd ar gael yn 1567 yn rhugl, ac effaith hynny ar blwyfolion anllythrennog na chawsant fudd ysbrydol o'u hymdrechion;' a few psalms, a few praiers with one chapter of the New Testament in Welch' meddai, '(. . .) most pitifully euill read of the reader, and not vnderstoode of one among tenne of the heares'. Y tebygolrwydd yw mai cyfeiriad yw hwn at gyfieithiadau astrus William Salesbury o'r Testament a'r Salmau a gynhwysai ffurfiau Lladinaidd a nodweddion orgraffyddol eraill. Yn ddiau, fel y dywed W. Alun Mathias, ef oedd 'Cymro mwyaf dysgedig ei oes (. . .) ac (. . .) un o gynrychiolwyr dyneiddiaeth y Dadeni Dysg yng Nghymru',[99] ond yn ei farn ef nid oedd safon llythrennedd yr offeiriadaeth nac aeddfedrwydd ysbrydol y Cymry'n ddigon i dderbyn yr Efengyl er budd ysbrydol iddynt, ac meddai:

> And forasmuch as men liuing without the worde preached, thinke themselues in a tollerable estate before the Lorde, I woulde know whether they may hope for eternall life, which professe not the true religion in that sorte alone, as the Lorde would haue the same professed: the answere will be, they cannot.[100]

Mewn llythyr at Syr William Cecil cyfeiriodd yr Esgob Nicholas Robinson o Fangor yn ddirdynnol at gyflwr ysbrydol gwael offeiriadaeth a phlwyfolion ei esgobaeth yn 1567, y flwyddyn pan gyhoeddwyd y Testament Newydd, a chafwyd ymatebion tebyg gan sylwebyddion eglwysig eraill.[101] Yn ei ragymadrodd i *Yny llyvyr hwnn* . . . pwysleisia Syr John Price, y dyneiddiwr a'r hynafiaethydd o Aberhonddu, y fraint o gael print yn yr iaith Gymraeg i ledu gwirioneddau'r ffydd:

> Ac yr awr y rhoes duw y prynt yn mysk ni er amylhau gwybodaeth y eireu bendigedic ef, iawn yni, val y gwnaeth holl gristionogaeth heb law, gymryt rhann or daeoni hwnnw gyda yn hwy, val na bai ddiffrwyth rhodd kystal a hon yni mwy noc y eraill. (. . .) Kanys heb ffydd ny ellir rhengi bodd duw, ar perigloryon y sy yny mysk oswaethiroedd, y naill ae nys medran, ae nys mynnan ddangos yw plwyvogyon y petheu y maen yn rhwymedic y llaill yw dangos, ar llall eu gwybod, duw ae dycko yr iawn ac y adnabod y perigleu, pa wedd y gorffo arnyn atteb am yr eneidieu elo ar gyfyrgoll drwy y heisieu hwy.[102]

Rhoddwyd ystyriaeth eisoes i sylwadau bachog Huw Lewys am gyflwr yr Eglwys a'i phreladiaid yng Nghymru yn ei ragymadrodd i *Perl Mewn Adfyd* (1595),[103] ac ategir hynny gan Edward James, offeiriad Llangatwg ger Castell-nedd, yn ei ragair yntau i'w gyfieithiad o'r homilïau i'r Gymraeg dan y teitl *Llyfr yr Homilïau* (1606). Ei fwriad oedd sicrhau 'fel y gallai'r offeiriaid a'r curadiaid annyscedig, y rhai ni fedrent yn amgen atto wrth adrodd datcan a darllen yr homilïau hyn, pregethu i'w pobl wrth athrawiaeth, ac fel y galle bawb o'r bobl, wrth wrando, ddyscu'n inion ac yn iawn anrhededdu ac addoli'r Hollalluog Dduw a'i wasanaethu'n ddiwyd'.[104] Gweithiau oedd y rhain a ymddangosodd rai blynyddoedd wedi i Penry ysgrifennu ei dri thraethawd, ond, er na ellir tystio iddo gael unrhyw ddylanwad anuniongyrchol ar yr awduron hyn, ymhlith eraill, mae'n amlwg iddo osod canllawiau i'r hyn oedd ei wir angen i wella cyflwr ysbrydol ei genedl.

Er bod Penry'n cydnabod awdurdod Herbert ac yn ymwybodol o'r galluoedd a feddai ni roir iddo'r parch dyladwy heb iddo'n gyntaf fod yn sicr ei fod yn arwain gwasanaeth i Dduw ymhlith ei swyddogion, ac fe'i hatgoffir o hynny mewn geiriau digon beiddgar:

> Let the magistrates in the meane time see how well the Lorde is serued vnder their gouernement. See you vnto this, my Lord, or els the curse of God wil light vpon you, for your carelesnesse in this point. Hath the Lord called you to be lorde president of Wales vnder her Maiestie, to the ende, you shoulde sit still when you see your people runne vnto hell, and the Lord so notably dishonoured vnder your gouernment?[105]

Gwêl trwy gyfrwng asiantaeth y llywodraeth ranbarthol yn Llwydlo y cyfle gorau i ledu ei argyhoeddiadau i uchelfannau'r bywyd cyhoeddus yn enw Crist, a dywed yn fygythiol wrth Herbert nad oes llawer o amser ganddo i arbed y deyrnas – a Chymru a'r gororau'n arbennig – rhag cael ei dinistrio gan Dduw: 'let not another yere of your presidentshipp passe ouer your head, before Wales of a daughter of wrath, bee made an heire of mercie and fauor, which the Lord graunt.'[106]

Yn yr *Exhortation* ymosododd Penry'n ffyrnig ar y swydd esgobol gan ei dilorni am nad oedd, yn ei hanfod, yn gyfreithlon yn ôl trefn yr Eglwys Fore. Yn ei farn ef, roedd esgobion yn gwbl esgeulus o'u dyletswyddau, yn gigyddion a llindagwyr yr eneidiau dan eu gofal yng Nghymru – 'butchers and stranglers of the soules of my deare countrimen'.[107] Y mae ei feirniadaeth yn llawer llymach yn y traethawd hwn: 'I will hereafter so decipher their corrupt dealing', meddai'n ddiedifar, 'that the very ayre it selfe shal be poisoned with the contagion of their filthinesse.'[108] Clywodd fod llawer o bregethwyr wedi gwasanaethu dros flynyddoedd yng Nghymru, a gresynodd na chafwyd mwy o addysgu ganddynt. Cadarnha hynny trwy gyfeirio at gofrestri eglwysig (*registers*) ond dywed na weithredodd gweinidog dysgedig yn hyfforddwr ffyddlon dros gyfnod o chwe blynedd ar ei hyd ers dechrau teyrnasiad Elisabeth I.[109] Nid arbedai Penry ef ei hun rhag peryglu'i fywyd trwy fwrw sen ar bob offeiriad a ddaethai dan awdurdod yr esgobion, y cyfan ohonynt yn 'popelike tyrants, the very defacers of Gods trueth, vnlearned dolts, blind guides, vnseasonable and vnsauvory salt, drunkards, adulterers, foxes and wolues (. . .) the very swinestie of all vncleannes, and the very ignominie and reproche of the sacred ministery'.[110] Nid arbedai Penry ddim ychwaith wrth ddifrïo esgobion, a gwna hynny hyd syrffed fel y gwnâi'r awduron Ymneilltuol eraill fel Barrow a Greenwood. Heriai hwy trwy ofyn iddynt yn watwarus a oeddent yn achub rhai o anfadrwydd gan y dylai eu lleferydd fod yn bur yn eu swydd fel negeseuwyr Iehofa. Ond nid felly oedd hi gan eu bod yn ddirmygus yng ngolwg y bobl. Na ato Dduw iddynt barhau yn eu hysgelerder, a pheidied y Catholigion gael y cyfle i edliw anwybodaeth y bobl fel y gwnaethant yn rhan gyntaf *Y Drych Cristianogawl*, traethawd Catholigaidd manwl a argraffwyd gan Robert Pugh o Benrhyn Creuddyn ac eraill mewn gwasg gudd yn Rhiwledyn ar y Gogarth Fach yn Llandudno yn 1587.[111] Yn y rhagarweiniad i'r gwaith hwn, a briodolir i'r Pabydd Robert Gwyn, amlygir surni'r Catholigion tuag at y Protestaniaid:

> ond yr owron myfi a glowa fod aml leoedd ynGhymbry, ie Siroedd cyfan heb vn Cristiawn ynddynt, yn byw mal anifeilieid, y rhann fwyaf o honynt heb wybod dim odd i wrth ddaioni, ond ei bod yn vnig yn dala henw Crist yn ei cof, heb wybod haychen beth yw Crist mwy nag anifeilieid.[112]

Tybed ai geiriau enbyd o'r fath, neu rhai tebyg iddynt, a ffyrnigai Penry wrth watwar yr esgobion am eu hesgeulustod afiach? Ni wêl ddim o'u blaen ond 'the blacknes of euerlasting destruction' ac yna, mewn adran ddadlennol am esgobion pedair esgobaeth Cymru, cyfeiria'n benodol atynt heb enwi deiliaid y swydd ar y pryd, mae'n debyg, am nad oedd am beri mwy o dramgwydd iddo'i hun er ei bod yn amlwg pwy oeddynt. Os bu unrhyw ran o'r traethawd yn debygol o ffromi'r awdurdodau eglwysig a seciwlar y geiriau canlynol oedd y rheini:

> Therefore wo be to the shepheards of Wales, saith Iehouah, which feede themselues, should not the shepheards feed their flocks, you eat the fat and cloath you with the wooll, but you feede not the flocke (. . .) Take this from mee also, that vnlesse you forsake your idlenes, those

personages and those chaires of pestilence wherein you sit, I mean your
Bishops seas will spue you out. (. . .) And I trust in the Lord Iesus, to see
his church florish in wales, when the memorie of Lord-Bishops are buried
in hell whence they came . . . you are vsurpers, you tyrannize ouer the
lords people.[113]

Dyma'r 'giwed o lofruddwyr enaid', 'lladron a rheibwyr blonegog' a
'dinistrwyr halogedig yr Eglwys'.[114] Y mae gwawdiaeth o'r fath yn
debyg i'r sen anystyriol a fynegodd Martin Marprelate yn ei *Epistle* at
yr offeiriaid yn Nhŷ'r Confocasiwn tua'r un amser:

Is it any marvel, that we have so many swine, dumb dogs, non-residents
(. . .) so many ignorant and atheistical dolts, so many covetous popish
bishops in our ministry, and so many and so monstrous corruptions in
our Church (. . .) Seeing our impudent, shameless and wainscot-faced
bishops, like beasts, contrary to the knowledge of all men and against
their own consciences, dare in the ears of her majesty, affirm all to be
well, where there is nothing but sores and blisters (. . .) I would wish
you to leave this villainy and the rest of your devilish practices against
God his saints lest you answer it where your peevish and choleric
simplicity will not excuse you.[115]

Nid yw'n syndod canfod geiriau mor hallt a digyfaddawd â'r rhain
yng ngwaith Marprelate, ond nid ef yn unig a fynegai'r fath ymosodiad
difrïol oherwydd ceir ymosodiadau annheilwng ar esgobion a'u
swyddogion gan awduron Piwritanaidd eithafol eraill hefyd a rannai'r
un dyheadau i ddiwygio'r Eglwys.

Yn waelodol i'w ddadleuon deifiol ceidw Penry ei olwg ar wendidau
ymarferol yr Eglwys fel y rhai y cyfeiria atynt yn ei *Aequity*, yn arbennig
absenoldeb offeiriaid o'u bywoliaethau a'r rhai 'dwl' – y rhai a ordeinid
yn unig heb yr hawl i bregethu'r Gair – yn y plwyfi na ddylai swydd-
ogion y llywodraeth eu goddef ar boen pechu yn erbyn Duw. Â ati
ymhellach i ddiraddio'r offeiriaid hynny na wnaent ddim ond darllen
y gwasanaethau ac fe'u cynghora i ymadael â'u swyddi gan eu bod
yn halogi'r sacramentau ac yn gweithredu'n gwbl anaddas 'You liue
nowe vppon stealth, sacriledge, and the spoile of soules', meddai
wrthynt, 'The Lord open your eies my brethren, the people of Wales,
to see these your plagues, and to auoid them'.[116]

Un bygythiad sylfaenol i'r Eglwys a gaiff sylw gan Penry oedd yr
islif Catholig yn Lloegr a Chymru, ac o bryd i'w gilydd yn ei draethodau

daw'r gelyn hwn i'r wyneb. Yn yr *Exhortation* datgana mai arwyddion pennaf y wir Eglwys yw'r Gair a bregethir, iawn weinyddiad y sacramentau a ffurf ei llywodraeth, a dadleuai'n danbaid na cheid yr anghenion hynny yn yr Eglwys yng Nghymru. Cytunai Penry fod cyflwr yr Eglwys honno'n halogedig oherwydd annigonolrwydd y darllenwyr a chyflwr y gynulleidfa. Daw anallu'r darllenwyr yn yr eglwysi'n rhan ddifrifol o'i grwsâd yn y traethawd hwn gan na chredai eu bod yn gydnaws ag anghenion Eglwys Grist. Ni allai darllenwyr gyflwyno seiliau sanctaidd Duw i blwyfolion yn ddi-halog ac nid oedd modd iddynt eu derbyn heb bechu. Gweinyddid yr elfennau allanol heb y Gair, hyd yn oed i bobl na chawsant eu dysgu am Grist o gwbl, a hefyd am iddynt gael eu cyflwyno gan rai nad oeddynt yn dderbyniol ganddo. Credai hynny'n ddigamsyniol, ac meddai: '(. . .) vnlesse these emptye caskes be suncke vnder water, Christes kingdome is neuer likely to swimme.'[117] Ni ddylid penodi rhai na fyddai'n dderbyniol gan Dduw ac ni ellid glanhau o bechod unrhyw blwyfolyn a dderbyniai weinidogaeth darllenydd. Ni chredai ychwaith y dylid cydnabod gweinidogion 'dwl', ac felly ni ddylai plwyfolion gysylltu â hwy na derbyn eu gwasanaeth, dim ond eu cydnabod yn weinidogion oherwydd eu galwedigaeth allanol. Pe ceid cydasiad annuwiol rhwng darllenydd a'i gynulleidfa sanctaidd cwestiynwyd a ddylid ei gydnabod gan mai'r gynulleidfa a'i derbyniodd. Neu, a allai'r gynulleidfa ei ddefnyddio i weinyddu'r sacramentau neu ddyletswyddau eraill sy'n briodol i weinidog ordeiniedig? Ateb negyddol pendant oedd gan Penry am fod y cytundeb rhwng y darllenydd a'i gynulleidfa yn aneffeithiol, a golygai hynny mai diddim yw ei weinidogaeth yng ngolwg Duw er bod ganddo alwad allanol.[118]

Wrth drafod gweinidogaeth gyflawn o fewn yr Eglwys pwrpas Penry oedd dangos yr hyn a ystyriai'n gyfuniad o wir alwad fewnol ac allanol a gyfoethogir â doniau arbennig, a'r ewyllys i'w defnyddio a roir gan Dduw trwy gyfrwng gwas i'r Arglwydd. Ni allai unrhyw un sy'n amddifad o'r doniau ysbrydol hyn fyth fod yn gymwys i wasanaethu Duw, sef y 'grasusau mewnol', yn ôl Ei ofynion a'i ddisgwyliadau. O blith y rhai sy'n arddel galwad allanol a mewnol ceir nifer nad ŷnt wrth fodd Duw am iddo, yn ei ragluniaeth ddirgel, eu hamddifadu o'u dawn i addysgu oherwydd eu pechodau. Fe'u hystyrir ganddo'n frodyr yn hytrach na gweinidogion ond ni chyfrifir hwy mor amharchus â'r rhai hynny nad yw Duw'n eu cydnabod yn weision iddo o gwbl, y rhai nad yw eu galwad allanol yn ddim amgenach nag arogldarth ffiaidd – 'in the lords nostrils (. . .) who neuer had anie abilitie for the ministerie, as infants, dumbe men by nature, dumbe men in regarde of their insufficiencie to vtter the Lordes message.'[119] Pechod sy'n cyfrif am y di-ffydd ac nid yw cyfathrachu â gwŷr annigonol yn dangos ffydd oherwydd ni cheir addewid fod ganddynt y gallu i weinyddu'r sacramentau gan na chydnabyddir hwy'n bregethwyr, llawer ohonynt nad ŷnt ychwaith wedi eu bedyddio. Â Penry rhagddo i ddangos pa mor angenrheidiol yw bedydd wedi'i weinyddu gan rai nad oeddent yn weinidogion ordeiniedig, a phwysleisia'n llafurus fod y rhai sy'n cyfathrachu â'r gweinidogion mud yn unigolion llawn mor bechadurus â hwy. Datgana hyd at syrffed nad yw darllenwyr yn weinidogion iachawdwriaeth; ni allant gryfhau undod â Christ; a chan eu bod yn weinidogion damnedigaeth maent yn amddifadu pawb sy'n cyfathrachu â hwy rhag cael ymborth bywyd ac yn eu newynu. Gorchwyl y gwir bregethwr yw hynny; ef yn unig all sicrhau'r arweiniad at iachawdwriaeth yng Nghrist.[120]

Y mae'r newid yng ngyrfa Penry o fod yn Bresbyteriad i ymlynu wrth y carfanau Ymneilltuol yn broses cymhleth fel y disgrifir ef ganddo, a hynny mewn dull a allai fod yn fwy cryno. Yn yr achos terfynol yn ei erbyn cytuna fod yr Eglwys Wladol yn gweinyddu'r ffydd yn ei phurdeb ac roedd yn arddel y sacramentau bedydd a chymundeb ynddi. Ond yn yr achos llys aeth rhagddo i gyfeirio at ei gwendidau, sef nad oedd y swyddogaethau ynddi'n unol â dysgeidiaeth y Testament Newydd, nad oeddynt wedi eu paratoi na'u hordeinio'n ôl gofynion y Gair, nad oedd eu swyddogaethau'n dderbyniol ar sail geiriau'r Testament ac nad oedd y drefn a'u cynhaliai yn dilyn gorchmynion Crist.[121] Yng nghofnod ei achos meddai'n ddigon cadarn:

I haue receyvid a reading gospell & a reading Mynistery. A pompous gospell & a pompous Mynisterye, a gospel & a Mynistery that strengtheneth the handes of the wicked in his Inyquytie. A gospell & a Mynystery that wyll stoupe vnto me & be at my becke. eyther to speake or to be Mute when I shall thincke good. Breifley I haue receyved a gospel & a Mynisterye that wyll never troble my conscience withe sighte of my Synnes whiche is all the gospelles & all the Mynisteryes that I meane to receyve. And I wyll make a sure hande that the lordes house, yf I can chouse shalbe no otherewyse edyfyed, then by the handes of suche men, as bringe vnto me the foresayde gospell & the foresayde Mynisterye.[122]

Mae'n amlwg nad yw'r Eglwys Wladol yn cyflawni'r hyn a ddisgwylid ganddi. Gwnaeth Penry hynny'n amlwg yn ei draethodau, yn

> Some Chara- This poor unhappy young Man was led away by the Zealots of thofe Times,
> &#x01;ter of him. and fo came to this untimely End ; being born within the Time of the Queens
> Reign, and fo, little above thirty Years of Age when he dyed. He was a Mi-
> nifter well-difpofed to Religion, but miftaken in his Principles, and very hot
> in his Temper, and fo became bufy in Church-Controverfies, to his own De-
> ftruction. He had ftudyed the Arts and the Tongues, and attained to fome
> Knowledge and Learning therein. He was the firft, fince the Reformation of
> Religion under Queen *Elizabeth*, that publickly preached the Gofpel unto the
> *Welchmen*, as he faid, and fowed the good Seed among his Countrymen. And
> in the Year 1586 or 1587, out of his Affection to them, he compofed a Trea-
> tife, which he offer'd to the Parliament, defiring their Care and Provifion,
> that the People of *Wales* might be better taught ; fo, to withftand Papiftical
> Slanders of the Queen, *Briftow* or *Saunders* having given out, that fhe regarded
> not the Gofpel any farther, than it might ferve to her own fafe Standing. And
> as for his own Labours in *Wales*, he left the Succefs thereof to fuch as God
> fhould raife up after him. In his laft Writing before his Death, called his Pro-
> His Proteftati- *teftation*, he faid, " He never took himfelf for a *Rebuker*, much lefs a *Reformer*;
> on. " [which it feems was laid to his Charge] but that in the Difcharge of his Con-
> " fcience, all the World was to bear with him, if he preferred the Teftimony
> " which he was bound to yield to the Truth of Jefus Chrift, before the Favour
> " of any Creature. Enemy unto any good Order or Policy, either in Church
> " or Commonwealth, he faid, he never was. That whatfoever he wrote in
> " Religion, he did it fimply, for no other End than for the bringing of God's
> " Truth to Light. And he appealed to God, that he never did any Thing in
> " this Caufe for Contention, Vain-glory, or to draw Difciples after him, or to
> " be accounted fingular." He wrote a brief Confeffion of his Faith and Allegi-
> ance to the Lord and her Majefty, during his Imprifonment, which he deli-
> vered to Mr. *Young*, an eminent Juftice of the Peace, then in *London*, as his laft
> and dying Judgment. He left behind him a Widow and four young Children.

Tudalen allan o J. Strype, The Life and Acts of John Whitgift (1718).

arbennig yr *Exhortation*, ond eto, cred, os pregethir y Gair ni ddylid gwneud hynny yn yr Eglwys: 'I dare as boldly affirme the course to bee a wicked and sismatticall course, which they take, that separate them selues from the publicke assemblies, where the word preached is truly taught in this land, as from those who serue God, after a false maner.'[123] Ai glynu wrth ei Bresbyteriaeth a wnai Penry yn y datganiadau hyn? Er cymaint gwendidau'r Eglwys ni allai ymddatod oddi wrthi. Nid bob tro mae'n hawdd dilyn dadleuon Penry, ac yn ei *Exhortation* cynhwysir ganddo lawer mwy o gyfeiriadau ysgrythurol i'w cymhlethu ar ymylon y tudalennau nag a geir yn y ddau draethawd arall o'i eiddo.

Un testun dadl a amlygir ganddo yw hwnnw sy'n ymwneud â'r sacramentau, pwnc a fu'n rhannol gyfrifol am ei droi at yr Ymneilltuwyr yn 1590. Sacrament y bedydd oedd fwyaf dan sylw ganddo oblegid ni chredai fod offeiriaid yn haeddiannol i ymgymryd â'r cyfrifoldeb o weinyddu'r bedydd yn ôl gofynion y Testament Newydd. Nid esgob ddylai eu hordeinio ond Iesu Grist, a disgwylid iddynt ddilyn ôl ei droed Ef mewn buchedd, ymroddiad ac ysgolheictod ynghyd â'u gallu i draethu neges yr Efengyl. Fel Presbyteriad credai mai henaduriaeth ddylai ordeinio wedi i'r Eglwys ddatgan ei chefnogaeth. Beth felly oedd y sefyllfa ynglŷn â gweinyddu'r sacramentau pan na phregethai'r offeiriaid yr efengyl? Meddai am hynny:

In like sort, Baptisme, or the Lords supper administered by a dumb minister, may be a sacrament, is it therefore lawfull to receiue it? In no wise, because it is a sinne (. . .) either to receiue the sacraments at the handes of those, who are not ministers, or to testifie them to bee ministers (. . .) But they that communicate with dumb ministers, committe either of these sinnes.[124]

Mynega Penry ei bryder ar gyfer y genhedlaeth nesaf o blant os bedyddir hwy gan rai cwbl anaddas, ac apelia'n daer at rieni i sicrhau y cânt eu bedyddio'n ôl cyfraith Dduw gan weinidog a ystyrid yn gydnabyddedig ganddo Ef:

Would you haue your children ingraffted into (. . .) no other Christ, then your simple readers can laie open? (. . .) Fall downe before the Lorde, desire him to forgiue you (. . .) Labour to haue true Pastors placed ouer you, and rest not vntill you haue broght this to passe. In the mean time carrie your children a 1000 miles to a true minister of God to bee baptized, rather then offer them vnto your hierlings.[125]

Cymaint oedd gofidiau Penry nad oedd ei gyd-Gymry, oherwydd eu cyflwr ysbrydol, sef gwaddol halogedig a diffaith Eglwys Gatholig yr Oesoedd Canol, wedi cyd-gyfrannu â bendithion rhydd Duw, fel iddo deimlo'r rheidrwydd ar ddiwedd ei draethawd i annog Henry Herbert yn daer i sicrhau na chaniateid gweinidogaeth anghysegredig o fewn ffiniau parthau ei awdurdod. Gallai un gair o'i eiddo atal dylifiad yr halogiad hwn os byddai ganddo galon ddeallus. Braint iddo fyddai cofio gwasanaeth y rheolwyr duwiol yn yr Hen Destament a'i rhagflaenodd, yn arbennig Moses, Dafydd a Solomon, cewri mawr yr Israeliaid cynnar. Dylai Herbert weddïo gyda Moses ar Dduw i ofyn maddeuant am fod ei bobl bechadurus wedi bod cyhyd heb weinidogaeth bregethu ac wedi caniatáu i'w plant gael eu bedyddio gan weinidogion anghymwys. Dylai fynnu cael pregethwyr i gyhoeddi'r Gair ac iddo, ynghyd â'r ynadon, gwŷr bonheddig, gweinidogion a phobl yn gyffredinol, ufuddhau iddynt ac arbed cosbedigaeth Duw. Gair i ufuddhau iddo ydoedd hwnnw, ac nid i wrando arno'n unig

fel bydd i ddelw-addolwyr Catholig, anghredinwyr ac eraill a ddef-
nyddiai'r Gair ymhlith eu teuluoedd, brofi dicter Duw yn y bywyd
a ddaw. Ni ddylid ymboeni sut y gellid darparu gweinidogaeth
bregethu oblegid, fel y datganodd yn yr *Aequity,* roedd bywoliaethau
wedi'u hamfeddu gan foch ('possessed by swine'), a chan mai cyfarch
Arglwydd-Lywydd Cyngor Cymru a wnai disgwyliai iddo ymgymryd
â'r ddyletswydd o symud gweinidogion annerbyniol a gosod eraill
yn eu lle. Dylai gyfrannu o'i dda ef ei hun at yr ymgyrch er sicrhau
trugaredd Duw tuag ato a byddai esgusodion na ellir llenwi pob byw-
oliaeth â gweinidogion dysgedig yn gwatwar Duw yn ei wyneb ac yn
atal y bobl rhag cael eu hachub.[126] Gwêl Penry ei hun yn ferthyr dros
achos ei gydwladwyr, yn barod i wynebu pa gosb bynnag a ddeuai
i'w ran am iddo fynnu bod y llywodraeth yn sefydlu gweinidogaeth
bregethu i atal eu dinistr. Gwêl gymhariaeth rhyngddo'i hun â rhyw
Hegetorides, dinesydd yn ninas Thasus yng ngogledd Môr Aegea ar
ddechrau'r bumed ganrif cyn Crist, a oedd yn barod i wynebu mar-
wolaeth er mwyn sicrhau heddwch rhwng ei ddinas ac Athen a reib-
iasai'r tir a'r bobl. Yng ngolwg Penry, pydredd difaol oedd tynged
Cymru ond gwnâi ef yr ymdrech eithaf i'w hachub. I'r diben hwnnw
mae ei eiriau'n ddirdynnol ac yn rhagweld ei farwolaeth trwy ddedfryd
llys barn: 'I labour' meddai, 'that you may haue the Gospel preached
among you, though it cost mee my life: I thinke it well bestowed'.[127]
    Yn unol â geiriau'r Apostol Paul wrth y Thesaloniaid, credai mai
llym fyddai dialedd Duw ar y gelynion a wrthwynebai ei ymgyrch
dros ei wlad.[128] Ei brif gysur oedd unplygrwydd ei gydwybod ei fod
wedi cyflawni'r hyn a ystyriai'n ganolog yn ei fywyd ifanc. Gresynai
na chawsai ei gyd-Gymry gyfle i weld y ffordd ymlaen er budd i'w
heneidiau, a thua diwedd ei draethawd mynega'i gasineb tuag at y
llywodraeth eglwysig sefydledig – 'it is forrain and Antychristian for
the most part' – ac ar yr un anadl, dywed yn amddiffynnol pe byddai
holl ddeiliaid teyrnas y Frenhines a'i chynghorwyr ffyddlonaf yn
cynllwynio yn ei herbyn byddai ef yn ei hamddiffyn hi a'i hachos hyd
at farwolaeth ddeng mil o weithiau.[129] Defnyddid y geiriau hynny,
fodd bynnag, i alluogi Penry i ychwanegu cyfeiriad at ei neges heriol
sef, o ddangos ei deyrngarwch i'r Frenhines, oni ddylai hefyd wasan-
aethu ei Arglwydd? Fe ymddengys mai eilbeth oedd y datganiad
cyntaf fel y gallai roi'r flaenoriaeth i'r ail gan mai hwnnw oedd bwysicaf
iddo.
    Wedi traethu'n faith ei farn i'w ddarllenwyr – ei gydwladwyr tlawd
y bu iddo gyflwyno'i *Exhortation* – ymlaen ag ef i osod trwy gyfresymu

mewn pum deg tri gosodiad pam y gwrthwynebodd y darllenwyr yn yr Eglwys, y rhai a osodwyd yn eu swyddi halogedig gan esgobion llygredig. Defnyddia'i adrannau cynharaf i ddisgrifio'r gwahaniaeth rhwng y gweinidog allanol a'r un mewnol fel math o barhad a geid ganddo'n gynharach yn yr *Exhortation*. Daw i'r casgliad, gan fod pob gweinidog, da neu ddrwg, yn ordeiniad Duw a chanddo alwad allanol, ond nid yw yn fwy na bod yn ordeiniedig yn yr Eglwys heb gyfleusterau'r gwir weinidog. Genedigaeth yn unig yw gwir weinidogaeth ac nid ei fywyd a'i fodolaeth. Hanfod ei swydd ef yw'r fodolaeth a'r bywyd y gall Duw'n unig ei gyfrannu a genedigaeth y gall yr Eglwys ei roi iddo, fel cyfrwng ordeiniad Duw trwy ei alwad allanol. Mae hynny'n hollol angenrheidiol iddo'i chael: 'Be a man therefore neuer so godly, neuer so learned, endued with neuer so liuelye faculties of the ministerie, yet he is no minister in deed, vnlesse he haue the ordinaunce of his God vpon him by his outward calling.'[130]

Yr hyn a wna Penry yma yw cadarnhau'r hyn a ddywedasai eisoes am y gwir weinidog gan mai dyna ydyw. Nid ystyrid bod ordeiniad yn hanfodol i bregethiad y Gair, a'i brif weithgarwch yw casglu ynghyd y saint, datganiadau sy'n awgrymu rhagflas o Bresbyteriaeth ac Ymneilltuaeth yn olynol. Rhodd gan Dduw oedd pregethu ac nid yw'r alwad allanol yn rhoi bywyd i'r weinidogaeth eithr yn hytrach yr enedigaeth, ac mae angen dau beth gan weinidog, sef y fodolaeth na all ond Duw ei roi, ac yn ail ei enedigaeth drwy'r Eglwys. Er y gallai dyn fod yn feddiannol ar alwad allanol yr Eglwys, nid gweinidog mohono nes i Dduw roi bywyd gweinidog iddo drwy gyflwyno iddo air cymod.

Yn y cymhlethdod geiriol hwn daw Penry at agwedd arall, sef at y gwahaniaeth rhwng y gweinidog a'r ynadaeth (*magistracy*).[131] Cynhwysir bywyd a swydd gweinidog yn y Gair a'i ddoniau ar wahân i'w alwad allanol, ond ni chysylltir bywyd yr ynadaeth â'r Gair ond fe'i canfyddir yn ei alwad allanol er bod angen doniau arno i gyflawni ei orchwylion. Ei fwriad yw dangos pa mor hanfodol yw swyddogaethau'r gwir weinidog a'r ynadaeth seciwlar, ac er ei gymhlethdod daw at ddatganiad pendant ynghylch swydd y gweinidog:

The faithfull preachers in the Church of England haue and do shewe by the good euidence of their teachinge, whereby soules are gathered vnto the church, and fed therein, that they were ordained of God for this ende (. . .) The calling of euerye one that is a minister in deed, is a sanctified calling in itselfe, to him that is thereunto called, and hath giftes to discharge the same. But the very calling (. . .) of our readers, is an vngodly, and vnsanctified vocation, to bee a calling of the ministery, and so they [be] no ministers (. . .) menne not ordained of God for the gathering of the saints, are no ministers whatsouer calling they haue in the Church.[132]

Mae'n wir fod Penry eto, ar ddiwedd yr *Exhortation*, yn pledio ei deyrngarwch i'r Frenhines a elwir ganddo'n Ynad Cristnogol sy'n berchen ar awdurdod cysegredig a roddir iddi gan Dduw, ond ychwanega gymal i'r datganiad hwnnw na fyddai'n dderbyniol iddi, sef ei fod hefyd, â chydwybod dda, yn goddef amherffeithrwydd ei chyfreithiau a'i gweithrediadau.[133] Y mae'n ddigon parod i wahodd rhai i ymateb i'w ddadleuon, ac ar ddiwedd y traethawd ychwanega atodiad byr yn cyfeirio at *A Godly Treatise, wherein are examined and Confuted (. . .) H. Barrow and J. Greenwood on the Ministry* (1589), cyfrol y Dr Robert Some, a benodwyd yn Feistr Peterhouse yn 1589 ac a ystyrid ganddo 'a godly and learned man'.[134] Roedd yn gefnogol i'r Eglwys Wladol ond yn feirniadol o'r uniongrededd Calfinaidd a ddaethai'n wedd bwysig ar ei diwinyddiaeth. Ni fu hynny'n rhwystr iddo arwain y gwrthwynebiad llenyddol i'r Ymneilltuwyr radicalaidd. Dywed Penry iddo ateb dadleuon Some eisoes ynglŷn â darllenwyr, ond addawodd y byddai'n gwneud hynny eto'n fanylach, ac ymddangosodd hynny yn *A defence of that which hath bin written in the questions of the ignorant ministerie* yn 1588.

Ymatebodd Some yn ffyrnig i ymosodiadau Penry gan ei sicrhau nad oedd ganddo'r hawl i bregethu nac i fynnu bod rhai'n cael eu penodi. 'This heat of yours', meddai, 'is like ablaze of thorns, it will but last awhile'. Gofynnodd Penry iddo drefnu gwrandawiad cyfreithiol, ond gwrthododd wneud hynny gan na chredai Some ei fod yn deilwng o achos llys. Dylai ymwrthod â'i heresïau, ac os na wnâi hynny ni allai ond siarad drosto'i hun. 'O noble Goliath!', gofynnodd Some iddo, 'do you challenge all gainsayers? Alas! Good Mr Penry, you are unfit for such a match'.[135]

Yn ychwanegol at ymosodiadau geiriol arno roedd John Penry yn gwbl ymwybodol ei fod yn ysgrifennu mewn cyfnod argyfyngus yn ystod rhannau cynharaf y rhyfel rhwng Lloegr a Sbaen a ddechreuodd yn 1585. Canlyniad oedd y rhyfel hwn i gynyrfiadau gwleidyddol a diplomyddol yn ogystal â chrefyddol rhwng pwerau mawr Ewrop a ddatblygasai rai blynyddoedd cyn hynny.[136] Cadwai yn ei gof mai gelyn pennaf Lloegr oedd Sbaen, ac yn ysbeidiol yn ei draethodau cyfeiriai at ysbryd yr 'Anghrist' a ddeilliai o'r Fatican ar ffurf cenhadon

Iesuaidd o'r cyfandir, a chyflwr moesol adfydus ei gyd-Gymry. Yr oedd pwerau 'Cain Rhufeinig' ('Rhomish Caine') yn parhau i bwyso ar ei feddwl, ac er mai at y cyfnod wedi'r fuddugoliaeth dros yr Armada yn 1588 y cyfeiriodd fwyaf ni theimlodd yn ei *Supplication* fod bygythiadau Sbaen wedi lleddfu 'because the hand of the Lord wilbe against vs for our sinns'.[137] Bwriad Penry oedd gofalu bod ganddo ddigon o resymau dros egluro pam y dymchwelwyd y deyrnas yn wleidyddol a chrefyddol drwy law Duw yn nyddiau ei hadfyd ysbrydol.

A Supplication vnto the High Court of Parliament (1588)

Traethawd dwywaith maint yr *Exhortation* oedd y trydydd argraffiad a gyflwynwyd, y tro hwn, i'r Senedd yn hytrach nag i'r Arglwydd-Lywydd Cyngor Cymru yn Llwydlo. Cyhoeddwyd hwnnw heb y cyflwyniad i'r Cyfrin Gyngor yn ôl bwriad gwreiddiol Penry. Y prif deitl i'r traethawd hwn oedd *A view of some part of such publicke wants & disorders as are in the Seruice of God, within her Maiesties contrie of Wales, together with an humble Petition, vnto this High Court of Parliament for their speedy redresse* a chynhwysir rhagarweiniad manwl iddo. Nid diwygio cyflwr crefydd ymhlith y bobl oedd ei unig fwriad eithr dangos yr unig ffordd sylweddol i sicrhau bod hynny'n digwydd. Dechreua'r rhagarweiniad trwy gyfeirio at ei wendidau ei hun, 'mine owne great corruptions'[138] chwedl yntau; dull o wneud ei ddadleuon, nid yn fwy derbyniol i'w elynion gan y gwyddai nad oedd hynny'n bosibl, ond yn ymateb mwy gwylaidd i Dr Some. Daw at ei brif feirniadaeth ohono fel tanseiliwr y drefn gydnabyddedig: 'not onely a defender of many blasphemous errors, but also an vnderminer of the ciuill State (. . .) before I had first cleared my selfe of those crimes'.[139] Cyfeirio a wna yma, wrth gwrs, at fanylder ei ddadleuon yn yr *Exhortation* gan ddefnyddio cyfres o gyfresymiadau astrus i ateb ei wrth-ddadleuon. Â ymlaen i atgoffa'i ddarllenwyr o'i bryderon ynglŷn â chyflwr y Cymry. Ceidw olwg ar yr amser ers dechrau teyrnasiad y Frenhines a'r Senedd yn 1559, ac meddai:

behold, the mountayns of Wales (. . .) call heauen and earth to witnes, that they are weary of their dumb ministers, nonresidents, Lord Bishops etc and that they desire to be watered by the dewe of Christs holy Gospell, and to be compassed about, with that beautifull wall of his holy gouernment.[140]

Dengys hyn fod Penry'n benderfynol o gynnal ei genhadaeth i arwain ei genedl i borfeydd gwelltog y bywyd duwiol fel na fyddo iddynt ddangos i'w plant na fu iddynt ymddiddori o gwbl yng ngwirionedd yr Efengyl na pheidio â dad-feichio'u hunain o'u dallineb ysbrydol. Mae rhai wedi eu penodi, meddai, i osod sylfeini ar gyfer adeiladu Eglwys Dduw, ac eraill wedi eu hordeinio i baratoi a glanhau'r fan lle bwriada adeiladu ei Deml.

Yn ei ragymadrodd daw Penry hefyd at yr angen i ddiddymu absenoledd a dadwreiddio'r archesgob a'r holl esgobion a phopeth arall nad oedd Duw'n ei gymeradwyo. Fel y cyfeiriodd eisoes, prif fyrdwn ei epistol mawr olaf, fel y ddau o'i flaen, oedd yr angen i sicrhau parhad yr Efengyl a diddymu unrhyw wrthwynebiad iddi.[141] Daw ei ragarweiniad i ben trwy ei ymosodiad beiddgar unwaith eto ar yr esgobion, un o brif achosion yr haint a wenwynai ei wlad – 'the disease and bane of the country of Wales'.[142] Wrth gyfeirio at gyflwr Cymru nid yw Penry'n esgeuluso'r deyrnas, ond dyry'r pwyslais ar y llywodraeth a wrthododd gydsynio â'i ddymuniadau. Er bod y deyrnas honno wedi'i hachub rhag y Sbaenwyr nid oedd hynny'n rheswm digonol dros ymlacio, ond dylid ei gymryd yn rhybudd fod Duw yn debygol o daro eto trwy ddefnyddio dulliau tebyg.[143] Pwysleisiodd ddrygioni llygredigaeth a chyflwynodd nodyn gwladgarol wrth ddenu'r llywodraeth i ystyried angenrheidiau hanfodol Cymru.[144] Disgrifiwyd hynny ymhellach yn y *Supplication* pan wrthgyferbynnodd Penry hawliau dinasoedd Seion a Babilon a'r gwahaniaeth rhwng cyfraniad yr *Aequity* a'r *Drych Cristionogawl* wrth gyfeirio at oruchafiaeth y naill neu'r llall.

Tua diwedd ei ragarweiniad pwysleisiodd Penry anghenion Cymru'n bennaf gan osod y cyfrifoldeb ar y Senedd, fel y gwnaeth yn yr *Aequity*. Gwêl yr angen iddi ymestyn yr Efengyl ymhlith eu teuluoedd ar eu haelwydydd, boed yn Lloegr neu yng Nghymru – arwydd o'r ethos Piwritanaidd ac Anglicanaidd.[145] Er mai bras gyfeiriad a geir ganddo at y traddodiad hwnnw, yn ddiau bu'n gyfrwng i ddyfnhau'r profiad duwiolfrydig personol fel y dengys awduron crefyddol, fel Oliver Thomas a Rowland Fychan, a gyfieithodd *The Practice of Piety* gan Lewis Bayly i'r Gymraeg, yn yr ail ganrif ar bymtheg.[146]

Y mae'n amlwg fod John Penry'n ymwybodol o'r argyfwng a wynebai pan ysgrifennodd y *Supplication* ond, ar yr un pryd, roedd yn argyhoeddedig mai ei brif amcan oedd cynorthwyo'i gyd-Gymry, ac amlygid hynny yn ei baragraff cyntaf pan annerchai'r Senedd:

the pitifull & miserable estate of (. . .) the inhabitants of Wales; doe inforce
me in most dutifull and humble maner, at this time, both to lay open
before your eyes (. . .) the wantes and deformities of the seruice of God
in wales, my deere & natiue country (. . .) that the same by your wisdomes
may be speedely redressed.[147]

Gwêl mai'r Senedd oedd y sefydliad cyfansoddiadol pwysicaf i
wella'r amgylchiadau a barodd i'r genedl ddioddef llygredigaethau
na allai ond hi ei hunan eu gwaredu. Gan na allai dderbyn y cymorth
a geisiai gan yr Eglwys teimlai mai'r corff gwladol uchaf o dan y Cyfrin
Gyngor, sef Tŷ'r Cyffredin, yn unig fyddai'n gallu cyflawni hynny.
Mae'n amlwg fod cyflwr Cymru'n achosi cryn boendod iddo ond
hefyd cyfeddyf ei fod wedi ymrwymo gymaint ag a allai i ddiwygio'r
Eglwys yn ei wlad trwy ei glanhau o lysnafedd Catholig. Er i'w eiriau
ymddangos yn ddidwyll ni ellir llai na theimlo mai siarad ar ei gyfer
a wna gan na fu'n gwasanaethu fawr ddim, os o gwbl, dros y ffydd
yn ei famwlad:

As for the Church of God into which I haue bin begotten thorowe the
word preched, by means of my abode in Englande (. . .) I haue wholly
dedicated my selfe to seeke the flowrishing estate thereof, by labouring
to beutifie the same, both in the plucking vp by the rootes, of these filthie
Italian weedes, wherewith it is nowe miserably deformed; and planting
therein whatsoeuer might be for the comlines of Gods orchard, in respect
of my poor cuntrey.[148]

Â ati i egluro iddo ddilyn y trywydd hwn am iddo gael ei eni a'i
fagu yng Nghymru a'i addysgu yn y prifysgolion er daioni i'w gyd-
Gymry hyd angau oherwydd eu hanwybodaeth a'r llygredd ysbrydol
a'u hataliai rhag achubiaeth a'r bywyd tragwyddol. Pwysleisia'r angen
i wasanaethu Duw mewn 'addoliad pur' ac i beidio â'i fradychu ef
nac iachawdwriaeth y ddynoliaeth.[149] Wedi iddo ddangos pa mor
hanfodol oedd hi i'r Senedd ymaflyd yn y dyletswyddau a gymerad-
wyir ganddo, a hynny yn y ffordd fwyaf angerddol, apelia ati gerbron
Duw, ei etholedigion, ei Eglwys a'r Frenhines, ar boen ei fywyd, i
ddiwygio'r Eglwys. Os esgeulusid yr apêl honno ni cheid dim ond
dinistr ysbrydol am fod pobl ddi-Dduw ac anghrefyddol y byd eglwysig
wedi dwyn perswâd ar y Frenhines i gredu nad oedd angen diwygio
Eglwys a ystyrid ganddynt yn ddigonol. Byddai dylanwad arweinwyr
eglwysig o'r fath, meddai ymhellach, yn ddim llai nag ymdrech i

ddifrïo'r Piwritaniaid – 'factious & discontented braines'[150] – y credid eu bod yn cynllunio i newid y drefn wladwriaethol a pheryglu'r Frenhines a'i theyrnas. Yna, daw unwaith eto at sail ei ddadl, sef yr angen am bregethiad y Gair, 'without which (...) no fleshe can be saued'[151] a'r alwad daer i ddifa anwybodaeth o'r Gair ymhlith eneidiau colledig dan gondemniad. Os na chyfrifid hynny'n bennaf cyfrifoldeb y Senedd ac os na edifarheid yn ddi-oed yna byddai Duw'n dinistrio'r deyrnas. Os na sicrheid i'r Cymry bregethiad y Gair, a hynny flynyddoedd wedi dileu delw-addoliaeth ar farwolaeth Mari I, ni fyddai gan Aelodau'r Senedd ddim o werth ysbrydol i'w drosglwyddo i'w disgynyddion. Dyletswydd y Senedd yw hybu gogoniant Duw a lles y wladwriaeth, ac er bod delw-addoliaeth Catholig wedi ei ddymchwel ar ddyfod Elisabeth i'w gorsedd, ni fyddai rhannau helaethaf y deyrnas wedi profi dim o rin pregethu'r Gair. A yw'n bosibl i unrhyw un fynd i'r nefoedd, meddai, sydd heb fwynhau hynny?[152] Daw'n ôl at drueni pobl Cymru, ei brif thema:

> the most congregations in Wales, want the very especiall outwarde markes of a Church, and so the meanes of saluation by the word preached, and the comfort of fayth, by the right administration of the Sacraments (. . .) Beleeue them not, who tell you that all is well within Wales, & that they are a sort of clamorous and vndiscreet men, whom affirme the contrary.[153]

Onid gyrroedd o fwystfilod creulon ('droues of bruite beastes') yw'r Cymry, meddai, dan awdurdod y Senedd a'u diogelai rhag goresgyniadau, ac onid marwolaeth fyddai'n eu haros trwy'r cleddyf, y newyn a'r pla am na chaent iachawdwriaeth? Mae'n dychwelyd wedyn at ei feirniadaeth sylfaenol o'r llywodraeth, sef ei bod yn gyfrifol am bregethiad y Gair ac am ryddhau'r deyrnas o aflendid y weinidogaeth ddiffaith. Nid yw ymatal rhag eu rhybuddio o'r gosb a ddeuai i'w rhan am eu hesgeulustod: 'you are both in this life and the life to come', meddai, 'likely to be subiecte vnto the intollerable masse of Gods wrath (. . .) vnless you preuent the fierceness of the Lordes indignation'. Roedd Penry'n wastad ei feirniadaeth o ddylanwad parhaol y ffydd Gatholig, ar y drefn grefyddol wedi dyfod Elisabeth i'r orsedd, a chyfeiria at weddillion ffydd y 'butain Rufeinig' ('Romishe strumpet') yng Nghymru, a amlygwyd ymhlith y rhai a addysgwyd yn y ddwy brifysgol, yn arbennig yr esgobion, ac a feddai ar swyddi yn yr Eglwys.[154]

Dadleuon o'r fath sy'n arwain Penry i ymosod yn ffiaidd ar am-
ddiffyniad John Bridges, Deon Caersallog ac esgob Rhydychen
wedi hynny, o'r esgobyddiaeth yn ei gyfrol anferth *A Defence of the
Government established in the Church of England* (1587). Ymwrthodai ag
ymosodiad y Presbyteriaid ar y drefn grefyddol. Beirniadai eu barn
fod eu hachos wedi'i sefydlu ar yr Ysgrythurau, ac ni chredai fod yn
yr Eglwys Fore sail i'r sefydliad presennol gan nad oedd yn bur. Yn
hytrach, gosododd sail ysgrythurol i esgobyddiaeth gan bwysleisio'r
gwahaniaeth rhwng *ordo* ac *officio*.[155] Ym marn Penry 'pabyddiaeth
noeth' oedd yr amddiffyniad hwn gan ŵr eglwysig a ddefnyddiodd
ddadleuon diwinyddion fel St Robert Bellarmine, offeiriad Iesuaidd
a gwrthwynebydd chwyrn i Brotestaniaeth, ymhlith eraill.[156] Ni wnâi
Bridges ddim, meddai ymhellach, ond dinistrio adeiladu Jerwsalem
yng Nghymru ac achub adfeilion Babilon.[157] Nid rhyfedd i Penry felly
ymosod yn hallt arno ef, y Senedd a'r Eglwys gan i'r awdur hwnnw
achub cam y drefn eglwysig dan Elisabeth a'r llywodraeth a'i cynhaliai:

Therfore this gouernment is a gouernment, not to be tollerated by law in
any state, vnlesse men woulde feele Gods heauie judgementes for the
same, and therefore also it is a gouernment most pernicious and dangerous,
euen in pollicie vnto the ciuil gouernment where it is established.[158]

Trefn eglwysig a chyfrolau oedd y rhai y cyfeiriwyd atynt gan Penry
a dra-ddyrchafai Foses uwch na Christ na sefydlodd unrhyw ffurf
allanol i'w Eglwys, eithr rhoi'r ddyletswydd i'r llywodraethwr seciwlar
a gawsai'r hawl i'w newid yn ddibechod. Iddo ef, cabledd oedd gwadu
i Grist ei hawl i ordeinio'r Eglwys a rhoi'r flaenoriaeth i Foses. Yna,
try at y llywodraeth a'i herio i ymateb i ddau gwestiwn o'i eiddo, sef
a allai, trwy ei hawdurdod a'i chyfreithiau, amddiffyn yn gydwybodol
swyddogion a swyddogaethau eglwys y wladwriaeth. Yn ail, a allai
unrhyw lywodraeth eglwysig fod yn gyfreithlon gerbron Duw ac yn
fuddiol i Eglwys Grist os nad yw wedi'i gorchymyn yn ei Air. Ei gred
ddiamheuol yw y dylid rhoi i Grist ei gyflawn sofraniaeth yn ei Eglwys.
Dim ond diswyddo'r holl swyddogion fyddai'n achub hygrededd ac
anrhydedd Eglwys Grist; os na ddigwyddai hynny, meddai, 'then
should you rob Iesus Christ of the prerogatiue & priuiledge wherewith
the spirit of God hath adorned him.'[159] Golygai hynny fod y gallu i
newid yr Eglwys yn ôl mympwy'r llywodraethwr, ynghyd â chyfrolau
Bridges, yn annuwiol a phechadurus.[160] Ni wnânt wahaniaeth rhwng
yr hyn a berthyn i wir addoliad o Dduw, sef llywodraeth eglwysig,

a'r hyn a gysylltir â pholisi gwladol. Hefyd, os ystyrir bod llywodraeth eglwysig yn sefydliad dynol, dyrchefir y Pab yn oruwch bennaeth ar holl lywodraethwyr gwladol ac offeiriaid o fewn yr Eglwys, safle a gydnabyddid gan yr Ymherodr Rhufeinig Sanctaidd a brenhinoedd Catholig Ewrop, megis Ffrainc a Sbaen. Gwêl y cyfle i geisio tanseilio safleoedd yr esgobion yng Nghymru – gan enwi'r pedair esgobaeth – sy'n derbyn eu hawdurdod oddi wrth awdurdodau dynol, a daw'n ôl eto at ei ddadl ganolog mai aflan yw cydnabod llywodraeth eglwysig yn gyfansoddiad dynol. Ffieiddbeth yw'r llywodraeth honno sy'n derbyn unrhyw beth amgen na'r hyn a ddysgodd Crist i'w ddisgyblion.[161] Ac yn y cyd-destun hwnnw â Penry ati i grynhoi'r cymhlethdod o ddadleuon ar bwnc awdurdod Crist yn yr Eglwys wrth gyfarch y Senedd unwaith eto:

> you are not to learne, that to defend, by lawe, or to countenance by authoritie, the breach of gods ordinance is the defence of sin, and that the defence of sinne, is the hatred of God, who rewardeth them to their faces that hate him . . . and therefore also you are not to be taught, what horrible sinnes you shall commit, if hereafter you stil maintaine such plain & manifest impieties.[162]

Rhydd bwyslais eto ar brif ddymuniad Penry, sef i'r Senedd fynd rhagddi i sefydlu gweinidogaeth bregethu yng Nghymru a diddymu swyddi'r esgobion a'r llywodraeth a drawsfeddiannwyd ganddynt ynghyd â'u hysgymuniadau cableddus, llofruddiaethau eneidiau, athrodion gwawdus yn erbyn gwirionedd Duw a'i weision a'u harferiad annuwiol yn anadlu'r Ysbryd Glân ar eu hoffeiriaid segur.[163] Â apêl Penry yn daerach wrth iddo ddod at rannau olaf ei draethawd. Mae'n rhagweld ei dranc ei hun os na chydymffurfid â'i ddymuniadau. 'Trulie for mine owne parte', meddai, 'God aiding me, I wil neuer leaue the suite; though there shoulde bee a thousand parliaments in my dayes, vntill I either obtaine it at your handes, or bring the Lorde in vengeance and bloud to plead against you, for repelling his cause'. Cyfyd ganddo'r hyn a allai fod yn ddadl ar ran y Senedd i osgoi ymyrryd mewn materion crefyddol sef mai'r esgobion yn y Confocasiwn ac nid y Senedd oedd â'r galluoedd i ymdrin â holl achosion eglwysig, ac ni chytunai Penry â hynny gan mai'r Senedd ddylai weithredu uwchlaw'r corff hwnnw. Y Senedd honno, yn rhinwedd ei rhagorfraint hi ei hun, ddylai fod â'r grym ac ni thalai iddi gael ei hamddifadu o'r breintiau hynny. Pe bai'r Confocasiwn yn cynnwys eglwyswyr duwiol a didwyll a benderfynai ar ddiwygiadau i'w trosglwyddo i'r Senedd i'w gweithredu yna byddai glendid yr Eglwys yn cael ei adfer. Ni ddylid caniatáu i'r Confocasiwn, meddai, argymell unrhyw lygredd er parhad annuwioldeb yn y deyrnas, ac ni ddangosai unrhyw ymddiriedaeth o gwbl yng nghyfansoddiad nac amcanion y Confocasiwn. Nid cyfreithiau Crist eithr budd a lles yr esgobion – 'the vngodly and popish hierarchie of bishops' – a'u-cyd arweinwyr eglwysig oedd flaenaf ynddo, a'u prif amcan oedd atal Crist rhag rheoli ei Eglwys yn ôl ei gyfreithiau ef ei hun.[164] Dros y cyfnod ers gorseddu Elisabeth I mae'r archesgobion a'r esgobion hynny wedi diwygio'r Eglwys yn ôl eu hewyllys hwy eu hunain, wedi peri iddi ollwng ei dagrau ac ymostwng gerbron rhai anghyfiawn. Credent, meddai ymhellach, nad oedd Crist mor ffyddlon â Moses yn llywodraethu ei Eglwys, a llywodraethent hi mewn modd cwbl aneffeithiol oherwydd, yn eu barn hwy, ordinhad dynol yw hi, a meddai'r Pab oblegid hynny ar awdurdod cyfiawn ar ei offeiriadaeth. Ni chredent yn nysgeidiaeth yr Apostol Pedr nad arglwyddi ar eu brodyr nac ar dreftadaeth Duw ddylai arweinwyr yr Eglwys fod, eithr rhai parod i fod yn esiampl i'w praidd ac yn dderbynwyr coron anllygredig y gogoniant.[165] Yma, eto, mae Penry yn cyfuno'i feirniadaeth ar drefniadaeth yr Eglwys â'i gred ddiymwad yng nghanologrwydd Crist ynddi trwy bregethiad ei Air:

> They my Ll[ords]. hold the kingdome of Christe in the outward gouernment, to be a kingdome, the lawes whereof, may be chaunged and abrogated, at the pleasure of man. They do not stick to affirme it lawful for them, to teach many thinges, not included in the commission giuen by our sauior Christ vnto his Apostles. These men reject as vntrue, that which the spirit of God hath set downe by the Apostle Paule (. . .) which is, that men are ordinarilye saued, by the preaching of the word.[166]

Â Penry ymlaen wedyn i drafod un tramgwydd y rhoddodd sylw iddo yn ei *Aequity*, sef absenoldeb o fywoliaethau, yr hyn a eilw'n 'that gastly and fearfull sinne',[167] a amddiffynnwyd gan Dŷ'r Confocasiwn. Newynu'r bobl a wnâi'r 'absenolwyr llofruddiol' ('murthering nonresidents'), ac ni ddylai'r Senedd oddef hynny ond, yn hytrach, ddarparu lluniaeth ysbrydol i'r bobl. 'It is not meet my Lords', meddai'n finiog, 'that they who holde it lawfull for men to make a trade of murther should be allowed for physicions', a chyhudda aelodau'r Confocasiwn am ganiatáu gwarth yr absenolwyr.[168] Cymaint oedd dirmyg Penry tuag at y Confocasiwn ac anallu'r Senedd i'w ddiwygio er budd yr hyn a eilw'n Eglwys Crist fel na allai ond pentyrru geiriau, llawer ohonynt yn ailadroddus, i annog y Senedd i gynghori'r Frenhines nes iddi ildio i'w dymuniad i ddiwygio'r hyn a ystyrid yn gamwedd difrifol. Ni all penteulu gywiro diffygion ei dŷ, meddai, os parha gwenieithwyr i'w ddarbwyllo nad oedd dim o'i le ynddo heb ddangos y camarferion fel y gallai eu diwygio.[169] Ni allai'r Frenhines ychwaith ymroi i ddiwygio'r Ardrefniant a fu'n sylfaen i fywyd crefyddol ei theyrnas os pregethid o'r pulpudau'n gyson nad oes angen newid. Os nad yw hi'n ymwybodol o gyflwr ysbrydol ei deiliaid dylai ei Senedd ei chynghori'n wastadol ynglŷn â'i chyfrifoldeb. Mewn teyrnas lle nad oedd ymroddiad i'w gwaredu rhag dicter Duw ('wrath of God') gorchwyl y Senedd oedd cyflawni'r hyn a ddymunai Penry.

Er nad yw Penry wedi anghofio cyflwr ei famwlad, yn ddiau cyfeirir ei neges at yr Eglwys Wladol yn Lloegr hefyd. Dylid cyhoeddi comisiwn Crist i'w apostolion i'w barchu'n gyflawn ym mhob rhan o'r deyrnas, a chymell pawb o bob gradd i hybu'r gwaith o ddiwygio'r Eglwys yn ôl gofynion Crist.[170] Er nad oedd llawer o wŷr dysgedig ar gael i gyflenwi'r angen am bregethwyr roedd yn rhaid i'r Senedd ddefnyddio'r rhai oedd ar gael er darparu ar gyfer plwyfolion, diswyddo gau weinidogion, absenolwyr ac esgobion a gosod pregethwyr mewn mannau lle'r oedd yr angen mwyaf amdanynt a heb fod ymhell oddi wrth ei gilydd. Byddai hynny'n foddion iddynt dderbyn cysur a maeth ysbrydol yn eu gorchwylion, a chael eu calonogi o fewn cylch eu gwasanaeth, er cymaint bygythiadau offeiriaid anghymwys iddynt. Ar y Sabath, lle nad oedd pregethwr, dylai'r plwyfolion deithio i fan lle mae un yn bresennol hyd nes y penodid un yn eu plwyf eu hunain. Os byddai pellter yn rhwystr i hynny ddigwydd dylai plwyfolion ymgynnull a dewis gŵr doeth o'u mysg i ddarllen y Gair a defnyddio gweddïau addas trwy gyngor rhai duwiol dysgedig. Ar gyfer y sacrament o fedydd byddai angen pregethwr cydnabyddedig ac ni ddylid oedi'n hir cyn bedyddio'u plant. Ynglŷn â phriodas a gwasanaeth claddu, nid ystyrid bod gwasanaeth gweinidog yn angenrheidiol a gellid gweinyddu trwy benodiad ynad lleol.

Dyma'r amser, meddai Penry drachefn, i'r efengyl flodeuo yng Nghymru neu drengi, ac mae'n ofni'r hyn a allai ddigwydd wedi marwolaeth y Frenhines, a hynny oherwydd cyflwr crefydd yn y deyrnas a'r bygythiad rhyfelgar oddi mewn ac oddi allan iddi. Mae'n ymwybodol fod tynged y deyrnas ynghlwm wrth dynged y Diwygiad Protestannaidd a phenderfyniad y Pab i ddal ei afael ar ei awdurdod. Er i'r Armada fethu â chyflawni bwriadau Philip II yn haf 1588 ni fyddai hynny, o angenrheidrwydd, yn atal goresgyniadau o Sbaen gyda chymorth lluoedd Iwerddon. 'Oh my Ll[ords]. if her maiestie and your honors (. . .) should be gone the way of all the world', meddai, 'for mine owne part, the staffe of mine hope, to see any good done amongst my brethren should be broke.'[171] Dyna oedd ei bryder hefyd yn yr *Aequity*, sef y byddai marwolaeth y Frenhines ac ymadawiad Aelodau'r Senedd Brotestannaidd o ganlyniad i hynny yn ddinistriol, fel y cyfeiriwyd eisoes. Yn 1587 ymddangosodd dwy gyfrol, 'from 2 of the remotest corners in our lands', y naill yn pledio achos dinas Seion, dinas Dduw, sef yr *Aequity* o'i eiddo a ysgrifennwyd, efallai, tra'r oedd gartref yn sir Frycheiniog, a'r llall o blaid Babilon, yr Anghrist, sef *Y Drych Cristianogawl*.[172] Dywed Penry nad oedd yr awdur wedi darllen unrhyw beth ac eithrio *First Booke of Christian Exercise, Appertayning to Resolution* (1582) gan yr offeiriad Iesuaidd Robert Persons, gwaith a estynnwyd dan y teitl *A Christian Directorie* yn 1585.[173] Cawsai'r preladiaid, meddai, y cyfle i ddarllen y naill waith a'r llall ac er nad oeddynt yn dderbyniol ganddynt ffafriwyd y *Drych* yn y llys yn fwy na'r *Aequity* ond mae Penry'n argyhoeddedig mai ei neges ef i ddifa achos Satan yn y deyrnas fyddai'n llwyddo pe bai'r awdurdodau seneddol yn gwrando ac yn gweithredu ar ei neges. Cyfeiriodd Penry at Seion a Babilon, y naill yn cynrychioli dinas Dduw a'r llall y Catholigion. Yr *Aequity* a glodforwyd yn y cyntaf a'r *Drych* a gynrychiolodd Babilon Anghrist.[174] Ni chredai fod diwinyddiaeth Gatholigaidd y *Drych* yn gymeradwy, a beirniadodd yn llym y preladiaid a ddarllenasai'r ddau lyfr am fod mor wrthwynebus i'r *Aequity*:

> Both the books (. . .) had the same successe, in that both together they fel into the hands of the prelats, who as they pretend, are enemies vnto both places, but vndoubtedly vnto Sion, especially, as it apeared by their hard dealing with the patrone of that cause, whereas the sautors of the other were either not at al delt with, or very courteously entertained of them.[175]

Nid Penry oedd yr unig un i gwyno gan i'r gwibiog Martin Marprelate hefyd fynegi ei deimladau yn ei bamffledyn cyntaf, *Oh read ouer D. John Bridges* (*Epistle*), yn 1588.[176] Ymosododd ar Whitgift am sicrhau bod Robert Waldegrave, yr argraffydd Piwritanaidd, yn cael ei gosbi'n llym ac anwybyddu argraffwyr Catholigaidd yr un pryd. Rhydd fanylion am y dull anghyfiawn yr ymdriniwyd â Waldegrave, ac meddai:

is there any reason (. . .) why knaue Thackwell the printer which printed popishe and trayterous welsh books in wales shoulde haue more fauour at your greclesse handes then poore Walde-graue who neuer printed book against you that contayneth eyther treason or impietie. Thackwell is at libertie to walke where he will and permitted to make the most he could of his presse and letters; wheras Robert Walde-graue dares not shew his face for the blood thirstie desire you haue for his life.[177]

Cyfyd un cwestiwn diddorol yn y cyswllt hwn sef, os dadleuir nad Penry oedd Marprelate, sut gwyddai awdur y traethawd am waith Robert Gwyn ac, yn dilyn hynny, a oes lle i ystyried mai Penry oedd yr awdur wedi'r cwbl?[178]

Wrth iddo nesáu at ddiwedd y *Supplication* apelia'n ddirdynnol at y Senedd i arbed rhag dinistr Duw a diddymiad y deyrnas a'i Brenhines trwy iddo ddefnyddio grymoedd Catholigaidd Sbaen, yr Eidal, Rhufain a theulu Ffrengig Guise â'i ddylanwad enfawr yn yr Alban i beri anobaith ac anghyfanedd-dra.[179] Os ymroid yn llwyr i sefydlu Eglwys Dduw yng Nghymru arbedid ei ddialedd ac achubid popeth a ystyrid y mwyaf gwerthfawr yn y deyrnas. Cymharodd ddicter Duw, oherwydd ffieidd-dra Jerwsalem, fel y cofnodid hynny yn Llyfr Eseciel, â'r hyn a allasai ddigwydd yng Nghymru a Lloegr: 'Daethost a'th ddyddiau i ben, a daeth diwedd ar dy flynyddoedd. Am hynny, gwnaf di'n warth i'r cenhedloedd ac yn gyff gwawd i'r holl wledydd.'[180] Er i'r Armada fethu â goresgyn y wlad, yng ngolwg Penry, parhaodd bygythiadau Sbaenaidd i achosi pryder i lywodraeth Loegr. 'But as long as we giue not the right hand to the Lord, by entering into his sanctuarye', meddai, 'we haue just cause to feare a nation that is no nation, much more a people in number as the sand, which is by the seashore'.[181] Honnodd yn eglur na ddylid credu na fyddai Duw wedi sicrhau eu gwaredigaeth o afael Sbaen i'w barnu am eu hanwybodaeth a'u sefydliadau eglwysig aflan. Wedi'r fuddugoliaeth ni ddylid teimlo'n ddiogel oblegid gallai Duw, wedi iddo rybuddio'r awdurdodau yn 1588, fwrw'i ddicter ar y deyrnas.

Er cymaint beirniadaeth Penry o'r drefn a'r swyddogion eglwysig yng Nghymru nid yw'n barod i ddatgelu'n fanwl am wendidau personol esgobion a'u hoffeiriaid – yn cynnwys aelodau o Dŷ'r Confocasiwn. Byddai gwneud hynny, meddai yn eu hamlygu fel gwrthwynebwyr gogoniant Duw a gelynion rhyddfreiniau ei Eglwys.[182] O gynnal y sefydliad hwnnw ni allai'r Senedd gyflawni dim gwell na'i gynnal a'i amddiffyn rhag y gorthrwm a ddioddefai fygu'r gwirionedd. Dywed

mai ei fwriad yw nodi'r prif gamweddau fel y gellid eu profi neu
geisio'u gwrthbrofi gan ei gelynion, a phwysleisiodd Penry mai
pechodau'r deyrnas ac nid galluoedd a grym Sbaen y dylid eu hofni
gan fod y rhyfel rhwng y ddwy wlad yn parhau a phwerau'r Fall o
hyd yn barod i daro. Er yr holl anawsterau a barodd adfyd i'r Armada
yn ei hymgyrch i oresgyn arfordiroedd de-ddwyrain Lloegr – lludded,
newyn, haint, gwyntoedd cryfion a llynges hin-dreuliedig – nid grym
Sbaen oedd y prif elyn eithr pechod:

> It is not therefore the Spanish furniture and preparations: but the sins
> within the land, which we are most of all to feare (. . .) a navie of winde
> and weather beaten ships, a refuse of feeble and discomfited men, shalbe
> sufficiently able to preuaile against this lande; vnlesse another course
> be taken for Gods glory in Wales (. . .) then hitherto hath bene.[183]

Mae'r geiriau hyn yn bwrpasol i ddangos nad oedd Duw ar y pryd
yn barod i fwrw'i ddicter ar deyrnas a'i hanwybyddai, eithr, yn hytrach,
rhoddai ei gleddyf dialgar i gapteiniaid a milwyr Lloegr i'w hachub.
'When the Spanish Armada challenged the ancient Lords of the English
channel on their own grounds', meddai Garrett Mattingly, un o'r
arbenigwyr pennaf ar hanes yr Armada, 'the impending conflict took
on the aspect of a judicial duel in which (. . .) God would defend the
right'.[184] Dyna fel y gwelai Penry'r sefyllfa hefyd, sef bod Duw wedi
atal ei lid am y tro gan mai brwydr dyngedfennol oedd hi yn erbyn
lluoedd di-enwaededig.[185] Gallai galanastra ddod eto i'w lluddias os
na waherddid o'r Eglwys bopeth nad oedd yn gydnaws ag ordeiniad
Duw a hyrwyddo pregethiad y Gair. Os na chyflawnid hynny ni fyddai
pall ar ei ormes ar deyrnas a anrhydeddwyd gymaint ganddo yn y
canrifoedd cynnar: 'You shall fall by the sworde, and you shall know
that I am the Lorde; for you haue not walked in my statutes, nor executed
my judgements, but haue done after the manner of the heathen that
are round about you.'[186]

Gyda'r rhybuddion hynny ac amharodrwydd Penry i beidio ag ildio
i'w elynion daw â'i draethawd hirfaith i ben. Saif ar ei argyhoeddiadau
i hybu achos Eglwys Dduw gan gyfeirio eto, ar y diwedd, at ei ofal
am ei famwlad. Ac meddai'n herfeiddiol: 'I am not afraid of death; If
I perish I perish. My comfort is, that I knowe whither I go, & in that
day wherein the secrets of all hearts shal be manifested, the sincerity
also of my cause shal apeare.'[187] Yn ei frawddegau olaf dychwel at
angenrheidiau ei ymgyrch y bu'n brwydro drosto yng Nghymru a'i

fwriad i'w drosglwyddo i ofal eraill, a feddai ar ddwylo a gwefusau purach nag ef, a ddeuai yn ei le, er na wyddai pwy fyddent. Yr hyn y mae'n sicr ohono, fodd bynnag, yw y bydd rhai yn ei ddilyn a'i ddyhead yw ar i'r Senedd a'r frenhiniaeth ofalu am ei wlad ac adeiladu Eglwys Dduw ynddi.[188]

5

Y Blynyddoedd Olaf 1588–93

Ni fu pall ar weithgaredd llenyddol John Penry yn ystod y pum mlynedd cyn ei farwolaeth ym Mai 1593. Yn y bennod hon cesglir ynghyd yr hyn a drafodwyd yn y bennod flaenorol, sef y sefyllfa yn ei ddyddiau olaf o gyfnod yr Alban hyd at yr amgylchiadau a arweiniodd at y ddedfryd ddirdynnol yn Llys Mainc y Brenin. Ymdrinnir yn benodol â'r prif gyhuddiadau yn ei erbyn a'r modd y bu i'r awdurdodau sicrhau'r hyn a ystyrid ganddynt yn benderfyniad cyfiawn er cynnal undod gwladwriaeth a hygrededd yr Eglwys fu'n sail iddi. Yng ngolwg y ffaith iddo gyhoeddi ei brif weithiau mewn cyfnod byr rhwng 1587 a 1593 ni theimlai fod rhaid iddo roi cyfrif pellach am ei ddadleuon ond gwnaeth hynny dan orfodaeth y llys. Ni fu ei amddiffyniad, fodd bynnag, yn ffafriol i'w achos am fod yr ymgyrch gwrth-Biwritanaidd bellach wedi cyrraedd ei anterth yn negawd olaf teyrnasiad y Frenhines, ac ychydig o gefnogaeth a gawsai i barhau â'i wrthwynebiad i'r Eglwys Wladol. Eto, er iddo ddod yn fwy ymwybodol o'r tranc â'i hwynebai, prysurodd ymlaen bob cyfle a gâi i ateb pob ymdrech i'w danseilio. Yn ystod ei gyfnod byr yn yr Alban o Fedi 1589 hyd at Fedi 1592 cafodd y cyfle i gymdeithasu â rhai o'r un anian grefyddol ag ef, ac eto ni theimlai ei fod yn ddiogel yno gan iddo ffyrnigo llawer ar Whitgift a Bancroft a'u cyd-arweinwyr yn yr Eglwys. Cadwodd ei gysylltiad agos â Job Throckmorton a'i cynghorodd i fynd i'r Alban ac a roddodd gymorth ariannol iddo deithio yno.[1] Roedd yn eiddgar dros barhau ei ymgyrch yn y wasg a hynny'n arbennig am ddau reswm, yn gyntaf ei bendantrwydd a'r ail yr ansicrwydd ynglŷn â'i gysylltiad â thraethiadau Marprelate a achosodd gymaint o drallod i'r llywodraeth a'r Eglwys. Cyhoeddwyd *Aequity* Penry yn Rhydychen gan Joseph Barnes ond gwasg ddirgel a argraffodd y ddau draethawd arall, ac o'r wasg honno yr ymddangosodd gweithiau difrïol Martin Marprelate, a arweiniodd Dr Bridges i ymosod arno. Credai llawer mai Penry neu Job Throckmorton oedd yr awduron, ac o gymharu gwahanol nodweddion y traethodau nid ymddengys bod dadleuon Donald McGinn, er cryfed ydynt, mai Penry oedd yr awdur yn ddilys. Wedi dweud hynny, rhaid cydnabod bod Penry, o ran ei argyhoeddiadau, yn awdur y gellid yn hawdd fod wedi ymroi i ysgrifennu'n sarhaus â'r hyn a geid gan awdur traethodau Marprelate, ond yn sicr nid oedd ei arddull mor finiog a dilornus.[2]

Yn ystod ei achos gerbron y llys ni ellir diystyru'r ffaith fod cefndir gwaith y Marprelate anghaffaeladwy yn ffactor amlwg; deuai'r arthio cyson i'r amlwg yn ymatebion Penry i gyhuddiadau yn ei erbyn a'r modd yr agorodd ei galon i Syr William Cecil (Arglwydd Burghley) yn ei lythyrau apêl am ei gydymdeimlad ar drothwy ei ddienyddiad. Mae ei amddiffyniad y pryd hwnnw'n rhesymegol a dywed na feddai ar chwaeth anhyfryd Marprelate, a go brin, meddai, y byddai'n dweud celwydd yr adeg ddirdynnol honno gan ei fod yn gwybod bod y Cyfrin Cyngor wedi gorfodi Whitgift yn Nhachwedd 1588 i ddod o hyd i Marprelate a'i ddwyn gerbron ei well.

Dyddiau dwys

Yr hyn oedd gan Penry wrth gefn i'w amddiffyniad ar wahân i'r tri phrif draethawd yw'r cyhoeddiadau eraill rhwng 1589 a 1593, a'r pwysicaf ohonynt, yn ddiau, oedd *Th' Appellation* y cyfeiriwyd ato eisoes. Cyn i Penry gyrraedd Caeredin, galwodd am amser byr iawn gyda'i gyfaill John Udall yn Newcastle-upon-Tyne.[3] Cyn ei daith i'r Alban priodasai ag Eleanor Godley o Northampton ac ymunodd hi ag ef wedi hynny gan adael Deliverance, eu merch hynaf, yng ngofal ei rhieni-yng-nghyfraith yno. Ganwyd dwy ferch arall, Comfort a Safety, iddynt yn y cyfnod y bu'r ddau ohonynt yng Nghaeredin, ac un arall, Sure Hope, yn Llundain ychydig cyn ei farwolaeth. Er i lywodraeth Lloegr geisio dylanwadu ar Iago VI, brenin yr Alban, i'w anfon yn ôl a sicrhau gwrit i'w alltudio o'r wlad, methiant fu hynny, ac un rheswm am ei barhad yno oedd ei gysylltiadau agos â Phresbyteriaid y wlad honno a'r berthynas agos rhyngddynt a Phresbyteriaid Lloegr. Bu'r berthynas honno'n gaffaeliad mawr i'r sect yn yr Alban gan i Penry ymateb yn ffyrnig i bregeth gwrth-Bresbyteraidd a draddodwyd gan Richard Bancroft, Esgob Llundain, ar Groes Pawl ar 8 Chwefror 1589. Teitl ymateb Penry oedd *A brief discovery of the vntruthes and slanders contained in a sermon preached by (. . .) D[octor] Bancroft.*[4]

Dengys hyn fod Penry'n Bresbyteriad ar y pryd ac yn barod i feirniadu'r llythyr a anfonwyd at Bancroft gan yr Ymwahanwr Robert Browne, lle y cyfeiriodd at 'a thousand lordly tyrants' a lywodraethai'r Alban. Yn 1590 cyhoeddodd *Propositions and Principles of Diuinitie*, sef cyfieithiad o gyfrol Ladin yn trafod agweddau ar ddiwinyddiaeth y dadleuwyd yn eu cylch ym Mhrifysgol Genefa.[5]

Er i gyfnod Penry ymddangos yn un diogel yn yr Alban roedd y Cyfrin Gyngor yn parhau'n awyddus i'w ddwyn gerbron ei well gan fod bygythiad Marprelate yn fater pryderus iddynt. Daliwyd John Hodgkins, Valentine Simms ac Arthur Thomlyn yn 1589 ac fe'u poenydiwyd yn greulon am wrthod dadlennu unrhyw wybodaeth a fradychai eraill: 'if they cannot bring them to confesse the truthe, then to put them all to the torture, and upon notice of their obstinacye they shalbe removed to the Towre.'[6] Yn 1589 daliwyd nifer yr ystyrid iddynt fod yn gysylltiedig â'r traethodau, sef Syr Richard Knightley, Roger Wigston a John Hales ac fe'u carcharwyd yn y Fflud.[7] Ymateb oedd hyn i'r gorchymyn a roddodd y Frenhines i Cecil gyflymu ei ymdrechion i ddal yr awdur, a Penry oedd yr unig un bellach nad oedd yn y ddalfa.[8]

Yn ddiau dangosai Penry beth pryder tra'r oedd yn yr Alban. Nid oedd yn fodlon o gwbl fod yr awdurdodau yn ei gyhuddo o fod yn annheyrngar i Elisabeth, ac yn 1590 amlygodd ei gefnogaeth lawn iddi yn ei draethawd *A Treatise Wherein is manifestlie proued, that Reformation and those that sincerely fauour the same, are vnjustly charged to be enemies vnto her Maiestie, and the State*. Yn y rhagymadrodd i hwn cyfeiriodd at y warant a lofnodwyd gan chwe aelod o'r Cyfrin Gyngor, a Whitgift yn eu plith, yn datgan ei fod yn elyn i'r wladwriaeth ac y dylid ei garcharu.[9] Ceisiwyd dylanwadu ar Robert Bowes, llysgennad Lloegr yn yr Alban, i wneud yr hyn a allai i sicrhau alltudio Penry o'r wlad yn 1590 ond ni fu hynny'n llwyddiant.[10] Y gwir amdani yw bod Penry'n gwbl ymwybodol fod ei ddatganiadau sarhaus yn sicr o ennyn llid y llywodraeth ac na fyddai dychwelyd i Loegr o unrhyw fantais iddo. Nid oedd hi'n awr fuddugoliaethus i Bresbyteriaeth ychwaith, ac erbyn 1590 casglasai'r awdurdodau lawer o wybodaeth amdani. Cymaint fu'r dirywiad fel nad oedd arweinwyr o bwys ar gael i'w chynnal, ac yn ei gyhoeddiadau, megis *Daungerous Positions and Proceedings* (1593), dangosodd Richard Bancroft gymaint oedd llwyddiant cyrch awdurdodau'r wladwriaeth yn erbyn Presbyteriaeth a pha mor angenrheidiol oedd esgobyddiaeth mewn cyd-destun apostolaidd.[11] Erbyn hynny taflwyd Udall i'r carchar a ducpwyd Thomas Cartwright gerbron Llys Siambr y Seren.

Yn ychwanegol at hyn oll nid oedd y berthynas rhwng Penry a gweinidogion Presbyteraidd yr Alban yn gwbl esmwyth gan iddynt wahaniaethu ar faterion yn ymwneud â llywodraeth a disgyblaeth eglwysig, ac arweiniodd hynny iddo bellhau oddi wrth safbwyntiau Presbyteraidd a nesáu at yr Ymwahanwyr. Cred R. Tudur Jones mai bwriad Penry i wasanaethu ei gyd-Gymry a gyfrifai'n bennaf am iddo ddychwelyd i Lundain o'r Alban ac a wnaeth iddo droi'n Ymwahanwr fel y gallai wasanaethu ei gyd-Gymry'n fwy rhydd a chyflymach. Ni chytuna Glanmor Williams â hynny, fodd bynnag, oherwydd, yn ei farn ef, dylanwadodd ei brofiad yn yr Alban arno. Ni hoffai'r berthynas rhwng Presbyteriaid y wlad honno a'r Brenin Iago oherwydd y tyndra rhyngddynt a barai oedi mawr cyn i'r weinidogaeth a hyrwyddai Penry gael ei gwireddu. Credai'n argyhoeddedig fod angen symud ymlaen yn ddilyffethair heb ddisgwyl am gydweithrediad llawn 'y tywysog'.[12] Gofynnai arwain y werin at iachawdwriaeth lwyr am weinidogaeth ddiarbed a pharhaol.

Dychwelodd Penry i Lundain y tro cyntaf am amser byr yn 1591 a chadw mor ddirgel ag y gallai. Daethai yno i sefyllfa ymfflamychol pan grogwyd William Hacket am ei ddatganiadau hollol annheyrngar yn erbyn y Frenhines,[13] ac yn Awst yr un flwyddyn dychwelodd i'r Alban mewn pryd i weld genedigaeth ei ferch Safety, ac yno bu gyda'i deulu hyd at Fedi 1592 a mentro eto'r pryd hwnnw, yn ffôl efallai, i Lundain lle wynebodd gyfnod olaf ei fywyd byr pan gefnodd ar Bresbyteriaeth a throi at yr Ymneilltuwyr ac ymuno ag Eglwys Annibynnol a sefydlwyd trwy gyfamod ym Medi 1592, ychydig cyn i Penry gyrraedd y ddinas.[14] Roedd patrwm yr Eglwys honno ar ddull annibynnol, a Francis Johnson, cymeriad trawiadol a dylanwadol, yn weinidog arni. Ynddi gweithredai athro – sef John Greenwood – dau henuriad a dau ddiacon, ac un o'i haelodau oedd Henry Barrow a oedd ar y pryd wedi'i garcharu. Gan nad oedd yr amgylchiadau'n caniatáu i'r Eglwys gael ei sefydlu'n gyhoeddus cynhelid y cyfarfodydd mewn tai preifat ac amrywiai'r nifer a ddeuai iddynt gan fod rhai'n wynebu carchar.[15]

Er i Penry ddangos cryn fenter wrth ddychwelyd yn derfynol i Lundain y tebygolrwydd yw ei fod erbyn hynny'n ansicr i ba garfan grefyddol y perthynai. Roedd yn ymwybodol nad oedd Presbyteriaeth bellach yn ennill tir yn y Senedd a bod arweinwyr yn marw neu'n cael eu carcharu, a pharodd ei ymlyniad wrth eglwys Johnson ei fod wedi newid ei farn ar rai materion diwinyddol a'i fod yn nesáu at yr Ymneilltuwyr. Ar 10 Ebrill 1593 ymddangosodd Penry gerbron Syr Henry

Fanshawe, Cofiadur y Siecr, a'r Barnwr Richard Young i ateb rhai cwestiynau pam y trodd at y sectau hyn a gwrthod yr Eglwys Wladol. Cyfeiriwyd eisoes at rai o'i ddadleuon, sef nad oedd swyddogaethau'r Eglwys honno'n unol â dysgeidiaeth Crist. Eto, ni ddymunai ymadael â'r Eglwys cyn iddo droi at yr Ymneilltuwyr yn Llundain, ond roedd ei gred ddiymwad yng ngwir swyddogaeth yr Eglwys yn ganolog i'w ddadleuon. Yn ei olwg ef nid oedd gweinidogion mud yn gymwys i weinyddu'r sacramentau, a datganodd hynny'n fynych, ac eto, byddai'n rhaid iddo droedio'n ofalus gan y byddai cyhoeddi hynny'n cydnabod bod mwyafrif y boblogaeth yn byw mewn pechod, yn cynnwys y Frenhines Elisabeth ei hun, gan iddi gael ei bedyddio gan John Stokesley, Esgob Llundain, yn 1533. I osgoi'r broblem honno cyfaddefodd Penry nad oedd gweinyddu'r sacrament, o ran y geiriau a fynegid, yn ddilys er y gallai Crist, trwy ei drugaredd, ei gydnabod, cred nad oedd Penry'n fodlon i'w derbyn gan mai sacrament di-sail ydoedd.[16] Er i'r fersiynau cyntaf a'r ail o *A Godly Treatise containing and deciding Certaine Questions* (. . .) *touching the Ministrie, Sacraments, and Church* (1588) gan Dr Robert Some, a amddiffynnodd safbwynt yr Eglwys i'r carn, ddwysáu'r ddadl rhyngddo a Penry, ymyrraeth Henry Barrow yn y ddadl yn ei *Brief Discoverie of the False Church* a darodd yr hoelen ar ei phen. Cytunodd â'r hyn a ddywedodd Penry am wendidau gweinidogaeth yr Eglwys a'r sacrament o fedydd a weinyddid ynddi ond anghytunai ag ef am iddo ddweud bod bedydd Catholig y Frenhines yn ddilys trwy drugaredd Crist gan na chydymffurfiai â gofynion y Testament Newydd. Goblygiad hynny oedd y dylai Penry naill ai aros yn yr Eglwys neu droi'n Ymneilltuwr. Y tebyg yw mai'r cyfyng-gyngor hwn a roddodd arweiniad iddo i ddilyn Robert Browne a gredai mewn eglwys annibynnol. Ni allai bellach lwyddo yn ei ymgyrch trwy draethu am ddiwygio'r Eglwys a dymuno cenhadu yn ei famwlad, er mai hynny oedd ei fwriad wedi iddo ddychwelyd o'r Alban. Roedd hynny'n amlwg yn ei esboniad i Fanshawe:

it hath bene my purpose always to imploy my small talent in my poore countrie of Wales wher I know that the poore people perish for want of knowledge: and this was the onely cause of my coming out of that country wher I was and might haue stayed privately al my life euen because I saw myself bound in conscience to labour for the caling of my poore kinred and countrymen vnto the knowledge of their saluation in Christ.[17]

Ei obaith oedd cael pregethu yng Nghymru fel Ymwahanwr ond, ar drothwy ei ddienyddiad ar 22 Mai 1593, mynegodd ei ddymuniad gerbron yr Arglwydd Burghley iddo gael caniatâd y Frenhines i bregethu yno.[18] Ni fyddai hynny wedi bod yn bosibl, wrth gwrs, ond efallai mai ceisio achub ei ben roedd Penry yr adeg dyngedfennol honno. Yn ddiau, ei brif gymhelliad oedd cael y cyfle i ymestyn neges yr Efengyl ymhlith ei bobl ei hun a thrwy hynny gyflawni ei ddyheadau dyfnaf, ond byddai hynny'n lladd unrhyw obaith iddo ennyn cydymdeimlad yr awdurdodau.

Mae'n amlwg nad oedd gan Penry ei hun fawr o gyfle i hybu ei ymgyrch fel y cyflwynid ef mewn modd mor llafurus yn ei draethodau. Mae'n wir i'w obeithion godi rhyw ychydig yn ei flynyddoedd olaf, ond nid o fewn carfan y Presbyteriaid eithr ymhlith Ymneilltuwyr, a dangoswyd hynny'n eglur yn ei atebion i ymholiadau Fanshawe. O ymlynu wrthynt hwy credai mai ei unig ffordd bellach oedd dilyn llwybr unig yn efengylu ym mynyddoedd anghysbell Cymru. Yn ei *An Hvmble Motion with Submission vnto the (. . .) Privy Covnsel* yn 1590, sef yr ail ychwanegiad i ail argraffiad yr *Exhortation*, deil at graidd ei ddadleuon:

> how necessarie it were for the good of this Lande, and the Queenes Majesties safety, that Ecclesiasticall discipline were reformed after the worde of God: And how easily there might be provision for a learned Ministery (. . .) It is the best and surest policy for the maintenance of peace, & the good estate of the land every way, to reforme the disorders of the church according to the holy Scriptures of God, and to haue no other church government than that which Christ hath ordained & the apostles practised.[19]

Pwysleisiodd yn y traethawd maith hwn yr angen am ddisgyblaeth lem cyn y gellid dysgu a hyrwyddo derbyniad y ffydd. Ni allai mynychwyr yr Eglwys fyth fod yn gymwys i dderbyn y ffydd heb iddynt ddisgyblu eu hunain gyntaf.[20] Nid oedd ganddo ofn cyflwyno i'r Cyfrin Gyngor ei bwyslais ar ddiwygio'r Eglwys a'i glanhau o bob aflendid. Ni all Cristion da, meddai, fod yn dderbyniol nac yn wasanaethgar i Dduw os ymgreinia am ysbail yr Eglwys a'i difrod ('to grope after the spoile, and hauocke of the Churche').[21] Yna, yn ei ddull ailadroddus a thrafferthus, try at ei gwynion yn yr *Aequity* a beirniadu'r arferion i ymgyfoethogi ar draul yr Eglwys, gan ddeisyf ar y llywodraeth i leihau amfeddiadau ym meddiant gŵyr eglwysig cyfoethog ac ychwanegu at fywoliaethau i wella safonau byw offeiriaid plwyf.

Nid hynny'n unig oedd ar feddwl Penry eithr sicrhau gweinidogaeth ddysgedig oblegid anwybodaeth oedd wrth wraidd anhrefn eglwysig:

> if according to the law of Christs church-government there were diligent searche made in all places of the lande, for wise learned and stayed men of all degrees to bee called to the office of Pastors and leaders (. . .) the power and spirituall authoritye of these, would soon breed such alight, and bring forth such a harvest.[22]

Ni allai ymatal rhag cyfeirio at effeithiau pechod gwladwriaeth yng ngolwg Duw mewn rhyfel, newyn a thlodi, a'r galw di-dor i amddiffyn y wlad rhag rhaib a dinistr – '& lastyly forced to forsak al to wait vpon the enimye, whome God brought ruin in our sight before our dores, and at this houre wee are still busie in labour and study, to keepe the sworde out of the land.'[23] Cyfeirio a wna at y bygythiad i ddiogelwch y Frenhines a'r wladwriaeth yn wyneb gelyniaeth Sbaen ('diuelishe and traitorous Papistes') i'r dwyrain a'i chynghreiriad yn Iwerddon Babyddol i'r gorllewin ynghyd â dirgel-weithredoedd offeiriaid Iesuaidd yn y tir.[24] Cynyddodd yr erlid ar reciwsantiaid a chynghorwyd Iarll Penfro, Arglwydd-Lywydd Cyngor Cymru, gan y Cyfrin Gyngor yn 1588 i fod yn deyrngar i ofynion y wladwriaeth:

> Insomuch as divers of them most obstinately have refused to come to the church to prayers and divine service, for which respects, being so addicted, it is hardly adventured to repose that trust in them which is to be looked for in her other good subjects (. . .) It is therefore thought meet, in these doubtful times, they should be looked unto and restrained, as they shall neither be able to give assistance to the enemy, nor that the enemy shall have any hope of relief or succour of them.[25]

Ni allai Penry wadu nad oedd argyfyngau o'r fath yn fygythiadau i'w ymgyrchoedd ei hun a bod barn Duw yn gymaint o faen tramgwydd iddynt ag ydoedd hwyrfrydigrwydd y goron a'i llywodraeth i ddiwygio'r Eglwys. Mae'n amlwg hefyd iddo deimlo fod grym Sbaen ar ei gryfed, os nad yn gryfach wedi 1588, a bod Philip II yn hyderus y gallai ymosod eto ar deyrnas nad oedd ei galluoedd milwrol gystal ag a ddisgwylid. Bu Philip wrthi dros gyfnod maith yn paratoi ei ymosodiadau ac mae'n bwysig cydnabod nad diweddu'r rhyfel wnaeth buddugoliaeth Lloegr eithr rhoi hwb ymlaen i'w uchelgais wleidyddol a chrefyddol.[26]

Beirniadwyd swyddogion lleol yn fynych yn y 1590au am eu hesgeul-
ustod a'u dihidrwydd wrth gyflawni eu dyletswyddau amddiffynnol,
yn arbennig ar yr arfordiroedd, o gofio mai gwladwriaeth ynysol oedd
Prydain yn agored i fygythiadau milwrol a llyngesol. Roedd cynnal
annibyniaeth y deyrnas yn fater o warchod buddiannau'r corff gwladwr-
iaethol cyfan, a golygai hynny'r drefn eglwysig. Meddai William
Lambarde o Gaint am yr angen i ufuddhau i 'reolaeth cyfraith':

the same be of the greatest charge and highest moment (. . .) as tending
not only to the service of God, the safety of our sovereign, and discipline
of our own shire, but also to the peace and profit of every singular
member (. . .) and prosperity of the universal body of the commonwealth
and kingdom wherein we live.[27]

Er nad oedd Penry yn anwybyddu'r anghenion hynny, iddo ef
diwygio'r Eglwys oedd y flaenoriaeth gan mai hynny a dim arall
fyddai'n gosod y wladwriaeth ar sail gadarn.

Er na chyfeiria'n benodol at sefyllfa Cymru o safbwynt amddi-
ffynnol, yn ddiau roedd hynny'n destun pryder i'r awdurdodau gan
fod arfordiroedd y gorllewin mor agored gyda digon o gyfle i ym-
gyrchoedd o'r môr lanio arnynt. Ceir digonedd o dystiolaeth o gyfnod
Elisabeth am bryder y llywodraeth ynglŷn â'r gwendidau hynny o
gilfachau Penfro i benrhyn Llŷn a gwastadeddau ynys Môn, a beirn-
iedid Arglwydd-Lywydd y Cyngor yn y Mers gan y Cyfrin Gyngor am
nad oedd yn gofalu'n ddigon trylwyr fod swyddogion lleol yn cyflawni
eu dyletswyddau yn gwylio'r glannau ac yn hyfforddi milwyr.[28] Nid
oedd Penry, mae'n debyg, yn ymwybodol o'r trafferthion hynny ond
yn gwbl sicr ei feddwl mai grym Sbaen oedd y perygl mwyaf i ddiogel-
wch ac undod y wladwriaeth ac yn gosb Duw ar deyrnas anufudd.
Meddai yn ddi-flewyn-ar-dafod yn ei *Supplication*:

And let vs looke assuredly, whensoeuer the abject and contemtible
enemy shall assaile vs (. . .) that this God, whose seruice is so little
estemed of vs, will send a terror into the hart of our valiantest and
stoutest men (. . .) and one enemye shal chase a thousand of vs, because
the hand of the Lord wilbe against vs for our sinns.[29]

Flwyddyn yn ddiweddarach – tua Hydref neu Dachwedd 1589 –
teithiodd Penry i'r Alban i osgoi perygl personol llawer gwaeth na'r
Armada, sef canlyniadau gwasg ddirgel Martin Marprelate. Yn ystod

1590–1 argraffodd gyda Robert Waldegrave o leiaf bedair cyfrol, a bu ei gyfnod byr gyda'i deulu yng Nghaeredin yn eithaf diogel gan iddo fod ymhlith rhai o'i gyd-Bresbyteriaid. Eto, gwyddai'n dda fod gelynion fel Whitgift a Bancroft yn wybyddus i Iago VI, Brenin yr Alban, a gorchmynnodd ei alltudio'n ôl i Loegr er mwyn iddo ymddangos gerbron y Llys Comisiwn Uchel. Mewn llythyr at Iago ar 6 Gorffennaf 1590 rhybuddiodd Elisabeth ef o'r perygl y gallai Presbyteriaeth ei achosi i awdurdod y ddau ohonynt yn eu teyrnasoedd:

And lest fayre semblance, that easely may begile, do not brede your ignorance if such persons as ether pretend religion or dissemble deuotion, let me warne you that ther is risen, bothe in your realme and myne, a secte of perilous consequence, suche as wold haue no kings but a presbitrye, and take our place while the inioy our privilege (. . .) When they haue made in our peoples hartz a doubt of our religion, and that we erre if the say so, what perilous issue this may make I rather thinke than mynde to write.[30]

Dywed wrth Iago am eu hatal rhag pregethu yn y pulpudau o blaid y rhai a erlidiwyd dros yr Efengyl yn Lloegr; gwenwyn ('venom') oeddynt, meddai, a 'vacabond traitors and seditious inventors' – o dan arweiniad rhai fel Thomas Cartwright, Walter Travers, John Penry ac eraill – y dylai brenin yr Alban eu hanfon yn ôl i Loegr i sefyll gerbron eu gwell neu i'w halltudio.[31]

Fel y cyfeiriwyd uchod, pwysodd Burghley ar Robert Bowes, llysgennad Lloegr yn yr Alban, i sicrhau hynny, ond ymatebodd Iago fod Penry'n gymeradwy yno. Eto i gyd, erbyn diwedd Gorffennaf gorchmynnodd i 'Johnne Pennerie Inglishman' gael ei anfon yn ôl ar 6 Awst. Ni ddigwyddodd hynny gan fod Iago, gyda'i allu diplomyddol, er yn awyddus i blesio'r Frenhines, Burghley a Bowes, ar y naill law, lawn mor barod i gynnal perthynas dda â chlerigiaeth Eglwys yr Alban ar y llaw arall. Ar y pryd mae'n debyg fod Penry'n cuddio yng Nghaeredin a gadawodd yno tua 1 Gorffennaf 1591 am Lundain a chyrraedd yno'n ddiweddarach y mis hwnnw yn ystod cyfnod y trallodion a ddaeth i ran y cynllwynwyr eithafol William Hacket, a gredai mai ef oedd Iesu Grist, Edmund Coppinger a Henry Arthington.[32] Crogwyd y ddau cyntaf a rhyddhawyd y trydydd gan iddo ildio i'r awdurdodau. Mewn cyfnod pryderus iawn iddo dychwelodd Penry o'r Alban i Ratcliff erbyn 18 Awst, ac wythnos yn ddiweddarach ganwyd iddo ef a'i wraig Eleanor eu trydedd ferch, Safety.[33] Dychwelodd i Lundain eto, y tro hwn gyda'i deulu ym Medi 1592 ac fe'i harestiwyd ar 4 Mawrth y flwyddyn ddilynol dan yr enw John Harrison (ap Henry); dihangodd dros dro, ond fe'i daliwyd eto ar 22 Mawrth trwy ystryw Anthony Anderson, ficer Stepney, a ddigiasai wrth awdur traethodau Marprelate am iddo'i ddilorni.

Carcharwyd Penry yn y 'Counter' yn y Poultry lle ysgrifennodd lythyrau at ei wraig Eleanor (Helen) a'i blant. Cwynai wrthi yn Ebrill iddo gael ei drin yn annynol heb ddigon o luniaeth a'i fod yn llesgáu. Mewn rhannau o'i lythyr ati cyfeiriodd at yr hyn allai ddigwydd iddi hi a'i phlant:

> I know, my good Helen, that the burden which I lay upon thee of four infants, whereof the eldest is not four years old, will not seem in any way burdensome unto thee. Yea, thou shalt find that our God will be a father to the fatherless, and a stay unto the widow. If my dear sister, you are married again after my days, choose that first he, with whom you marry, be of the same holy faith and profession with you. Look not so much to wealth or estimation in the world (. . .) only respect the fear of God.[34]

Fe'i siarsiodd hefyd i gasglu pa bapurau o'i eiddo (ei 'dispersed papers') oedd ar gael er mwyn eu gwneud yn dryloyw i danseilio'i elynion a goleuo pawb o'r hyn y ceisiodd ei genhadu. Oherwydd y dirywiad yn ei iechyd plediodd ei wraig â Syr John Puckering ar i'w gŵr gael gwell triniaeth yn y carchar ac iddi hi gael ymweld ag ef, ond gwrthodwyd ei chais.[35]

Cyflym iawn fu'r broses wedi hynny i'w ddwyn gerbron ei well unwaith eto, a'r tro olaf cyn ei ddedfrydu i farwolaeth. Fe'i holwyd yn Llys Mainc y Brenin ar 21 Mai ac wedi hynny yn derfynol bedwar diwrnod yn ddiweddarach pan ddyfarnwyd ef gan reithgor yn euog o deyrnfradwriaeth dan ddeddf Unffurfiaeth 1559, yr ail ddeddf a greodd yr Ardrefniant crefyddol newydd dan Elisabeth I. Fe'i crogwyd yn St Thomas-a-Watering yn ddi-oed i osgoi unrhyw obaith o ataliad i'r ddedfryd, gymaint oedd casineb Whitgift tuag ato. Er nad oedd dedfryd o'r fath yn annisgwyl ni roddwyd cyfle digonol i Penry, a apeliai sawl gwaith am gymorth i'w ryddhau, i alw ar dystion dros ei achos, a hynny am nad oedd y llywodraeth na chyfraith gwlad erbyn hynny'n barod i oddef troseddau bradwrus yn erbyn y wladwriaeth.

Gwyddai Penry wythnosau ynghynt fod ei sefyllfa'n argyfyngus ac nad oedd ei ddyfodol yn gwbl ddiogel gan fod crafangau'r awdurdodau'n cau amdano. Er hynny, ni ildiodd iddynt a pharhaodd ei ymgyrch gwrth-sefydliadol i gynddeiriogi Whitgift a'i cyfrifai'n elyn mawr i'r wladwriaeth. Ceisiodd Whitgift ei erlid gymaint ag y gallai yn 1587 pan ymddangosodd gerbron y Llys Comisiwn Uchel wedi iddo gyhoeddi'r *Aequity*: 'ere you depart the court', meddai, 'we will finde sufficient matter to emprison you, and if you refuse the oath, to prison you shall go'.[36] Ni fu ei gyhoeddiadau yn 1590 ychwaith o gymorth iddo, yn arbennig *A Treatise Wherein is Manifestlie proued, that Reformation and Those that (. . .) fauour the same, are vnjustly charged to be enemies vnto her Maiestie, and the state* lle datganodd ei ddadleuon yn angerddol gerbron y senedd a dangos ei fod yn gwbl argyhoeddedig o'i neges, a hynny, fel y dywed yn ei ragair, er iddo wybod fod chwe aelod o'r Cyfrin Gyngor, a Whitgift yn eu plith, wedi llofnodi gwarant yn ei gyhuddo o fod yn elyn i'r wladwriaeth. Nid oedd yn barod i dderbyn rhybudd ac roedd hi'n amlwg fod ei ddatganiadau'n ymylu ar fod yn fradwrus, gwendid a fu'n arf buddiol i'w elynion a chwiliai am unrhyw dystiolaeth i'w gyhuddo o fradwriaeth. Yn y traethawd hwnnw mae ei ddiffiniad o 'ddiwygiad eglwysig' yn eglur, ac meddai: 'It is to be vnderstood, that by reformation we meane nothing els, but the remouing of all those vnlawfull callings which are maintained in our Church and ministerie, contrarie vnto revealed and written word of the lord our God.'[37]

Dylid dadwreiddio gweinidogion, meddai, nad ŷnt yn bregethwyr, esgobion gwrth-Grist a ffalswyr eraill, a gosod yn eu lle wŷr Duw sy'n pregethu ynghyd â doctoriaid, henuriaid a diaconiaid. Â ymlaen wedyn i feirniadu absenoledd ymhlith offeiriaid, archesgobion ac esgobion balch a thrahaus a drawsfeddiannai lywodraeth yr ynad sifil, a hawliai safleoedd eglwysig cwbl anhaeddiannol. Geilw'r offeiriadaeth yn 'troup of bloody soule murtherers, sacrilegious church robbers', beirniadai farnwyr a chyfreithwyr yn hallt am eu hanlladrwydd a'u llygredd, a gorthrwm y Cyfrin Gyngor. Rhydd ganmoliaeth i Thomas Cranmer, Archesgob Caergaint, Hugh Latimer, Esgob Caerwrangon, Nicholas Ridley, Esgob Llundain a John Hooper, Esgob Caerloyw, pob un ohonynt yn ferthyron Protestannaidd a losgwyd am eu ffydd yn 1555–6 yn ystod teyrnasiad Mari Tudur, am adfer yr Eglwys o ddwylo 'llofruddion gorthrymus' ('tyrannous murtherers') a gyflenwai bregethwyr ac esgobion a'u gau ddelwau. 'For they that bereaue the church of the word preached', meddai, 'take away the very life therof'. Cyfeiria at yr Esgob Thomas Cooper o Gaerwynt a geisiodd gyfiawnhau swydd esgob yn ei *Admonition to the People of England* trwy ddweud fod ei dileu'n dinistrio'r Eglwys, a chredai Whitgift fod darllen y ffurfwasanaeth a'r Ysgrythurau'n gyfraniad i bregethiad y Gair. Ateb Penry i ddatganiad mor wrthun iddo oedd hyn: 'Better then for the Church to stand by these quiet reading murtherers', meddai, 'then to be ouerturned by seditious teachers'. Ychwanegodd, 'The case therefore is manifest that they loue our church so wel, as rather than they shoulde not beare rule therein, they will see the hart blood of it . . .'.[38] Roedd Cooper yn esgob cydwybodol, yn ofni bygythiadau Catholigaidd yn ne-ddwyrain Lloegr, yn arbennig yng nghyfnod y rhyfel â Sbaen, ac yn awyddus i amddiffyn y sefydliad a wasanaethodd. Cyhoeddwyd yr *Admonition* yn Hydref 1588, yn union wedi i *The Epistle* Marprelate ymddangos mewn cyfnod wedi marwolaeth Iarll Leicester a John Field, arweinydd Piwritanaidd brwd, pan ddechreuodd Presbyteriaeth a'r fflam Biwritanaidd edwino. Meddai Marprelate wrth iddo gorddi'r dyfroedd yn *The Epistle*:

> But our lord bishops retain such (namely other pastors) and unlawfully under their yoke who both woulde and ought to reiect the same. For all the pastors in the land that deserue the names of pastors are against their wil under the bishops iurisdictions (. . .) That is they claime pastoral authoritie ouer other ministers and pastors who (. . .) are appointed to be pastors and shepheards to feed others and not sheep (. . .) by whom they are to be fedd and ouerseeene; whiche authoritie the bishops claime vnto themselues.[39]

Ni all ymatal rhag enwi rhai a ystyriai ef yn brif elynion o blith arwein-wyr yr Eglwys, fel John Whitgift, Archesgob Caergaint, John Aylmer, Esgob Llundain, a Cooper.[40]

Nid oedd arddull Cooper mor ymosodol ac ymhongar ag un Mar-prelate, a'i brif ddadl oedd bod llywodraeth eglwysig yn seiliedig ar benderfyniadau'r wladwriaeth ac nid ar yr Ysgrythur. Eu diben, yn ei farn ef, oedd adfer safonau'r Eglwys Fore yn hytrach na'u derbyn yn llythrennol.[41]

Nid oedd pall ar ddifrïaeth na malais Marprelate, ac achosai hynny wrthdyniad ymhlith arweinwyr yr Eglwys a'u hataliai rhag cynnal ei hygrededd mewn blynyddoedd pan geid nifer o fygythiadau i ddio-gelwch y wladwriaeth. Gorfu iddynt fesur a phwyso'u sefyllfa, a bu Richard Hooker yn ei *Laws of Ecclesiastical Polity* (1594) – a bwysleisiodd hawliau traddodiad, awdurdod a'r Eglwys i wrthsefyll taerineb y Piwritaniaid a roddai'r lle blaenaf i'r Ysgrythurau – wrthi'n eiddgar yn rhoi anadl newydd i'r sefydliad eglwysig gwladwriaethol.[42] Fe'i cydnabyddir yn 'dad eglwysyddiaeth Anglicanaidd' a mynegodd ei feddwl yn ddigon eglur ar y berthynas rhwng yr Ysgrythur a rheswm mewn eglwysyddiaeth yn yr Eglwys,[43] ac meddai: 'In these things whereof the Scriptures appointeth no certainty, the use of the people of God or the ordinances of our fathers must serve for a law.'[44] Ymgais olaf oedd hwn dros sefydlu undod crefyddol a datgan fod yr Eglwys a'r wladwriaeth yn un hanfod. Iddo ef, pwrpas yr Ysgrythurau oedd dangos dwyfoldeb iachawdwriaeth na ellid ei resymoli, ond pan na chynigiai'r Beibl yr atebion meddai'r Eglwys ar y grym i lunio cyfreithiau er lles y wladwriaeth (*polity*) ond iddi beidio ag ymyrryd ag ysbryd Gair Duw. I Hooker, sefydlogrwydd oedd y sail i harmoni cenedlaethol ac apeliodd at y Piwritaniaid i drysori traddodiad ac i ymwrthod â'u bwriad i ddinistrio undod a threfn yr Eglwys.[45] Yn ei ragair pwysa arnynt i ail-feddwl am eu hargyhoeddiadau a sylweddoli eu bod yn cyfeiliorni wrth gredu bod y gwirionedd yn eu meddiant hwy'n unig. O ganlyniad, maent yn twyll-arwain eraill, ac meddai'n apelgar wrthynt:

The best and safest way for you, therefore, my dear brethren, is, to call your deeds past to a new reckoning, to re-examine the cause ye have taken in hand (. . .) with all the diligent exactness ye can; to lay aside the gall of that bitterness wherein your minds have hitherto overabounded, and with meekness to search for the truth. Think ye are men, deem it not impossible for you to err; sift impartially your own hearts, whether it be force of reason or vehemency of affection, which hath bred and still doth feed these opinions in you. If truth do any where manifest itself, seeke not to smother it with glosing delusions, acknowledge the gratness thereof.[46]

Erbyn hynny roedd Penry wedi'i grogi, ond nid cyn iddo ysgrifennu *The Historie of Corah, Dathan and Abiram* yn 1590, traethawd a gyhoeddwyd yn 1609, bedair blynedd a bymtheg wedi hynny. Ynddo, ni pheidiodd ag ensynio nac enllibio trwy ddefnyddio'r cyfeiriadau yn Llyfr Numeri[47] at dri gwrthryfelwr yn erbyn Moses ac Aaron. Lefiad oedd Corah a wrthwynebodd Aaron a'i gyhuddo o feddiannu'n llwyr yr offeiriadaeth, a chyhuddwyd Moses gan Dathan ac Abiram am iddo'i ddyrchafu'i hun yn arweinydd y bobl a methu ag arwain y genedl i wlad Canaan.[48]

Pwrpas Penry yn y traethawd hwn – a gyflwynwyd i esgobion, offeiriaid a chynulliadau eglwysig – yw cymharu safle a gweinidogaeth fradwrus yr Eglwys â brad y tri chymeriad hyn a wrthwynebai Dduw. Yn ei le ef yn y brawdle gesyd y sefydliad a'i gyhuddo o'i frad:

I do here in his presence before heauen and earth, arraigne and convince the whole parish-assemblies of this Land, and the members therof, as traytors and conspiring with Antichrist against his Maiesty [sef Crist], and consequently as being such at this present, as from whome every member of CHRIST is to separate himself vnder paine of God's everlasting wrath (. . .) I accuse these parish-assemblies of being guilty of a greater conspiracy against the Maiestie of Iesus Christ, then that of Corah, Dathan, and Abiram was against Moses.[49]

Mae'n hallt ei feirniadaeth o'r hyn a eilw'n 'parish assemblies', sef eglwysi plwyf a'u hoffeiriaid:

that all of them are at the commandment & under the iurisdiction of these Anti-Christian Captayned. They receive no Ministerie, but what they allow, what they make, what hath authoritie from them: They receive no worship, & manner of serving the true God but what these Romish Apollyons are content shalbe over them.[50]

Dyma'r 'locustiaid â'r gynffon Rufeinig' ('Romish locusts', 'Romish traine') a wanhâi'r gwir eglwys ac a danseiliai bregethiad y Gair:

If preaching be theire office, what Office have they when they preach not? What office have the dumbe Ministers that cannot preach? The point is so grosse and fauoureth of such grosse ignorance [that they] are not ashamed of betraying their weaknes in this sort. For if preaching be their office, why are they Deacons, why are they priests, why have they licenses to preach? Why preach they not, when their priesthood, Deaconrie, and Licenses are gone?[51]

Mae ei ddull rhethregol o ofyn cwestiynau o'r math hwn yn mynd at wraidd gwendid sylfaenol bodolaeth a chenhadaeth yr Eglwys gan na chredai fod Ardrefniant eglwysig 1559 wedi ymwrthod yn llwyr ag Eglwys Rufain. Ni newidiwyd natur y swyddogaethau ynddi, meddai, ar ddyfod Elisabeth i'r orsedd, ac ofer oedd eu prif ddylet-swyddau. Mae'n cywilyddio am fod yr Eglwys wedi gwrthod derbyn y drefn Bresbyteraidd, a dengys beth ansicrwydd wrth gyfeirio at y math o awdurdod a feddai'r Frenhines. Er na ddengys unrhyw drug-aredd tuag at esgobion, mewn materion sifil fe'i caethiwir hi gan gyfraith gwlad, ac mewn materion crefyddol dylai fod yn ddarost-yngedig i Air Duw. Ond nid felly y bu gan fod yr Ardrefniant roedd hi ynghlwm wrtho yn seiliedig ar statudau seneddol. Ni ŵyr sut i oresgyn y broblem hon a chais ei hosgoi:

> Now if her Maiestie and this high Court, require of vs that we resort vnto the publick assemblies of the land, and so to enter (. . .) into the tents of the Antichristian band, & continue therein: I assure againe, that this is against the written word of God, and therefore that her Maiestie hath no power, no authoritie from the Lord to require this at our hands.[52]

Ymddangosodd y geiriau hyn yn rhy ddiweddar i Penry fedru paratoi amddiffyniad, a bu'r gweithrediadau cyfreithiol a arweiniodd at ei ddedfrydu i farwolaeth yn gyflym iawn yng Ngwanwyn 1593. Fe'i holwyd deg gwaith mewn dau fis, rhwng 24 Mawrth, pan ymddangosodd gerbron y cyfreithiwr llym Richard Young, a 21 Mai pan dducpwyd ef gerbron Llys Mainc y Brenin, y prif lys troseddol, a'i ddedfrydu i farwolaeth ar y 25ain o'r mis hwnnw. Bu sawl un yn ceisio ymresymu ag ef tra'r oedd yn y ddalfa ond mynnai gael achos cyhoeddus. Deuai dau ohonynt o Gymru, sef Richard Vaughan, Archddiacon Middlesex a brodor o Nyffryn yn Llŷn (26 Mawrth) a Dr Gabriel Goodman, Deon Westminster a hanai o Ruthun (5 Ebrill), y ddau ohonynt yn eglwyswyr amlwg ac yn wrthwynebwyr cadarn i Biwritaniaeth.[53] Ymddangosodd hefyd gerbron uchel swyddogion cyfreithiol fel Syr Thomas Egerton, yr Atwrnai Cyffredinol, a Henry Fanshawe, Cofiadur y Siecr, a chymaint oedd y cynnydd yn y gwrthwynebiad iddo yn eu plith fel eu bod yn benderfynol o'i ganfod yn euog o deyrnfradwriaeth er nad oedd y dystiolaeth yn ei erbyn yn hollol ddibynadwy.

Ar 10 Mawrth anfonwyd ple Penry am drugaredd at Syr Edward Coke, Llefarydd Tŷ'r Cyffredin a Syr John Puckering, Arglwydd Geidwad y Sêl Fawr yn Nhŷ'r Arglwyddi. Yn gynnar wedi hynny anfonodd gopi at Arglwydd Burghley, a ganfu'i hun mewn sefyllfa anodd gan ei fod yn dod o deulu Cymreig breintiedig a ffynnodd wedi i'w aelodau amlycaf wasanaethu Harri Tudur.[54] Yn y llythyr datgelodd ei rwystredigaeth, ac meddai L. H. Carlson: 'There is the spirit of the true Englishman demanding justice and there is the voice of the Welshman pleading for mercy and understanding'.[55] Ymddengys hynny yn ei ble:

> Oh my Lord, yf you knew the misery wherin Hir Majestie's poor subjectes ly now in horrible dungeons and prisones for the testimony of Christ, I know you could not but pitty them. Pitty them, my Lord, and deliver

them, that the blessing of him that is ready to perish may follow my Lord Burlye and his house, overtake him, and cleave unto him for ever.[56]

Dywed iddo ffoi i'r Alban am na chafodd wrandawiad i'w ddeiseb i'r Senedd a gwrthododd dyngu llw a datgelu unrhyw wybodaeth am ei symudiadau yno ac wedi hynny.[57] O ganlyniad, cipiwyd nifer o'i bapurau preifat yno ar sail iddynt brofi iddo feirniadu'r Frenhines yn hallt ac annog gwrthwynebiad iddi. Yn 1580, mewn cyfnod o dyndra yn hanes gwleidyddol a chrefyddol Lloegr, pasiwyd deddf (Statud 23 Elis. I c.2 (4)) a orchmynnodd fod cyhoeddi geiriau bradwrus yn ei herbyn yn drosedd ddifrifol wedi deugain niwrnod ar ôl gosod y ddeddf ar Lyfr y Statud, a dyma dalfyriad o'r adran berthnasol sydd ynddi:

> yf any person or persons (. . .) shall (. . .) wryte any false sedicious and Slaunderous Matter to the defamation of the Queenes Majestie (. . .) within this realme (. . .) or procure (. . .) any (. . .) Booke (. . .) Letter or writing to be written printed published (. . .) that then everye suche Offence shalbe (. . .) adjudged Felonye , and the offenders (. . .) shall suffer suche paynes of death.[58]

Nid ymddengys i Penry gael ei gyhuddo dan y ddeddf hon, fodd bynnag, gan na ellid profi i'r geiriau gwrth-frenhinol gael eu llefaru na'u lledaenu'n gyhoeddus. Tybir felly iddo gael ei gyhuddo dan ddeddf Unffurfiaeth 1559 (Statud 1 Elis. I c.2) er na chyfeiriwyd at y gosb eithaf am drosedd ddifrifol ynddi hi. Cyfyd anhawster hefyd wrth ystyried honno gan ei bod wedi'i diddymu yn neddf 1580. Yn ôl W. S. Holdsworth, yr awdurdod yn ei ddydd ar gyfraith Lloegr, yn yr achos hwn gellid cyplysu deddf 1559 ag un 1580 yn anuniongyrchol oherwydd gosododd deddfau Uchafiaeth ac Unffurfiaeth 1559 y drefn Eglwysig o fewn y sefydliad gwladwriaethol. O ganlyniad, gellid cyhuddo Penry ar sail teyrnfradwriaeth honedig.[59]

Roedd y gyfraith drosedd yn un greulon ac fe'i gweithredwyd yn fynych yn ddidrugaredd. Yn yr achos hwn ni theimlai'r erlyniad ddim cydymdeimlad o gwbl â Penry gan ei fod wedi dod yn ddraenen yn ystlys yr awdurdodau ers cymaint o amser mewn cyfnod adfydus yn hanes y deyrnas. Bu ei ymdrechion i sicrhau cefnogaeth rhai o ddylanwad mewn cyfraith a llywodraeth a allai fod o gymorth iddo yn ei wythnosau olaf yn ofer. Tua Ebrill 1593 anfonodd gyfres o ddadleuon at Cecil yn datgan nad oedd yn euog o fradwriaeth o dan Statud 23

Elisabeth I c.2 gan gyfeirio at aberth rhai diwygwyr cynnar amlwg fel John Wycliff, William Tyndale a John Frith.[60] Er bod Piwritaniaid Lloegr yn ddyledus i ddiwinyddiaeth, damcaniaethau gwleidyddol ac egwyddorion y wladwriaeth (*polity*) eglwysig yng Ngenefa, Zurich a dinasoedd y Rheindir, mae gwŷr fel y rhai a enwir ganddo'n gynnyrch Protestaniaeth frodorol sydd hefyd yn rhan bwysig o'r dreftadaeth Biwritanaidd.[61]

Ni wireddwyd gobeithion Penry y byddai cymorth Burghley yn hybu ei achos yn y cyfnod tyngedfennol hwn. Tra'r oedd yn y carchar dibynnai lawer arno am ei gefnogaeth, ac ymddangosai ar brydiau fel pe bai'n fwy ffafriol nag eraill tuag ato. Ond nid felly y bu, ac amlygwyd hynny yn y deisebau maith y cyfeiriodd Penry atynt yn y ple hwnnw. Ym Mawrth 1593, er enghraifft, cyfeiriodd unwaith eto at y trychineb a allai ddinistrio'r deyrnas os na wrandewid ar Dduw. 'Our natiue Contry and Contrymen [Cymru?] will not heare us speaking unto them in the name of the Lord', meddai, 'and therefore the iust Judg will undoubtedly plead against them, eyther with pestilence, famin, or the sword of the uncircumcised and cruell Spaniard'.[62] Defnyddia eiriau ffiaidd a bygythiol gan ymbilio ar Burghley i rybuddio'r Frenhines na all aros ddim mwy cyn gweithredu i arbed dinistr. Cyfeiriodd at nifer o wragedd, yn cynnwys gwraig Penry a Mrs Lee (gwraig Nicholas Lee, diacon Ymneilltuol yn Llundain), aelodau o'r gynulleidfa yn eglwys yr Ymneilltuwyr yn y coed yn Islington, a fynnodd gyflwyno deiseb angerddol Penry, deiseb a luniwyd wedi i nifer fawr o'r gynulleidfa – pum deg a chwech ohonynt, meddai ef – gael eu harestio ar y Sul 5 Mawrth, i Syr Thomas Egerton, yr Arglwydd Geidwad, a Llefarydd Tŷ'r Cyffredin. Ynddi, dywed fod Mrs Lee wedi'i chamdrin gan Richard Young, un o farnwyr creulonaf y cyfnod yn Lloegr.[63] Ple oedd hwn i'r ddau Senedd-dy naill ai ryddhau neu ddwyn achos cyfreithiol agored yn erbyn y rhai a garcharwyd ac a driniwyd yn greulon am eu daliadau crefyddol dan glo. Mae'r ple yn ddirdynnol: 'Yf wee deserve death it beeseemeth the maiestie of justic not to have us closely murthered, yea starved to death with hunger, cold and stifled in close and noisome dungeons.'[64]

Cynddeiriogwyd Penry gan yr erledigaeth hon, fel y dangosodd ei ble cyntaf i Burghley lle y datgana'n ddi-flewyn ar dafod mai ei gyfrifoldeb ef oedd gofalu bod cyfiawnder yn cael ei weithredu. Cyplysa hynny â'r camweddau a gyflawnid yn enw'r wladwriaeth, ac er na chyhuddir Burghley ei hun ganddo, am reswm amlwg, o fod yn rhan o'r gwarth a ddigwyddasai, amlyga gywilyddusrwydd y fath driniaeth annynol ddireol hwnnw a weithredwyd yn bennaf gan Richard Young:

And it standeth you in hand to look into the dealing and to see it amended (. . .) Alas my Lord wheir live wee? In what common wealth? Wher tyrannous anarchie possesseth all thinges, or the liberty of free subjectes do remayne (. . .) Oh my lord yf you knew the misery wherin hir maiestyes subjectes whose cause this supplication doth lay open doe now lye in horrible doungeones for the testymony of Christ.[65]

Rhydd hyn gyfle i Penry ymosod yn hallt ar wladwriaeth y deyrnas, cynsail yr Eglwys na chredai iddi fod yn haeddiannol o gael ei hystyried yn Eglwys Dduw. Hanfod pob teyrnas sefydlog yw ei chyfansoddiad gwleidyddol cadarn, trefn sefydliadol ei llywodraeth a'i hundod dan awdurdod sofran y Goron. Oherwydd yr erledigaeth a brofwyd yn Islington ni chredai Penry fod Lloegr yn wladwriaeth ('common wealth') a haeddai ei hystyried yn gyfiawn, a rhoddodd hynny gyfle iddo'i barnu'n llym am ei difrawder a'i di-dduwiaeth, dadl a ystyriai ef yn ganolog yn ei ymgyrch dros ddiwygio'r Eglwys a oedd yn sefydliad allweddol yng nghyfansoddiad y wladwriaeth honno.

Yn ei ail ble i Burghley, cyfeiria Penry'n benodol at ei sefyllfa argyfyngus ef ei hun. Er nad oedd yn gyfarwydd â phrif swyddog y wladwriaeth roedd ganddo fwy o feddwl ohono ef nag o unrhyw swyddog gwladol arall.[66] Nid ymddiriedai o gwbl yn Whitgift na Bancroft ychwaith gan fod y ddau ohonynt yn benderfynol o wrthwynebu Ymneilltuwyr â'u bryd ar danseilio'r drefn grefyddol. Erbyn hynny roedd Iarll Leicester a Syr Francis Walsingham, aelodau o'r llys brenhinol, a John Field, un o'r Ymwahanwyr grymusaf, wedi marw, a charfanau o'r Piwritaniaid hynny'n wynebu bygythiadau dros y wlad. Canfyddai Penry ei hun mewn sefyllfa fregus a phryderai'n gynyddol am ei ddiogelwch ef ei hun yn ogystal ag amgylchiadau'r rhai a garcharwyd gydag ef am eu credoau. Ac meddai wrth Burghley: 'I offer my lyf unto your handes and lay my bloud before you eyther to bee delivered by your meanes or to bee spilt by you' – geiriau sy'n arwydd ei fod yn barod i'w aberthu'i hun dros ei achos.[67] Er hynny, ni wadai ei ymgyrch yn erbyn yr esgobion, ac amlygir hynny lawn mor hy yn ei ail ble trwy gyfeirio atynt, fel y gwnaeth mor aml a llafurus yn y gorffennol, fel y 'gwŷr ysgeler' ('evil men') a'r 'nythaid o fradychwyr annaturiol' ('unnaturall trayterous brood'). Os na ddiwygiwyd yr

Eglwys yn ôl ordinhadau Duw ac ymwrthod â'r esgobion rheibus – 'these bloody and ravenous priestes' – gallai felltithio'i dylwyth fel y cosbodd ddau fab yr offeiriad Eli, 'gwŷr ofer heb gydnabod yr Arglwydd'.[68]
Mewn llythyr arall at Burghley yn amddiffyn ei hun ar gyhuddiad o fod yn Martin Marprelate, gwnaeth Penry ei sefyllfa'n agored iddo, sef nad ef ydoedd, ac aeth ymlaen i wawdio'r gyfraith gan fod Job Throckmorton eisoes wedi'i gyhuddo o gyhoeddi'r traethodau, ac na allai ef hefyd gael ei amau o'r un drosedd. Yr esgobion, meddai, oedd yn gyfrifol am yr amryfusedd difrifol hwn:

> They say (. . .) that I am Marten. I answer that my name is John Penri and not Marten Mar[prelate] (. . .) Sathan that guideth these prelates openly declareth their right made rage agaynst the truth (. . .) In that they care not whome to accuse, whome to indight, whome to condemne.[69]

Mae'n ddiau fod Penry ynghanol y gorchwyl peryglus o gyhoeddi traethodau Martin Marprelate. Mae'r dystiolaeth yn llawer rhy gryf i wadu hynny o gofio am ei symudiadau ym mlynyddoedd dyrys 1587–90. Y tebyg yw iddo ymwneud â materion busnes y wasg ddirgel, yn trefnu gwaith argraffwyr, dosbarthu copïau o'r gweithiau enllibus a symud y wasg pan fygythid hi. Fel y cyfeiriwyd eisoes gwadai'n llwyr mai ef a'u hysgrifennodd ac aeth ati hefyd i amddiffyn ei gyfaill Job Throckmorton. Er hynny, roedd yn ofalus iawn beth a ddywedai gerbron yr awdurdodau oherwydd roedd trefnu gweithgarwch a chadw cyfrinachedd y wasg, i raddau pell, yn fwy o orchwyl na'r ysgrifennu. Henry Sharpe, y rhwymwr llyfrau, oedd yr unig un i fradychu Penry a'i gyhuddo o fod yn Marprelate. 'He', meddai yn ei ddatganiad ar lw gerbron y llys, 'neuer saw or knew any other Man to deale in suche sort as Penry did about them (. . .) he could talk of them before they were printed, and of the tymes of their coming forth'.[70] Nid oedd hyn yn brawf terfynol, wrth gwrs, ond nid oes amheuaeth ei fod yn gwybod pwy oedd yr awdur, ac mae'n ddiddorol pa mor awyddus oedd y garfan fechan a ymdriniai â'r cynnyrch llenyddol carlamus hwn i amddiffyn ei gilydd; rhoddodd Throckmorton air da dros Sharpe ac amddiffynnwyd Penry gan John Udall.[71] I'w hachub eu hunain penderfynwyd dweud hanner y gwirionedd ar brydiau pan ystyrid hynny'n fanteisiol iddynt, a chanlyniad hynny fyddai creu amwysedd yn y dystiolaeth. Un rheswm am hynny oedd teimlad Penry, yn ei apeliadau at Burghley pan oedd yn y carchar, fod ei elynion yn cau amdano, a than amgylchiad o'r fath nid rhyfedd iddo gyfeirio at ei brif uchelgais, sef i genhadu yng Nghymru, dyhead na chawsai unrhyw ystyriaeth ddifrifol o gwbl gan yr awdurdodau.

Cyhuddwyd Penry mewn rhai cyhoeddiadau o fod yn Marprelate, yn arbennig *An Almond for a Parrat* (1590) gan Thomas Nashe, *First Parte of Pasquil's Apologie* (1590) a dau bamffledyn a ymddangosodd wedi marwolaeth Penry gan Matthew Sutcliffe, sef *Answere to a Certaine Libel* (1593) (lle y cysylltid Marprelate ag un o bedwar, sef Penry, John Field, Job Throckmorton a John Udall) ac *Answere unto Iob Throkmorton* (1595). Er y dylid rhoi ychydig mwy o sylw, efallai, i dystiolaeth Sutcliffe yn ei erbyn, o ystyried y gweithiau hyn gyda'i gilydd, ni ellir bod yn sicr mai Penry oedd y troseddwr.[72]

Pan ystyrir arddull Penry, o'i chymharu ag un Marprelate, yn ddiau roedd ymosodiadau Penry ar y sefydliad yn fwy angerddol, ysgrythurol, trymaidd a dwys ar sawl achlysur a Marprelate yn fwy dychanol a gwawdlyd ac yn ymylu ar fod yn gwbl enllibus. Dywed Pierce yn ei gyfrol ar y traethodau fod arddull Penry yn dangos huodledd truenus ar brydiau. Ond mae'n fwy na meistr ar ei ddull o ysgrifennu a hefyd yn deimladol a difrifol.[73] Dywed McGinn, ar y llaw arall, fod Penry, yn ddeheuig iawn, yn feistr hefyd ar ddefnyddio arddulliau gwahanol.[74] Ceisio ennill cynulleidfa, a hynny ar fyrder, a wna Marprelate, ac er bod arwydd o frys ar arddull Penry hefyd mae ei waith yn fynych yn ailadroddus a llwm. Wedi dweud hynny, yn ddiau ceir cymariaethau teg rhwng cynnwys y naill awdur a'r llall. Wrth rannu ei ddigofaint am gyflwr yr esgobion yn ei *Exhortation* dengys Penry na allai fyth oddef y swyddogion eglwysig hynny na fu'n haeddiannol o'u safleoedd ac a fu'n felltith a phla, a hynny am iddynt fod yn rhannol gyfrifol am Ardrefniant eglwysig 1559:

> vnlesse You forsake your idlenes (. . .) your Bishops seas will spue you out (. . .) And I trust in the Lord Jesus, to see his Church florish in wales, when the memorie of Lord-Bishops are buried in hell whence they came. (. . .) And giue you ouer your places, Or doutlesse, the plague and cursse of God will eat you vppe.[75]

Ac meddai Marprelate ar yr un trywydd yn ei *Epitome*:

> For you shame your selues when you use any continued speach because your stile is so rude & barbarous. Raile no more in the pulpite against good men, you do more hurt to your selues and your owne desperat

cause in one of your rayling sermons then you could in speaking for reformation.[76]

Mewn iaith watwarus o'r fath ni ellir gwadu bod arddulliau'r naill a'r llall yn debyg, a gellid dyfynnu enghreifftiau tebyg ond, o ystyried holl nodweddion gweithiau'r ddau awdur go brin bod digon o dyst-iolaeth i gydnabod Penry'n awdur yr *Epitome* na'r *Epistle* na dim arall o weithiau Marprelate.[77] Cred Collinson mai George Carleton, Aelod Seneddol dros swydd Northampton oedd Marprelate.[78] Yn 1589 priod-odd â Mrs Crane a roddodd loches i Biwritaniaid a'r argraffwasg yn ei chartref yn Llundain. Barn Syr John Neale, fodd bynnag, oedd mai Job Throckmorton oedd yr awdur gan fod ei weithiau seneddol yn debyg o ran arddull a chynnwys i rai Marprelate.[79]

Yn ddiau, roedd cyfraniad Marprelate i'r achos Piwritanaidd wedi achosi cryn bryder i Penry am iddo ymyrryd â'i ymgyrch a pheri i'r awdurdodau ddwysáu eu polisi gwrth-Biwritanaidd. Er na allai wadu iddo gytuno â rhai o'i ddatganiadau carlamus ni dderbyniai'r oll a ddywedai. Ai gorchudd i'w arbed ef rhag syrthio i fagl na allai ddianc ohoni yw'r llythyr maith hwn at Burghley? Cyfaddefodd iddo ddrwg-hoffi ei draethodau ac ar yr un anadl dywed nad oedd Throckmorton wedi eu gweld ac nad oedd ganddo syniad pwy a'u hysgrifennodd ac felly plediodd yn ddieuog.

Yn ôl ei dystiolaeth ei hun ni charai Penry rannau o gynnwys traeth-odau Marprelate am na wyddai bopeth oedd ynddynt ac am na wyddai ble i ddod o hyd iddynt. Ni charai'r hyn a ddywedodd yn faleisus am Whitgift, ac er fod hwnnw, yn ei farn ef, yn elyn mawr i Dduw, byddai'n barod i'w amddiffyn os ymosodai ei elynion arno. Dirmygai ei gyfeillgarwch ag Andrew Perne, Meistr goddefgar Peterhouse yng Nghaergrawnt lle bu'r ddau ohonynt yn fyfyrwyr, a'r nawdd a rodd-odd hwnnw i Whitgift dan amgylchiadau peryglus yn nheyrnasiad Mari Tudur.[80] Yn ddiau, roedd gan Whitgift elynion, ac nid Marprelate oedd yr unig un a'i sarhaodd. Fe'i gelwid yn 'Canterbury Caiaphas' a 'the pope of Lambehith' [Lambeth] am iddo reoli'r Llys Comisiwn Uchel mor ddidostur, ac yn ei swydd archesgobol wrthwynebu 'gweinidogion duwiol' a mynnu'n awdurdodol ufudd-dod llwyr i seremonïaeth a disgyblaeth eglwysig.[81]

At hynny dywedodd Penry na chytunai â rhai o ddatganiadau athrawiaethol Marprelate, sef ei fod yn derbyn hawl esgobion i ordeinio offeiriaid ynghyd â rhai colegol a'r rheini'n anaddas. Eto, ni wrth-wynebai lawer o'r hyn oedd ganddo i'w draethu, a thrwy hynny syrthiodd i'r fagl yn y llythyr hwn at Burghley. Credai nad oedd esgob yn ynad nac yn weinidog a bod ei drwydded yn arwydd o'r bwystfil. Er iddo ymwrthod â hynny ar y dechrau, erbyn diwedd ei oes roedd yn cytuno er nad Marprelate oedd wedi dylanwadu arno. Eto, gwadodd mai ef oedd yr awdur anhysbys gan ei fod wedi beirniadu esgobion yn hallt mewn rhai tudalennau yn ei draethodau cyn i Marprelate roi pin ar bapur, a'i fod wedi gosod ei enw ar bob un ohonynt ac eithrio'r *Aequity*, er iddo'i amddiffyn ei hun yn hwnnw, er mawr berygl iddo, ac nid ymosodwyd arno am hynny.[82] Nid oedd ganddo gywilydd am iddo ymosod ar y preladiaid a thaerai na allent gael y gorau arno trwy ei gyhuddo o fod yn Marprelate gan nad oeddynt wedi ymosod yn gyntaf ar ei draethodau ef. Ni allent ei feirniadu am iddo ddilorni offeiriadaeth anghymwys a llygredig os nad oedd hynny'n anghywir a ffuantus. Tystia Marprelate, meddai Penry ymhellach yn un o'i draethodau olaf, ei fod ef yn ddi-briod, ond roedd Penry wedi priodi a phlentyn ganddo cyn i unrhyw un wybod dim amdano. Honnodd na fu iddo gyhoeddi unrhyw anwireddau ac na allai esgobion ei gyhuddo ymhellach, ac roedd yn barod i dystio i hynny mewn llys barn. Gorau oll pe bai Marprelate yn cael llonydd ganddynt gan nad oedd wedi ysgrifennu ers pedair blynedd, a pheidied neb ohonynt ei gythruddo na pheri iddo i wneud hynny. Pe byddai Penry fil o weithiau dan eu gwarchodaeth ni fyddai hynny'n atal Marprelate rhag enllibio eto, pe dymunai wneud hynny. Gan na wyddai pwy oedd Marprelate, meddai, gallai fod o blith prif lywodraethwyr y deyrnas neu lenor drwg-ddireidus Catholigaidd, sef un o'r bwystfilod gwrth-Grist ffiaidd.

Rhag ofn iddo ddilyn y trywydd hwn am Marprelate yn ormodol dychwelodd Penry unwaith eto at brif ddiben ei ble yn y llythyr hwn at Burghley, sef dioddefaint arteithiol ei gyd-grefyddwyr mewn carchar am eu cred, ac mae ei eiriau'n ddirdynnol:

> For a honest mans wif woman giving suck to bee thrust into the counter all night from hir child to ly in the hole; among lewd malefactors, hir poor infant in the meane tyme gasping at home for the mother and uttering a speachless cry unto the god that feedeth the yong ravens calling upon him for vengeanc against this extream cruelty.[83]

Yn dilyn geiriau arswydus o'r fath dychwelodd eto at ei ymosodiad miniog ar lywodraeth nad oes ganddi deimlad dyngarol dros yr an-ffodusion hyn. Gwêl ei hun yn byw mewn gwlad estron elyniaethus

yn hytrach na'i wlad frodorol waraidd. 'Are wee a free people under
our naturall princ', gofynnodd yn bendant heb ofni tramgwyddo yn
erbyn y Frenhines na'r grymoedd dan ei hawdurdod, 'or are we held
for slaves and bond-servantes under some cruell and unjust tyrant?'.[84]
Dyry'r bai'n gyfan gwbl ar yr esgobion a'r ustus creulon Richard
Young, ac wedi eu cyhuddo hwy daw at rannau olaf ei lythyr gan
ymbilio ar Burghley i hysbysu'r Frenhines, os na wyddai'n barod, am
amgylchiadau adfydus y carcharorion yn Newgate. Os na wnâi hynny
a lliniaru cynddaredd 'y teigrod', sef yr esgobion ac eraill gelyniaethus
iddynt, ac os na ddangosai drugaredd trwy ryddhau'r carcharorion
gwrywaidd ar fechnïaeth, ni allai ddianc rhag cosb lawdrwm Duw,
y Barnwr cyfiawn.[85]

Yn ei ail lythyr at Burghley daw'r awdur at destun llawer agosach
ato ef ei hun, a hynny yn wyneb argyfwng mwyaf ei fywyd, sef yr
achos yn ei erbyn a'r ddedfryd ddisgwyliedig. Ofnai ddod i gwrdd
ag ef ac efallai fethu ag ymgynghori ag ef rhag ofn i'w elynion, yn
arbennig ymhlith rhai o'r esgobion, gynllwynio i'w gipio a pheryglu
ei fywyd – '. . . I may well fear lest I shold bee surprised', meddai'n
betrusgar, 'by the layinges awayt of my bloody persecutours in the
tyme of myne attendance'.[86] Digon milain yw ei eiriau amdanynt gan
iddo bryderu am eu hamcanion yn ei erbyn:

> yet I dare not in regard of the testimony which I have to bear one the
> behalf of my master the Lord Jesus, bee so carless of my lif as to shorten
> my dayes by suffering my self yf I cane any wise avoyd, to be throwen
> by these Roman prelates and priestes into the dungeon their to bee laden
> with irons and to dy for [sic: from] hunger or cold in the place wher I
> shall lye.[87]

Yna daw'r cwestiwn tyngedfennol i Burghley ei ateb: beth oedd
trosedd a phechod Penry a barai iddo ddioddef ei dranc ar orchymyn
esgobion? Os marwolaeth oedd yn ei aros carai i'r Frenhines a'r
Arglwydd-Drysorydd, ac nid preladiaid Rhufeinig, fod yn gyfrifol
am hynny. Yna daw at ddatganiad a fyddai'n niweidio ei achos yn arw
gerbron Burghley, sef na fu iddo'u cyhuddo o ddim ond datgan eu bod,
yn rhinwedd eu swyddogaethau, yn estron, yn wrth-Grist ac felly'n
anaddas i fod yn dra-ddyrchafedig yn y deyrnas. Nid oedd cyhuddiad
o'r fath o'i eiddo'n newydd nac yn annisgwyl, ond roedd ar yr achlysur
hwnnw'n ddamniol i'w achos. Ei ymdrech yn wastadol oedd gwaredu'i
hun rhag y cyhuddiadau nad oedd, yn ei farn ef, yn euog ohonynt.

Cafodd, meddai, ei enllibio er mai ei fwriad, yn enw'r Frenhines, oedd glanhau'r Eglwys o'i haflendid, a gwneud hynny'n gyhoeddus. Credai iddo wasanaethu'r Frenhines dros ei famwlad – ei unig gyfeiriad at Gymru yn yr ymbiliadau hyn at Burghley – ac ni chredai y dylai deiliad y Goron beri iddo ddioddef yn ddi-fai am iddi gamddeall ei gymhellion. Mae'n amlwg fod gan Penry ryw gymaint o ymddiriedaeth yn Burghley oherwydd iddo roi iddo gopi o'i ewyllys i'w roi i'w deulu pe byddai'n gorfod wynebu'r grocbren.[88]

Llythyr hirboenus yw hwn sy'n ceisio achub bywyd gŵr na theimla fod diwedd ar ddod iddo ond i Burghley ymateb yn ffafriol i'w gynorthwyo yn ôl ei allu. Fodd bynnag, bron yn ddiarwybod iddo'i hun, cau amdano'n gyflym wnâi rhwyd anobaith gan na allai Burghley, er cymaint ei awdurdod, fyth drechu'r dicter yn ei erbyn. Ni ddengys fod ganddo unrhyw ymddiriedaeth yn y Frenhines i alltudio'r nythaid Rufeinig o'r esgob uchaf ei safle i'r offeiriaid plwyf mwyaf distadl yn y deyrnas a sefydlu trefn Dduw yn yr Eglwys ymhlith ei deiliad. Nid oedd yn sicr ychwaith a fyddai, yn sgîl y statud yn 1593 a'r rhai cyn hynny, yn arbennig wedi goresgyniad yr Iesuaid ar y wlad, a osododd ddirwyon trwm ar reciwsantiaid a chyfyngu cryn dipyn ar eu symudiadau, yn annog y Frenhines i'w halltudio.[89] Ni thalai iddo ddibynnu ar ei hewyllys da hi na'i llywodraeth wedi iddo ddatgan fel a ganlyn wrth Burghley:

> You might justly think much my Lord that eyther wee or any other shold use your Lordshipes any otherwise then it beseemeth your highe places and callinges; but our god in regard of the messag comitted unto us may as justly and will call you to a reckoning for the injury shewed unto his poor (. . .) I protest unto you I seek the overthrow of the prelacy so would you my Lordes yf you saw the judgements of god. I meane to do so and marvell not it is in the behalf of my master the Lord Jesus whome no power can withstand.[90]

Roedd gwneud datganiad o'r fath yn dra niweidiol i'w achos ac iddo ef yn bersonol. Ni fwriadai symud un fodfedd o'i argyhoeddiadau a chyhoeddodd hwy'n groyw mewn traethiad neu lythyr hyd y diwedd. Ac felly bu pan anerchodd y Cyfrin Gyngor ac ailadrodd, i bob pwrpas, yr hyn a ddywedasai ynghynt wrth Burghley, ond y tro hwn yn ymwybodol mai cynulliad o gyfreithwyr yn bennaf ac nid unigolyn a ystyriai ei ofynion. Rhoes sylw unwaith eto i drueni ei gyd-Ymneilltuwyr yn y carchardai ac i ymlyniad y Cyngor i'r drefn eglwysig ac amddiffyn esgobyddiaeth ac offeiriadaeth yr Anghrist a phob llygredd di-Dduw yn y deyrnas. Roedd ef a'i gyd-addolwyr yn cael eu trin fel reciwsant-iaid am na fynnent fynychu'r eglwysi plwyf. Nid yw gwŷr mawr pwerus na'r hynafgwyr, meddai gan ddyfynnu Job, bob tro'n ddoeth nac ychwaith yn deall barn.[91] Eu dyletswydd yw gweinyddu barn a roddwyd iddynt gan Dduw ac nid dyn, a dylent ymatal rhag gwyr-droi cwrs cyfiawnder trwy orthrymu'r diymgeledd. Nid oedd yn eu cyhuddo ond eu rhybuddio bod Duw am eu cosbi'n llym os cam-ddefnyddient eu grym yn erbyn y gwan. Yn ddiau, mae Penry yn eofn ei farn am y Cyfrin Gyngor ac yn ddigon hy i gyhoeddi barn Duw ar ei aelodau os na fyddent yn edifarhau. Amddiffynnwyd y tlawd ganddo ac anrheithiwyd yr anllad. Mae gerwinder ei eiriau'n brathu:

> Therfor lett my entreaty bee precious in your sight, and bee not seen any longer to mayntayn and favour the spirituall conspiracy that the prelacy of this land have raysed against Jesus Christ, yf you do certainly you shall not prosper (. . .) Great and fearfull are the judgements that abyde all those who strive and fight for the beast, that is the relligion of Antichrists [sic] in any of his members and workes.[92]

Apelia'n arbennig i gael rhyddhau dwy fenyw yn y carchar, un ohonynt, mae'n debyg, yn wraig i Penry a thri phlentyn ifanc gyda hi, yn gorwedd heb dân na lle i orwedd.

Yn ei ail apêl at y Cyfrin Gyngor, neu'r Arglwydd-Geidwad, ceidw Penry ar yr un trywydd yn beio'r Frenhines a'i llywodraeth am fethu â dileu'r Anghrist Rhufeinig trwy gynnal offeiriaid, diaconiaid, arch-esgobion ac esgobion, archddiaconiaid, comisariaid esgobol a changell-orion ymhlith eraill ynghyd â'u holl orchwylion Rhufeinig dieflig. Unffurf ac ailadroddus yw'r dechneg a ddefnyddia, yn aml hyd syrffed, a hynny i ddim diben o gofio mai tramgwyddo yn erbyn y drefn eglwysig wladwriaethol a wna trwy wadu na fu gwir ddiwygiad yn y sefydliad am fod gwehilion Catholigaidd yn ei llygru.[93] Ni wrth-wyneba Penry sofraniaeth y Frenhines na gorchwylion gwladol ei 'hynadon' a'i barnwyr, ond rhydd y flaenoriaeth i achos Duw. 'Wee reverenc our princ and contrey', meddai'n ddiobaith, '(. . .) thoughe the more wee lov the more wee esteem and reverence the less wee ar loved'.[94]

Tua dau fis cyn marwolaeth Penry apeliodd at Robert Devereux, ail Iarll Essex, milwr a gwleidydd amlwg ym mlynyddoedd olaf y Frenhines Elisabeth. Roedd yn aelod o deulu Normanaidd y bu i gangen ohono ymsefydlu yn sir Henffordd ac wedi hynny yn ne a chanolbarth Cymru. Yn ei lencyndod symudodd i Landyfái yn sir Benfro lle trigai ei ewythr Syr George Devereux, y tybir iddo ddal syniadau Piwritanaidd yn gynnar yn yr ail ganrif ar bymtheg wedi iddo symud i Lwyn-y-brain gerllaw Llanymddyfri, ac yno penodwyd Rhys Prichard ('yr Hen Ficer') yn gaplan iddo.[95] Ni wyddys faint o ddylanwad Piwritanaidd oedd ar yr ail iarll ond roedd yn llysfab i Iarll Leicester ac yn fab bedydd i Syr Francis Walsingham, y ddau ohonynt yn ddylanwad Piwritanaidd yn y llys brenhinol.[96] Sut bynnag, Essex, un o wŷr grymusaf y llys ar y pryd, oedd yr olaf yr ymbiliodd Penry yn daer ato, ac yn adrannau cyntaf ei lythyr cymhara'r deyrnas i Fabilon, 'the Land of graven images, and furnace of Idolatry'.[97] Ac meddai ymhellach amdani: 'Whosoever they are that stand in hir behalf or in hir defence, they stand against the glory of the God of Israell, and shall not stand [but come] to a speedy and a fearefull ruine.' Fel y gwnaeth sawl gwaith eisoes condemniai ddeiliaid swyddog-aethau bras yr Eglwys a fwynhâi dda'r byd hwn, y locustiaid sy'n traflyncu'r tir yn rheibus.[98] Nid arbedai ei hun rhag enllibio'r arwein-wyr eglwysig hyn eto – gwŷr Babel iddo ef[99] – gyda geiriau na allai lai na'u condemnio. Er mai ychydig oedd cynulleidfaoedd yr Ym-neilltuwyr fe'u canmolid ganddo am eu dycnwch a'u cryfder gan iddynt frwydro trwy gyfrwng grym eu tystiolaethau.

Yna, daeth at ei sefyllfa'i hun wedi iddo ddeisyf ar i'r iarll fod yn anfodlon gweld llywodraeth y deyrnas wedi'i difwyno gan waed y diniwed. 'My bloud is sought for', meddai, 'I am giltless I ame inocent'. Os collaf fy ngwaed, meddai ymhellach, ni allai'r Frenhines bledio anwybodaeth ynglŷn ag ef ar Ddydd y Farn. Credai bod hwnnw sy'n arbed tywallt gwaed y diniwed yn tywallt ei waed ei hun, ac mae Essex, yn rhinwedd ei rym yn llys y Frenhines, mewn sefyllfa i arbed ei Choron rhag cael ei difwyno â gwaed trwy bledio'i achos ger ei bron.[100] Geilw am i'w achos gael ei glywed mewn llys sifil gwladol, ac os dyfernid iddo fod yn ŵr aflan ni ddymunai barhau i fyw ond, os yn ddieuog, byddai'n crefu am ffafr y Goron y bydd yn caniatáu i'r gwir addoliad o Dduw fod dan arweiniad gweinidogion (*pastors*), henuriaid a diaconiaid, sef y drefn Galfinaidd y bu ef a'i gyd-Biwritaniaid yn erfyn amdani. O alltudio'r swyddogaethau sydd yn yr Eglwys dylid defnyddio'u bywoliaethau er budd i'r Frenhines trwy arweiniad ei Chyngor. Dylai degymau a feddiennid gan yr offeiriaid – 'these locusts that eate up the greenes of all landes wher they wear permitted to feed' – gael eu dychwelyd i'w perchenogion cyfreithlon ynghyd â'r eglwysi cadeiriol, er mwyn difa pob cof o'r grefydd Rufeinig

Apostolaidd, fel y byddo i'r wlad, meddai'r proffwyd Eseciel, gael ei glanhau o esgyrn marwol Gog a wasgarwyd yn ddrewllyd ar fynyddoedd Israel.[101] Gwna Penry ddefnydd effeithiol o gymariaethau a dyfyniadau beiblaidd i ychwanegu pwysau i'w ddadleuon ac yma gwêl falchder Babilon yng nghysgod Babel: 'the Lord of Hostes hath decreed against the land of graven images that shee shalbe utterly forgotten amongst men.'[102] Dinistr o'r fath a ddeuai i ran teyrnas Loegr oherwydd y ffieidd-dra a'i nodweddai, ac meddai, heb flewyn ar ei dafod, wrth ei chymharu â dinistr Babilon:

> the marchantes that now are made rich by hir shall in the next age cast dust upon their heades, cry weeping and wayling and say, alas alas that great citty wherin by hir preciousness all wear made rich that had shipes upon the sea, because in one hour is shee made desolate.[103]

Yn yr adran hon o'r llythyr daw Penry at ei brif fwriad, sef pwyso ar Essex, ynghyd â'r Frenhines, a adnabyddai ef yn dda yn y llys, symud ymlaen i ddiwygio'r Eglwys yn ôl gofynion Duw am fod ganddo rai cysylltiadau Piwritanaidd mewn mannau dylanwadol. Nid oedd y cysylltiadau hynny, fodd bynnag, mor gryf ag y tybiai Penry. Mae'n wir iddo ddod o dan ryw gymaint o ddylanwad Piwritaniaeth yng Nghaergrawnt, pan oedd yno, a magu ymarweddiad duwiol yng nghwmni rhai o'i gyd-fyfyrwyr. Agorodd hefyd blasty Essex House i bregethwyr a ddifuddiwyd o'u heglwysi am eu credoau Piwritanaidd, ac ar y cyfandir fe'i cyfrifid yn amddiffynnydd Protestannaidd grymusaf Lloegr. Ond ni pharodd ei ymlyniad wrth y diwygwyr, a phylu wnaeth hwnnw wrth iddo ddringo ysgol ei yrfa filwrol. Chwilota am gefnogaeth wnaeth y pryd hwnnw yn hytrach nag ymddangos yn bleidiol dros y diwygwyr.[104] Methiant fu cynllun Penry gan mai 'rebel gwleidyddol' oedd Essex yn y bôn a geisiai wireddu ei uchelgais yn y llys brenhinol ac ar faes y gad ar y cyfandir, ond nid oedd Penry'n ddigon craff i sylweddoli hynny. 'To court a Catholic sword was as useful as a Protestant one', meddid amdano ymhellach,[105] a bu ei yrfa'n llawn o drafferthion, ac nid y lleiaf ohonynt fu ei berthynas ansad â'r Frenhines a phleidgarwch gwleidyddol.

Roedd hi'n amlwg fod Penry yn ymladd yn derfynol dros ei fywyd ac aeth ymlaen i sicrhau i Essex – braidd yn naïf efallai – gwir fawredd yn y deyrnas os dilynai'r trywydd a roddai iddo, ac yntau'n anrhydeddus yn y llys brenhinol, er na ellid gwarantu y byddai hynny'n parhau:

Well my Lord considering the favour which you are judged to have with
your princ, and the great aestimation wherin you stand in the eyes of
all hir subjectes, bereave not your self of the honour of so excellent a
service tending so directly to the glory of god the good of his Church,
the wealth of hir maiesties state your owne particular. You shall not
have the lyk favour in court allwayes. Use your opportunity then.[106]

Gwelai Penry fod yr amser yn fyr iddo fedru darbwyllo Essex o'r
argyfwng. Pe byddai ei dad, yr iarll cyntaf yn fyw ac yn derbyn ei
ofynion, meddai Penry, byddai'r ail iarll a'i dilynai'n etifedd o'r radd
fwyaf anrhydeddus yng ngolwg Duw. Nid yw'n dymuno iddo ym-
gymryd â gwasanaeth i Dduw a fyddai'n gosod y frenhiniaeth a'r
deyrnas mewn perygl, eithr byddai gwreiddio'r gwirionedd yn dileu
pydredd a llygredd ac yn sicrhau parhad sefydlogrwydd. Pe bai'n
cytuno i dderbyn yr her ac iddo geisio darbwyllo'r Frenhines o'i chyf-
rifoldeb ni fyddai angen dim ond iddi awdurdodi hynny i sylweddoli'r
freuddwyd, a gellid ymestyn iddi gymorth gan Ymneilltuwyr ac eraill
a gydymdeimlai â'r ymgyrch i hybu'r gwaith. Ni fyddai penderfyniad
Essex i beidio â derbyn her Penry yn ei atal o gwbl rhag parhau â'r
gwaith ond byddai'n agor y ffordd iddo drosglwyddo'i neges ac ym-
resymu ag eraill mewn awdurdod a oedd o gylch ei adnabyddiaeth
a mynnu'r cyfle i ddylanwadu ar y Frenhines a'i Senedd yr un pryd.[107]
Ar ddiwedd y llythyr daeth unwaith eto i gyfeirio'n ddirdynnol at
drueni'r rhai a garcharwyd am eu ffydd, yn arbennig y mamau a
phlant ganddynt:

wee are dayly numbred unto the slaughter as farr as lyeth in them,
emprisoned to death, empoverished to the undoing of many a poor
family. The wif removed from the husband the husband from the wife
and thrust into most contagious prisons, nay both father and mother
taken from their poor orphanes, and the mother giving suck riven from
her poor suckling child (. . .) and clapt up without meat or mayntenanc
in a cold and unwholesome prison in this cold season of a contagious
winter.[108]

Y mae'r geiriau disgrifiadol hyn yn sylwebaeth ar gyflwr y diymgeledd,
mewn carchardai yn yr achos hwn pan wasgai dirwasgiad economaidd
ac ymddygiad annynol ar amgylchiadau troseddwyr. Ni chafwyd
unrhyw ymateb i apeliadau Penry gan Essex, ac mae'n amlwg nad
oedd hynny i'w ddisgwyl gan fod ei ofynion yn hollol afresymol a
heb fod yn dderbyniol gan ŵr o dras na fynnai beryglu ei yrfa yn y

llys. Nid oedd ei ymlyniad wrth Biwritaniaeth mor bendant ag y credai Penry iddo fod ychwaith. Mae'n amlwg ei fod, erbyn ei ddyddiau olaf, yn dioddef o baranoia gan na fyddai unrhyw wrth-ddadleuon i'w benderfyniadau, a ffiniai ar fod yn orffwyll, yn dderbyniol o gwbl ganddo. Gesyd ei hun mewn sefyllfa amhosibl gan y byddai ei ymgyrch dros ddinistrio'r Eglwys sefydledig a'i swyddogaethau'n creu ansefydlogrwydd llwyr ac yn cyflawni dim oll ond rhoi i Sbaen ddrws agored i oresgyn y deyrnas. Cyfeiria at ansadrwydd y deyrnas honno yn aml yn rhai o'i draethodau cynnar a hefyd, ond i'r Frenhines gydymffurfio â'i ddymuniadau i sefydlu Eglwys Dduw, at gynnal heddwch, er ei fod yn llawn ymwybodol o'r ansicrwydd gwleidyddol a chrefyddol a fodolai dan amgylchiadau rhyfel ar ddiwedd y ganrif. Amwys hefyd yw ei ymagweddiad tuag at y Frenhines gan iddo geisio hwyluso'i genhadaeth drwy ddatgan, yn ymddangosiadol, ei deyrngarwch iddi a hefyd, dan yr wyneb, ei beirniadu – weithiau'n hallt – am ei difrawder a'i diffyg arweiniad mewn materion a ystyriai ef eu bod o dragwyddol bwys. Yn ystod yr achos olaf yn ei erbyn meddai'n hollol bendant yn ei apêl at y Frenhines, ddiwrnod cyn ei farwolaeth:

> The last days of your reign are turned rather against Jesus Christ and his Gospel, than to the maintenance of the same (. . .) Among the rest of the princes under the Gospel, that have been drawn to oppose themselves against the Gospel, you must think yourself to be one. For until you see this, Madam, you see hit yourself (. . .) And therefore, Madam, you are not so much an adversary unto (. . .) poor men, as unto Christ Jesus, and the wealth of his kingdom.[109]

Ar ben hyn oll credai Penry nad oedd modd dadlau dan unrhyw amgylchiadau yn erbyn sylwedd ei areithio taer – a llafurus o ailadroddus yn aml – mewn traethodau, llythyrau a deisebion. Yn ddiau, roedd yn gallu ymddangos yn wrthnysig a hunan-dybus, yn gennad cwbl hunan-feddiannol, a'i safbwyntiau'n wrthun i'r awdurdodau. Er iddo ar brydiau geisio dangos peth gwyleidd-dra ni chredai fod ganddo unrhyw reswm dros beidio ag annerch y Frenhines, y Senedd, unigolion grymus y byd cyhoeddus a sefydliadau eraill y llywodraeth yn eofn a hunan-hyderus. Negyddol, fodd bynnag, fu ymateb yr awdurdodau i'w ddatganiadau, er colled iddo.

Ar 31 Mai, dau ddiwrnod wedi marwolaeth Penry, rhestrodd y Cyfrin Gyngor nifer o ddatganiadau bradwrus ganddo yn ei draethodau a'i lythyrau, pob un ohonynt yn honni bod y Frenhines a'i

llywodraeth yn Anghrist:[110] (i) Safai'r Frenhines yn wrthwynebus i'r
Efengyl heb godi bys i'w chynorthwyo na siarad o blaid ei diwygio;
(ii) derbyniai Efengyl a ymostyngai'n unig iddi hi; (iii) cynllwynwyr
yn erbyn Duw oedd yr ynadon, y gweinidogion a'r bobl a lofruddiai
niferoedd mawr o eneidiau; (iv) gwrthryfelwyr yn erbyn Duw oedd
aelodau'r Cyfrin Gyngor a ddefnyddiai eu grym yn erbyn yr Efengyl;
(v) ni chaniateid i bobl wasanaethu Duw dan y Frenhines, eithr caethion
oeddynt; (vi) ni fyddai'r Frenhines wedi cofleidio'r Efengyl pe cawsai'r
Goron hebddi, ac fe'i defnyddid ganddi i gryfhau ei theyrnwialen;
(vii) roedd ei hymwneud yn erbyn Crist ac nid yn erbyn dynion; (viii)
pe bai'r Frenhines Mari wedi parhau i reoli hyd ddydd Penry byddai'r
Efengyl wedi ffynnu mwy oblegid nid oedd heddwch heb Efengyl o
werth yn y byd; (ix) pe na bai gobaith am fywyd rhagorach byddai'n
well bod yn fwystfilod dan y Frenhines yn hytrach na bod yn ddeiliaid
iddi. Ni ellir gwadu i Penry ymosod yn ffiaidd ar y drefn lywodraethol,
a'r Frenhines yn ben arni, ond datganodd ei deyrngarwch iddi ar fwy
nag un achlysur, er bod hynny, yn fwy na thebyg, er mwyn ceisio
lleddfu rhyw gymaint ar finiogrwydd ei ddatganiadau. Nid amheuai
fod ganddi ei safle priodol yn Frenhines eneiniog ar y deyrnas ar sail
ei thras a'i hetifeddiaeth. Y wobr fwyaf y gallai hi ei hennill fyddai
iddi roi i'w deiliaid, yn dâl am eu gwasanaeth iddi hi a'i hynafiaid, o
gyfnod ei thaid Harri Tudur ymlaen hyd at ei hoes ei hun, yr hyn
maent yn ei lawn deilyngu, sef sefydlu Eglwys ddilychwin Duw wedi'i
phuro o holl aflendid Catholigiaeth a gosod ynddi bregethwyr clodwiw
i draethu'r Gair. Dyna a fynegir ganddo yn ei *Aequity*:

> For all the good faithful seruice that euer hir graund-father, father,
> brother, kings of eternal memory, hir sister or hir selfe haue found at the
> hands of anie of our nation, we beseech her this one reward, that we may
> enioy the woord of God, and leaue it for an inheritance vnto our children.[111]

O ddarllen yn fanwl yr hyn a drosglwyddir ganddo i'r Senedd a'r
Cyngor yn y Mers ynglŷn â'r bygythiadau a wynebai'r deyrnas deuir
i'r casgliad mai anwybodaeth y Frenhines o gyflwr ysbrydol ei deiliaid
a gyfrifai am yr argyfwng gwleidyddol. Cyfrifoldeb ei llywodraeth
– yn arbennig ei Senedd – oedd ei goleuo a'i harwain i ddiwygio'r
Eglwys ac achub eneidiau ei deiliaid:

> And can you then maruel, that our soueraigne is hardly drawne to reform
> the church, whose estate, in her hearing, is daily said out of the pulpit to

be most flourishing, whereas the deformity therof is not made knowne vnto her. I am perswaded that her Maiestie knoweth not, the exacting necessitie, that lieth vppon her shoulders of reforming the church.[112]

Mae'n amlwg mai anghytuno â Penry a'i gyd-Ymwahanwyr a wnâi Elisabeth yn hytrach na dangos unrhyw anwybodaeth, ond ymgais i liniaru ei wrthwynebiad iddi oedd ei fwriad yma. Wedi dweud hynny aeth ati, ar ddiwedd ei restr o gwynion yn ei herbyn, i'w hatgoffa pa mor arswydus fyddai barn Duw ar deyrnas anufudd iddo: 'When a kingdome runneth head-longe and will not be refourmed, then ye Lorde is readie in Iudgment to overthrowe the same.'[113]

Wynebu'r diwedd

Deuir bellach at y dyddiau olaf yng ngyrfa fer a thrallodus John Penry, sef ei ymatebion ef i'r cyhuddiadau terfynol yn ei erbyn, ymatebion a fethodd yn llwyr ag argyhoeddi Llys Mainc y Brenin o ddilysrwydd ei ddadleuon. Cyfyd y ffynonellau sydd ar gael rhai ystyriaethau canolog i'r ddedfryd derfynol a arweiniodd at ei farwolaeth am iddo fod yn deyrnfradwr. Trafodwyd eisoes ar ba sail statudol y condemn-iwyd ef, sef ar ail adran 4 o ail bennawd Statud 23 Elisabeth (1580) ac ar ail bennawd statud Unffurfiaeth (1559).[114] Ni chyfeirir at ffeloni yn neddfau 1559, sef y deddfau Uchafiaeth ac Unffurfiaeth, eithr yn y ddwy ohonynt sefydlwyd yr Eglwys ar sail wladwriaethol a'r gosb am eu torri oedd carchar am oes. Byddai beirniadu'r drefn honno yn gyfystyr ag ymddwyn yn fradwrus, ac o'i chysylltu â chynnwys statud 1580, lle datgenir dan adran 4 mai cosb o farwolaeth ar sail cyflawni ffeloni fyddai canfod un yn euog o ysgrifennu neu gyhoeddi unrhyw ddeunydd bradwrus a enllibiai'r Frenhines, ni allai Penry osgoi'r gosb eithaf.[115]

Eto, mae'n rhaid edrych ar yr achos yn erbyn Penry'n fanylach, o gofio mai chwilio am dystiolaeth i gyfiawnhau dedfryd o farwolaeth oedd bwriad yr erlynwyr. Yn sicr, nid oedd y cyhuddedig hwn yn eu golwg yn un a ddylai osgoi unrhyw gosb lai na'r grocbren oherwydd cawsant ddigon o dystiolaeth yn y papurau a gipiwyd oddi arno tra'r oedd yn yr Alban. Fodd bynnag, cyfyd rhai gweddau ar yr achos y dylid rhoi sylw arbennig iddynt yn y ddau gyhuddiad yn ei erbyn. Yn y cyntaf cymerir datganiadau a wnaed ganddo yn ei draethawd anorffenedig dan y teitl 'groundes of a breife treatise', sef ei feirniadaeth hallt o'r Frenhines a ysgrifennodd yng Nghaeredin tua blwyddyn a hanner cyn iddo gael ei arestio.[116] Yn yr ail gyhuddiad casglwyd ynghyd rai o'i ddywediadau mwyaf brathog ac amharchus yn ei gyfrol brintiedig *A Treatise Wherein is Manifestlie proued That Reformation and those that sincerely fauour the same, are vnjustly charged to be enemies, vnto hir Maiestie, and the state*, a ymddangosodd yn 1590.[117] Yn y detholion anelodd yr erlynwyr at gyhuddo Penry ar sail ei ysgrifeniadau ei hun yn unig ac ni cheid unrhyw gyfeiriad at Marprelate na'r cyhuddiadau a wnaed eisoes mai ef oedd yr awdur hwnnw. Ni chyfeirir ychwaith at ei Bresbyteriaeth na'i gysylltiadau â'r Ymneilltuwyr ond yn unig at y dystiolaeth a ddatgelid yn ei draethodau ef ei hun. Cyfeiriwyd uchod at un o'i gyhuddiadau mwyaf beiddgar yn ei anerchiad i'r Frenhines yn ei beio am iddi droi yn erbyn Crist a'i Efengyl, ac os na sylweddolai hynny ni welai ddrych cywir ohoni'i hun ar yr orsedd.[118] Ni ellir dirnad dim llai na digywilydd-dra ar ei ran mewn honiadau fel a ganlyn: 'you shall fynde amongst this Crue [sef yr archesgobion, esgobion a'r offeiriadaeth] nothing els but a troupe of bludy sowle Murtherers, sacrylegyous Churche robbers. . .' a 'a multytude of conspirators against god.' Ni allai fyth amddiffyn ei hun trwy wadu iddo draethu mor afreolus am gyflwr Eglwys Loegr. Yn un o'r ddau gyhuddiad yn ei erbyn tystir i Penry gyfeirio at agwedd wrthnysig swyddogion eglwysig, llywodraethwyr sifil a'r werin pobl a dderbyniodd y drefn newydd – 'as for the generall state eyther of the Magystracye, of the Mynystery, or of the common people, beholde nothinge els but multitude of conspirators against god.'[119]

Cred Champlin Burrage mai diffyg doethineb a hunanddisgyblaeth yn hytrach na malais a gyfrifai am y fath ffrwydradau gorffwyll, ac mai hynny fu'n gyfrifol am y ddedfryd anghywir yn ei erbyn, ond mae'n amheus iawn a fyddai barnwyr y llys yn derbyn hynny. Eto, gymaint oedd ei wrthwynebiad ef, ac eraill o'r un tueddfryd ag ef, i'r drefn eglwysig a'r Frenhines a oedd yn ben arni fel na allai guddio'i gasineb a ymylai ar fod yn orffwylltra, yn arbennig yn ei ddyddiau olaf.[120] Yn ddiau, rhoddodd ei hun yn wirfoddol mewn ffwrn dân ysol, a hynny wrth fodd Whitgift, Bancroft ac eraill o'i elynion. 'I know that prelate to bee a great enemy of god his sayntes and truth', meddai am yr archesgob yn un o'i lythyrau at Cecil,[121] a thebyg oedd disgrifiad Henry Barrow o Whitgift:

> Anti-Christian and beastlike is that person, that sitteth as chief of this Commission, and exerciseth both civile and ecclesiastical jurisdiction

(...) it being so directly repugnant to the lawes of God and the Testament of Christ, so pernitious to the church of Christ, utterly perverting and diverting al the ordinances therof.[122]

Gwadodd Penry mai ei ddywediadau ef oedd y rhai a dderbyniwyd fel tystiolaeth yn ei erbyn, eithr rhai beirniadol o deyrnasiad Elisabeth a glywodd gan eraill yn yr Alban. Mae'n wir iddo, ym mhob un o'i weithiau llenyddol ddatgan ei deyrngarwch iddi er iddo fod yn ymwybodol o'i diffygion, ac yn barod i gyhoeddi hynny, ond mae'n anodd cysoni hynny â'i feirniadaeth lem o'r Frenhines yn y ddau gyhuddiad yn ei erbyn. Gan fod rhai o'i ddatganiadau wedi eu cofnodi beth amser cyn iddo ymddangos yn y llys ceisiodd esgusodi'i hun trwy ddweud nad oedd yn cofio pam yr ysgrifennwyd hwy. At hynny, roedd hefyd wedi cynnwys datganiadau tebyg mewn traethodau o'i eiddo a gyhoeddwyd ynghynt, a chan eu bod yn aml yn rhyfygus ni allai'r rheithgor lai nag amau ei dystiolaeth a'i gael yn euog. O gymryd y dystiolaeth honno yn ei chyfanrwydd mae'n amlwg mai'r Eglwys a'r wladwriaeth Duduraidd o dan y drefn Brotestannaidd wedi 1558 yn bennaf oedd dan y lach ganddo. Amlygid hynny yn ei feirniadaeth gyson o'r Senedd a'i methiant i sicrhau sefydlu teyrnas dduwiol yn ôl ei argyhoeddiadau ef a'i gyd-Biwritaniaid. Bu ef a'i gyd-arweinwyr Piwritanaidd, fel Henry Barrow, John Greenwood a John Field, yn ddigon parod ac eofn i gyhoeddi eu hargyhoeddiadau crefyddol a lleisio'u barn yn ddiflewyn ar dafod, ond roeddynt hefyd yn ochelgar i beidio â chelu popeth am eu symudiadau.

Gwnaeth Penry lai o gyfeiriadau cyhoeddus at ei fwriad i helaethu ei genhadaeth yn ei famwlad yn ei ddatganiadau olaf, a hynny'n amlwg gan mai brwydro am ei einioes a wnâi, ond yn ei araith i'r Frenhines cyffesai iddo ddangos ei deyrngarwch iddi yn y gobaith y byddai'n edrych yn ffafriol ar ei ddeiseb i gynorthwyo ei gyd-Gymry i ddysgu am Grist gan fod eu hanwybodaeth yn gwbl druenus.[123] Credai mai ei unig drosedd oedd iddo ddifrïo deiliad y Goron a'i gwasanaethyddion, ac er nad ymddengys iddo ddarllen yr apêl, datganodd ei deyrngarwch ynddi, er gwaethaf y ddedfryd yn ei erbyn:

And I thank God that whensoever I end my dayes, as I looke not to lyve this weeke to an end, myne innocency shall benefit mee so much, as I shall dye Queen Elizabeths most faithfull Subiect, even in the conscience of my very Adversaries themselves.[124]

A dyna'r datganiad terfynol o deyrngarwch a fynegwyd ganddo yn ei ddyddiau olaf pan wyddai fod ei ffawd yn ddibynnol ar ras a thrugaredd y Frenhines.

Er cymaint yr ysgrifennodd Penry yn erbyn y drefn sefydliadol yn ei hamrywiol weddau – yn wleidyddol, crefyddol a chyfreithiol – roedd y dystiolaeth yn ei erbyn yn bur frau gan na fu iddo gyhoeddi gwaith sylweddol ei faint wedi iddo droi'n Ymwahanwr, a dibynnid llawer ar fras sylwadau yn y papurau olaf a grynhowyd ganddo a'r argyhoeddiadau y rhoddodd gymaint o gyhoeddusrwydd iddynt yn gynharach yn ei draethodau manwl. Er na ellid ei gyhuddo o gyn-llwynio gyda'i gyd-Ymneilltuwyr i wrthryfela yn erbyn y Goron na'r llywodraeth, hyd yn oed pe byddai hynny'n bosibl, yn ddiau dangos-odd gyda'i gwilsyn prysur fod yr ysbryd gwrthryfelgar yn danbaid yn ei galon, a bu hynny'n ddigon i'r rheithgor ddwyn rheithfarn gerbron a fodlonai'r llys.

Buan iawn y daeth y diwedd wedi hynny. Wedi i John Greenwood a Henry Barrow gael eu crogi yn Tyburn, tywyswyd Penry o garchar Mainc y Brenin yn Southwark i ddioddef y gosb eithaf yn yr Old Kent Road, 'yn agos at yr ail garreg filltir ger nant a elwir St Thomas a Watering', nepell o afon Tafwys.[125] Bu farw, meddid, am ei gred ddi-ymwad mewn rhyddid cydwybod.

* * *

Yn ôl Strype, gŵr ifanc a aned yn un o ardaloedd anghysbell Cymru oedd Penry – 'born in the mountains of Wales' – disgrifiad moel y gellid ei gyfrif i geisio dibrisio, a gyfrannodd at gynhyrchu traethodau Marprelate, gweithiau 'abusive' a 'slanderous', 'obnoxious to the laws and the Queen's displeasure'.[126] Cyfeiria at ddau lyfr o'i eiddo a ym-ddangosodd yn 1590 o wasg Waldegrave yng Nghaeredin, sef *A Treatise Wherein is Manifestly Proved* (. . .) a *An Hvmble Motion With Svbmission vnto the Right Honorable LL. Of Hir Maiesties Privie Covnsell*. Yn y cyntaf ymosododd yn ffyrnig ar arweinwyr Eglwys ddiwygiedig y credai'n argyhoeddedig eu bod yn elynion i'r Frenhines a'r wladwriaeth, ac yn yr ail rhydd gyngor i swyddogion y Frenhines i sefydlu gweini-dogaeth ddysgedig. Deil Strype fod Penry'n ŵr anniddig ac ansicr – 'this hot Welch Man [who] would not ly stil' – a dyfynna rai brawdd-egau sarhaus o'i eiddo yn y llyfr cyntaf, sylwadau sy'n nodweddiadol o'i farn ddigyfaddawd am ei wrthwynebwyr:

I have received a Reading Gospel, And a Reading Ministry; a Gospel And Ministry that strengthneth the Hands of the Wicked in his Iniquity (. . .) a multitude of Desperate and forlorn Atheists (. . .) And the utter Ruine of the Church (. . .); these Atheists [meddai ymhellach am Gyfrin Gynghorwyr y Frenhines] (. . .) are become great, waxen rich, And grown into Favour with our Council, And such as bear chief authority under her Majesty.[127]

Traethawd anhysbys yw *An Hvmble Motion*, ac ynddo, yn ei rannau dechreuol, dywed yr awdur (a'r gred yw mai Penry ydoedd), fod Duw ar fin dial am anwireddau'r esgobion a'r offeiriaid. Gesyd sail i drefn Bresbyteraidd gan alw eto am ddiddymu'r esgobyddiaeth draddodiadol a'i gosod o fewn trefn ddisgyblaethol Bresbyteraidd, ynghyd â sefydlu patrwm gweinidogaethol dysgedig a'r Frenhines yn ben arni.[128] Nid oes dim yn yr hyn a ddywed sy'n hollol newydd ac eithrio'i gynllun dyfeisgar i ad-drefnu safle swydd yr esgob.[129]

Flwyddyn ynghynt ymosododd Penry ar gynnwys pregeth a draddodwyd gan Richard Bancroft ger Croes Pawl ar 8 Chwefror 1589 mewn traethawd tanllyd *A Briefe Discovery of the Vnthrvthes and Slanders (Against The Trve Gouernement of the Church of Christ)*. Gan roi sail ei bregeth ar burdeb yr Eglwys, a seiliwyd ar statudau 1559, cyfeiriodd Bancroft at ffalster y proffwydi gau: '. . . behave not every spirit', meddai, 'but try the spirits whether they be of God. For many false Prophets are gone out into the world'. Yn ei ymateb i hynny ymosododd Penry yn ffyrnig ar wendidau'r Eglwys honno:

Those that wil needs by our Pastors and Spiritual Fathers are become Beasts (. . .) And therefore what marvel is it, tho we poor Sheep be miserably dispersed; not knowing whether to turn us, for any succour, our Guides have not only misled us, but they are become Wolves instead of Shepherds.[130]

Pwysleisiodd Penry y dylai'r frenhiniaeth, a gynrychiolid gan y Goruchaf Lywodraethwr, fod yn ddarostyngedig i'r henaduriaeth (*presbytery*). O dan y Frenhines dylai gwir lywodraethwyr yr Eglwys, sef henuriaid, ei harwain ynglŷn â pha ddeddfau a seremonïau y dylai hi eu cymeradwyo 'for the right gouernment of the church'.[131] Pan gyfeiria at brinder pregethwyr yn y wlad ('our lande') a'r angen i sefydlu Presbyteriaeth, y deyrnas gyfan sydd dan sylw ganddo ac nid Cymru'n unig. Ar y pryd, er nad oedd yn cymeradwyo Ymneilltuaeth na'i arweinydd Robert Browne, 'a knowne Scismatike' a 'a proud vngodly man', dengys peth tosturi drosto ef a'i ddilynwyr am i'r esgobion eu gorfodi i ddod dan ddylanwad Donatistiaeth, sef y sect a gredai mai hi oedd y puraf ac na dderbyniai ordinhadau carfanau crefyddol eraill. Yn ei bamffled *A viewe of some part of such publike wants & disorders* (sef y *Supplication*) a gyhoeddwyd yn ddirgel yng Nghofentri yn gynnar ym Mawrth 1589, ni allai lai na mynegi ei siom a'i bryder am fethiant yr awdurdodau eglwysig i wrando ar gri mor daer:

> That all the nations under Heaven, professing Religion, may fear and take Heed, how they do not only deny to be governed by the laws of his Son Jesus Christ, but, which is more grievous, instead therof establish such Institucions as are directly against hir Majesty's revealed will.[132]

Ar wahân i ymwrthod â gweithredu cyfreithiau Crist, mwy gofidus i Penry oedd i'r awdurdodau dderbyn sefydliadau na ewyllysid gan y Frenhines. Anodd yw dirnad faint o wirionedd a gaed yng ngeiriau Penry, yn arbennig ynglŷn ag ewyllys y Frenhines mewn materion o'r fath. Aeth ati, gymaint ag y gallai, i ddangos ei deyrngarwch iddi, a hynny y tu hwnt i'r hyn a ddisgwylid ganddo, o gofio am ei atgasedd tuag at ei phrif sefydliadau a'i ymosodiadau geiriol arni yn ei flynyddoedd olaf. Eto, mewn cyferbyniad â hynny, parhaodd hyd y diwedd i ddatgan y teyrngarwch dyladwy iddi a'i hamddiffyn er iddi wrthod ystyried ei genadwrïau. Yn hytrach, bwriodd ei lach ar y rhai a'i gwasanaethai yn eglwysig a gwladol. Yn y *Protestation*, y gwaith olaf a gyhoeddwyd gan Marprelate (sef Penry ym marn Donald McGinn), tystiodd na fu iddo feddwl amdano'i hun yn ddiwygiwr eithr, yn ôl ei gydwybod, ildiodd i'r Gwirionedd yng Nghrist. Nid oedd ychwaith yn elyn i drefn na pholisi gwladol, a'i unig gymhelliad oedd goleuo gwirionedd Duw. Ni cheisiodd achosi cynnen, ymffrostio na denu disgyblion i'w ddilyn, ac am hynny credai'n gryf nad oedd y ddedfryd lem a gawsai'n gywir.[133] Nid oedd ganddo ddim i'w ofni gan iddo honni bod yr hyn a ysgrifennodd ac a gyhoeddodd dan ei enw ef ei hun yn gwbl ddilys ac felly ni chredai iddo dramgwyddo yn erbyn y ddeddf yn erbyn cyhoeddi geiriau terfysglyd.[134] Tystiodd hefyd nad ysgrifennodd unrhyw beth oedd yn enllibus na throseddol ac eithrio pan gythruddid ef wedi iddo gael ei feio am amddiffyn gweinidogaeth Duw trwy bregethu'r Gair. Yn ei amddiffyniad olaf plediodd mai'r awdurdodau ac nid ef oedd wedi creu achos o deyrnfradwriaeth yn ei erbyn trwy gipio'i bapurau preifat wrth iddo ddychwelyd o'r Alban.

Honnai na fwriadai i unrhyw un ddarllen y myfyrdodau a gasglasai ynghyd i'w ddibenion ei hun. 'These my wrytinges also are not only most vnperfect', meddai, 'but even so private as no creature vnder heaven was privie (my self excepted) vntill now they were ceazed vpon'.[135] Nid gorchwyl hawdd yw ceisio profi hynny o gofio ei fod ar ei ffordd yn ôl i Lundain i gwrdd â rhai o'r un meddylfryd ag ef. Yr hyn a'i hysgogodd i ysgrifennu'r hyn a gipiwyd oddi wrtho oedd barn arweinwyr Eglwys Bresbyteraidd yr Alban a synnai fod preladiaeth yn tra-awdurdodi ar yr Eglwys yng Nghymru a Lloegr, a bod yr hyn a ddysgid ynddi yn unol â grym uchafiaeth frenhinol:

> For the gentlemen, Ministers, and people of Scotland (. . .) by reason of
> the prelacy heere maynteyned, the yoke whereof they felt overgreevous
> within these few yeeres, by reason of the multitude of dumb Ministers
> that are tollerated (. . .) and because they heare that Preachers are
> suspended, silenced, emprisoned, deprived (. . .) they have thought (. . .)
> & have spoken yt vnto mee, that litle or no truth is permitted to bee
> taught in England; that what is taught is measured by the length of hir
> Maiesties Scepter.[136]

Yn ddiarwybod iddo'i hun gosodwyd Penry, yng ngolwg Llys Mainc y Brenin, mewn safle peryglus gan fod cyfaddefiad o'r fath, yn arbennig y ffaith iddo drafod ag Albanwyr yr hyn a ystyriai'n amgylchiadau argyfyngus yng Nghymru a Lloegr, ac iddo gofnodi hynny mewn ysgrifau, boed y rheini'n breifat ai peidio, yn sicr o gythruddo prif swyddogion y llys. Pa mor gryf bynnag oedd ei amddiffyniad o'i deyrngarwch i'r Frenhines yn ei ddyddiau olaf, ni allai ymryddhau o grafangau Whitgift, Bancroft, Fanshawe, Young ac eraill a fynnai iddo wynebu'r gosb eithaf. Er iddo geisio trugaredd y Frenhines ar y sail iddo, yn ôl ei dystiolaeth ei hun, fod yn Gymro tlawd wedi'i eni a'i fagu ym mynyddoedd Cymru a'r cyntaf, ers sefydlu'r Eglwys Brotestannaidd yn y deyrnas yn 1559, a lafuriodd yn gyhoeddus i hau'r had yn y mannau llwm a diffrwyth hynny, ni fu hynny'n fanteisiol i'w achos gan ei fod wedi gor-ddefnyddio'r ddyfais gyntaf a'i fod yn ymylu ar fod yn ystrywgar wrth ddefnyddio'r ail.[137] Mewn sefyllfa o'r fath canfu ei hun mewn sefyllfa – tra eironig – na allai ddianc ohoni, a gellid dadlau mai ei gyfnod a'i brofiadau yn yr Alban, i raddau pell, fu'n gyfrifol am ei ffawd.

6

John Penry: Ei Gyfraniad i Achub 'Eneidiau Coll Cymru'

Cyn dod â'r astudiaeth hon i ben mae'n briodol, yn y lle cyntaf, i egluro mai methiant fu'r ymdrech i ymestyn Piwritaniaeth yn Lloegr o flynyddoedd canol y 1580au ymlaen, a hynny'n bennaf am nad oedd yr hinsawdd gymdeithasol na chrefyddol yn addas ar gyfer hynny. Mae'n wir fod carfanau ohonynt i'w cael yng Nghymru, yn arbennig yn ardal Wrecsam a rhannau eraill o'r gororau, ond ym mlynyddoedd canol yr ail ganrif ar bymtheg y daethant fwyfwy i'r amlwg fel sectau bychain. Hyd y gwyddys, Penry oedd yr unig Biwritan o Gymru a fu'n weithredol yn oes Elisabeth er bod unigolion i'w cael a ddangosodd rag-dueddiadau Protestannaidd yng nghyfnod Mari Tudur, sef Rawlins White o Gaerdydd, yr Esgob Robert Ferrar o Dyddewi a William Nichol o Hwlffordd, pob un ohonynt yn wrthwynebus i Gatholigiaeth y Frenhines. Fe'u merthyrwyd am eu tueddiadau gwrth-Gatholig; llosgwyd Ferrar, y mwyaf adnabyddus ohonynt, yng Nghaerfyrddin yn 1555 am iddo wrthod derbyn y ffydd Gatholig, a Thomas Capper a Rawlins White, y pysgotwr cyffredin, yn eu tref enedigol am eu daliadau hereticaidd, y naill yn 1542 a'r llall yn 1555.[1] O'u cymharu â Phiwritaniaid blynyddoedd teyrnasiad Elisabeth I ni ddylid gorbwysleisio eu cyfraniad i unrhyw ddiwygiad mewn Eglwys Wladol sefydledig gan nad oedd honno'n bod, ond ni ddylid diystyru arwyddocâd eu gwrthwynebiad i'r drefn Babyddol. Tyfodd John Penry, fodd bynnag, i fod yn un o'r Piwritaniaid mwyaf eofn ei farn yn Lloegr, a dangosodd briodoleddau – beiddgar mae'n wir – yn fynych i hybu ei ymgyrch, yn aml iawn ar ei ben ei hun, arwydd efallai o'i bendantrwydd a'i hunan-ymddiriedaeth.

O ystyried cyfraniad John Penry dylid gofyn dau gwestiwn ynglŷn â'i yrfa sef, o gofio am ddatblygiadau crefyddol ei gyfnod, a'r ffaith iddo dreulio'r rhan helaethaf o'i fywyd byr y tu allan i Gymru, pa mor agos oedd ei gysylltiadau â'i famwlad mewn gwirionedd, ac, yn ail, ai gwladgarwch Penry neu ei gydwybod grefyddol oedd bwysicaf ganddo pan ysgrifennai ei draethodau? Yn ddiau, roedd ganddo feddwl mawr o'i deulu yng Nghymru, yn arbennig ei fam, a roddodd iddo'i gyfleon addysgol. Mewn llythyr at ei ferched, ac yntau ar fin cael ei grogi, fe'u hatgoffodd i ofalu am ei fam a fu'n gymorth iddo gael addysg yng Nghaergrawnt, arwydd efallai fod cydwybod yn ei bigo yn ei chylch am na allai gyflawni'r ddyletswydd ei hun.[2]

O ddarllen y llythyr teimladol hwnnw cyn iddo wynebu'r gosb eithaf dengys Penry rhyw ddewrder dirboenus yn y modd yr ymdriniai â'r merched bach o gofio mai ifanc iawn oeddynt a phrin eu bod yn ymwybodol o'r erchylltra roedd eu tad ar fin ei wynebu. A chaniatáu eu bod wedi derbyn y llith ni feddai'r un ohonynt aeddfedrwydd ar y pryd i ddeall y cynnwys, yn arbennig ei neges rymus y dylent gynnal y ffydd a drosglwyddasai iddynt. Yn ei eiriau cafwyd cymysgedd o emosiwn dwfn ac argyhoeddiad disyflyd:

> The Welsh nation, now for many hundred years past have been the Lord's rod; but I trust the time is come wherein he will show mercy unto them [sef ei elynion], by causing the true light of the Gospel to shine among them; and my good daughters, pray you earnestly unto the lord – when you come to know what prayer is – for this; and be always ready to show yourselves helpful unto the least child of that poor country [Cymru], that shall stand in need of your loving support (. . .) whilst I your poor father, from the bottom of my spirit and soul, and thus ready not only to be imprisoned, but even to die for the name and truth of this Lord Jesus which I have maintained.[3]

Mae'n amlwg fod Penry'n ymwybodol o gyflwr crefydd yng Nghymru, ac er na adawodd, hyd y gwyddom, ddisgyblion i'w ddilyn na thŷ cwrdd i'w goffáu,[4] ni ellir ymwrthod â'r posibilrwydd iddo fod mewn cysylltiad ag unigolion o'r un tueddfryd ag ef. Un ohonynt oedd Edward Downlee, Aelod Seneddol dros fwrdeistref Caerfyrddin, er enghraifft, â'i wreiddiau yn swydd Buckingham, a gyflwynodd gyda'r Piwritan amlwg Job Throckmorton, brodor o Haseley, swydd Warwick ac Aelod Seneddol dros y sir honno, draethawd cyntaf Penry, sef yr *Aequity*, gerbron y Senedd yn 1587. Nid yw'n wybyddus faint o gysylltiad a fu rhwng Penry a Downlee cyn ac wedi i'r traethawd gael ei gyflwyno. Blwyddyn oedd honno pan deimlai Presbyteriaeth, yr ymlynai Penry wrthi ym mlynyddoedd cynnar ei ymgyrch, bwysau arni gan fod yr eglwysi diwygiadol ar y cyfandir yn dechrau colli tir. Fe ymddengys i Penry ddarllen *Y Drych Cristianogawl* gan y reciwsant

Robert Gwyn a'i fod yn ymwybodol iddo gael ei argraffu yn ogof Rhiwledyn ar y Gogarth Fach, arwydd o ymlediad reciwsantiaeth i Gymru.[5] Rhannai'r un cwynion â Richard Price, mab Syr John Price o Frycheiniog, a ysgrifennodd lythyr at Arglwydd Burghley yn 1575 am gyflwr adfydus y byd crefyddol a chymdeithasol yng Nghymru.[6] Yn 1586 ymddangosodd adroddiad anhysbys byr am gyflwr crefydd yn sir Frycheiniog, a thebyg yw arddull y paragraff hwnnw i'r hyn a ysgrifennodd Penry ac i gynnwys ei draethawd cyntaf.[7] Hefyd, gellir cymharu i raddau rai o'r datganiadau yn ei draethodau â'r hyn a geir yn adroddiadau esgobol Richard Davies a'i olynydd Marmaduke Middleton yn esgobaeth Tyddewi a bwysleisiai'r tlodi a'r prinder pregethwyr ynddi.[8]

Bwriad Penry oedd dychwelyd i Gymru i genhadu, ac meddai yn ei ateb i gwestiwn y Barnwr Thomas Fanshawe cyn iddo gael ei ddedfrydu i farwolaeth yn 1593: 'it hath been my purpose always to employ my small talent in my poor country of Wales where I know that the poor people perish for want of knowledge; and this was the only cause of my coming out of that country where I was [sef yr Alban] and might have stayed privately all my life.'[9] Hyd y gwyddom, unwaith yn unig y troediodd ddaear Cymru wedi iddo ymadael â Chaergrawnt, sef rhwng Awst 1584 a Hydref 1585. Wedi ei farwolaeth ni cheir fawr o wybodaeth lawn amdano hyd at ail ran y bedwaredd ganrif ar bymtheg pan gydnabyddid ef yn arwr a 'merthyr' dros ei achos.[10] Yr unig gyfeiriadau ato yw tystiolaeth Vavasor Powell mai ef, ynghyd â Henry Barrow, oedd ei 'dadau yn y ffydd',[11] a chyfeiriad byr Charles Edwards ato, heb ei enwi, yn Y Ffydd Ddiffuant (1667), fel ymladdwr dros wella cyflwr ei gyd-Gymry,[12] a sylw beirniadol yr hanesydd George Owen o'r Henllys, sir Benfro arno yn ei alw'n 'shameless man' a enllibiodd y Cymry trwy ddatgan nad oedd gweinidogaeth bregethu gwerth sôn amdani o ran nifer a safon yng Nghymru. Ac meddai Owen drachefn wrth ymroi i ddangos golwg mwy ffyniannus ar fywyd crefyddol ei sir enedigol:

This last happiness also I have spoken to confound a shameless man that of late years to the slander of all Wales has not sticked to put forth in print that all Wales had not so many preachers of God's Word as I have reckoned to be found in this poor and little country of Pembrokeshire, and yet was there at such time as he wrote his slanderous pamphlet diverse others besides beneficed in this country which since are departed, removed or deceased.[13]

Yn ddiau dilyn ei drywydd ei hun a wnaeth Owen wrth ysgrifennu hyn gan na chaniatâi i goegyn o Biwritan fel Penry amharu dim ar gynnydd materol ac ysbrydol ei sir. Eto, gallai sgweier yr Henllys hefyd fod yn bur feirniadol o'r amfeddu mynych a ddigwyddasai yn esgobaeth Tyddewi ac o gyflwr yr Eglwys yn gyffredinol:

> in these daies of peace [wedi'r Deddfau Uno] our feared consciences will not blushe to take it, and to snatche any part of the Churche lyvinges, yea and the Churche itself, if wee see it but hange loose; so are the myndes of man altered with the tyme vntill tyme turne men into dust.[14]

Wedi dweud hynny, ni ellir diystyrru'r hyn a ddywed Penry yn yr *Aequity* – yn hollol gamarweiniol – nad oedd gweinidogion addysgedig ar gael, a bod angen i'r Frenhines a'i llywodraeth ymgymryd â'r gorchwyl o ryddhau'r genedl rhag anwybodaeth arswydus cenedl dan orchudd moesol ac ysbrydol.[15] Eto, gan mai am gyfnod byr iawn y trigai Penry yng Nghymru wedi dyddiau coleg ni wyddys o ble y cawsai ei wybodaeth i brofi'i haeriad ond gellir dyfalu mai o blith rhai cyfoedion, yn arbennig o esgobaeth Tyddewi, y cawsai hynny. Mae'n anodd anghytuno â dadl Owen oherwydd, er bod y ffynonellau esgobol yn brin dros y cyfnod 1583–1603, ymddengys fod safon yr offeiriadaeth yn bur wan yn esgobaeth Tyddewi fel yn esgobaethau eraill Cymru erbyn diwedd y ganrif, fel y tystia esgobion fel Nicholas Robinson o Fangor ac eraill yn eu llythyrau a'u hadroddiadau.[16] Ni wyddys pa gysylltiadau oedd gan Penry yng Nghymru y tu allan i'w sir ei hun i'w oleuo ar gyflwr yr esgobaethau eraill, ac mae'n debygol iddo dderbyn bod eu cyflwr yn wael ar sail yr hyn a wyddai am Dyddewi. Rhydd argraff o'r hyn oedd yn debygol o fod yn llyffetheirio ffyniant y ffydd trwy'r wlad benbaladr ac mae ei sylwadau gorgyffredinol am ansawdd y bywyd crefyddol yn amddifad o fanylion ac enwau arweinwyr eglwysig nad oedd eu gweinidogaeth yn effeithiol. Yn ôl John Strype, ef oedd y cyntaf yng nghyfnod Elisabeth i bregethu'r Efengyl yn gyhoeddus yng Nghymru, 'and sound the good seed among his countreymen', ond nid oes tystiolaeth i brofi hynny.[17] Ni ellir derbyn ychwaith y traddodiad mai ef a sefydlodd dai cwrdd yn sir Frycheiniog, yn cynnwys Troedrhiwdalar, gan nad oes tystiolaeth o hynny.[18]

Gwladgarwch a merthyrdod

Beth am yr ail gwestiwn, sef pa mor bwysig iddo oedd ei wladgarwch
pan blediai achos ei genedl yn ei draethodau a gerbron yr awdur-
dodau? Dywed Waddington mai ef oedd y cyntaf i ledaenu'r neges
am weinidogaeth bregethu yng Nghymru – 'that publicly laboured to
have this blessed seed of the Gospel sown in those barren mountains',[19]
ond mae'n amlwg na wyddai'r awdur diwyd hwnnw am ymdrechion
Salesbury, Price, Davies ac eraill i osod sylfeini'r traddodiad beiblaidd
yn y maes hwnnw cyn ei eni.

Yn ddiau, cyfraniadau llenyddol Penry a ddengys ei bwysigrwydd
fel arweinydd Piwritanaidd gan i'r propaganda a amlygir ynddynt
roi awch i'r heriau a wynebai Ymneilltuwyr cynnar ym mlynyddoedd
canol y ganrif ddilynol er na chawsai'r cyhoeddusrwydd y disgwylid
iddo'i gael y pryd hwnnw. Ni roddwyd sylw ychwaith i'w fwriad i
bregethu'r Gair yn ei famwlad gan yr awdurdodau er iddo, yn ôl ei
ddatganiadau ef ei hun, ymrwymo i'r gorchwyl hwnnw, nid yn unig
oherwydd tanbeidrwydd ei wladgarwch, ond hefyd, yn bwysicach,
ddyfnder ei ffydd a'i ddyhead i hyrwyddo pregethiad y Gair a phuro'r
Eglwys o'i holl aflendid.

Dangosodd R. Tudur Jones fod ei deimladau gwladgarol yn agos
iawn at ei galon oherwydd arwydd o'i wladgarwch pur, meddai, oedd
brwydro dros ddelfrydau ysbrydol; ond awgrymodd Glanmor
Williams mai ei Biwritaniaeth yn bennaf oedd y nodwedd amlycaf yn
ei weithiau llenyddol, er iddo, yr un pryd, roi sylw cyson i'w wlad-
garwch. 'Ei Biwritaniaeth oedd yn esgor ar ei genedlgarwch ac nid ei
genedlgarwch ar ei Biwritaniaeth', meddai, dyfarniad sy'n dyfnhau
dealltwriaeth yr hanesydd o gymhellion Penry.[20] Â Donald McGinn
ymhellach wrth ddilyn yr un trywydd. Gwêl ef ei gymhelliad yn
ymestyn yn ehangach na'r cyd-destun Cymreig, a thrwy hynny dengys
fodd o gyflwyno neges bellgyrhaeddol i'r Eglwys gyflawn:

> His motive, indeed, is only thinly disguised (. . .) and reveals the Puritan
> countenance underneath (. . .) Indeed, every major fault he finds in the
> Church of Wales may also by implication be detected in the Church of
> England, provided the critic follows the Presbyterian interpretation of
> the scriptures.[21]

Gwendidau cynhenid yr Eglwys yng Nghymru a gyfrifai am gyflwr
adfydus y ffydd ac oblegid hynny ni fu Penry bob amser yn llym ei

farn ar fethiant y Frenhines i ddiwygio'r sefyllfa. Ymhellach, ni ellir amau'r ddadl mai beirniadaeth Penry ar ddiffyg darparu'r Ysgrythurau yn y Gymraeg a gyfrifai, yn anuniongyrchol, am y symbyliad a roddodd yr Archesgob Whitgift i William Morgan i gyhoeddi'r Beibl.[22] Beth bynnag ddywedir am y posibilrwydd hwnnw – ac ni ddylid gwrthod ei ystyried – credai Penry yng ngwir Eglwys Dduw fel y dehonglid hi gan ei gyd-Ymneilltuwyr yn Lloegr.[23] Fe'i cyfrifid yn ferthyr dros ei egwyddorion, a digon teg hynny, ond pwysicach efallai yw ei gydnabod yn arwr cynnar yn y llinach Ymneilltuol honno a roddasai asgwrn cefn i'r traddodiad radicalaidd yng Nghymru genedlaethau wedi hynny. Meddai R. Tudur Jones am natur ei ddienyddiad:

> Os oedd Penri'n ymylu ar rysedd wrth fentro ei fywyd yn ymhél â Martin Marprelate, ac â'r wasg gudd, y mae'n deg sylwi fod rhyddid gwasg a rhyddid barn mewn oes ddiweddarach, yn dra dyledus i'r bobl a fynnodd leisio eu hargyhoeddiadau costied a gostio (. . .) Gallwn anghytuno â'i safiad ac â'i athrawiaeth (. . .) a chytuno (. . .) i'w anrhydeddu fel un a dalodd y pris eithaf yn ei frwdfrydedd dros yr Efengyl a'i sêl dros sicrhau iechyd ysbrydol ei genedl.[24]

Yn sicr, nid Penry oedd yr unig ffanatig ymhlith Ymneilltuwyr ei oes nac arweinwyr Eglwys Loegr, ond rhaid ystyried a yw'n deilwng o fod yn ferthyr o gofio na feddai ar athrawiaeth eithr yn hytrach genadwri dros achub eneidiau ei gydwladwyr. 'Merthyr dros y genhadaeth efengylaidd oedd John Penry', meddai John Morgan Jones, Merthyr Tudful, 'yn fwy na t[h]ros ymneilltuaeth fel y cyfryw'. Gwrthwynebiad at y gyfundrefn eglwysig wladol a'i trodd at Ymneilltuaeth a dim arall.[25] Yn y cyswllt hwnnw, fodd bynnag, gellir canfod rhyw berthynas brau ac uniongyrchol rhwng Penry ac Ymneilltuaeth gynnar Cymru'r ail ganrif ar bymtheg. Roedd ganddo gysylltiadau agos ag Ymwahanwyr Llundain, a'r tebyg yw mai Henry Barrow a John Greenwood a sefydlodd yr achos a gysylltid ag eglwys Tadau'r Pererinion yn Union Street, Borough High Street. O blith Ymwahanwyr o'r fath y rhoddodd Henry Jessey, gweinidog eglwys annibynnol yn Southwark, gymorth i William Wroth pan oedd yn sefydlu'r eglwys annibynnol gyntaf yng Nghymru yn Llanfaches, Gwent, yn 1639. Meddai Glanmor Williams:

> yr un oedd cenedlgarwch Penry yn y bôn â chenedlgarwch Cymry disglair eraill yn yr oes dymhestlog honno . . . credai pob un ohonynt

mai'r gwladgarwch puraf oedd brwydro dros eu delfrydau ysbrydol. Ni allai dim fod yn fwy er lles eu cenedl na'i chynysgaeddu'r wir ffydd.[26]

Amlygwyd hynny yn nhystiolaeth arweinwyr Protestannaidd ei oes yng Nghymru am iddynt gredu mai'r ffydd honno oedd sylfaen Cristnogaeth ym Mhrydain y canrifoedd cynnar, y myth a esgorodd ar dwf cenedligrwydd ymhlith Cymry ei ddyddiau ef ac a ddefnyddiwyd yn sail i'w cred 'dilwgr, crystynogaeth bur, a ffydd ffrwythlon ddiofer'.[27] Mae dweud hynny'n arwyddocaol wrth geisio diffinio gwladgarwch y dyddiau hynny. Yn ddiau, y ffydd, yn ôl dehongliad Penry ohoni, a gawsai'r flaenoriaeth ganddo a deuai'r awch i ddychwelyd i'w hyrwyddo yn ei famwlad yn ganlyniad i hynny.

Dengys Penry ar bob achlysur ei fod yn ddewr a hunanfeddiannol. Er iddo ymbil am drugaredd yn y llys nid ofnai wynebu'r crocbren, yn arbennig yn ei oriau olaf gan nad oedd gobaith iddo'i osgoi. 'And be it known', meddai'n herfeiddiol ar ddiwedd ei *Supplication*, wrth gyfeirio at ei eiddgarwch dros genhadu yn ei famwlad, 'that in this cause I am not afraid of death. If I perish I perish.'[28] Ac felly y bu; fe'i cyhuddwyd o deyrnfradwriaeth a'i ddedfrydu i farwolaeth.

Ganwyd John Penry mewn cyfnod pan oedd bygythiadau mewnol ac allanol yn pwyso'n drwm ar wladwriaeth y deyrnas Duduraidd er cymaint yr ysblander a briodolid gan haneswyr i'r frenhiniaeth dan Elisabeth I. Am gyfnod byr daeth i amlygrwydd mewn dyddiau heriol, yn bennaf oherwydd trafferthion gwleidyddol, crefyddol ac economaidd a ddaethai'n amlycach yn nau ddegawd olaf y ganrif cyn marwolaeth y Frenhines. Dengys hynny nad uchafbwynt gogoneddus a gafwyd ar ddiwedd ei theyrnasiad eithr ansicrwydd o ganlyniad i amgylchiadau dyrys yng ngwledydd Ewrop cyfnod y Diwygiad Protestannaidd cynnar. Ofnid o ddechrau ei theyrnasiad y byddai Sbaen a Ffrainc yn ymuno â'r ymgyrch gwrth-Ddiwygiadol yn erbyn Lloegr, ac roedd cyswllt Ffrainc â'r Alban yn fwy o fygythiad na dim arall oherwydd hawl Mari, Brenhines y wlad honno, i orsedd Lloegr. Bu i'w dihangfa i Loegr yn 1568 wedi iddi ddianc o garchar Loch Leven achosi pryder mawr i Elisabeth a dwysáodd y sefyllfa dros gyfnod o ddau ddegawd pan fu Mari'n ddraenen yn ei hystlys.

Parodd y cynnydd yn y bygythiad Catholig mewnol yn fater difrifol i frenhines a geisiai amddiffyn ei had-drefniant crefyddol, ac i'w llesteirio fe'i bygythid gan y broblem honno'n fewnol ac allanol o'r cyfandir dan arweiniad Sbaen a'r Fatican. Cynyddodd bygythiad yr 'Hen Ffydd' wedi i'r Pab Pius V gyhoeddi'r bwl *Regnans in Excelsis* yn 1570 yn ei hesgymuno a'r genhadaeth Iesuaidd a ddilynodd yn y 1580au. Prif fwriad y drefn newydd yn 1559 oedd sicrhau annibyniaeth yr Eglwys rhag ymyrraeth Rhufain yn hytrach na diffinio'i safle fel Eglwys ddiwygiedig yn unig. Bwriad y Piwritaniaid cynnar oedd difa'r llygredd y credent iddo fod ynddi a dileu'r defodau Catholig. Yn *Advertisements* yr Archesgob Parker gorfodwyd defnyddio rhuddellau'r Llyfr Gweddi, derbyn y Deugain Erthygl Namyn Un a thanysgrifio i uchafiaeth frenhinol. Dyna'r her i'r Piwritaniaid, ac yn y 1580au cynnar, yn ystod ei gyfnod yng Nghaergrawnt, ymunodd John Penry â'r Presbyteriaid. Ymhlith Piwritaniaid y dyddiau hynny fe'i hamlygodd ei hun a rhoi ei gefnogaeth i garfanau lleiafrifol yn Llundain, Northampton a'r Alban wedi iddo adael Caergrawnt a Rhydychen.

Beth bynnag a ddywedir am gymhelliad John Penry i weithredu'n benodol dros ei gyd-Gymry – ac mae digon o dystiolaeth ar gael yn ei draethodau i brofi hynny – ni ellir diystyru cryfder ei argyhoeddiadau mewn cyd-destun ehangach. Cyhoeddodd ei waith er mwyn rhoi sylw manwl i ddiffygion trefniadaeth eglwysig yn ganolog ac i gynnig y dulliau y byddai ef yn eu cymeradwyo i'w diwygio. Pwysleisiai'n gyson yn yr *Aequity*, ei draethawd arloesol a roes iddo'r cyfle i arddangos ei argyhoeddiadau, yr angen am well gweinidogaeth bregethu yng Nghymru, ac ni phallodd ei ddewrder geiriol yn yr *Exhortation*, traethawd sy'n fwrlwm o sylwadau difrïol ar gyflwr yr Eglwys. Ymosododd yn ddidrugaredd ar yr esgobion a thrafod diffygion y swydd honno gan na chredai fod unrhyw gyfiawnhad ysgrythurol drosti. Yr un pryd anogodd lywodraethwyr Cymru i ddarparu'n helaethach ar gyfer diwygio bywyd ysbrydol ei genedl, a siarsiodd yr Arglwydd-Lywydd i ymgymryd, yn rhinwedd ei swydd, â'r dasg honno'n ddi-oed. Yn 1588 hefyd ymddangosodd *A Supplication unto the High Court of Parliament*, yr hwyaf a'r mwyaf treiddgar o'i gyfraniadau, ac ynddo ceisiai grynhoi'n fanwl broblemau'r byd crefyddol yng Nghymru ac annog y Senedd i ymgymryd ar fyrder â'i dyletswydd i'w ddiwygio. Ym mhob un o'r traethodau maith hyn ymddangosodd John Penry yn ddiwygiwr pybyr a gyflwynai ei achos, yn ôl arfer ei oes, mewn dull ymosodol. Ceisiai fodloni arweinyddiaeth y Presbyteriaid, ac ar yr un pryd ddarbwyllo Tŷ'r Cyffredin a Chyngor Cymru a'r Mers o ddilysrwydd ei genhadaeth. Yn y cyd-destun hwnnw fe'i cydnabyddid yn un o'r lleygwyr mwyaf eofn ei safiad a'r mwyaf egnïol a thanbaid ei wrthwynebiad i'r drefn eglwysig. Gyda pheth chwerwder cyfeiriodd at benderfyniad yr awdurdodau i'w erlid yn wastad a'i rwystro rhag mwynhau bywyd teuluol er iddo ddymuno hynny:

> I am toss'd from post to pillar and permitted to have no assurance of quiet in any of her Majesty's territories and dominions (. . .) I have other things to do than to be a contentious man – one with whom the whole world should be at debate. I have also a life whereof there is no cause, I thank God, I should be weary.[29]

Achwynai Penry'n ddwys ac angerddol nad oedd yr Eglwys yn cyflawni ei chenhadaeth i geisio adfer gwir grefydd. Dadleuai ei achos yn aml trwy ddisgrifio'r anfri a'r sen a fwrid ar y Senedd a sefydliadau eraill pe gwrthodid ei gais. Os na roddid gwrandawiad iddo, meddai, byddai Duw yn cael ei esgeuluso, safle'r Frenhines yn cael ei beryglu ac achos crefydd yn edwino ymhlith llywodraethwyr y deyrnas. Heriodd y Senedd i feiddio cyhuddo'i hun o fod yn anystyriol o'r angen dyfnaf, sef gweinidogaeth dduwiolfrydig a chyson.

Sut aeth John Penry ati i amlygu'r gwendidau a welsai ef yn y drefn eglwysig newydd? Yn unplyg a threfnus, er yn llafurus, pwysleisiodd ei ddadl ganolog, sef annigonolrwydd y weinidogaeth bregethu. Cyfrifai fod hynny'n destun gwarth. Er i'r deyrnas bellach gynnal ffydd Brotestannaidd, meddai, ni ellid ei chyfiawnhau oni bai ei bod yn fynegiant gwiw o Air Duw. Byddai caniatáu anwybodaeth o egwyddorion sylfaenol y ffydd ymhlith y Cymry yn weithred ysgeler y gallai Duw ddial arni. Cyfeiriodd yn aml at bwerau'r Fall a fygythiai barhad y deyrnas ac a greai dywyllwch ysbrydol dudew. Gwybodaeth achubol oedd yn ddiffygiol, meddai'n ddeifiol, ac anallu'r Cymry i wybod pwy oedd Iesu Grist.[30] Tosturiodd wrthynt yn eu hanghrediniaeth, eu hanllythrennedd a'u hofergoeliaeth. Ystyrid bod trueni o'r fath, meddai ymhellach, yn arwydd o'u diffyg dealltwriaeth o ystyr cariad Duw ac yn amlygiad ohono'n fod creulon di-drugaredd. Geilw am ryddid o 'dywyllwch dybryd anwybodaeth' ac eilunaddoliaeth trwy sefydlu gweinidogaeth bregethu.

Nid rhyfedd i John Strype, bywgraffydd yr Archesgob Whitgift, alw Penry yn 'hot Welchman' a 'zealous plat-former and enemy of the Bishops (. . .) notorious for his foul language' yn 1588 wedi ymddangosiad yr *Exhortation* a'r ensyniadau sarhaus a gynhwysid ynddo.[31] Yn ôl Strype, a drwythodd ei hun yn hanes y Diwygiad Protestannaidd yn Lloegr, nid oedd dim amgenach yn Penry na ffanatigrwydd, ac yn ei farn ef Piwritan digyfeiriad wedi colli'r ffordd ydoedd; 'a poor unhappy young man (. . .) mistaken in his principles', a gŵr ffantasïol cymharol ifanc a geisiai newid y byd crefyddol y trigai ynddo.[32] Ond nid ef oedd yr unig un o blith y garfan gynyddol na chredai fod yr Eglwys sefydledig yn eu dydd yn cyflawni'r hyn a ddisgwylid ganddi, a hynny oherwydd nad oedd ei harweinyddion yn gymwys i gyflawni eu dyletswyddau. Ychwanegid dimensiwn pellach i'w ymgyrch am fod ei wreiddiau yng Nghymru, ac ni allai beidio â dwyn i gof ei ddarllenwyr mai yno y bwriadai gyflawni ei genhadaeth. Fel y cyfeiriwyd eisoes, ni fyddai honno'n genhadaeth hawdd am nifer o resymau. Er iddo fod yn deithiwr parod, byddai ymgyrchu yn rhannau mwyaf anhygyrch Cymru yn her fawr iddo. Ni fagodd gysylltiadau agos ag eraill o'r un anian ag ef yn esgobaethau'r de ac nid oedd unrhyw dystiolaeth ychwaith fod ganddo berthynas agos ag Edward Downlee o Gaerfyrddin, ei gefnogwr yn y Senedd, pan gyflwynodd ei *Aequity* yn 1587, nac eraill yn yr esgobaethau hynny a allai fod o gymorth a rhoi arweiniad iddo. Wedi iddo ddychwelyd i Lundain yn 1589 ac ymuno ag Eglwys Ymneilltuol yno disgwylid iddo dderbyn swydd i'w chynnal, ond gwrthododd am mai yng Nghymru y credai y dylai genhadu:

> It hath been my purpose always to employ my small talent in my poor country of Wales, where I know that the poor people perish for want of knowledge (. . .) I saw myself bound, in conscience, to labour for the calling of my poor kindred and countrymen unto the knowledge of their salvation in Christ.[33]

Er i eiriau tebyg i'r rhain gael eu hatseinio sawl gwaith ganddo mae'n rhaid ystyried ai cenhadaeth yng Nghymru, yn y bôn, oedd bwysicaf iddo o gofio mai diwygio'r drefn eglwysig yn y deyrnas gyfan oedd ei brif fwriad mewn gwirionedd.

Mae'n rhaid ystyried hefyd y cyfrwng a ddefnyddiai Penry i gyhoeddi ei neges. Ac eithrio ambell gyfeiriad prin yn y Gymraeg, yn Saesneg yr ysgrifennai'r cyfan o'i waith, ac roedd hynny'n ddealladwy gan mai ymgyrch i ennill cefnogaeth arweinwyr y byd eglwysig yn y deyrnas gyfan oedd ganddo. Faint o feistrolaeth ar y Gymraeg ysgrifenedig a feddai, tybed, fel y gallai ei defnyddio pe bai galw am hynny. Barn ambell un – sy'n gamarweiniol – yw na allai siarad yr iaith o gwbl, ond, yn ddiau, Cymraeg fyddai iaith ei gartref ar fryniau Epynt. Eto, gan i Penry dreulio'r rhan helaethaf o'i fywyd, wedi iddo fynd i Gaergrawnt, yn Lloegr a'r Alban ni welai bwrpas mewn ysgrifennu yn ei famiaith, a'i brif amcan oedd annerch a dylanwadu ar y Senedd a sefydliadau eraill y llywodraeth ganolog.[34] Er hynny, gallai fod wedi cyhoeddi datganiadau yn yr iaith i gyhoeddi ei argyhoeddiadau gyda'r bwriad o genhadu ymhlith rhai arweinwyr eglwysig yng Nghymru, ond ni wnaeth ymdrech i wneud hynny. Mae'n wir ei fod yn gyfar-wydd â'r traddodiad am dwf Cristnogaeth gynnar ym Mhrydain ac iddo wybod am gynnwys *Y Drych Cristionogawl*, ond ni ellir mynd ymhellach na hynny. Ni cheir sôn iddo feithrin unrhyw gyfeillgarwch rhyngddo â Chymry yng Nghaergrawnt ac ni chyfeirir at gysylltiadau rhyngddo â Chymry Cymraeg deallus yn Lloegr nac yn ei famwlad. Er cymaint ei bryder dros gyflwr moesol ac ysbrydol ei gydwladwyr mae lle i gwestiynu ai gwasanaethu'i wlad oedd bwysicaf yn ei raglen genhadol ynteu'r ymgyrch ehangach dros lanhau'r Eglwys o'r hyn a ystyrid ganddo'n wehilion Catholigiaeth, a chyflwyno iddi drefn Galfinaidd.

Mae'n wir i'r *Aequity* drafod rhai gwendidau sylfaenol ynglŷn ag absenoledd, bywoliaethau amfeddedig, safon isel yr offeiriadaeth a diffyg gweinidogaeth bregethu, ond, at ei gilydd, diffygion oedd y rhain a nodweddai'r bywyd crefyddol yn Lloegr hefyd. Yn ddiau, prin iawn yw manylion Penry a theimlir bod yna ormod o gyffredinoli yn codi o'r holl draethodau a gyhoeddodd a'r cyfeiriadau ysgrythurol niferus ynddynt nad ŷnt yn gymorth o gwbl i roi arweiniad pendant i sefyllfaoedd pwrpasol y byddai'n rhaid iddo eu hwynebu. Mae'n rhaid cydnabod, wrth gwrs, fod arddull o'r fath yn nodweddu gweith-iau awduron Piwritanaidd eraill yn Lloegr ei ddydd, a bod trymder ymadrodd ac ymresymu beichus amleiriog a gwasgaredig trwy ddef-nyddio testunau beiblaidd i gryfhau ac weithiau gymylu'r ddadl, yn llethu'r neges yn fynych. Er hynny, y neges Biwritanaidd i hyrwyddo gweinidogaeth bregethu oedd amlycaf yn ei draethodau, a dyna fu ei amcan hyd y diwedd. Ni chynigiodd unrhyw gynllun i geisio datrys y broblem o ymroi i'r gwaith, ac nid oes dystiolaeth fod unrhyw Gymro deallus wedi cefnogi a chynorthwyo'i achos. Ymhellach, faint o bregethwyr – offeiriadol a lleyg – tybed, y gallai eu canfod yng nghefn gwlad Cymru i'w gynorthwyo i ledaenu ei Biwritaniaeth, ac onid gorlwyth arno'n bersonol fyddai ceisio ymgodymu â gwrthwynebiad esgobaethol mewn blynyddoedd pan oedd y galw am undod ewyllys mewn eglwys a gwladwriaeth yn pwyso'n drwm ar y llywodraeth? Ni chafwyd unrhyw ymateb i'w gri yn ei wlad ei hun, sydd ynddo'i hun yn arwyddocaol, ac ni chodwyd llef o dosturi drosto ychwaith wedi iddo wynebu'r gosb eithaf. Cyfeiriwyd eisoes at y ffaith mai

Vavasor Powell oedd y cyntaf i gydnabod ei gyfraniad i Biwritaniaeth, ond ni ddywed fawr ddim amdano.[35] Gwyddai Charles Edwards hefyd iddo 'betisiwna'r frenhines a'r Parliament am ychwaneg o hyfforddiant iddi gan ddangos *fod y blâ o newyn arni, oherwydd anghyfannedd-dra tŷ Dduw ynddi* (Hag[ai] 1.9.)'[36] Eto, ni chafwyd unrhyw gyfeiriad ato gan arweinwyr Ymneilltuol eraill yng Nghymru o ddiwedd y 1630au ymlaen, ac mae lle i gredu na wyddai neb fawr ddim amdano.

Y cyntaf i roi sylw manwl iddo oedd y cofnodwr hwnnw Anthony à Wood yn ei *Athenae Oxonienses* (1691–2), ac ef, yn ei golofnau, yw'r cyntaf hefyd i gofnodi mai brodor o sir Frycheiniog ydoedd, a chredai hefyd mai ef oedd Marprelate.[37] Yn gamarweiniol dywed fod ganddo gysylltiadau â Robert Browne a Henry Barrow ac mai 'ailfedyddiwr' ydoedd a gredai mewn bedydd trochiad. Fel Strype – sy'n rhoi lle digon amlwg i John Penry yn ei gyfrol ar John Whitgift – disgrifia Wood Penry fel un byrbwyll oherwydd ei waed Cymreig: 'a good man; but being a person full of Welsh blood, of a hot and restless head, did, upon some discontent, change the course of his life.'[38] Gwrthwynebydd cadarn iddo ef a'i Bresbyteriaeth oedd Peter Heylyn yn ei *Aerius Redivivus* (1670), ac roedd Daniel Neale yn ganmoliaethus er bod llawer o'r hyn oedd ganddo i'w ddweud yn dilyn barn Strype.[39] Disgrifiodd Joshua Thomas, hanesydd cynnar Bedyddwyr Cymru, ef hefyd yn ŵr cadarn,[40] a chredai David Peter, gweinidog gyda'r Annibynwyr a Phrifathro Coleg Caerfyrddin, hefyd, fel Thomas, mai dilynwr i Robert Browne oedd Penry.[41]

O droi at rai na welsant yn dda i gymeradwyo Penry fel diwygiwr Piwritanaidd, saif Robert Williams, clerigwr ac ysgolhaig, a fu'n offeiriad mewn sawl bywoliaeth yn cynnwys Rhydycroesau, yn amlwg. Yn ei *Enwogion Cymru: A Biographical Dictionary of Eminent Welshmen* (1852) dangosodd ei wrthwynebiad i Penry ar sail ei Biwritaniaeth. Yn ei farn ef Penry oedd Marprelate ac roedd hynny'n ddigon i'w gondemnio.[42] Tebyg oedd dedfryd Syr Thomas Phillips arno yn ei gyfrol bwysig *Wales* yn 1849,[43] ond aeth A. G. Edwards, Archesgob Cymru, ati i'w ddisgrifio'n ddibrisiol fel 'gweledydd terfysglyd ac ansefydlog' ('turbulent and unstable visionary').[44] Canmolwyd ef gan William Rowlands (Gwilym Lleyn), yn *Llyfryddiaeth y Cymry* (1869), a sylwodd ar ei rinweddau yn fwy nag unrhyw nodweddion eraill, ond ni chredai Daniel Silvan Evans, golygydd y gyfrol, y dylai'r awdur fod wedi cyfeirio at Penry gan mai traethodau Anghydffurfiol yn Saesneg yn unig a gyhoeddodd.[45] 'Canfyddir fod yr awdwr wedi rhoddi gofod pur helaeth i Penry', meddai, 'er nad yw y rhan fwyaf o'i ysgrifeniadau yn dal ond ychydig o berthynas â llenoriaeth Cymru. Perthyn Penry yn fwy, 'meddai ymhellach, 'i hanes Anghydffurfiaeth neu Ymneilltuaeth nag i hanes llenyddiaeth, yn enwedig llenoriaeth Gymreig; gan nad ymddengys iddo ysgrifenu cymmaint a llinell erioed yn yr iaith hono'. Er hynny, fe'i gelwid yn 'the star of Cambria' gan John Waddington yn ei *John Penry, the Pilgrim Martyr* ac fe'i hystyriai, mewn dull braidd yn unllygeidiog efallai, yn un o sylfaenwyr yr Anghydffurfiaeth a ddaeth i amlygrwydd yn y bedwaredd ganrif ar bymtheg. Disgrifiodd yr hanesydd Thomas Rees ef hefyd yn 'pioneer of Welsh nonconformity' mewn cyfnod pan oedd Anghydffurfiaeth ar ei hanterth.

Yn nyddiau goruchafiaeth Anghydffurfiaeth yng Nghymru blynyddoedd canol y bedwaredd ganrif ar bymtheg a'r gwrthdaro cynyddol rhyngddi a'r Eglwys Wladol am hawliau crefyddol a gwleidyddol rhyddfrydol a fu'n sail i'r ymgyrch dros ddatgysylltiad, gwelodd yr enwadau crefyddol yr angen i atgyfnerthu eu sefyllfa. Un ffordd o gyflawni hyn oedd trwy atgyfodi o'r gorffennol arwyr amlwg a fyddai'n dangos cryfder eu traddodiad Ymneilltuol. Ymhlith eraill, cewri mawr y pulpud yn eu dydd, oedd John Elias, y brodyr Henry a William Rees (Gwilym Hiraethog), Owen a John Thomas, John Jones, Tal-y-sarn, Samuel Roberts, Christmas Evans a William Williams (o'r Wern), a theimlid bod angen turio i'r gorffennol i fawrygu seiliau eu Hanghydffurfiaeth. Yn Lloegr, dyrchafodd Waddington ef yn ferthyr am iddo, fel ei gymheiriaid a gyd-ddioddefodd ag ef, fod yn driw i'w argyhoeddiadau hyd y diwedd. Ac meddai:

In the execution of Penry the Elizabethan prelates imagined that they had achieved a signal victory (. . .) But the proud and cruel priest [sef Whitgift] had greatly miscalculated the gain he expected. The vitality of the bleeding church was not destroyed (. . .) the vine was brought out of Egypt and planted in a virgin soil. (. . .) The church of England suffered a moral collapse.[46]

Cyfeiriad oedd hwn at ymfudiad y Piwritaniaid cynnar i'r Byd Newydd a'r Iseldiroedd. Er nad oedd ymdriniaeth Waddington o'r ffynonellau bob amser yn drefnus nac yn ddisgybledig, yn ddiau dyna'r astudiaeth lawnaf ohono cyn i *John Penry: His Life, Times and Writings*, cyfrol swmpus William Pierce, gweinidog Annibynnol a aned yn Lerpwl, ymddangos yn 1923.[47] Ynghyd â *History of Protestant Nonconformity in Wales* (1861), gwaith manwl yr ysgolhaig Thomas Rees, a ddibynnai lawer ar Waddington am ei ddeunydd, portreadir Penry fel merthyr a gawsai gam gan awdurdodau eglwysig ei ddydd ac a oedd yn ddolen gydiol rhwng ymdrechion ei oes dros ryddid cydwybod a brwydrau Anghydffurfwyr ail hanner Oes Fictoria dros ryddfreiniau crefyddol a gwleidyddol. Yn Undeb yr Annibynwyr a gynhaliwyd yng Nghaergybi yn 1893 – blwyddyn cofio trichanmlwyddiant marwolaeth Penry – traddodwyd un o'r anerchiadau arno gan David Adams, gweinidog Hawen a Bryngwenith yng Ngheredigion ar y pryd, diwinydd praff ac arloeswr ymwybyddiaeth o ddiwinyddiaeth newydd yr Almaen yng Nghymru. Yn yr undeb honno cytunwyd i ddatgan yn gyhoeddus benderfyniad er cof parchus am Penry fel arwr Ymneilltuol:

> am fod amcanion ac egwyddorion John Penry yn cael eu sylweddoli mor helaeth ym mhlith Anghydffurfwyr y Dywysogaeth (. . .) [cymhellir] eglwysi yr Enwad i barhau i ddysgu egwyddorion Anghydffurfiaeth i'w pobl ieuainc – yr egwyddorion dros y rhai y collodd Penry ei fywyd.'[48]

Yn y flwyddyn honno ac wedi hynny, ymddangosodd sawl cyn-hyrchiad, yn erthyglau a phamffledi, yn Gymraeg a Saesneg, yn mawrhau gyrfa Penry, er enghraifft gan H. Elvet Lewis, John Thomas, Lerpwl, David Peter, Thomas Phillips, E. Herber Evans ac O. M. Edwards.[49] O'u plith y bennod yn llyfr Edwards *Cartrefi Cymru* yw'r llawnaf o ran cynnwys er bod mwy o ramanteiddio ac anghydbwysedd ynddo na dim arall. Ar y llaw arall, llawer mwy miniog oedd y mateb Robert Williams, ficer Dolwyddelan, yn ei ysgrif yn *Y Geninen* yn 1893, a aeth ati i fychanu a dibrisio Penry a'i waith llenyddol. Gan na chredai iddo farw dros oddefgarwch na rhyddid cydwybod na dim oll a briodolid iddo gan eraill, yn arbennig Anghydffurfwyr, gwêl yr awdur ef mewn cyd-destun llawer mwy ymarferol yn fradwr i'r Frenhines a'i llywodraeth a ddygai anfri ar Eglwys Brotestannaidd a sefydlwyd er cynnal undod cyfansoddiadol yn y deyrnas. Ac meddai:

> 'Y seraphaidd John Penri', y geilw un ef. Gair ammwys 'Seraphiaid' hefyd, yw yr Hebraeg am y seirph tanllyd, gwenwynig, frathent Israel yn yr anialwch. Pa un ydoedd Penri? Y mae ysmotyn yn difwyno gwisg sant. Ac os seraph o gwbl, seraph sarphaidd ydoedd Penri, oblegid medrai frathu – a gwnai.[50]

Anathema oedd Penry i'r mwyafrif o arweinwyr Eglwys Loegr, ac ar sail ei Anglicaniaeth ni welai Robert Williams fawr o rinwedd yn Penry na'i ymgyrch, a hynny'n bennaf am ei fod yn cynrychioli gweddau ar grefydd a ymylai ar ffanaticiaeth ac a danseiliai sofraniaeth frenhinol ac awdurdod cyfansoddiadol teyrnas Loegr. 'Ni chydnabyddai waith neb arall', meddai'r awdur ymhellach, 'onid ymostyngai i'w anffaeledigrwydd ef – anffaeledigrwydd gŵr ieuangc hunandybus'. Gesyd Penry mewn cyd-destun cwbl hunanol, ac oherwydd hynny roedd yn ystrydebol ac annigonol ei farn amdano.

O droi eto at gofiant sylweddol William Pierce, ynghyd â'i *An Historical Introduction to the Marprelate Tracts* (1908), deuir at ymdrech feirniadol ehangach a mwy cynhwysfawr i ymdrin â bywyd a gyrfa John Penry, ac er bod lle i amau rhai o'i gasgliadau gor-ganmoliaethus, yn ddiau gesyd yr awdur ei wrthrych mewn cyd-destun hanesyddol llawer mwy credadwy na sawl un o'i ragflaenwyr. Pan osododd yr hanesydd Americanaidd Donald McGinn ei linyn mesur beirniadol ar nifer o'i ddehongliadau, yn arbennig ei farn mai Penry oedd awdur tractau Marprelate, fe'i beirniadwyd yn hallt gan yr hanesydd Leland H. Carlson am ei haerllugrwydd.[51] Yn 1944 cyflawnodd Albert Peel waith manwl yn trawsysgrifio a golygu llyfr nodiadau Penry a ysgrifennwyd yn 1593, ychydig cyn ei farwolaeth. Er iddo anelu at fod yn wrthrychol yn ei ymdriniaeth o'i yrfa ni all ymwrthod rhag dangos peth cyd-ymdeimlad ag ef:

> Penry had risked his life in a cause he deemed to be righteous; he had many times declared himself ready to lose it, and lose it he did (. . .) Resolute to the end, zealous, faithful if foolhardy, he went to his death, his character all of one piece, his personality rich and colourful.[52]

Cyffelyb oedd sylw un anhysbys a ymgymerodd â'r gorchwyl o gyhoeddi *The Historie of Corah, Dathan, and Abiram* yn 1609, dros bymtheng mlynedd wedi marwolaeth Penry:

> he was a godly man, learned, zealous, & of a most Christian carriage and courage (. . .) And wel known it is, that with all godly care & labour he endeavoured to have the Gospell preached and planted among his poore countrymen. After all this, God using him as a further instrument for the more clear manifestation of the truth; he was hardly intreated, imprisoned, condemned, and executed; & so suffered Martyrdome for the name of Christ.[53]

Roedd ymroddiad Penry i'w genhadaeth yn ddi-gwestiwn ond, o'i gymharu â'i gyd-Ymneilltuwyr cyfoes Henry Barrow a John Greenwood ac eraill yn Lloegr, methodd â lledaenu ei genadwri'n ddigon eang fel y dymunai. Ei Biwritaniaeth oedd y nodwedd a ymddangosodd amlycaf yn ei draethodau a gymhwyswyd ac a estynnwyd ganddo i gwrdd ag anghenion Cymru.

* * *

Yn wyneb hyn oll, felly, mae'n rhaid ymateb i rai cwestiynau arweiniol ynghylch ei yrfa fer a'i safle yn y mudiad Piwritanaidd. O ystyried ymchwil haneswyr modern Cymru, fel David Williams, R. Tudur Jones a Glanmor Williams, deuir i ddealltwriaeth lawnach o yrfa fer John Penry. Yn eu cyfraniadau hwy, yn bennaf mewn cylchgronau, trafodir ei wladgarwch a chryfder ei argyhoeddiadau ymhlith agweddau eraill ar ei gynnyrch llenyddol. Pwysleisia R. Tudur Jones na ddylid bwrw sen ar ei gariad tuag at ei gyd-Gymry a dywed 'fod ei wladgarwch yn gwreiddio nid yn unig yn ei bryder naturiol am ei wlad a'i phobl ond hefyd yn ei argyhoeddiadau Beiblaidd'.[54] Gwêl David Williams ef yn 'enigma', yn gymeriad dyrys ac annirnadwy, yn arbennig yn ei berthynas â'r wasg ddirgel a gyhoeddai lenyddiaeth eofn ac enllibus, ac yntau'n ymwybodol o'r peryglon y gallai hynny eu hachosi er iddo gyffesu didwylledd ei deyrngarwch i'r Frenhines Elisabeth.[55] Hyd ei farwolaeth ni ddaethai'r awdurdodau, er eu hamheuon ohono, i ddatrys dirgelwch pwy oedd awdur traethodau Marprelate a beth oedd rhan Penry ei hun yn y fenter. Ai gŵr oedd hwn a wynebai bob anhawster yn ddewr er cyrraedd ei amcan, ynteu ffanatig llwyr a anwybyddai farn a chyngor unrhyw un arall a âi'n groes i'w ddaliadau? Yn ddiau, yn y bôn, gŵr ifanc ystyfnig ydoedd ac efallai nad oedd Strype ymhell o'i le pan ddisgrifiodd ef yn berson unig, annoeth ei ymdriniaeth o eraill ac ansicr ei argyhoeddiadau. Er ei fod yn Galfin pybyr ni feddai ar gorff o ddiwinyddiaeth i'w gyflwyno oherwydd glynodd yn ystyfnig wrth yr obsesiwn a ymddangosai'n fynych i lenwi tudalennau ei draethodau, sef ymwrthod yn llwyr ag esgobyddiaeth, gweinidogaeth ddarllen, llygredigaeth eglwysig a'r dyhead i genhadu'r hyn a ystyriai ef yn Eglwys Dduw yn ei wlad enedigol. Yn ôl yr hanesydd Anghydffurfiol Thomas Rees roedd Penry yn 'talented, courageous, and [an] eminently pious man' ac yn 'an intrepid countryman'.[56] Ac meddai'r awdur hwnnw ddeng mlynedd yn ddiweddarach:

Bu ei enw da am oesau yn cael ei dduo a'i enllibio gan haneswyr rhagfarnllyd ac anwybodus, ond bellach mae llwch a llysnafedd enllib yn cael eu golchi ymaith oddi arno, a'i gymeriad glân, fel seren oleu yn mysg y Diwygwyr Protestannaidd, yn dechreu dysgleirio.[57]

O gofio am hinsawdd Anghydffurfiol yr oes pan ysgrifennwyd y geiriau hyn, mae'n amlwg na ellir eu diystyru, ac eto mae'n amheus a ddifenwyd cymeriad Penry i'r graddau a ddywed yr awdur ac eithrio gan rai brwd dros Eglwys Loegr. Mwy tebygol oedd iddo gael ei anghofio'n fwy na'i 'dduo a'i enllibio' dros gyfnod o ddwy ganrif a hanner, a hynny'n bennaf am nad oedd ganddo ddisgyblion i'w ddilyn na thŷ cwrdd dan ei enw yn Lloegr na Chymru, er bod H. M. Hughes, heb dystiolaeth i brofi hynny, yn credu mai ei ddylanwad ef fu'n gyfrifol am gynulleidfaoedd, nas enwir ganddo, yng nghymdogaeth Llangamarch a Llanfair-ym-Muallt.[58] Roedd gan Hughes ddadl i'w phrofi, ond ni lwyddodd i wneud hynny. Yn ei lyfryn a gyhoeddwyd fel rhan o ddathliad pumed Jiwbili 'y troi allan' yn 1662 credai'n gryf fod merthyrdod Penry yn sail i'r digwyddiad hwnnw a'i fod yn dad i'r 'Tadau Pererin' a ymfudodd i'r Iseldiroedd ac yna i America yn 1620 ac ymhellach yn ysbrydoliaeth i William Wroth fynd rhagddo i gludo'r 'fflamdorch a oleuasai efe'. Ac meddai ymhellach:

Ei grogbren yw'r drws agorwyd i ysbryd Cymru newydd ddod i mewn, a dilyn ei lwybr efe mewn mannau heddyw wrth hawlio crefydd rydd mewn gwlad rydd. Mae merthyrdod Penry yn wystl drud o ddinistr sicr pob traha a gormes mewn byd ac Eglwys yn y Gymru wen a garai mor fawr.[59]

Diau mai ethos Anghydffurfiol diwedd Oes Fictoria yng Nghymru a gyfrifai am deyrnged mor annigonol ac arwynebol.

O gymharu Penry â William Wroth, John Miles, Walter Cradoc, Vavasor Powell ac eraill o blith arloeswyr Ymneilltuol Cymru'r ail ganrif ar bymtheg, y mae'n amlwg na chafodd y cyfle i ymestyn ei genhadaeth lawer y tu allan i'r geiriau a gyhoeddodd, er mor danbaid oeddynt, ac roedd y rheini'n wrthun gan awdurdodau'r Eglwys ac yn gwbl gaeedig yn ei wlad ei hun. Treuliai'r rhan fwyaf o'i ddyddiau yng nghanolbarth Lloegr, yr Alban a Llundain, a theithiai rhwng y parthau hynny, ond dan gochl amheuaeth ac ofn y gwnâi hynny fynychaf, heb fedru arddangos ei ddoniau'n agored a chwbl argyhoeddedig i gynulleidfaoedd. Mae'n wir iddo weinidogaethu yn y mannau hynny ac ymaelodi ag eglwysi Ymneilltuol ynddynt, ond ymddengys mai cyfyng fu'r ymateb i'w genadwrau, a hynny oherwydd y pryderon a'i lluddiasai.

Cyfeiriodd nifer o sylwebyddion at Penry fel merthyr dros ei argyhoeddiadau – '& so suffered martyrdome for the sake of Christ' – a chyfyd hynny ystyriaethau diddorol i'w trafod.[60] Yn ystod yr achos terfynol yn ei erbyn erfyniodd am faddeuant y Frenhines am iddo dramgwyddo yn ei herbyn hi, ei sofraniaeth a'i hawdurdod, ac mewn geiriau dirdynnol meddai:

> If shee adiudge mee to death, or to the most intollerable servitude that can bee invented, for the whole terme of this my short stinted lyfe; I offer heere vnder my hand to vndergoe that penalty, without any shew of vnwillingnes as neere as I can.[61]

Braidd yn hyf yw'r geiriad yn nheitl llyfryn byr Champlin Burrage – *John Penry, the So-called Martyr of Congregationalism* – efallai; eto, dengys beth cydymdeimlad â Penry. Yn ôl J. Dover Wilson, sy'n anghytbwys ei farn, gellid ei gymharu'n deg ag unrhyw ysgolhaig deallus ei gyfnod: 'one of the finest spirits of an age exceptionally rich in spiritual and intellectual achevement.'[62] Awdur arall a ddangosodd dosturi tuag ato oedd H. M. Dexter a gredai nad oedd dim yn y llythyrau na phapur-au eraill a ysgrifennodd yn y carchar a haeddai iddo orfod wynebu'r gosb eithaf.[63] Yn ddiau, ysglyfaeth i'w amgylchiadau felly oedd Penry ac ni allai ddianc rhag ffieidd-dra'i elynion a oedd yn benderfynol o'i erlid a'i ddedfrydu'n euog ar gyhuddiadau llai na'r rhai a haeddai'r gosb o farwolaeth.

Cymro a gwladgarwr yn ddiau oedd Penry, nid cenedlatholwr yng nghyd-destun yr oes bresennol. Ni feddai ar gymhellion gwlei-dyddol eithr dyfalbarhad dros amddiffyn anghenion mwyaf cenedl. Dyna'i gyflawniad pennaf. Gwna G. J. Williams hynny'n eglur yn ei ysgrif yn 1943 i ddathlu tri chant a hanner o flynyddoedd ers ei far-wolaeth, ac meddai:

> Nid oes dim newydd na gwreiddiol yn ei gynlluniau (. . .) gellid tybied mai ofer fu holl ymdrechion John Penri dros Gymru. Ond nid yn ofer chwaith. Yr oedd un peth yn aros, yr esiampl a roes o ymgysegriad llwyr i'r gwaith o wasanaethu ei bobl ei hun.[64]

Yn ddiau, gellir cymhwyso'r hyn a ddywed am Penry i amgylchiadau a her yr oes bresennol, sef yr angen i adennill yr ysbryd hunan-aberthol, y sêl a'r ymroddiad i atgyfnerthu bywyd ysbrydol y genedl, o dan faner gwladgarwch Cristnogol. Ai merthyr, felly, oedd John Penry? Dyna'r disgrifiad ohono mewn llenyddiaeth grefyddol fodern am iddo farw dros yr hyn y credai'n angerddol ynddo heb ildio dim i'r awdurdodau. Dywed Dexter ei bod hi'n anodd i'r esgobion ymdrin â'i achos gan nad oedd wedi ysgrifennu unrhyw lyfrau i'w cynorthwyo ers iddo droi'n Ymneilltuwyr a'i fod yn bendant na ellid ei gyhuddo o deyrnfradwriaeth dan statud 1580 am iddo ddifrïo'r Frenhines trwy gyhoeddi llenyddiaeth i'w henllibio yn hytrach na chynllwynio i wrthryfela'n ei herbyn.[65] Ymhellach, dylid gofyn a ellir ei gymharu â merthyron Protestannaidd fel Thomas Cranmer, Hugh Latimer, John Hooper a Nicholas Ridley? Yn bendant, nid oedd mor enwog â hwy ac ni fu ei farwolaeth yn achos cynnwrf mor gyhoeddus. Nid oedd ychwaith yn ŵr eglwysig a enillasai swyddi uchel ac nid ymgreiniai gerbron allor uchelgais. Eto, bu farw fel y bu iddo fyw, yn deyrngar dros ei ffydd fel y dehonglai ef hi, ac oblegid hynny, ni ellir llai na'i gydnabod yn ferthyr drosti.

O'r safbwynt hwn efallai gellid ei gymharu i raddau â Steffan, y merthyr Cristnogol cyntaf – 'yn llawn gras a nerth' – er na chyflawnodd ryfeddodau nac arwyddion mawr ymhlith y bobl na chael y cyfle i ddylanwadu ar raddfa eang ar unrhyw gynulleidfa gan nad enillasai amlygrwydd o'r fath.[66] Ei draethodau niferus oedd ei unig dystiolaeth, a gellir derbyn iddo farw'n ferthyr a thyst, nid fel aelod o unrhyw sect nac enwad na charfan arbennig o Ymneilltuwyr eithr fel lladmerydd y ffydd fel y dehonglai ef hi trwy genhadu dros bregethiad y Gair ac iachawdwriaeth yr enaid a fu'n sail i dwf Anghydffurfiaeth yng Nghymru. Honnir iddo farw, fel llawer iawn o'i gyfoeswyr ac eraill a'i dilynodd, dros ryddid cydwybod, yr ymwybyddiaeth foesol o'r gwahaniaeth rhwng da a drwg a'r hawl i weithredu'r hyn a ystyrid yn gyfiawn. Ar fur allanol capel Marlborough ar yr Old Kent Road yn Llundain – capel sy'n coffáu Penry, a grogwyd gerllaw, mewn man a elwid 'The Elms', sydd erbyn hyn wedi'i orchuddio ag adeiladau, ac a ddinistriwyd gan fom y gelyn yn ystod yr Ail Ryfel Byd – gosodwyd coflech iddo nad yw bellach ar gael. Arno, cofnodwyd y frawddeg fer ganlynol: 'He died for liberty of conscience'.[67] Mae'n wir na chawsai'r dylanwad a ddymunai ymhlith ei gyd-Gymry na'r cyfle i feithrin carfan fechan o ddilynwyr i barhau'r efengyleiddio, ond ni ellir gwadu bod tystiolaeth bywyd John Penry i sefyll dros ei egwyddorion seiliedig ar yr Ysgrythurau, ymhlith yr amlycaf ymhlith arweinwyr Piwritanaidd cadarn a diysgog ym mlynyddoedd helbulus

degawdau olaf yr unfed ganrif ar bymtheg.[68] 'I have received a gospel
and ministry', meddai, 'that will never trouble my conscience into the
sight of my sins, which is all the gospel and all the ministry which I
mean to receive'.[69] Atgyfnerthwyd egwyddorion o'r fath, i raddau
pell, ym mhregethiad ysol yr efengyl ym mhulpudau Anghydffurfwyr
y bedwaredd ganrif ar bymtheg. Diffiniwyd lledaenwyr y Gair yn
eglur gan Penry yn ei *Exhortation*: '. . . by preachers; I mean not euery
one that can speak for an houre in the pulpit, but such in deed, as
shew by the euidence of their teaching, that they are ordained of God,
for the gathering together of the Saints.'[70]

Yn ddiau, roedd Eglwys a oedd yn seiliedig ar ffydd ddiledryw a
chenedlgarwch o fewn gwladwriaeth sofran Brotestannaidd yn sail
i'w dystiolaeth a'i gred ddiysgog yng ngweinidogaeth y Gair – ac yn
werth marw drostynt.

Nodiadau

1: 'Helbulon Crefyddol': Piwritaniaeth Oes Elisabeth I

[1] Mae'r llenyddiaeth sydd ar gael ar y Diwygiad Protestannaidd yn Lloegr yn ei ddyddiau cynnar yn niferus iawn. Gw. A. G. Dickens, *The English Reformation* (London, 1986); G. R. Elton, *Reform and Reformation: England 1509–1558* (London, 1977); C. Haigh (gol.), *The English Reformation Revised* (Cambridge, 1987). Am Cranmer gw. J. D. Ridley, *Thomas Cranmer* (Oxford, 1962), D. MacCulloch, *Thomas Cranmer: A Life* (London, 1996).

[2] W. K. Jordan, *Edward VI: The Young King* (London, 1968), t. 523; G. T. R. Parry, 'Inventing "The Good Duke" of Somerset', *Journal of Ecclesiastical History*, 40 (1989), 370–80. Mae haneswyr modern bellach wedi ail-asesu cyfraniad Somerset a chanfod nodweddion llai ffafriol yn ei gymeriad.

[3] J. Loach, *Edward VI*, gol. G. Bernard a Penry Williams (New Haven, 1999), tt. 47–52, 70–88. Gw. hefyd D. MacCulloch, *The Boy King: Edward VI and the Protestant Reformation* (Berkeley, 2002).

[4] Loach, *Edward VI*, tt. 116–34.

[5] Ibid., tt. 118–19.

[6] *English Hist. Docs, 5, 1485–1558*, t. 856.

[7] Loach, *Edward VI*, tt. xiii, 62, 182, 183–4.

[8] E. Duffy, *The Stripping of the Altars: Traditional Religion in England c.1400–c.1580* (New Haven, 1992). Yr un dadleuon sydd ganddo yn *Fires of Faith: Catholic England under Mary Tudor* (New Haven, 2009).

[9] J. Foxe, *The Acts and Monuments of John Foxe*, gol. S. R. Cattley (London, 1837–41).

[10] I. Bowen (gol.), *The Statutes of Wales* (London, 1908), tt. 149–51 [Statud 5 Elis. I c.28]. Am yr astudiaethau llawnaf ar gyfieithu'r Beibl i'r Gymraeg gw. cyfrolau I. Thomas, *William Salesbury a'i Destament* (Caerdydd, 1967), *Y Testament Newydd Cymraeg 1551–1620* (Caerdydd,

1976), *Yr Hen Destament Cymraeg, 1551–1620* (Aberystwyth, 1988) a *William Morgan a'i Feibl* (Caerdydd, 1988); R. G. Gruffydd (gol.), *Y Gair ar Waith: Ysgrifau ar yr Etifeddiaeth Feiblaidd yng Nghymru* (Caerdydd, 1988), a dwy bennod W. A. Mathias ar Salesbury a'i waith llenyddol yn G. Bowen (gol.), *Y Traddodiad Rhyddiaith* (Llandysul, 1970), tt. 27–78. Gw. hefyd trafodaethau P. R. Roberts ar y statud yn 'The union with England and the identity of "Anglican" Wales', *Transactions of the Royal Historical Society*, 22 (1972), 64–6; idem, 'The Welsh language, English law and Tudor legislation', *Traf. Cymmr.* (1989), 55–60; idem, 'Deddfwriaeth y Tuduriaid a statws gwleidyddol "yr Iaith Frytanaidd"', yn G. H. Jenkins (gol.), *Yr Iaith Gymraeg cyn y Chwyldro Diwydiannol* (Caerdydd, 1997), pennod 3, tt. 138–44.

[11] Gw., er enghraifft, J. F. W. New, *Anglican and Puritan: The Basis of their Opposition, 1558–1640* (London, 1964).

[12] Gw. y gweithiau a ganlyn ar y berthynas rhwng yr Eglwys Wladol a Phiwritaniaeth: P. Collinson, *Godly People: Essays on English Protestantism and Puritanism* (London, 1983); idem, *The Elizabethan Puritan Movement* (London, 1987); P. Lake, *Anglicans and Puritans? Presbyterianism and English Conformist Thought from Whitgift to Hooker* (London, 1988); Haigh, *The English Reformation Revised*; ibid., 'Puritan evangelism in the reign of Elizabeth I', *English Historical Review*, 92 (1977), 30–58; M. R. Watts, *The Dissenters: From the Reformation to the French Revolution, I* (Oxford, 1978); P. McGrath, *Papists and Puritans Under Elizabeth I* (London, 1967); S. Doran, *Elizabeth I and Religion* (London, 1994); G. R. Elton, *England under the Tudors* (London, 1974).

[13] Gw. G. Williams, 'Some Protestant views of early British church history', yn idem, *Welsh Reformation Essays* (Cardiff, 1967), tt. 207–19; T. D. Kendrick, *British Antiquity* (London, 1950), t. 112.

[14] Collinson, *Elizabethan Puritan Movement*, tt. 22–8; idem, 'A comment concerning the name Puritan', *Journal of Ecclesiastical History*, 31 (1980), 483–8; B. Hall, 'Puritanism: the problem of definition', gol. G. J. Cuming, *Studies in Church History*, 2 (London, 1965), tt. 283–96.

[15] P. Christianson, 'Reformers and the Church of England under Elizabeth I and the early Stuarts', *Journal of Ecclesiastical History*, 31 (1980), 463–82.

[16] Collinson, *Elizabethan Puritan Movement*, tt. 12–13; idem, *The Religion of Protestants: The Church in English Society, 1559–1625* (Oxford, 1982), t. 230.

[17] R. Baxter, *History of the Governors of Bishops* (London, 1680), fig. A3.

[18] D. M. Loades, *Revolution in Religion: The English Reformation 1530–1570* (Cardiff, 1992), tt. 56–9; idem, *The Reign of Mary Tudor: Politics, Government and Religion in England, 1553–1558* (London, 1979);

G. Williams, 'The Edwardian Reformation in Wales', *Journal of Welsh Religious History*, 2 (1994), 14–30; idem, 'Wales and the reign of Queen Mary I', *Cylchgrawn Hanes Cymru*, 10 (1981), 334–55.

[19] D. MacCulloch, *The Later Reformation in England, 1547–1603* (Basingstoke, 1990).

[20] Gw. J. Hurstfield, 'Church and state, 1558–1612: the task of the Cecils', yn G. J. Cuming (gol.), *Studies in Church History*, 2 (London, 1965), tt. 129–40.

[21] *English Hist. Docs, 5A, 1558–1603*, t. 171.

[22] Ibid., t. 151.

[23] *English Hist. Docs, 5, 1485–1558*, tt. 652–60.

[24] A. G. Dickens, *The Age of Renaissance and Reformation: Europe in the Fourteenth, Fifteenth and Sixteenth Centuries* (London, 1977), tt. 172, 181.

[25] J. Jewel, *Apologia Ecclesiae Anglicanae* (1562). Gw. *An Apologie or Aunswere in Defence of the Church of England* (Menston, 1969), p. 9b.

[26] McGrath, *Papists and Puritans Under Elizabeth I*, t. 51.

[27] R. Hooker, *Of the Laws of Ecclesiastical Polity*, gol. R. Baynes, 3 (London, 1907), t. 285.

[28] C. Davies (gol.), *Rhagymadroddion a Chyflwyniadau Lladin, 1551–1632* (Caerdydd, 1980), t. 68. Am gefndir Morgan a'r cyfieithu gw. R. G. Gruffydd, 'Y *Beibl a droes i'w bobl draw': William Morgan yn 1588* (Llundain, 1988); idem, 'Yr Esgob William Morgan (1545–1604) a Beibl Cymraeg 1588', yn G. H. Jenkins (gol.), *Cof Cenedl: Ysgrifau ar Hanes Cymru*, 3 (Llandysul, 1988), tt. 31–58; G. Williams a T. M. Bassett, *Beibl William Morgan 1588–1988* (Bangor, 1988); G. Williams, *Wales and the Reformation* (Cardiff, 1997), tt. 338–60.

[29] S. J. Knox, *Walter Travers: Paragon of Elizabethan Puritanism* (London, 1962), t. 32.

[30] T. Cartwright, 'Letter For direction in the study of divinity', yn A. Peel a L. H. Carlson (goln), *Cartwrightiana* (London, 1951), t. 110.

[31] Ibid., t. 18.

[32] Jewel, *Apologia*, t. 49b.

[33] Ibid., t. 50a.

[34] Knox, *Walter Travers*, t. 98; McGrath, *Papists and Puritans Under Elizabeth I*, t. 231; Collinson, *Elizabethan Puritan Movement*, t. 333 ymlaen.

[35] Collinson, *Elizabethan Puritan Movement*, tt. 291–302 (yn arbennig tt. 295–6); Peel a Carlson, *Cartwrightiana*, t. 1.

[36] Peel a Carlson, *Cartwrightiana*, t. 3.

[37] Ibid., t. 2; BL Lansdowne MS 64, 50; A. F. Scott Pearson, *Thomas Cartwright and Elizabethan Puritanism, 1535–1603* (Cambridge, 1925), t. 280.

[38] Gw. Scott Pearson, *Thomas Cartwright and Elizabethan Puritanism* am astudiaeth fanwl o yrfa Cartwright.

[39] *ODNB*, 22, tt. 792–4.

[40] Gw. V. K. J. Brook, *Whitgift and the English Church* (London, 1957), tt. 44–6.

[41] Peel a Carlson, *Cartwrightiana*, t. 110.

[42] J. Strype, *The Life and Acts of John Whitgift* (Oxford, 1822), 3, tt. 35–6. Gw. P. M. Dawley, *John Whitgift and the English Reformation* (New York, 1954), t. 99.

[43] Brook, *Whitgift and the English Church*, t. 128. Am yrfa Bancroft gw. S. B. Babbage, *Puritanism and Richard Bancroft* (London, 1962).

[44] *A Full and plaine Declaration of Ecclesiastical Discipline*. McGrath, *Papists and Puritans Under Elizabeth I*, t. 140; Knox, *Travers*, tt. 29–30.

[45] McGrath, *Papists and Puritans Under Elizabeth I*, tt. 89–90.

[46] Gw. 'Ond y mae'r sawl sy'n proffwydo yn llefaru wrth bobl bethau sy'n eu hadeiladu a'u calonogi a'u cysuro (. . .) y mae'r sawl sy'n proffwydo yn adeiladu'r eglwys' (1 Corinthiaid, 14: 3–4).

[47] *English Hist. Docs, 5A, 1558–1603*, tt. 835–6.

[48] Ibid., t. 841.

[49] Ibid., t. 384.

[50] *ODNB*, 19, t. 476; P. Collinson, 'John Field and Elizabethan Puritanism', yn idem, *Godly People*, tt. 335–70.

[51] Lake, *Anglicans and Puritans?*, tt. 13–70.

[52] Ibid., t. 339; Collinson, *Elizabethan Puritan Movement*, tt. 118–21.

[53] *English Hist. Docs, 5A, 1558–1603*, t. 181.

[54] Ibid., tt. 183–9.

[55] Collinson, 'John Field', tt. 339–40.

[56] Ceir ymdriniaethau manylach ar flynyddoedd cynnar Penry ac ar ei gyfraniad i Biwritaniaeth ym mhennod 3 o'r astudiaeth hon, tt. 75–9.

[57] *Three Treatises*, t. 7.

[58] L. H. Carlson (gol.), *The Writings of John Greenwood 1587–1590* (London, 1962), t. 124; *ODNB*, 23, tt. 629–31.

[59] A. Peel a L. H. Carlson (goln), *The Writings of Robert Harrison and Robert Browne* (London, 1953), tt. 15–17, 151.

[60] Ibid., t. 167.

[61] Ibid., t. 31. Credir ei fod wedi cyfeillachu â Robert Browne yn Norwich a bod y ddau ohonynt wedi astudio yng Nghaergrawnt ac wedi dod dan ddylanwad Thomas Cartwright yno. *ODNB*, 25, tt. 524–5.

[62] Dawley, *John Whitgift and the English Reformation*, tt. 133–94.

[63] Strype, *Whitgift*, tt. 107–12.

[64] P. L. Hughes and J. F. Larkin (goln), *Tudor Royal Proclamations*, II (1553–87), (New Haven, 1969), tt. 501–2.

[65] Statud 35 Elis. I, c.1. 'An act to retain the Queen's subjects in obedience', *SR*, 1547–1585, 4 (ii), tt. 841–3.

[66] J. Bruce (gol.), *Letters of Queen Elizabeth and King James VI of Scotland* (London, 1849), tt. 63–4; Dawley, *John Whitgift and the English Reformation*, t. 188.

[67] P. Collinson, 'Letters of Thomas Wood, Puritan, 1566–1577', yn idem, *Godly People*, t. 95.

[68] R. Bancroft, *Daungerous Positions and Proceedings, published and practised within this Iland of Brytaine and under pretence of Reformation, and for the Presbyteriall Discipline* (London, 1593). Gw. Brook, *Whitgift and the English Church*, tt. 146–7.

[69] Ibid., 2, pennod 12.

[70] *Three Treatises*, t. 123. Ceir trafodaeth bellach ar ymateb Penry i ddadleuon Bridges ym mhennod 4, tt. 145–6.

[71] Peel a Carlson (goln), *Writings of Robert Harrison and Robert Browne*, t. 33.

[72] D. J. McGinn, *John Penry and the Marprelate Controversy* (New Brunswick/ New Jersey, 1966), t. 25.

[73] Am Gifford gw. *ODNB*, 22, tt. 140–1.

[74] L. H. Carlson (gol.), *Writings of Henry Barrow 1590–1591* (London, 1996), t. 326.

[75] Ibid., tt. 3–18, 102.

[76] Ibid., t. 221. Gw. hefyd Carlson (gol.), *Writings of Henry Barrow, 1587–1590*, t. 139.

[77] Carlson (gol.), *Writings of Henry Barrow 1590–1591*, tt. 192, 206.

[78] Ibid., tt. 285–6; idem (gol.), *Writings of Henry Barrow 1587–1590*, t. 143.

[79] *Writings of Henry Barrow 1587–1590*, t. 285.

[80] Ibid.

[81] Ibid., tt. 282–3.

[82] Brook, *Whitgift and the English Church*, tt. 126–43.

[83] *English Hist. Docs, 5A, 1558–1603*, tt. 850–1.

[84] Ibid., t. 888.

[85] Carlson (gol.), *The Writings of John Greenwood*, t. 267.

[86] *English Hist. Docs, 5A, 1558–1603*, tt. 893–4.

[87] Gw. gweithiau Christopher Hill a Glanmor Williams ar gyflwr yr Eglwys. C. Hill, *Economic Problems of the Church from Archbishop Whitgift to the Long Parliament* (Oxford, 1956), pennod 1 yn bennaf; G. Williams, 'Landlords in Wales, 1500–1640: the Church', yn C. Clay

(gol.), *Rural Society: Landowners, Peasants and Labourers, 1500–1750* (Cambridge, 1990), tt. 154–60.

[88] *ODNB*, 10, t. 43; 55, tt. 849–51.

[89] R. Ashton, *Reformation and Revolution, 1558–1660* (London, 1984), tt. 211–12; C. Cross, *The Royal Supremacy in the Elizabethan Church* (London, 1969), tt. 91–5.

2 *'Eglwys Burlan Crist': Ardrefniant 1559 yng Nghymru*

[1] Am gefndir crefydd yng Nghymru ail hanner yr unfed ganrif ar bymtheg gw. G. Williams, 'Cymru a'r Diwygiad Protestannaidd', yn idem, *Grym Tafodau Tân: Ysgrifau Hanesyddol ar Grefydd a Diwylliant yng Nghymru* (Llandysul, 1984), tt. 87–101; J. G. Jones, 'Prelates, priests and the concept of the "Christian magistracy" *c.*1559–1603', yn idem, *Aspects of Religious Life in Wales, c.1536–1660: Leadership, Opinion and the Local Community* (Aberystwyth, 2003), tt. 9–63; D. R. Thomas, *The Life and Work of Bishop Davies & William Salesbury* (Oswestry, 1902), t. 37. Am drafodaeth bellach ar yrfa Davies yn Nhyddewi gw. Williams, *Bywyd ac Amserau'r Esgob Richard Davies*, yn arbennig pennod 4, tt. 39–81.

[2] Thomas, *Life and Work of Bishop Davies & William Salesbury*, t. 44.

[3] J. Bradney, 'The speech of William Blethin, Bishop of Llandaff, and the customs and ordinances of the church of Llandaff (1575)', *Y Cymmrodor*, 31 (1921), 257–8. Am fwy o wybodaeth am gymhellion Bleddyn gw. T. J. Prichard, 'The Reformation in the deanery of Llandaff, 1534–1609', *Morgannwg*, 13 (1969), 28–30; J. G. Jones, 'The Reformation bishops of Llandaff, 1558–1601', *Morgannwg*, 32 (1988), 49–50; idem, 'Esgobion Llandaf cyfnod y Diwygiad Protestannaidd *c.*1545–1601', yn idem, *Crefydd a Chymdeithas: Astudiaethau ar Hanes y Ffydd Brotestannaidd yng Nghymru c.1559–1750* (Caerdydd, 2007), tt. 15–19.

[4] Am y cefndir gw. G. Williams, *The Welsh Church from Conquest to Reformation* (Cardiff, 1976), tt. 523–5.

[5] Gw. astudiaeth dreiddgar gan Madelaine Gray o ddau o esgobion Llandaf y dadleuir ynghylch eu heffeithiolrwydd, sef '"The Cloister and the Hearth": Anthony Kitchin and Hugh Jones: two Reformation bishops of Llandaff', *Journal of Welsh Religious History*, 3 (1995), 15–34. Gw. hefyd G. Williams, 'The ecclesiastical history of Glamorgan, 1527–1642', yn idem (gol.), *Glamorgan County History, 4, Early Modern Glamorgan* (Cardiff, 1974), tt. 213, 223–4.

[6] Gray, '"The Cloister and the Hearth"', 31; Am Hugh Jones gw. Jones, 'Esgobion Llandaf cyfnod y Diwygiad Protestannaidd', tt. 8–13.

[7] Gw. J. Hurstfield, 'Church and state, 1558–1612: the task of the Cecils', yn G. J. Cuming (gol.), *Studies in Church History*, 2, tt. 128–30.

[8] *Three Treatises concerning Wales*, tt. 39–40.

[9] *Cal. of State Papers Dom.*, 1547–1580, XLIV, 27 (London, 1856), t. 301; Gw. hefyd D. Mathew, 'Some Elizabethan documents', *Bwletin y Bwrdd Gwybodau Celtaidd*, 6/1 (1931), 77–8.

[10] Am hynt a helynt esgobion yn y cyfnod hwn yn eu swyddogaeth fugeiliol gw. R. Houlbrooke, 'The Protestant episcopate 1547–1603: the pastoral contribution', yn F. Heal a R. O'Day (goln), *Church and State in England Henry VIII to James I* (Basingstoke, 1977), tt. 78–98.

[11] J. Wynn, *History of the Gwydir Family and Memoirs*, gol. J. G. Jones (Llandysul, 1990), tt. 60–1.

[12] Am astudiaethau o'r esgobion hyn gw. ibid., tt. 171–80; G. Williams, *Bywyd ac Amserau'r Esgob Richard Davies*; I. Thomas, *William Morgan a'i Feibl* (Caerdydd, 1988), ymhlith llawer o weithiau eraill ar Forgan. Gw. Hefyd A. O. Evans, 'Nicholas Robinson (1530–1585)', *Y Cymmrodor*, 39 (1928), 149–98; J. G. Jones, *The Wynn Family of Gwydir: Origins, Growth and Development c.1490–1674* (Aberystwyth, 1995), tt. 171, 180. Gw. hefyd D. Simon Evans (gol.), *Historia Gruffud vab Kenan* (Cardiff, 1977), tt. cclxviii–cclxix.

[13] Thomas, *Life and Work of Bishop Davies &William Salesbury*, t. 15.

[14] *Three Treatises*, t. 7; Gw. hefyd J. G. Jones, *Beirdd yr Uchelwyr a'r Gymdeithas yng Nghymru, c.1536–1640* (Dinbych, 1997), tt. 176–81.

[15] Wynn, *History of the Gwydir Family and Memoirs*, tt. 60, 62–3.

[16] Ibid., t. 59.

[17] *Cal. State Papers Dom.*, 1547–1580, CLXV, 1, t. 143.

[18] Ibid.

[19] Ibid., CLXII, 29, t. 119; W. P. M. Kennedy (gol.), *Elizabethan Episcopal Administration*, 3 (London, 1924), t. 145; G. Williams, *Wales and the Reformation* (Cardiff, 1997), tt. 297, 307, 330, 376, 378. Am yrfa Middleton gw. *ODNB*, 38, t. 73.

[20] *Cal. State Papers Dom.*, 1581–1590 (London, 1865), CXC, 40, t. 335; CCXXVIII, 15, t. 629; CCXXX, 78, t. 648.

[21] *BC*, t. 142; J. G. Jones, 'Thomas Davies and William Hughes: two Reformation bishops of St Asaph', *Bwletin y Bwrdd Gwybodau Celtaidd*, 29/2 (1981), 320–35.

[22] J. G. Jones, 'Bishop William Morgan's dispute with John Wynn of Gwydir, 1603–04', *Journal of the Historical Society of the Church in Wales*,

22 (1972), 49–64; idem, 'Bishop William Morgan – defender of church and faith', *Journal of Welsh Ecclesiastical History*, 5 (1988), 20–30; R. G. Gruffydd, 'William Morgan', yn G. Bowen (gol.), *Y Traddodiad Rhyddiaith* (Llandysul, 1970), 149–74; I. ab Owen Edwards, 'William Morgan's quarrel with his parishioners at Llanrhaeadr-ym-Mochnant', *Bwletin y Bwrdd Gwybodau Celtaidd*, 3 (1927), 298–339.

23 Jones, 'Bishop William Morgan's dispute', 67–8.

24 G. H. Hughes (gol.), *Rhagymadroddion, 1547–1659* (Caerdydd, 1951), tt. 22–4. Bu cryn drafod gan ysgolheigion ar ystyr a dehongliad o'r Ddamcaniaeth hon, gw. Williams, *Bywyd ac Amserau'r Esgob Richard Davies*, tt. 84–90; S. Lewis, 'Damcaniaeth eglwysig Brotestannaidd', yn R. G. Gruffydd (gol.), *Meistri'r Canrifoedd: Ysgrifau ar Hanes Llenyddiaeth Gymraeg gan Saunders Lewis* (Caerdydd, 1973); G. Williams, 'Cipdrem arall ar y "Ddamcaniaeth Eglwysig Brotestannaidd"', *Y Traethodydd*, 17 (1948), 49–57.

25 Hughes, *Rhagymadroddion*, t. 42.

26 Gw. Lewis, 'Damcaniaeth eglwysig Brotestannaidd', tt. 133–9; R. Flower, 'William Salesbury, Richard Davies and Archbishop Parker', 'Richard Davies, William Cecil and Giraldus Cambrensis', *Cylchgrawn Llyfrgell Genedlaethol Cymru*, 2 (1941), 13–14, a 3 (1942), 13; Williams, 'Some Protestant views of early British church history', yn idem, *Welsh Reformation Essays* (Cardiff, 1967), tt. 207–19.

27 Am Bresbyteriaeth ac Ymneilltuaeth gw. R. I. Parry, *Ymneilltuaeth* (Llandysul, 1962), tt. 21–8.

28 Gw. cyfieithiad Maurice Kyffin o'r *Apologia* i'r Gymraeg yn 1595 o dan y teitl *Deffynniad Ffydd Eglwys Loegr*, gol. W. P. Williams (Bangor, 1908), rhagarweiniad, t. i.

29 Hughes, *Rhagymadroddion*, t. 96.

30 Ibid., t. 4.

31 Ibid., t. 101; H. Lewys, *Perl mewn Adfyd*, gol. W. J. Gruffydd (Caerdydd, 1929), t. vii. Am gefndir Lewys gw. tt. ix–xxxvii.

32 Ibid., t. 101.

33 Hughes, *Rhagymadroddion*, tt. 100–1; *BC*, t. 519.

34 Wynn, *History of the Gwydir Family and Memoirs*, tt. 59–60.

35 Lewys, *Perl mewn Adfyd*, t. vii. Gw. hefyd J. G. Jones, 'Maurice Kyffin a Huw Lewys: dau amddiffynnydd y ffydd Brotestannaidd yng Nghymru yn 1595', yn J. E. Caerwyn Williams (gol.), *Ysgrifau Beirniadol*, 21 (Dinbych, 1996), tt. 63–72.

36 *A briefe collection of the state of Brecnock Shire . . . where Gods service is neglected, and his worde not effectivellie preached the commonwealth cannot prosper, or be well governed?*, *Cal. State Papers Dom.*, 1547–1580,

CXC1, 17, t. 339. Gw. hefyd dystiolaeth yr Esgob Middleton yn 1581–90, CLX11, 29 (1583), t. 119; CLXV, 1 (1583), t. 143.

[37] G. Bowen, 'Roman Catholic prose and its background', yn R. G. Gruffydd (gol.), *A Guide to Welsh Literature, c.1530–1700* (Cardiff, 1997), tt. 224–9

[38] Hughes, *Rhagymadroddion*, tt. 52–3.

[39] H. Lewis (gol.), *Hen Gyflwyniadau* (Caerdydd, 1948), t. 16.

[40] B. Jarvis, 'Welsh humanist learning', yn R. G. Gruffydd (gol.), *A Guide to Welsh Literature c.1530–1700*, t. 141.

[41] Am y cefndir economaidd gw. Hill, *Economic Problems of the Church*, tt. 18–19; Williams, 'Landlords in Wales', tt. 381–90.

[42] H. Ellis (gol.), *Original Letters Illustrative of English History*, 3 (ail gyfres; London, 1827), t. 44.

[43] Ibid., t. 47.

[44] J. Strype, *The Life and Acts of Matthew Parker* (ail gyfres; London, 1711), tt. 147–8.

[45] D. R. Thomas, 'A Discoverie of the present estate of the Byshoppricke of St Asaphe', *Archaeologia Cambrensis*, 1 (pumed cyfres. 1884), 53–8; J. Strype, *Annals of the Reformation*, 3, t. 467 (ac atodiad tt. 184–6).

[46] Am William Hughes gw. Jones, 'Thomas Davies and William Hughes: two Reformation bishops of St Asaph', 325–35; W. P. Griffith, 'William Hughes and the "descensus" controversy of 1567', *Bwletin y Bwrdd Gwybodau Celtaidd*, 34/2 (1987), 185–99.

[47] Jones, 'Thomas Davies and William Hughes: two Reformation bishops of St Asaph', 329, 333–5; Griffith, 'William Hughes and the "Descensus" controversy of 1567'; D. D. Wallace, 'Puritan and Anglican: the interpretation of Christ's descent into hell on Elizabethan theology', *Archive for Reformation History*, 69 (1978), 248–83.

[48] *Cal. State Papers Dom.*, 1547–1580, XLIV, 29, t. 301.

[49] Thomas, 'A Discoverie', 56.

[50] B. Willis, *Survey of St Asaph*, gol. E. Edwards, 1 (London, 1801), tt. 187–9; D. R. Thomas, *History of the Diocese of St Asaph*,1 (Oswestry, 1908), t. 248.

[51] Thomas, 'Discoverie', 56.

[52] Ibid.

[53] Jones, 'Reformation bishops of St Asaph', 33; Thomas, *History of the Diocese of St Asaph*, t. 99. Am y cefndir ehangach i feddiannu bywoliaethau segur gw. Hill, *Economic Problems of the Church*, pennod 1, tt. 14–38.

[54] E. Roberts (gol.), *Gwaith Siôn Tudur*, 1 (rhif 146) (Bangor, 1978), t. 583.

55 *Cal. State Papers Dom.*, 1547–1580, CXVIII, 10, t. 564; E. G. Jones, *Cymru a'r Hen Ffydd* (Caerdydd, 1951), tt. 12, 20–32; idem, 'Catholic recusancy in the counties of Denbigh, Flint and Montgomery, 1581–1625', *Traf Cymmr.* (1945), 114–22.

56 LlB Casgliad Lansdowne 111 f. 10; E. Owen (gol.), *A Catalogue of the Manuscripts relating to Wales in the British Museum*, 1 (London, 1900), t. 72(d).

57 B. Willis, *A Survey of the Cathedral Church of St Asaph* (London, 1719), t. 102; Thomas, *Diocese of St Asaph*, 1, tt. 252, 540; 2, tt. 165, 233.

58 J. D. Evans, 'Kitchin's return (1563)', *Gwent Local History*, 67 (1989), 11–18; L. Thomas, *The Reformation in the Old Diocese of Llandaff* (Cardiff, 1930), t. 128; Jones, 'Reformation bishops of Llandaff, 1558–1601', 45.

59 Thomas, *Life and Work of Bishop Davies & William Salesbury*, t. 38; *Cal. State Papers Dom.*, 1581–1590 (London, 1865), CLXII, 29, t. 119.

60 *Cal. State Papers Dom.*, 1547–1580, XLIV, 27, t. 301; Mathew, 'Some Elizabethan documents', 78.

61 E. James, *Llyfr yr Homilïau: Pregethau a osodwyd allan trwy awdurdod i'w ddarllein ymhob Eglwys blwyf . . . i'r bobl annyscedig* (Llundain, 1606), [A2v]; G. Williams, 'Edward James a Llyfr yr Homilïau', yn idem, *Grym Tafodau Tân*, tt. 180–95.

62 James, *Llyfr yr Homilïau*, [A2v].

63 Williams, 'Edward James a Llyfr yr Homilïau', t. 195.

64 Gw. J. G. Jones, 'Religion and the community in Wales: bardic responses, *c.*1536–1640', yn idem (gol.), *Aspects of Religious Life in Wales, c.1536–1600: Leadership, Opinion and the Local Community* (Aberystwyth, 2003), tt. 122–205; idem, *Beirdd yr Uchelwyr a'r Gymdeithas yng Nghymru c.1536–1640*, pennod 5, tt. 162–203.

65 Roberts, *Gwaith Siôn Tudur*, 1 (rhif 96), t. 381.

66 Ibid. (rhif 146), t. 584.

67 Jones, *Beirdd yr Uchelwyr*, tt. 189–92 (t. 192 yma).

68 Davies, *Rhagymadroddion a Chyflwyniadau Lladin*, t. 70.

69 LlGC St Asaph Misc. Doc. 835–9; Willis, *A Survey of the Cathedral Church of Llandaff*, t. 107; Thomas, *History of the Diocese of St Asaph*, I, t. 338; L. S. Knight, 'Welsh cathedral schools to 1600 AD', *Y Cymmrodor*, 29 (1919), 108. Nid oes cyfeiriad at ysgol yn idem, *Welsh Independent Grammar Schools to 1600* (Newtown, 1926). Am gefndir i ysgolion yng Nghymru'r cyfnod hwn gw. W. P. Griffith, 'Schooling and society', yn J. G. Jones (gol.), *Class, Community and Culture in Tudor Wales* (Cardiff, 1989), tt. 79–119; G. Williams, 'Addysg yng Nghymru cyn 1536', yn J. L. Williams (gol.), *Addysg i Gymru*, 4 (Caerdydd, 1966), tt. 1–15.

[70] LlGC Llsgr. Ychwanegol, 466E, 642.

[71] Am ei yrfa gw. J. Morgan, *Coffadwriaeth am y Gwir Barchedig Henry Rowlands, D.D., Arglwydd Esgob Bangor* (Bangor, 1910); Wynn, *History of the Gwydir Family and Memoirs*, tt. 59–60; J. G. Jones, 'Henry Rowlands, Bishop of Bangor 1598–1610', *Journal of the Historical Society of the Church in Wales*, 21 (1979), 34–53.

[72] H. Barber a H. Lewis, *The History of Friars School, Bangor* (Bangor, 1901), tt. 17–18.

[73] G. Williams, 'Thomas Lloyd his skole; Carmarthen's first grammar school', *Carmarthenshire Antiquary*, 10 (1974), 49–62,

[74] A. H. Williams, 'The origins of the old endowed schools of Denbighshire', *Trafodion Cymdeithas Hanes Sir Ddinbych*, 2 (1953), 31–9. Gw. hefyd E. P. Roberts, 'Gabriel Goodman and his native homeland', *Traf. Cymmr* (1989), 77–104.

[75] M. Gray, 'The diocese of Bangor in the late 16th century', *Journal of Welsh Ecclesiastical History*, 5 (1988), 31–9.

[76] Hughes, *Rhagymadroddion*, tt. 90–1.

[77] Ibid., t. 94.

[78] B. L. Jones, 'Deddf cyfieithu'r Beibl i'r Gymraeg, 1563', *Yr Haul a'r Gangell*, 17 (1963), 24.

[79] *A playne and a familiar introduction*. Gw. W. A. Mathias, 'William Salesbury – ei fywyd a'i weithiau', yn G. Bowen (gol.), *Y Traddodiad Rhyddiaith*, tt. 47–8. Am gefndir seneddol i'r ddeddf hon gw. G. R. Elton, 'Wales in parliament', yn R. R. Davies, R. A. Griffiths, I. G. Jones a K. O. Morgan (goln), *Welsh Society and Nationhood: Historical Essays Presented to Glanmor Williams* (Cardiff, 1984), tt. 119–20.

[80] P. R. Roberts, 'The Welsh language, English law and Tudor legislation', *Traf. Cymmr.* (1989), atodiad II, 74–5.

[81] TNA, SP 12/199 f. 92. Gw. *Cal. State Papers Dom.*, 1581–1590, CXCIX, 92, t. 400; P. R. Roberts, 'Deddfwriaeth y Tuduriaid a statws gwleidyddol "yr iaith Frytanaidd"', yn G. H. Jenkins (gol.), *Yr Iaith Gymraeg cyn y Chwyldro Diwydiannol* (Caerdydd, 1997), tt. 144–5.

[82] Hughes, *Rhagymadroddion*, t. 52.

[83] Jones, 'Bishop William Morgan's dispute', 74.

[84] R. G. Gruffydd, 'Bishop Francis Godwin's injunctions for the diocese of Llandaff, 1603', *Journal of the Historical Society of the Church in Wales*, 4 (1954), 19.

[85] Hughes, *Rhagymadroddion*, t. 32.

[86] Williams, *Bywyd ac Amserau'r Esgob Richard Davies*, tt. 78–9.

[87] *Three Treatises*, tt. 35–6.

[88] Ibid.

[89] *A Funerall Sermon preached the XXVI day of November (. . .) mdlxxvi in the parishe Church of Caermerthyn (. . .) by the Reverend Father in God, Richard (. . .) Bishoppe of Saint Dauys at the Burial of the Right Honourable Walter Earle of Essex and Ewe* (London, 1577), Dii.

[90] Jones, 'Bishop William Morgan's dispute', 74.

[91] Williams, *Wales and the Reformation*, tt. 294–9.

[92] Gruffydd, 'Bishop Francis Godwin's injunctions', 17–20.

[93] A. Price, *Gwrth-ddiwygwyr Cymreig yr Eidal* (Caernarfon, 2005), tt. 13–36, 37–53; G. Bowen, 'Canolfannau llenyddol y ffoaduriaid Catholig', *Llên Cymru*, 3 (1955), 229–33; idem, 'Morys Clynnog (1525–1580/1)', *Trafodion Cymdeithas Hanes Sir Gaernarfon*, 27 (1966), 73–97; M. P. Bryant-Quinn, *'Cymaint serch i Gymru': Gruffydd Robert, Morys Clynnog a'r Athrawiaeth Gristnogol 1568* (Aberystwyth, 1998).

[94] D. A. Thomas (gol.), *Welsh Elizabethan Catholic Martyrs: The Trial Documents of Saint Richard Gwyn and of the Venerable William Davies* (Cardiff, 1971), t. 93.

[95] R. G. Gruffydd, *'In that gentile country . . .': The Beginnings of Puritan Nonconformity in Wales* (Bridgend, 1975), tt. 6–9, 28–30.

[96] Gruffydd, *'Y Beibl a droes i'w bobl draw': William Morgan yn 1588*, tt. 31–83.

[97] D. H. E. Roberts a R. A. Charles, 'Raff ap Robert a Robert ap Raff', *Bwletin y Bwrdd Gwybodau Celtaidd*, 24/3 (1971), 298.

[98] Bradney, 'Speech of William Blethin', 258.

[99] Ellis, *Original Letters*, 3, tt. 141–4.

[100] Mathew (gol.), 'Some Elizabethan documents', 78.

[101] Cyhoeddwyd llawer iawn ar gyfieithu'r Ysgrythurau yn y Gymraeg a'r Saesneg. Gw. gweithiau Isaac Thomas, Glanmor Williams, R. Geraint Gruffydd ac eraill ar y pwnc yn y llyfryddiaeth ar ddiwedd y gyfrol hon.

[102] Gw. D. J. Bowen, 'Detholiad o englynion hiraeth am yr hen ffydd', *Efrydiau Catholig*, 6 (1954), 5–12; R. M. Kerr, 'Siôn Brwynog – un o feirdd cyfnod y Diwygiad Protestannaidd', *Ysgrifau Catholig*, 2 (1968), 28–30; G. Williams, 'Yr hanesydd a'r canu rhydd cynnar', yn idem, *Grym Tafodau Tân: Ysgrifau Hanesyddol ar Grefydd a Diwylliant yng Nghymru* (Llandysul, 1984), tt. 140–63; Hopkin-James ac Evans (goln), *Hen Gwndidau, Carolau a Chywyddau* (Bangor, 1910), tt. 31–4, 39–43.

[103] LlGC Llsgr. Cwrtmawr 238, 37.

[104] Gw. cyfraniadau D. Ben Rees ar ddylanwad Calfin ar lwyddiant y Diwygiad Protestannaidd: *Lledu Gorwelion: Hanes John Calfin a'r Diwygiad Protestannaidd* (Pwllheli, 2009); *John Calfin a'i Ddisgyblion Calfinaidd Cymreig* (Llangoed, 2009); *Y Gwron o Genefa: John Calfin*

a'i Ddylanwad (Caernarfon, 2012); W. G. Evans, *Zwingli & Calfin a'r Diwygiad Protestannaidd yn y Swistir* (Aberystwyth, 1994).

[105] Williams, *Welsh Reformation Essays*, tt. 26–7.

[106] Am gefndir i'r sefydliad crefyddol gw. *English Hist. Docs, 5(A), 1558–1603*, tt. 24–6, ynghyd ag astudiaeth N. L. Jones, *Faith by Statute: Parliament and the Settlement of Religion 1559* (London, 1982); G. Williams, *Renewal and Reformation: Wales c.1415–1642* (Cardiff, 1993), tt. 330–1; Jones, *Aspects of Religious Life in Wales*, tt. 34–5.

[107] Thomas, *Life and Work of Bishop Davies & William Salesbury*, t. 71.

[108] Bowen, *The Statutes of Wales*, t. 151.

[109] Ibid., tt. 149–50.

[110] Davies, *Rhagymadroddion a Chyflwyniadau Lladin*, tt. 65–6.

[111] Ibid.

[112] Ibid., t. 69.

[113] Jones, 'Thomas Davies and William Hughes', 320–5; Thomas, *History of the Diocese of St Asaph*, 1, tt. 89, 225; F. O. White, *Lives of the Elizabethan Bishops* (London, 1898), t. 171.

[114] *ODNB*, 5, tt. 30–1; Thomas, *History of the Diocese of St Asaph*, 1, t. 96; 3, tt. 255, 301.

[115] Gruffydd, 'Bishop Francis Godwin's injunctions', 17–20; *ODNB*, 22, 610–12.

[116] Gw. K. Fincham, *Prelate as Pastor: The Episcopate of James I* (Oxford, 1990), t. 186.

[117] Gruffydd, 'Y Beibl a droes i'w bobl draw': William Morgan yn 1588, t. 63.

[118] Davies, *Rhagymadroddion a Chyflwyniadau Lladin*, tt. 66–8; *Three Treatises*, tt. 40–1.

[119] Davies, *Rhagymadroddion a Chyflwyniadau Lladin*, t. 66; E. M. White, *The Welsh Bible* (Stroud, 2007), tt. 33–7. Gw. hefyd I. Thomas, *Yr Hen Destament Cymraeg, 1551–1620* (Aberystwyth, 1988), tt. 176–80.

[120] J. Jewel, *Apologia Ecclesiae Anglicanae* (1562), gw. M. Kyffin, *Deffynniad Ffydd Eglwys Loegr* (1595), gol. W. P. Williams (Bangor, 121 Hopkin-James ac Evans, (goln), *Hen Gwndidau, Carolau a Chywyddau*, t. 33.

[122] LlGC Llsgr. Cwrtmawr 238, 37.

[123] LlB Llsgr. Harleian 280, f. 162b–164. Gw. Owen (gol.), *Catalogue of the Manuscripts*, 2, t. 124; Jones, *Cymru a'r Hen Ffydd*, tt. 1–40 (yma t. 38).

[124] LlB Casgliad Lansdowne 111, f. 10. Gw. Owen (gol.), *Catalogue of the Manuscripts*, I, 72(d).

[125] *Acts of the Privy Council* (1591–2), 22, t. 543.

[126] HMC, *Calendar of the Marquis of Salisbury MSS (Hatfield MSS)*, (London, 1904), Llsgr. 10, t. 460; Jones, *Cymru a'r Hen Ffydd*, tt. 34–5.

[127] R. Ashton, *Reformation and Revolution, 1558–1660* (London, 1984), t. 180 ymlaen.

3 'Y Gŵr o Fynydd Epynt': Piwritaniaeth John Penry

[1] Gw. *Three Treatises*. Am Herbert gw. *ODNB*, 26, t. 668.

[2] V. H. H. Green, *Renaissance and Reformation* (London, 1962), tt. 56–8.

[3] 'I'r rheolwr da yr unig ystyriaeth oedd canfod ffordd i ddiogelu'r wladwriaeth; nid oedd dim yn llygredig a greai lwyddiant; dim yn rhinwedd a wahoddai aflwyddiant': R. Kelso, *The Doctrine of the English Gentleman in the Sixteenth century* (Massachusetts, 1964), t. 75. Ceir nifer o astudiaethau o'r deddfau Uno ac yn eu plith W. Rees, *The Union of England and Wales* (Cardiff, 1948), tt. 5–8; W. O. Williams, *Tudor Gwynedd* (Caernarfon, 1958), tt. 9–10; G. Williams, *Wales and the Act of Union* (Bangor, 1992). Am Machiavelli gw. F. Caspari, *Humanism and the Social Order in Tudor England* (Chicago, 1954), tt. 36–7, 216.

[4] C. Davies (gol.), *Rhagymadroddion a Chyflwyniadau Lladin 1551–1632* (Caerdydd, 1980), t. 91.

[5] M. Kyffin, *Deffynniad Ffydd Eglwys Loegr* (1595), cyf. W. P. Williams (Bangor, 1908), tt. 91–2; H. Lewys, *Perl Mewn Adfyd*, gol. W. J. Gruffydd (Caerdydd, 1929).

[6] G. H. Hughes (gol.), *Rhagymadroddion 1547–1659* (Caerdydd, 1951), t. 4.

[7] H. Ellis (gol.), *Original Letters Illustrative of English History*, 3 (Llundain, 1827), t. 44.

[8] Am Cartwright gw. A. F. Scott Pearson, *Thomas Cartwright and Elizabethan Puritanism, 1535–1603* (Cambridge, 1925); P. Collinson, *The Elizabethan Puritan Movement* (London, 1987); M. R. Watts, *The Dissenters: From the Reformation to the French Revolution*, I (Oxford, 1978), tt. 25, 27, 34–60.

[9] *Three Treatises*, t. 7.

[10] LlB Llsgr. Lansdowne 109, 316; W. Pierce, *John Penry: His Life, Times and Writings* (London, 1923), tt. vi, 457; C. Burrage, *John Penry, the So-called Martyr of Congregationalism as revealed in the original record of his trial and in documents related thereto* (Oxford, 1913), t. 41.

[11] D. J. McGinn, *John Penry and the Marprelate Controversy* (New Brunswick/New Jersey, 1966), t. 167; idem., 'The real Martin Marprelate', *Publications of the Modern Languages Association of America*, 58 (March, 1943), 84–107.

[12] Am Penry a Chymru gw. G. Williams, 'John Penry a'i genedl', yn idem, *Grym Tafodau Tân: Ysgrifau ar Grefydd a Diwylliant* (Llandysul, 1984), tt. 118–39; R. T. Jones, 'John Penri', yn G. H. Jenkins (gol.), *Cof Cenedl: Ysgrifau ar Hanes Cymru*, 8 (Llandysul, 1993), tt. 37–68; J. G. Jones, 'John Penri: Piwritan a Chymro', *Llên Cymru*, 19 (1996), 41–69.

[13] *Three Treatises*, t. 32.

[14] J. Penry, *An exhortation vnto the gouernors of people of Hir Maiesties countrie of Wales*, yn *Three Treatises*, t. 60.

[15] Awgrymir hefyd gan rai iddo gael ei eni ym Morgannwg ac iddo ddod o deulu pur gefnog, ond nid yw'r dystiolaeth hyd yma'n ddigonol i brofi'r cysylltiad â'r sir honno. Gw. R. G. Gruffydd, *'In that gentile country': The beginnings of Puritan Nonconformity in Wales* (Bridgend, 1975), t. 6; J. G. Davies, 'John Penry', yn E. W. James (gol.), *Cwmwl o Dystion* (Abertawe, 1977), t. 42.

[16] *BC*, t. 201. Am y Penrïaid gw. T. Jones, *A History of the County of Brecknock*, 1 (Brecknock, 1909), tt. 117–18, 2, tt. 244, 269; R. T. Jones, 'Mantoli cyfraniad John Penri', *Y Cofiadur*, 58 (1993), 4–6. Ni cheir cyfeiriad gan Theophilus Jones at John Penry, ac mae'n anodd credu, fel yr awgryma David Williams, nad oedd wedi clywed dim amdano. *Three Treatises*, tt. ix, xxvi. O gofio mai dros ganrif a hanner yn ôl y cyhoeddwyd cofiant Waddington i Penry, ychydig sydd ganddo'i ddweud am ei ddyddiau cyn ymadael am Gaergrawnt. Gw. J. Waddington, *John Penry: The Pilgrim Martyr, 1559–1593* (London, 1854).

[17] A. Peel, *The Notebook of John Penry 1593* (London, 1944), t. ix; Pierce, *John Penry*, tt. 7–8; T. Nashe, 'An Almond for a Parrat', yn R. B. McKerrow (gol.), *The Works of Thomas Nashe*, 3 (London, 1905), t. 366; McGinn, *John Penry and the Marprelate Controversy*, tt. 46–50.

[18] Am Toy gw. Jones, *History of the County of Brecknock*, t. 249.

[19] Ceir gwybodaeth am ei gefndir mewn sawl gwaith, e.e. Pierce, *John Penry*, t. 492; *Three Treatises*, rhagair; Jones, 'John Penri', 4–41; *ODNB*, 43, tt. 617–19.

[20] *Three Treatises*, tt. ix–x; Peel, *The Notebook of John Penry*, t. ix; Pierce, *John Penry*, tt. 21–46, 419, 491–2.

[21] J. Penry, *A Supplication*, yn *Three Treatises*, t. 111.

[22] Am gefndir addysg uwch yng Nghymru a Lloegr yn y cyfnod hwn gw. W. P. Griffith, *Learning, Law and Religion: Higher Education and Welsh Society c.1540–1640* (Cardiff, 1996), tt. 1–57 a tt. 257, 280–3; idem, *Civility and Reputation: Ideas and Images of the 'Tudor Man' in*

Wales (Bangor, 1995); K. Charlton, *Education in Renaissance England* (Oxford, 1965); J. Simon, *Education and Society in Tudor England* (Cambridge, 1966).

[23] *Three Treatises*, tt. 40–1.

[24] Nashe, 'An Almond for a Parrat', 3, tt. 365–6.

[25] Ibid., tudalen deitl 'An Almond for a Parrat'.

[26] *Penries contemptuouse and sediciouse speeches in a treatise of this vnto the Q[ueene's] Maiestie.* LlB Llsgr Harleian 6849, f. 198); Burrage, *John Penry*, t. 41; Jones, 'Mantoli cyfraniad John Penri', 4, 35 (n.5).

[27] Burrage, *John Penry*, t. 26.

[28] *Three Treatises*, t. 77.

[29] *Th' Appellation*, t. 13; Am drafodaeth lawnach ar y traethawd hwn gw. J. D. Wilson, 'A date in the Marprelate controversy', *The Library*, VIII (1907), 337–59.

[30] R. M. Serjeanton, *History of the Church of St Peter's Northampton* (Northampton, 1901), t. 35 (n).

[31] P. W. Hasler (gol.), *The History of Parliament: The House of Commons 1558–1603* (London, 1981), I, tt. 648–9; II, tt. 472–3; III, tt. 597–601.

[32] Gw. G. Williams, 'John Penry: Marprelate and patriot?', *Cylchgrawn Hanes Cymru*, 3 (1967).

[33] Hasler, I, t. 649.

[34] Peel, *The Notebook of John Penry*, tt. 63, 64–5, 70–1.

[35] E. Arber, *Introductory Sketch to the Martin Marprelate Controversy, 1588–1590* (New York, 1964), tt. 103–4; McGinn, *John Penry and the Marprelate Controversy*, t. 92.

[36] Arber, *Introductory Sketch*, tt. 172–4

[37] Williams, 'John Penry: Marprelate and patriot?', 370–1. Tuedda Collinson i gydnabod George Carleton, tirfeddiannwr a Phiwritan o Surrey, a ddatblygodd ystadau yn nwyrain a chanolbarth Lloegr, yn awdur. Magodd gysylltiadau agos â Phiwritaniaid y canolbarth, ac roedd ganddo berthynas â'r rhai a gyhoeddodd draethodau Marprelate. Priododd Elizabeth Crane, gweddw Syr Anthony Crane o St Martin-in-the-Fields, ac yn ei thŷ hi yn East Moseley, Surrey, yr argraffwyd tract cyntaf Marprelate. Gw. Collinson, *Elizabethan Puritan Movement*, tt. 391–6; Hasler, *The History of Parliament: The House of Commons, 1558–1603*, I, t. 554.

[38] Am y wedd hon ar eu gwaith gw. W. Pierce, *An Historical Introduction to the Marprelate Tracts* (London, 1908). t. 293; a J. D. Wilson, 'The Marprelate controversy', *Cambridge History of English Literature*, 3 (Cambridge, 1949), tt. 374–98.

[39] *Three Treatises*, t. 65.

[40] Williams, 'John Penry: Marprelate and patriot?', 368–70; McGinn, *John Penry and the Marprelate Controversy*, tt. 133–43.

[41] Pierce, *Historical Introduction*, tt. 277–87.

[42] *Three Treatises*, tt. 105–6; McGinn, *John Penry and the Marprelate Controversy*, tt. 135–6.

[43] *Three Treatises*, t. 103.

[44] Ibid., t. 168.

[45] Gw. P. Collinson, 'John Field and Elizabethan Puritanism', yn idem, *Godly People: Essays on English Protestantism and Puritanism* (London, 1983), tt. 335–70; S. J. Knox, *Walter Travers: Paragon of Elizabethan Puritanism* (London, 1962).

[46] Collinson, *Elizabethan Puritan Movement*, tt. 317–29.

[47] Jones, 'Mantoli cyfraniad John Penry', 13; Hasler, *History of Parliament*, 2, t. 48.

[48] LlB Llsgr. Harleian, 7188, f. 93b. Gw. J. E. Neale, *Elizabeth I and her Parliaments*, 2, *1584–1601*, (London, 1957), t.153. Gw. hefyd LlB Llsgr Ychwanegol, 48064, ff. 144–5.

[49] *Three Treatises*, t. 117.

[50] Hasler, *History of Parliament*, 2, tt. 405–6.

[51] Ibid., tt. 492–4.

[52] C. Bagden, *The Stationers Company: A History, 1403–1959* (London, 1960), tt. 20–1, 33–4.

[53] Ibid., tt. 71–3.

[54] *Three Treatises* (tudalen deitl).

[55] Peel, *The Notebook of John Penry*, t. xiii.

[56] *Three Treatises*, t. 123.

[57] Statud 23 Elis. I, c.2, *SR*, 1547–1585 (London, 1963), I (i), tt. 659–61, 'An act against seditious words and rumours uttered against the Queen's most excellent Majesty'; Burrage, *John Penry*, tt. 6, 7, 13; H. M. Dexter, 'The martyrs of Congregationalism', yn idem, *Congregationalism of the Last Three Hundred Years* (New York, 1880), tt. 247–8.

[58] *ODNB*, 55, tt. 849–51; J. Udall, *The State of the Church of England laid open in a Conference between Diotrephes a Bishop, Tertullus a Papist, Demetrius a Usurer, Pandochus an Innkeeper, and Paul a Preacher of the Word of God*, gol. E. Arber, *The English Scholar's Library of Old and Modern Works*, 5 (London, 1879).

[59] Neale, *Elizabeth I and her Parliaments*, tt. 183, 209–11.

[60] *Epistle* (1588); McGinn, *John Penry and the Marprelate Controversy*, t. 121.

[61] Ceir y manylion yn Pierce, *John Penry*; Jones, 'Mantoli cyfraniad John Penri', 10 ymlaen.

[62] Collinson, 'John Field and Elizabethan Puritanism', t. 370.

[63] *Protestation* (1589), rhagair.

[64] Jones, 'Mantoli cyfraniad John Penri', 27.

[65] McGinn, *John Penry and the Marprelate Controversy*, tt. 182–3, 250.

[66] Pierce, *John Penry*, tt. 386–9.

[67] Am y gwrthryfel gw. Numeri, 16: 1–35.

[68] Williams, 'John Penry a'i genedl', tt. 135–6.

[69] R. T. Jones, *Hanes Annibynwyr Cymru* (Abertawe, 1966), t. 32.

[70] Peel, *The Notebook of John Penry*, t. 54.

[71] *Three Treatises*, t.158.

[72] Teitl talfyredig yw hwn i draethawd dan y teitl canlynol: *A Treatise Wherein is Manifestlie proued, That Reformation and Those that sincerely fauor the same, are unjustly charged to be enemies, vnto hir Maiestie and the state* (1590).

[73] *Three Treatises*, tt. 167–8.

[74] Pierce, *John Penry*, t. 271.

[75] Jones, 'Mantoli cyfraniad John Penri', 27.

[76] *Aequity of an humble supplication*, yn *Three Treatises*, tt. 11–12.

[77] Am y cefndir i'r datblygiadau hyn gw. Watts, *The Dissenters: From the Reformation to the French Revolution*, tt. 73–4; Collinson, *Elizabethan Puritan Movement*, t. 428.

[78] H. Barrow, *A Briefe Discoverie of the False Church*, yn L. H. Carlson (gol.), *The Writings of Henry Barrow 1587–1590* (London, 1962), t. 426.

[79] Burrage, *John Penry*, tt. 20–2.

[80] Dywed Burrage, ar sail gwybodaeth a dderbyniodd gan yr hanesydd enwog W. H. Holdsworth, mai yn ôl deddf 23 Elis. I c.3, adran 4 (1580) y cafwyd Penry'n euog gan fod deddf 1559 wedi'i diddymu (1 Elis. I c.2) a chan na chyfeirir at unrhyw ffeloni ynddi. Burrage, *John Penry*, tt. 13–14. Wedi dweud hynny, gellid dadlau mai yn ôl y ddeddf honno y dedfrydwyd ef gan mai hi a sefydlodd yr Eglwys ar sail wladwriaethol a chan mai Penry a droseddodd yn erbyn awdurdod y 'Goruchaf Lywodraethwr' ar yr Eglwys honno. Gw. Pierce, *John Penry*, tt. 463–8, a Jones, *Hanes Annibynwyr Cymru*, t. 32 (n.4).

[81] Gw. Jones, *Hanes Annibynwyr Cymru*, t. 31.

[82] *The Examinations of Henry Barrowe, Iohn Grenewood and Iohn Penrie before the high commissioners and Lordes of the Counsel ...*, t. [25]. Gw. Jones, *Hanes Annibynwyr Cymru*, t. 32 (n.1).

[83] Peel, *The Notebook of John Penry*, t. 64.

[84] Waddington, *Pilgrim Martyr*, 16.

[85] Peel, *The Notebook of John Penry*, tt. 86–7.

[86] *Three Treatises*, tt. 159–2. Cynhwysir trafodaeth bellach ar y rhyfel â Sbaen a bygythiad Catholigiaeth, fel y trafodir hwy gan Penry, ym mhennod 4, tt. 104–5, 150–1.

[87] Gw. pennod 4, tt. 139–40.

[88] *Three Treatises*, t. 38; Pierce, *John Penry*, tt. 169–70; McGinn, *John Penry and the Marprelate Controversy*, tt. 54–5.

[89] Peel, *The Notebook of John Penry*, tt. 85, 92.

4 Prif Gynnyrch Llenyddol John Penry 1587–8

[1] *English Hist. Docs.*, 5(A), 1558–1603, gol. I. W. Archer a F. D. Pine (London, 2011), tt. 215–16; G. Williams, *Wales and the Reformation* (Cardiff, 1997), tt. 256–7.

[2] G. Donaldson, *Mary Queen of Scots* (London, 1974), tt. 174–7.

[3] E. E. Reynolds, *Campion and Parsons: The Jesuit Mission of 1580–1* (London, 1980). Gw. hefyd J. Bossy, *The English Catholic Community 1570–1850* (London, 1975), tt. 11–34.

[4] Ibid., t. 163.

[5] *Three Treatises*, t. 27.

[6] Ibid., t. 30.

[7] Ibid., t. 17.

[8] Ibid., tt. 157–8.

[9] Ibid.; R. G. Gruffydd, 'Gwasg ddirgel yr ogof yn Rhiwledyn', *Journal of the Welsh Bibliographical Society*, 9 (1958), 1–23; idem, *Argraffwyr Cyntaf Cymru: Gwasgau Dirgel y Catholigion adeg Elisabeth* (Caerdydd, 1972), tt. 8–11.

[10] Donaldson, *Mary Queen of Scots*, tt. 174–7.

[11] Gruffydd, 'Gwasg Rhiwledyn', 4–5.

[12] *Three Treatises*, tt. 27–8.

[13] Ibid., t. 41.

[14] Ibid., tt. 41–2. Am gefndir blynyddoedd economaidd llym y 1580au a'r 1590au gw. W. G. Hoskins, 'Harvest fluctuations and English economic history, 1480–1619', *Agricultural History Review*, 12 (1964), 28–46; R. Ashton, *Reformation and Revolution, 1558–1660* (London, 1984), tt. 1–33, 87–107, 180–4, 198–205.

[15] *Three Treatises*, t. 14.

[16] Ibid., t. 162.

[17] *Th' Appellation of Iohn Penri vnto the Highe court of parliament, from the bad and iniurious dealing of th Archb[ishop] of Canterb[erie] & other his Colleagues of the high commission . . .* (1589), tt. 5–6;

W. Pierce, *John Penry: His Life, Times and Writings* (London, 1923), tt. 232–43.

[18] P. Collinson, *The Elizabethan Puritan Movement* (London, 1987), tt. 273–8, 303–16; idem, 'John Field and Elizabethan Puritanism', yn idem, *Godly People: Essays on English Protestantism and Puritanism* (London, 1983), t. 367.

[19] G. Williams, 'John Penry: Marprelate and patriot?', *Cylchgrawn Hanes Cymru*, 3 (1967), 374–5.

[20] Am fwy o gyfeiriadau at yr esgobyddiaeth yng Nghymru yn ôl dehongliad Penry ohoni gw. y drafodaeth ar yr *Exhortation*, tt. 106–11.

[21] Cynhwysir y tri thraethawd yn *Three Treatises*.

[22] Ibid., t. 12.

[23] Ibid., t. 32.

[24] J. Strype, *The Life and Acts of John Whitgift*, 3 (London, 1718), tt. 289, 295.

[25] G. Owen, *The Dialogue of the Government of Wales (1594)*, gol. J. G. Jones (Cardiff, 2010), tt. 131, 174.

[26] D. Mathew, 'Some Elizabethan documents', *Bwletin y Bwrdd Gwybodau Celtaidd*, 6/1 (1931), 78.

[27] Ibid.

[28] *Three Treatises*, t. 40.

[29] Ibid., t. 4.

[30] G. H. Hughes (gol.), *Rhagymadroddion, 1547–1659* (Caerdydd, 1951), t. 12.

[31] LlGC Llsgr. 17115E, fol. 1 (Llsgr. Gwysaney); D. R. Thomas, *Life and Work of Bishop Davies & William Salesbury* (Oswestry, 1902), tt. 3–4; P. R. Roberts, 'The Welsh language, English law and Tudor legislation', *Traf. Cymmr.* (1989), 55–8. Yn ôl Roberts nid Salesbury a luniodd y ddeiseb, fel y dywed D. R. Thomas. Gw. hefyd R. G. Gruffydd, 'The Welsh Book of Common Prayer, 1567', *Journal of the Historical Society of the Church in Wales*, 17 (1967), 44.

[32] Gruffydd, 'The Welsh Book of Common Prayer', 32, 39–40. Am drafodaeth ar drafferthion yr Eglwys yng Nghymru gw. G. Williams, 'Landlords in Wales, 1500–1640: the Church', yn C. Clay (gol.), *Rural Society: Landlords, Peasants and Labourers, 1500–1750* (Cambridge, 1990), tt. 381–90; B. Williams, *The Welsh Clergy 1558–1642*, I (Open University, 1991), tt. 148–64.

[33] *Three Treatises*, t. 27.

[34] Ibid., t. 63.

[35] Ibid., t. 65.

[36] Bradney, 'The speech of William Blethin, bishop of Llandaff, and the customs and ordinances of the church of Llandaff (1575)', *Y Cymmrodor*, 31 (1921)', 24–50; *ODNB*, 6, tt. 199–100; J. G. Jones, 'The Reformation bishops of Llandaff, 1558–1601', *Morgannwg*, 32 (1988), 49–51.

[37] Williams, *Wales and the Reformation*, tt. 376–7; F. O. White, *Lives of the Elizabethan Bishops* (London, 1898), tt. 253–9; TNA, STA C 5, 83/15; 3–29; G15/23; G2/8.

[38] Am wybodaeth fanylach am yrfa William Hughes gw. W. P. Griffith, 'William Hughes and the "Descensus" controversy of 1567', *Bwletin y Bwrdd Gwybodau Celtaidd*, 34/2 (1987), 185–99; J. G. Jones, 'Thomas Davies and William Hughes: two Reformation bishops of St Asaph', *Bwletin y Bwrdd Gwybodau Celtaidd*, 29/2 (1981), 320–35', ibid., 29 (1980–2), 332–5; idem, 'Reformation bishops of St Asaph', *Journal of Welsh Ecclesiastical History*, 7 (1990), 21–2.

[39] *Three Treatises*, tt. 40–1.

[40] Ibid., t. 4.

[41] Ibid.

[42] Ibid., t. 6.

[43] Ibid., t. 7.

[44] Ibid., t. 11.

[45] Ibid.

[46] Ibid., t. 12.

[47] Ibid.

[48] Ibid.

[49] Ibid., t. 13.

[50] Ibid., tt. 16–19.

[51] Ibid., tt. 18–19.

[52] Ibid., tt. 20–1.

[53] Ibid., t. 22.

[54] Ibid., t. 27.

[55] Ibid., tt. 28–9.

[56] Ibid., tt. 29–30.

[57] Nid yr enwog Awstin o Hippo (oc 354–430), y mwyaf o'r tadau eglwysig Lladin, yw'r mynach hwn ond Prior mynachdy Benedictaidd yn Rhufain (m. oc 604).

[58] *Three Treatises*, t. 30.

[59] Ibid., t. 30; Hughes, *Rhagymadroddion*, tt. 11, 17–43. Am fwy o drafodaeth ar y Ddamcaniaeth gw. Saunders Lewis, 'Damcaniaeth eglwysig Brotestannaidd', yn R. G. Gruffydd (gol.), *Meistri'r Canrifoedd: Ysgrifau ar Hanes Llenyddiaeth Gymraeg gan Saunders Lewis* (Caerdydd, 1973), tt. 116–39; G. Williams, *Welsh Reformation Essays* (Cardiff, 1967),

tt. 183–5; idem, *Bywyd ac Amserau'r Esgob Richard Davies* (Caerdydd, 1953), tt. 98–104.

[60] *Three Treatises*, t. 30.

[61] Hughes, *Rhagymadroddion*, tt. 23–4.

[62] *Three Treatises*, t. 30.

[63] Ibid., t. 32.

[64] Ibid., t. 33.

[65] Ibid., tt. 37–40.

[66] Ibid., t. 36.

[67] Ibid., t. 37.

[68] C. Davies (gol.), *Rhagymadroddion a Chyflwyniadau Lladin 1551–1632* (Caerdydd, 1980). tt. 68–9.

[69] Hughes, *Rhagymadroddion*, t. 5: meddai Salesbury: 'iaith Saesnec iaith heddyw vrddedic o bob rhyw oreuddysc iaith gyflawn o ddawn a buddygoliaeth ac iaith nid chwaith anhawdd i ddyscy.' Gw. Williams, *Welsh Reformation Essays*, t. 194; W. A. Mathias, 'William Salesbury – ei fywyd a'i weithiau', yn G. Bowen (gol.), *Y Traddodiad Rhyddiaith* (Llandysul, 1970), tt. 35–7.

[70] Ibid., tt. 37–9 am drafodaeth Penry ar y materion hyn.

[71] Ibid., t. 39; Llyfr Esra, 6: 8–9.

[72] Ibid., t. 40.

[73] Ibid.

[74] *The Epistle to the terrible Priests of the Confocation house*, yn *The Marprelate Tracts [1588–1589]* (Menston, 1970), t. 30.

[75] Ibid., t. 41.

[76] Ibid., tt. 41–2.

[77] Ibid., t. 42.

[78] Ibid., t. 43.

[79] Ibid., t. 44.

[80] Ibid., tt. xiii–xiv; Pierce, *John Penry*, tt. 326–7.

[81] R. Browne, *A Trve and Short Declaration . . .* (1583), yn A. Peel a L. H. Carlson (goln), *The Writings of Robert Harrison and Robert Browne* (London, 1953), t. 402.

[82] *The Epistle to the terrible Priests of the Confocation house*, t. 30.

[83] *Three Treatises*, t. xv.

[84] Ibid., tt. xv–xvi.

[85] Ibid., t. 41.

[86] Davies, *Rhagymadroddion a Chyflwyniadau Lladin*, t. 66. Am astudiaeth o gefndir y cyfieithu gw. R. G. Gruffydd, 'Y cyfieithu a'r cyfieithwyr', yn idem (gol.), *Y Gair ar Waith: Ysgrifau ar yr Etifeddiaeth Feiblaidd yng Nghymru* (Caerdydd, 1988), tt. 37–9.

[87] Davies, *Rhagymadroddion a Chyflwyniadau Lladin*, t. 67.

[88] G. Williams, 'Bishop William Morgan (1545–1604) and the first Welsh Bible', *Cylchgrawn Hanes a Chofnodion Meirionnydd*, 7 (1976), 362–3.

[89] Ibid., t. 363.

[90] *Three Treatises*, t. 56.

[91] Ibid., t. 44.

[92] Ibid., t. 79.

[93] *ODNB*, 26, tt. 688–9; P. Williams, *The Council in the Marches of Wales under Elizabeth I* (Cardiff, 1958), tt. 276–96.

[94] *Three Treatises*, t. 50.

[95] Ibid., tt. 27, 162–3.

[96] Ibid., tt. 59–60.

[97] Ibid., tt. 60–1.

[98] Ibid., t. 77.

[99] *BC*, t. 843. Cyhoeddwyd nifer o weithiau ar nodweddion ieithyddol Salesbury, e.e. W. A. Mathias, 'William Salesbury – ei waith', yn G. Bowen (gol.), *Y Traddodiad Rhyddiaith*, tt. 54–78; I. Thomas, *William Salesbury a'i Destament* (Caerdydd, 1967); G. Williams, 'The achievement of William Salesbury', yn idem. *Welsh Reformation Essays*, tt. 198–9; idem, *Wales and the Reformation*, tt. 238–47.

[100] *Three Treatises*, t. 57.

[101] *Cal. of State Papers Dom.*, 1547–1580 (London, 1856), XLIV, 27, t. 301.

[102] Hughes, *Rhagymadroddion*, t. 3.

[103] Ibid., t. 101.

[104] E. James, *Pregethau a osodwyd allan (. . .) i'w Darllein ymhob Eglwys blwyf* (Llundain, 1606), A2v, A3. Am gefndir y gwaith hwn gw. G. Williams, 'Edward James a Llyfr yr Homilïau', yn idem, *Grym Tafodau Tân: Ysgrifau Hanesyddol ar Grefydd a Diwylliant yng Nghymru* (Llandysul, 1984), tt. 180–96.

[105] *Three Treatises*, t. 59.

[106] Ibid., t. 61.

[107] Ibid., t. 62. Am gyfeiriadau at esgobion gw. tt. 61–6.

[108] Ibid., t. 62.

[109] Ibid.

[110] Ibid.

[111] Ibid.; E. G. Jones, *Cymru a'r Hen Ffydd* (Caerdydd, 1951), t. 20; R. G. Gruffydd, *Argraffwyr Cyntaf Cymru*, tt. 4–11; idem,'Gwasg ddirgel yr ogof yn Rhiwledyn', 1–23. Gw. tt. 103–4.

[112] Hughes, *Rhagymadroddion*, t. 52.

[113] *Three Treatises*, t. 65.

[114] J. Strype, *Annals of the Reformation*, 4 (Oxford, 1824), t. 247.

[115] *English Hist. Doc.s, 5(A), 1558–1603*, t. 1196; *The Marprelate Tracts [1588–1589]*, tt. 33–4.

[116] *Three Treatises*, t. 66.

[117] Ibid., t. 68.

[118] Ibid., t. 69.

[119] Ibid., tt. 70–1.

[120] Ibid., tt. 72–4.

[121] Jones, 'Mantoli Cyfraniad John Penri', 29.

[122] C. Burrage, *John Penry: the So-called Martyr of Congregationalism as revealed in the original record of his trial and in documents related thereto* (Oxford, 1913), t. 21.

[123] *Three Treatises*, tt. 96–7.

[124] Ibid., tt. 72–3.

[125] Ibid., t. 74.

[126] Ibid., tt. 76–7.

[127] Ibid., t. 77; *The Oxford Classical Dictionary*, gol. N. G. L. Hammond a H. H. Scullard (ail arg; Oxford 1970), t. 1051.

[128] Epistol Cyntaf Paul at y Thesaloniaid, 1: 15: 'y bobl a laddodd yr Arglwydd Iesu, a hefyd y proffwydi, ac a'n herlidiodd ni. Nid ydynt yn boddhau Duw ac y maent yn elyniaethus i bob dyn, gan eu bod yn ein rhwystro ni rhag llefaru i'r Cenhedloedd er mwyn iddynt gael eu hachub.'

[129] *Three Treatises*, t. 78.

[130] Ibid., t. 83.

[131] Ibid., t. 84.

[132] Ibid., tt. 88, 95, 97.

[133] Ibid., t. 97.

[134] Ibid., t. 98; *ODNB*, 51, tt. 556–8.

[135] J. Waddington, *John Penry, the Pilgrim Martyr* (London, 1854), tt. 40, 44.

[136] Am y cefndir i'r rhyfel gw. cyfrol R. B. Wernham, *Before the Armada: The Emergence of the English Nation, 1485–1588* (New York, 1966).

[137] *Three Treatises*, tt. 162–3.

[138] Ibid., t. 102.

[139] Ibid.

[140] Ibid., t. 103.

[141] Ibid., t. 107.

[142] Ibid.

[143] Ibid., t. 161.

[144] Ibid., tt. 156–7.

[145] Ibid., t. 109.

[146] Ceir llawer o drafodaethau ar y pwnc hwn e.e. C. Hill, 'The spiritual-
ization of the household', yn idem, *Society and Puritans in Pre-
Revolutionary England* (London, 1964), tt. 443–81; J. G. Williams,
'Rhai agweddau ar y gymdeithas Gymreig yn yr ail ganrif ar bymtheg',
Efrydiau Athronyddol, 30 (1968), 42–8; J. G. Jones, 'Duwioldeb ac
ufudd-dod dinesig: agweddau ar fywyd crefyddol Cymru ar drothwy'r
Diwygiad Methodistaidd', yn idem, *Crefydd a Chymdeithas: Astudiaethau
ar y Ffydd Brotestannaidd yng Nghymru c.1559–1750* (Caerdydd, 2007),
tt. 335–8.

[147] *Three Treatises*, t. 110.

[148] Ibid., t. 111.

[149] Ibid., t. 113.

[150] Ibid., t. 116.

[151] Ibid., t. 117.

[152] Ibid., t. 120.

[153] Ibid., tt. 120–1.

[154] Ibid., t. 123.

[155] Ibid.; *ODNB*, 7, tt. 583–5.

[156] Prif waith Bellarmine oedd *Disputationes de Controversiis Christianae
Fidei adversus hujus temporis Haereticas* (3 cyf., 1586–93).

[157] *Three Treatises*, t. 124.

[158] Ibid., t. 125.

[159] Ibid., tt. 127–8.

[160] Ibid., t. 130.

[161] Ibid., tt. 134–7.

[162] Ibid., t. 138.

[163] Ibid., t. 139.

[164] Ibid., tt. 142–3.

[165] Ibid., tt. 143–4.

[166] Ibid., t. 144. Gw. geiriau'r Apostol Paul: 'Oherwydd gan fod y byd,
yn noethineb Duw, wedi methu adnabod Duw trwy ei ddoethineb
ei hun, gwelodd Duw yn dda, trwy ffolineb yr hyn yr ydym ni yn
ei bregethu achub y rhai sydd yn credu (. . .) Eithr nyni, pregethu
yr ydym Grist wedi ei groeshoelio, yn dramgwydd i'r Iddewon ac
yn ffolineb i'r Cenhedloedd, ond i'r rhai a alwyd (. . .) y mae'n Grist,
gallu Duw a doethineb Duw', 1 Corinthiaid, 1: 21, 23.

[167] *Three Treatises*, t. 145.

[168] Ibid., tt. 146–7.

[169] Ibid., tt. 146–50. Yma gw. t. 149.

[170] Ibid., tt. 151–2: 'Ewch, gan hynny, a gwnewch ddisgyblion o'r holl
genhedloedd, gan eu bedyddio hwy yn enw'r Tad a'r Mab a'r

Ysbryd Glân, a dysgu iddynt gadw'r holl orchmynion a roddais i chwi', Mathew 28: 19–20.

171 *Three Treatises*, tt. 27, 156.

172 Ibid., t. 157. Gwaith yw hwn sy'n ymdrin â'r 'Pedwar Peth Olaf' a argraffwyd yn 1586–7 mewn gwasg Gatholig ddirgel ogof ar Drwyn-y-fuwch ger Llandudno. Gw. Gruffydd, 'Gwasg ddirgel yr ogof yn Rhiwledyn', 1–23; idem, *Argraffwyr Cyntaf Cymru*, tt. 18–19; G. Bowen, 'Robert Gwyn o Benyberth, awdur Catholig', *Traf. Cymmr*, (1995), 33–58.

173 *ODNB*, 43, tt. 843–50.

174 Gruffydd, 'Gwasg ddirgel', 1–23.

175 *Three Treatises*, t. 158.

176 *Oh read ouer D. Bridges, The Marprelate Tracts [1588–1589]*.

177 Ibid., t. 7.

178 D. J. McGinn, *John Penry and the Marprelate Controversy* (New Brunswick/New Jersey, 1966), tt. 121–2.

179 *Three Treatises*, t. 159.

180 Ibid.; Llyfr Eseciel, 22: 4.

181 *Three Treatises*, t. 160.

182 Ibid., t. 147.

183 Ibid., tt. 162–3.

184 G. Mattingly, *The Defeat of the Spanish Armada* (London, 1983), t. 356.

185 *Three Treatises*, t. 163.

186 Ibid., t. 164.

187 Ibid., t. 167.

188 Ibid., t. 168.

5 Y Blynyddoedd Olaf 1588–93

1 Gw. M. Sutcliffe [Deon Caerwysg], *An Answere unto a Certaine Calumnious Letter* (1597), 73 recto; E. Arber, *An Introductory Sketch to the Martin Marprelate Controversy, 1588–1590* (New York, 1964), t. 182.

2 Trafodwyd dadleuon McGinn yn *John Penry and the Martin Marprelate Controversy* eisoes, ac ni ddylid eu diystyru'n llwyr. Ni dderbynnir mai Penry oedd yr awdur gan W. Pierce, *An Historical Introduction to the Marprelate Tracts* (London, 1908); M. M. Knappen, *Tudor Puritanism* (Chicago, 1939); A. Peel, *The Notebook of John Penry 1593* (London, 1944); G. Williams, 'John Penry: Marprelate and patriot?', *Cylchgrawn Hanes Cymru*, 3 (1967), 361–80 (gw. hefyd ei adolygiad o gyfrol McGinn, *Cylchgrawn Hanes Cymru*, 3 (1967), 311–12).

[3] Arber, *An Introductory Sketch*, t. 172.
[4] *A brief discovery of the vntruthes and slanders contained in a sermon preached by (. . .) D. Bancroft* (Edinburgh, 1590); L. H. Carlson, *Martin Marprelate, Gentleman, Job Throckmorton Laid Open in his Colours* (San Marino, 1981), t. 368 (n.20).
[5] *Theses Theologicae* (1586), gw. R. T. Jones, 'Mantoli cyfraniad John Penri', *Y Cofiadur*, 58 (1993), 27.
[6] *Acts of the Privy Council*, 18 (1589–90) (London, 1899), t. 62.
[7] Ibid. (1589), tt. 225–6.
[8] *Cal. of State Papers Dom.*, 1581–1590 (London, 1865), CCXXVI, 4, t. 614.
[9] Jones, 'Mantoli cyfraniad John Penri', 207–8; W. Pierce, *John Penry: His Life, Times and Writings* (London, 1923), t. 271.
[10] Carlson, *Martin Marprelate*, t. 368 (n.20).
[11] Bancroft, *Daungerous Positions and Proceedings, published and practised within this Iland of Brytaine, vnderr pretense of Reformation, and for the Presbiteriall Discipline* (1593); *A Survey of the Pretended Holy Discipline, contayning the beginninges, successe, parts, procedynges, authority, and doctrine of it* (1593). R. M. Dawley, *John Whitgift and the English Reformation* (New York, 1954), tt. 188, 206.
[12] G. Williams, 'John Penry a'i genedl', yn idem, *Grym Tafodau Tân: Ysgrifau Hanesyddol ar Grefydd a Diwylliant* (Llandysul, 1984), tt. 135–6; R. T. Jones, *Hanes Annibynwyr Cymru* (Abertawe, 1966), t. 32.
[13] Gw. P. Collinson, *The Elizabethan Puritan Movement* (London, 1987), t. 424; Pierce, *John Penry*, tt. 298–9.
[14] Gw. C. Burrage, *Early English Dissenters*, 2 (Cambridge, 1912), t. 55; Pierce, *John Penry*, t. 306.
[15] Jones, 'Mantoli cyfraniad John Penri, 28; idem, 'John Penri, 1563–1593', yn Jenkins (gol.), *Cof Cenedl: Ysgrifau ar Hanes Cymru*, 8 (1993), tt. 61–2.
[16] *Three Treatises concerning Wales*, t. 74.
[17] *The Examinations of Henry Barrow John Greenwood and John Penrie* (1593), t. 25.
[18] Burrage, *Early English Dissenters*, t. 89.
[19] J. Penry, *An Hvmble Motion with Submission vnto the (. . .) Privie Covncel* (1590), teitl a t. 10.
[20] Ibid., t. 33.
[21] Ibid., tt. 98–9.
[22] Ibid., tt. 36–7; gw. hefyd tt. 64, 75.
[23] Ibid., tt. 32–3.

[24] J. G. Jones, 'The defence of the realm: regional dimensions c.1559–1604', yn idem, *Conflict, Continuity and Change in Wales c.1500–1603: Essays and Studies* (Aberystwyth, 1999), tt. 123–36. Am drafodaeth lawn ar y 'Chwedl Ddu' yn Lloegr sy'n difenwi'r Sbaenwyr dros gyfnod o bedair canrif, o gyfnod Elisabeth I ymlaen, gw. W. S. Maltby, *The Black Legend in England: The Development of Anti-Spanish Sentiment, 1558–1660* (Durham, N.C., 1971), penodau 1, 4–6, tt. 3–11, 44–87.

[25] J. Ballinger (gol.), *Calendar of Wynn of Gwydir Papers 1515–1690* (Cardiff, 1926), rhif 106.

[26] S. T. Bindoff, *Tudor England* (London, 1955), t. 294; G. R. Elton, *England Under the Tudors* (London, 1974), t. 376.

[27] C. Reade (gol.), *William Lambarde and Local Government* (New York, 1962), tt. 132–3.

[28] Jones, *Conflict, Continuity and Change in Wales, c.1500–1603*, tt. 113–53; G. Williams, *Renewal and Reformation: Wales c.1415–1642* (Cardiff, 1993), tt. 358–74; J. J. N. McGurk, 'A survey of the demands made on the Welsh shires to supply soldiers for the Irish war 1594–1602', *Traf. Cymmr.* (1983), 56–68.

[29] *Three Treatises*, t. 162.

[30] J. Bruce (gol.), *Letters of Queen Elizabeth and King James VI of Scotland*, 38 (London, 1849), 63–4.

[31] Ibid., t. 64.

[32] Jones, 'Mantoli cyfraniad John Penri', 28; L. H. Carlson (gol.), *The Writings of John Greenwood and Henry Barrow 1591–1593* (London, 1970), tt. 297–8; J. Stow, *The Annales or a generall chronicle of England* (London, 1615), tt. 760–1; *English Hist. Docs.*, 5(A), rhif 467, tt. 1205–7.

[33] Am yr ymgais yn yr Alban i'w ddal gw. D. Masson (gol.), *The Register of the Privy Council of Scotland*, 4, 1585–92 (Edinburgh, 1881), tt. 517–19; M. J. Thorpe (gol.), *Calendar of State Papers Relating to Scotland*, 2 (London, 1858), tt. 574, 580, 581; W. K. Boyd a H. W. Meikle (goln), *Calendar of State Papers Relating to Scotland and Mary Queen of Scots 1547–1603*, 10, 1589–1593 (Edinburgh, 1936), tt. 280–1, 292, 294, 361, 363–4, 368, 380, 383, 420–1, 435.

[34] J. Waddington, *John Penry, the Pilgrim Martyr* (London, 1854), tt. 132–3.

[35] Ibid., t. 125.

[36] Peel, *The Notebook of John Penry*, 1593, t. xiii.

[37] Penry, *A Treatise Wherein is Manifestlie Proued, That Reformation and Those that sincerely fauor the same, are unjustly charged to be enemies vnto hir Maiestie and the state* (1590), tt. [2–3].

38 Ibid., t. [52].
39 *The Epistle to the terrible Priestes of the Confocation house* (1588), tt. 6–7.
40 Ibid., t. 45.
41 *ODNB*, 13, tt. 277–9.
42 Elton, *England under the Tudors*, tt. 426–7.
43 P. Avis, *Anglicanism and the Christian Church* (Edinburgh, 1989), t. 47.
44 R. Hooker, *Of the Laws of Ecclesiastical Polity*, gol. R. Bayne (London, 1907), tt. 319–24 ymlaen. Am drafodaeth feirniadol ar waith Hooker gw. N. G. Atkinson, *Richard Hooker and the Authority of Scriptures, Tradition and Reason: Reformed Theologian of the Church of England* (Vancouver, 2005), tt. 80–110.
45 Hooker, *Of the Laws of Ecclesiastical Polity*, tt. 296–300; Atkinson, *Richard Hooker and the Authority of Scriptures*, tt. 76–111.
46 Hooker, *Of the Laws of Ecclesiastical Polity*, t. 143.
47 Llyfr Numeri, 16 (1–35). Pierce, *John Penry*, t. 490. Ymddangosodd y traethawd argraffedig yn 1609 gyda'r is-deitl *Applied to the Prelacy, Ministerie and Church-Assemblies of England, by Mr John Penry, a Martyr of Iesus Christ.*
48 Ibid., adn. 11, 13–14; 32–3. Sugnwyd Corah a'i wŷr i Sheol, trigfan y meirw, am wrthryfela'n erbyn Duw.
49 J. Penry, *The Historie of Corah, Dathan and Abiram* (1609), tt. 5–6.
50 Ibid., t. 10.
51 Ibid., tt. 44–5.
52 Ibid., t. 30.
53 Carlson, *The Writings of John Greenwood and Henry Barrow*, 314–15; *BC*, tt. 264–5, 944; *ODNB*, 4, tt. 95–6, 23, tt. 629–31.
54 Olrheiniai William Cecil, Prif Ysgrifennydd y Frenhines Elisabeth, ei dras i Dafydd Seisyll (Cecil), cefnogwr Harri Tudur, o Alltyrynys yng nghwmwd Ewias ar ffiniau gorllewinol sir Henffordd. Datblygodd Dafydd i fod yn dirfeddiannwr sylweddol ei fyd a ymsefydlodd yn swydd Lincoln a chynrychioli Stamford yn y Senedd. Gweithredodd hefyd yn siryf swydd Nottingham ac fe'i dyrchafwyd yn Iwmon y Siambr a Sarsiant Personol y Brenin. Roedd ei ŵyr William yn ymwybodol o'i dras ac yn casglu gweithiau hanesyddol yn ymwneud â thraddodiad llenyddol Cymru. A. L. Rowse, 'Alltyrynys and the Cecils', *English Historical Review*, 75 (1960), 54–76; R. Merrick, *Morganiae Archaiographia: A Book of the Antiquities of Glamorganshire*, gol. B. Ll. James (Barry, 1983), tt. 147, 150; R. Flower, 'Richard Davies, William Cecil, and Giraldus Cambrensis', *National Library of Wales Journal*, 3 (1943), 11–14; *ODNB*, 10, tt. 778–94.

[55] Carlson, *Writings of John Greenwood and Henry Barrow*, t. 407.

[56] Ibid.

[57] Ibid., t. 386.

[58] Statud 23 Elis. I c.2 (rhan 4). *SR*, 1547–1585, 4 (London, 1963), (i), t. 659.

[59] W. S. Holdsworth, *A History of English Law*, 2 (London, 1903), tt. 133–4; J. F. Stephen, *History of the Criminal Law of England*, 1 (London, 1883), tt. 221–8. Ni ellir derbyn barn Syr Edward Coke mai ar sail deddf 1559 yn unig y cyhuddwyd Penry. Gw. ei *Book of Entries* (London, 1614), f. 352, v 353; H. M. Dexter, *Congregationalism of the Last Three Hundred Years* (New York, 1880), tt. 248, 251; C. Burrage, *John Penry, the So-called Martyr of Congregationalism as revealed in the original record of his trial and in documents related thereto* (Oxford, 1913), tt. 12–14.

[60] LlB Llsgr. Lansdowne 75, 26 ff. 54–5; Carlson, *Writings of John Greenwood and Henry Barrow (1591–93)*, t. 458.

[61] Am John Frith, cyfaill Tyndale, a losgwyd yng Ngorffennaf 1533, gw. *ODNB*, 21, tt. 42–3.

[62] Peel, *The Notebook of John Penry*, t. 54. Dylid nodi nad yw testun llythyrau a deisebau Penry bob tro'n eglur, a golygir y cyfan gan Peel mewn dull fel y gellir canfod ystyr yr hyn sy'n aneglur.

[63] Ibid., tt. xx, 39, 55; Pierce, *John Penry*, tt. 375–9, 381–2; M. R. Watts, *The Dissenters: From the Reformation to the French Revolution* I (Oxford, 1978), tt. 34–7.

[64] *Three Treatises*, t. 47.

[65] Ibid., t. 55.

[66] Ibid., t. 61.

[67] Ibid., t. 57.

[68] Ibid., t. 58; *Llyfr Cyntaf Samuel*, 2: 12.

[69] Peel, *The Notebook of John Penry*, t. 62.

[70] Arber, *An Introductory Sketch to the Martin Marprelate Controversy*, tt. 103–4; D. J. McGinn, *John Penry and the Marprelate Controversy* (New Brunswick/New Jersey, 1966), t. 913 (yma t. 92).

[71] Arber, tt. 172–4.

[72] Williams, 'Marprelate and Patriot?', 364–7.

[73] Pierce, *An Historical Introduction to the Marprelate Tracts*, t. 293.

[74] McGinn, *John Penry and the Marprelate Controversy*, tt. 57–9.

[75] *Three Treatises*, t. 65.

[76] *The Epistle to the terrible Priestes of the Confocation house*, t. 53.

[77] Williams, 'Marprelate and Patriot?', 393–6.

[78] Collinson, *Elizabethan Puritan Movement*, tt. 138, 142–5, 393–4.

[79] J. E. Neale, *Elizabeth I and her Parliaments*, 2, 1584–1601 (London, 1957), t. 120.

[80] Peel, *The Notebook of John Penry*, t. 64; McGinn, *John Penry and the Marprelate Controversy*, tt. 57–9.

[81] *ODNB*, 58, tt. 717–27. Gw. astudiaeth lawn arno yn Dawley, *John Whitgift and the English Reformation*; V. J. K. Brook, *Whitgift and the English Church* (London, 1957), t. 143 ymlaen.

[82] Peel, *The Notebook of John Penry*, tt. 64–5. Ni cheir enw awdur o dan *Aequity* (1587), *Briefe Discovery* (1589) a chyfieithiad i'r Saesneg o *Propositions and Principles of Divinitie* (1591) gan Theodore Beza.

[83] Peel, *The Notebook of John Penry*, t. 67.

[84] Ibid., t. 68.

[85] Ibid., t. 71.

[86] Ibid., tt. 71–2.

[87] Ibid., t. 72.

[88] Ibid., tt. 73–4.

[89] Ibid., t. 75. 'Deddf yn erbyn Reciwsantiaid Pabyddol' (Statud 35 Elis. I, c.2). Yn ôl y ddeddf roeddynt i aros yn eu cartrefleoedd a pheidio â theithio mwy na phum milltir ohonynt ar gosb fforffedu eu nwyddau a'u tiroedd dros gyfnod eu bywyd. *SR*, 4, Rhan 2, tt. 843–6.

[90] Peel, *The Notebook of John Penry*, t. 84.

[91] Ibid., tt. 77–8; 'Nid yr oedrannus yn unig sydd ddoeth, ac nid yr hen yn unig sy'n deall beth sydd iawn'. Llyfr Job, 32: 9.

[92] Peel, *The Notebook of John Penry*, t. 78.

[93] Ibid., tt. 81–2.

[94] Ibid., t. 85.

[95] *BC*, t. 157.

[96] Am ei berthynas â Phiwritaniaeth gw. R. Lacey, *Robert Earl of Essex: An Elizabethan Icarus* (London, 1971), t. 274; P. E. J. Hammer, *The Polarisation of Elizabethan Politics: The Political Career of Robert Devereux, 2nd Earl of Essex, 1585–1597* (Cambridge, 1999), tt. 27, 78–82, 89, 140, 213–14.

[97] 2 Llyfr y Brenhinoedd, 2: 20: 12 ymlaen; Llyfr Jeremia, 50: 2 'Goresgynnwyd Babilon . . . Daeth cywilydd dros ei heilunod a drylliwyd ei delwau.'

[98] Peel, *The Notebook of John Penry*, t. 86.

[99] Cyfeiriad at Dŵr Babel, a'r gymysgfa o ieithoedd a ddigwyddodd wedi i Dduw wasgaru'r Israeliaid dros wyneb y ddaear oherwydd eu balchder. Llyfr Genesis, 11: 9–10. 'Am hynny geilw ei henw Babel, oherwydd yno y cymysgodd yr Arglwydd iaith yr holl fyd, a gwasgarodd yr Arglwydd hwy oddi yno dros wyneb yr holl ddaear.'

[100] Peel, *The Notebook of John Penry*, tt. 87–8.

[101] Arweinydd pobloedd ymosodol o'r gogledd oedd Gog ac fe'i dinistriwyd gan Dduw. Llyfr Eseciel, 38: 9. Defnyddir Gog a Magog fel symbolau o'r lluoedd gwrthwynebus i Dduw yn y rhyfel terfynol. Datguddiad Ioan, 20: 8.

[102] Peel, *The Notebook of John Penry*, t. 90. Unieithir Babel â Babilon, y ddinas gyfoethog lygredig.

[103] Ibid.

[104] Lacey, *Robert Earl of Essex*, t. 274.

[105] Peel, *The Notebook of John Penry*, tt. 91–2.

[106] Ibid., t. 91.

[107] Ibid.

[108] Ibid., tt. 92–3.

[109] 'John Penry's address to Queen Elizabeth' (1593), J. Strype, *The Life and Acts of John Whitgift*, 3 (Oxford, 1822), tt. 178–81; *English Hist. Docs.*, *5(A)*, *1558–1603*, tt. 1211–12 (no. 469); Burrage, *John Penry*, t. 18.

[110] *Cal. of State Papers Dom.*, 1591–1594, CCXIV, 21, t. 350. Gw. hefyd ddetholion o draethawd coll Penry yn beirniadu'r Frenhines Elisabeth, a argraffwyd yn Burrage, *John Penry*, tt. 26–34.

[111] *Three Treatises*, tt. 29–30.

[112] Ibid. Ceir gan Penry nifer o gyfeiriadau at gyndynrwydd y Frenhines Elisabeth i gyfaddawdu â'r Piwritaniaid, e.e. *Three Treatises*, tt. 11, 21, 28, 19–20, 28–30.

[113] Burrage, *John Penry*, t. 34.

[114] Statud 1 Elis. I, c.2, *SR*, 4 (i), tt. 355–8: 'An Act for the uniformity of Common Prayer and divine service in the church, and the administration of the sacraments.'

[115] Ibid., 4 (i), tt. 659–61: 'An Act against seditious words and rumours uttered against the Queen's most excellent Majesty'; gw. hefyd Statud Elis. I, c.2: 'An Act for the explanation of the statute of seditious words and rumours' (dilyniant o Statud 1 Philip a Mari, c.3), 4 (i), tt. 366–7; Burrage, *John Penry*, tt. 12–15; W. S. Holdsworth, *The History of English Law*, 4 (London, 1903), tt. 511–12.

[116] LlB Llsgr. Harleian 6849 (ff. 198–201); Burrage, *John Penry*, tt. 26–34.

[117] LlB Llsgr. Harleian 6848 (f. 91).

[118] *English Hist. Docs*, *5(A)*, rhif 469, t. 1211; Strype, *John Whitgift*, t. 178.

[119] Burrage, *John Penry*, tt. 10, 21, 22.

[120] Ibid., t. 11.

[121] Peel, *The Notebook of John Penry*, t. 64.

[122] H. Barrow, 'A brief discourse of the false church', yn L. H. Carlson (gol), *The Writings of Henry Barrow 1587–1590* (London, 1962), t. 664.

123 Burrage, *John Penry*, t. 36.

124 Ibid., t. 41.

125 *Cal. State Papers Dom.*, 1591–1594, CCXLIV (124), t. 341; CCXLV, 21/30, tt. 350, 353. Coffáwyd marwolaeth Penry ar garreg goffa ar fur capel Marlborough yn yr Old Kent Road, yn agos at y grogfa, ac arno cofnodwyd 'He died for liberty of conscience'. Dinistriwyd y capel yn ystod yr Ail Ryfel Byd ac ni osodwyd cofeb iddo ar fur yr ail gapel a adeiladwyd mewn man arall. Lleolwyd St Thomas a Watering yn y fan lle saif y dafarn a enwir 'Thomas A Becket'. St Thomas a Watering oedd safle'r cysegr lle arferai pererinion orffwys ar eu taith i Gaergaint. J. Waddington, *Surrey Congregational History* (London, 1866), tt. 166–9. Gw. hefyd *Southwark Recorder and Bermondsey and Rotherhithe Recorder*, 3 Mehefin 1893, 6; *South London Press*, 3 Mehefin 1893.

126 Strype, *John Whitgift*, t. 346.

127 Ibid., t. 347.

128 McGinn, *John Penry and the Marprelate Controversy*, tt. 172–3.

129 Strype, *John Whitgift*, t. 348.

130 Ibid., t. 349.

131 McGinn, *John Penry and the Marprelate Controversy*, tt. 170–1.

132 Strype, *John Whitgift*, t. 410.

133 Ibid., tt. 413–14.

134 Ibid., t. 412; Statud 1 a 2 Philip a Mari c.3. 'An Acte against sedityous Woordes and Rumours' ac 1 Elis. I c.6. 'An Acte for the explanacon of the Statute of sedytyous Woordes and Rumours'. *SR*, 4 (i), tt. 240–1, 366–7.

135 LlB Llsgr. Lansdowne 109, tt. 35–6; Burrage, *John Penry*, t. 36.

136 Burrage, *John Penry*, tt. 37–8.

137 Ibid., t. 41; G. Williams, 'John Penry a'i genedl', yn *Gwanwyn Duw: Diwygwyr a Diwygiadau: Cyfrol Deyrnged i Gomer Morgan Roberts*, gol. J. E. Wynne Davies (Caernarfon, 1982), tt. 89–90, 106.

6 John Penry: Ei Gyfraniad i Achub 'Eneidiau Coll Cymru'

1 J. Foxe, *Acts and Monuments of John Foxe*, gol. S. R. Cattley (London, 1837–41), VII, tt. 96, 29, 28–33, VIII, t. 462; G. Williams, 'Wales and the reign of Mary I', *Cylchgrawn Hanes Cymru*, 10 (1981), 334–58; idem, *Wales and the Reformation* (Cardiff, 1997), tt. 143, 173, 205, 206–7, 208, 211. Yn ystod teyrnasiad Harri VIII y merthyrwyd Capper.

[2] W. Pierce, *John Penry: John Penry: His Life, Times and Writings* (London, 1923), tt. 419, 492; *Three Treatises*, t. 111; A. Peel, *The Notebook of John Penry 1593* (London, 1944), t. xx; T. Rees, *History of Protestant Nonconformity in Wales* (Swansea, 1861), t. 27.

[3] J. Waddington, *John Penry the Pilgrim Martyr* (London, 1854), t. 142.

[4] Nid oes tystiolaeth o gwbl i brofi'r traddodiad mai disgyblion iddo, os bu rhai o gwbl, a sefydlodd gapel Troedrhiwdalar ym mhlwyf Llanafanfawr i'r dwyrain o Lanwrtyd. T. Rees a J. Thomas, *Hanes Eglwysi Annibynnol Cymru*, 4 (Lerpwl, 1871), t. 373; Pierce, *John Penry*, t. 4. Dywedir i Penry bregethu llawer yn ardal Merthyr Cynog ger man ei eni, ond eto nid oes tystiolaeth i gefnogi hynny, ibid., tt. 362, 387.

[5] R. G. Gruffydd, 'Gwasg ddirgel yr ogof yn Rhiwledyn', *Journal of the Welsh Bibliographical Society*, 9 (1958), 1–23; idem, *Argraffwyr Cyntaf Cymru: Gwasgau Dirgel y Catholigion adeg Elisabeth* (Caerdydd, 1972), tt. 1–23.

[6] H. Ellis (gol.), *Original Letters Illustrative of English History*, 3 (ail gyfres; London, 1827), t. 42.

[7] *Cal. State Papers Dom.*, 1581–1590 (London, 1865), CXC1, 17, t. 339; G. Williams, *Bywyd ac Amserau'r Esgob Richard Davies* (Caerdydd, 1953), t. 56.

[8] *Cal. State Papers Dom.*, 1581–1590, CLXII, 29, t. 119.

[9] C. Burrage, *Early English Dissenters*, 2 (Cambridge, 1912), t. 89; Waddington, *Pilgrim Martyr*, tt. 188–200.

[10] R. T. Jones, 'Mantoli cyfraniad John Penri', *Y Cofiadur*, 58 (1993), 6–8.

[11] V. Powell, *The Sufferers – Catechism* (1664), t. 23.

[12] C. Edwards, *Y Ffydd Ddi-ffuant*, gol. G. J. Williams (Caerdydd, 1936), t. 201.

[13] G. Owen, *The Dialogue of the Government of Wales (1594)*, gol. J. G. Jones (Cardiff, 2010), tt. 131, 174.

[14] Idem, *The Description of Pembrokeshire*, gol. H. Owen, I (London, 1892), t. 85. Gw. hefyd D. Miles (gol.), *The Description of Pembrokeshire* (Llandysul, 1994), t. 88.

[15] *Three Treatises*, t. 12.

[16] *Cal. State Papers Dom.*, 1547–1580 (London, 1856), LXVI, 26, t. 362. Cyfeiriwyd at ei dystiolaeth eisoes ar gyflwr ei offeiriadaeth: 'ye blyndnes of the clergie' a 'great want of preachers'. Gw. pennod 2, tt. 40–1, 61–2; *Cal. State Papers Dom.*, 1581–1590, CLXV, 1/3, t. 143 (1583); D. Mathew, 'Some Elizabethan documents', *Bwletin y Bwrdd Gwybodau Celtaidd*, 1 (1931), 78; G. Williams, *Wales and the Reformation*

(Cardiff, 1997), tt. 301–2, 305–8; J. G. Jones, 'John Penry: government, order and the "perishing souls" of Wales', *Traf. Cymmr.* (1993), 60–77.

[17] J. Strype, *The Life and Acts of John Whitgift*, 2 (Llyfr IV) (Oxford, 1822), t. 410.

[18] Waddington, *Pilgrim Martyr*, t. 9; G. Williams, 'John Penry a'i genedl', yn idem, *Grym Tafodau Tân: Ysgrifau Hanesyddol ar Grefydd a Diwylliant yng Nghymru* (Llandysul, 1984), t. 120; Pierce, *John Penry*, t. 4.

[19] Waddington, *Pilgrim Martyr*, t. 9.

[20] Williams, 'John Penry a'i genedl', t. 138.

[21] D. J. McGinn, *John Penry and the Marprelate Controversy* (New Brunswick/New Jersey, 1960), tt. 55–6.

[22] G. Williams, 'Bishop William Morgan (1545–1604) and the first Welsh Bible', *Cylchgrawn Hanes a Chofnodion Meirionnydd*, 7 (1976), 362–3.

[23] Williams, 'John Penry a'i genedl', t. 107.

[24] R. T. Jones, 'John Penri: ffanatig ynteu merthyr?', *Cristion* (Mai/Mehefin, 1995), 15.

[25] J. Morgan Jones, *Y Tadau Pererin* (Merthyr Tudfil, 1920), t. 53; R. I. Parry, *Ymneillltuaeth* (Llandysul, 1962), tt. 147–8.

[26] Williams, 'John Penry a'i genedl', t. 139.

[27] G. H. Hughes (gol.), *Rhagymadroddion, 1547–1659* (Caerdydd, 1951), t. 18.

[28] *Three Treatises*, t. 167.

[29] Waddington, *Pilgrim Martyr*, t. 37.

[30] *Three Treatises*, t. 68.

[31] Strype, *John Whitgift*, 4, t. 410.

[32] Ibid.

[33] Waddington, *Pilgrim Martyr*, tt. 92–3.

[34] 'Y Gwladgarwr', 'John Penri', *Y Geninen*, 11 (1893), 140–1.

[35] Powell, *The Sufferers – Catechism* (1664), t. 23.

[36] Edwards, *Y Ffydd Ddi-ffuant*, t. 201.

[37] Defnyddiwyd y wybodaeth am gefndir bywgraffyddol gyrfa Penry a geir yn erthygl R. T. Jones, 'Mantoli cyfraniad John Penri', 5–10.

[38] A. Wood, *Athenae Oxonienses*, 1 (London, 1813), t. 591[–8].

[39] D. Neale, *The History of the Puritans* (Baynes, 1822), tt. 437–8. Gw. hefyd T. Fuller, *The Church-History of Britain* (London, 1655) sy'n gefnogol i Penry ond yn brin ei eiriau amdano.

[40] J. Thomas, *Hanes y Bedyddwyr ymhlith y Cymry: o Amser yr Apostolion hyd y Flwyddyn Hon* (Caerfyrddin, 1778), t. 131.

[41] D. Peter, *Hanes Crefydd yng Nghymru, o'r amser y daeth y Cymry i Ynys Prydain hyd yr Amser Presennol* (ail arg; Caerfyrddin, 1851).

[42] R. Williams, *Enwogion Cymru: A Biographical Dictionary of Eminent Welshmen* (Llandovery, 1852).

[43] T. Phillips, *Wales, the Language, Social Condition, Moral Character, and Religious Opinions of the people considered in their relation to Education* (London, 1849).

[44] A. G. Edwards, *Landmarks in the History of the Welsh Church* (London, 1913), t. 108.

[45] W. Rowlands, *Cambrian Bibliography: Llyfryddiaeth y Cymry*, I (Llanidloes, 1869), t. 56.

[46] Waddington, *Pilgrim Martyr*, t. 206.

[47] Peel, *The Notebook of John Penry*, t. viii.

[48] *Adroddiad Cyfarfodydd yr Undeb, yng Nghaergybi (. . .) 1893*, t. 325. Gw. Jones, 'Mantoli cyfraniad John Penri', 8, 36; *Three Treatises*, tt. xxvi–xxvii.

[49] Gw. H. E. Lewis, *Penry, the Welsh Independent* (1893); J. Thomas, *John Penry ac Ymneilltuaeth* (Dolgellau, 1893); D. Peter, *Hanes Crefydd yng Nghymru, o'r amser y daeth y Cymry i Ynys Prydain, hyd yr Amser Presennol* (ail arg.; Caerfyrddin, 1851); T. Phillips, *Wales: the language, social condition, moral character and religious opinions of the people considered in their relation to education* (London, 1849); E. H. Evans, *John Penry, y Merthyr Ymneilltuol Cymreig* (Llundain, 1893); O. M. Edwards, *John Penri*, Cyfres Cymru, 1 (Llanuwchllyn, 1893). Am fwy o gyfeiriadau at Penry gw. *Y Gwyddoniadur*, 8 (Dinbych, 1874), 330; Williams, 'John Penry a'i genedl', tt. 124–30; idem, 'John Penry a Phiwritaniaeth gynnar', yn J. G. Jones (gol.), *Agweddau ar Dwf Piwritaniaeth yng Nghymru yn yr Ail Ganrif ar Bymtheg* (Lewiston/ Llanbedr Pont Steffan, 1992), tt. 12–15.

[50] Williams, 'John Penri', 214. Fe'i cyhoeddwyd yn llyfryn o dan y teitl *Yr ochr arall i'r ddalen, Sef John Penri: ei helynt a'i amserau* (Bangor, d.d.).

[51] L. H. Carlson, *Martin Marprelate, Gentleman, Job Throckmorton Laid Open in his Colours* (San Marino, 1981), t. 305.

[52] Peel, *The Notebook of John Penry*, t. xxii.

[53] Ibid., t. 24.

[54] R. T. Jones, 'John Penry, 1563–1593', yn R. T. Jones ac A. Tovey (goln), *1985 Congregational Studies Conference Papers*, 67.

[55] D. Williams, 'The enigma of John Penry', *The Welsh Review* (Mawrth 1954), 50–4.

[56] Rees, *History of Protestant Nonconformity in Wales*, tt. 19, 21.

[57] Rees a Thomas, *Hanes Eglwysi Annibynol Cymru*, t. xxi.

[58] H. M. Hughes, *John Penry, y Merthyr Cymraeg, 1559–1593* (Pwyllgor Canolog Cynghrair Eglwysi Rhydd ac Efengylaidd Cymru, 1912), tt. 23–4.

[59] Ibid., t. 24.

[60] Peel, *The Notebook of John Penry*, t. 24.

[61] C. Burrage, *John Penry, the So-called Martyr of Congregationalism as revealed in the original record of his trial and in documents related thereto* (Oxford, 1913), t. 40.

[62] J. D. Wilson, 'A date in the Marprelate controversy', *The Library*, VIII (Hydref 1907), 359; Peel, *The Notebook of John Penry*, t. vii.

[63] H. M. Dexter, 'The martyrs of congregationalism', yn idem, *Congregationalism of the Last Three Hundred Years* (New York, 1880), tt. 247–8, 248, 251.

[64] G. J. Williams, 'John Penri', *Y Cofiadur*, 35 (1966), 32.

[65] Statud 23 Elis. I c.2, *SR*, 1547–1585, 4 (i) (London, 1963), tt. 659–61.

[66] Actau'r Apostolion, 6: 8.

[67] Er bod y goflech wedi'i dinistrio adeg y gyflafan daeth y diweddar Meurig Owen, hanesydd diwyd eglwysi Cymraeg Llundain, o hyd i eiriad yr arysgrif. Y diweddar Ellis Roberts, Caerdydd, cyfaill agos iddo, a roddodd y wybodaeth hon i mi ar lafar.

[68] R. T. Jones ac A. Tovey, *Some Separatists: The Martyrs of 1593* (1993), tt. 46–9.

[69] J. Strype, *Annals of the Reformation*, 4 (Oxford, 1824), 4, t. 246; P. Hughes, *The Reformation in England*, 3 (London, 1954), tt. 214–16, 216 yma.

[70] *Three Treatises*, t. 95.

Llyfryddiaeth

Ffynonellau gwreiddiol

LlB Llsgr. Ychwanegol 48064, ff. 144–5.
LlB Casgliad Lansdowne 64, 50; 75, 26 ff. 54–5; 109, 316; 111 f. 10.
LlB Llsgr. Harleian 280, f. 162b–164, 6848 f. 91, 6849 ff. 198–201; 7188, f. 93b.
LlGC Llsgr. Cwrtmawr 238, 37.
LlGC Llsgr. Ychwanegol 466E, 642.
LlGC St Asaph Misc. Doc. 835–9.
TNA S.P. 12/200 (rhif 3); 12/199 f. 92.

Ffynonellau printiedig a geiriaduron bywgraffyddol

Acts of the Privy Council, 18, 1589–90 (London, 1899); 20, 1591–92 (London, 1901).
Adroddiad Cyfarfodydd yr Undeb, yng Nghaergybi (. . .) (1893).
A Funerall Sermon preached the XXVI day of November (. . .) mdlxxvi in the parishe Church of Caermerthyn (. . .) by the Reverend Father in God, Richard (. . .) Bishoppe of Saint Dauys at the Burial of the Right Honourable Walter Earle of Essex and Ewe (London, 1577).
Ballinger, J. (gol.), *Calendar of Wynn of Gwydir Papers 1515–1690* (Cardiff, 1926).
Bancroft, R., *A Survey of the Pretended Holy Discipline, contayning the beginninges, successe, parts, procedynges, authority, and doctrine of it* (1593).
—, *Daungerous Positions and Proceedings, published and practised within this Iland of Brytaine, vnderr pretense of Reformation, and for the Presbiteriall Discipline* (1593).
Barrow, H., *A Briefe Discoverie of the False Church*, yn L. H. Carlson (gol.), *The Writings of Henry Barrow 1587–1590* (London, 1962).

Baxter, R., *History of the Governors of Bishops* (London, 1680).

Bowen, D. J., 'Detholiad o englynion hiraeth am yr hen ffydd', *Efrydiau Catholig*, 6 (1954), 5–12.

Bowen, I. (gol.), *The Statutes of Wales* (London, 1908).

Boyd, W. K. a H. W. Meikle (goln), *Calendar of State Papers relating to Scotland and Mary Queen of Scots 1547–1603* (Edinburgh, 1936).

Bradney, J., 'The speech of William Blethin, Bishop of Llandaff, and the customs and ordinances of the church of Llandaff (1575)', *Y Cymmrodor*, 31 (1921).

Bridges, J., *A defence of the Government established in the Church of England* (London, 1587).

Browne, R., *A Trve and Short Declaration (. . .)*(1583), yn A. Peel a L. H Carlson (goln), *The Writings of Robert Harrison and Robert Browne* (London, 1953).

Bruce, J. (gol.), *Letters of Queen Elizabeth and King James VI of Scotland* (London, 1849).

Burrage, C., *John Penry, the So-called Martyr of Congregationalism as revealed in the original record of his trial and in documents related thereto* (Oxford, 1913).

Bywgraffiadur Cymreig hyd 1940, Y, gol. J. E. Lloyd ac R. T. Jenkins (Llundain, 1953).

Calendar of State Papers Domestic, 1547–1580 (London, 1856); *1581–1590* (London, 1865); *1591–1594* (London, 1867).

Carlson, L. H. (gol.), *The Writings of Henry Barrow 1587–1590* (London, 1962).

— (gol.), *The Writings of Henry Barrow 1590–1591* (London, 1966).

— (gol.), *The Writings of John Greenwood 1587–1590* (London, 1962).

— (gol.), *The Writings of John Greenwood and Henry Barrow, 1591–1593* (London, 1970).

Coke, E., *Book of Entries* (London, 1614).

Collinson, P., 'Letters of Thomas Wood, Puritan, 1566–1577', yn idem, *Godly People: Essays on English Protestantism and Puritanism* (London, 1983).

Cross, C., *The Royal Supremacy in the Elizabethan Church* (London, 1969).

Davies, C. (gol.), *Rhagymadroddion a Chyflwyniadau Lladin, 1551–1632* (Caerdydd, 1980).

Edwards, C., *Y Ffydd Ddi-ffuant*, gol. G. J. Williams (Caerdydd, 1936).

Ellis, H. (gol.), *Original Letters Illustrative of English History* (ail gyfres; London, 1827).

English Historical Documents, 5, 1485–1558, gol. C. H. Williams (London, 1967).

English Historical Documents, 5(A), 1558–1603, gol. I. W. Archer a F. D. Price (London, 2011).

Evans, D. Simon (gol.), *Historia Gruffud vab Kenan* (Cardiff, 1977).

Evans, J. D., 'Kitchin's return' (1563)', *Gwent Local History,* 67 (1989), 11–18.

Foxe, J., *The Acts and Monuments of John Foxe,* gol. S. R. Cattley (London, 1837–41).

Gray, M., 'The diocese of Bangor in the late 16th century', *Journal of Welsh Ecclesiastical History,* 5 (1988), 31–9.

Greg, W. W., *A Companion to Arber: Calendar of Documents in Edward Arber's Transcript of the Registers of the Company of Stationers of London, 1554–1640* (Oxford, 1967).

Griffith, J. E., *Pedigrees of Anglesey and Caernarvonshire Families* (Horncastle, 1914).

HMC *Calendar of the Manuscripts of the Marquis of Salisbury (Hatfield MSS),* Llsgr. 10 (London, 1904).

Hooker, R., *Of the Laws of Ecclesiastical Polity,* gol. R. Bayne (London, 1907).

Hopkin-James, L. J. a T. C. Evans (goln), *Hen Gwndidau, Carolau a Chywyddau* (Bangor, 1910).

Hughes, G. H. (gol.), *Rhagymadroddion, 1547–1659* (Caerdydd, 1951).

Hughes, P. L. a J. F. Larkin (goln), *Tudor Royal Proclamations* (New Haven, 1969).

James, E., *Llyfr yr Homilïau: Pregethau a osodwyd allan trwy awdurdod i'w darllein ymhob Eglwys blwyf . . . i'r bobl annyscedig* (Llundain, 1606).

Jewel, J., *An Apologie or Aunswere in Defence of the Church of England* (Menston, 1969).

—, *Apologia Ecclesiae Anglicanae* (1562).

Jones, N. L., *Faith by Statute: Parliament and the Settlement of Religion 1559* (London, 1982).

Kennedy, W. P. M. (gol.), *Elizabethan Episcopal Administration,* 3 (1924).

Kerr, R. M., 'Siôn Brwynog – un o feirdd cyfnod y Diwygiad Protestannaidd', *Ysgrifau Catholig,* 2 (1963), 20–30.

Kyffin, M., *Deffynniad Ffydd Eglwys Loegr* (1595), gol. W. P. Williams (Bangor, 1908).

Lewis, H. (gol.), *Hen Gyflwyniadau* (Caerdydd, 1948).

Lewys, H., *Perl Mewn Adfyd,* gol. W. J. Gruffydd (Caerdydd, 1929).

Masson, D. (gol.), *The Register of the Privy Council of Scotland,* 4, 1585–92 (Edinburgh, 1881).

Mathew, D., 'Some Elizabethan documents', *Bwletin y Bwrdd Gwybodau Celtaidd,* 6/1 (1931), 70–8.

Merrick, R., *Morganiae Archaiographia: A Book of the Antiquities of Glamorganshire*, gol. B. L. James (Barry, 1983).
Nashe, T., 'An Almond for a Parrat', yn R. B. M. McKerrow (gol.), *The Works of Thomas Nashe* (London, 1902–10).
Oxford Classical Dictionary, gol. N. G. L. Hammond a H. H. Scullard (ail arg.; Oxford, 1970).
Oxford Dictionary of National Biography, gol. H. G. C. Matthews a B. Harrison (Oxford, 2004).
Owen, E. (gol.), *A Catalogue of the Manuscripts Relating to Wales in the British Museum*, 1 (London, 1900).
Owen, G., *The Description of Pembrokeshire*, gol. D. Miles (Llandysul, 1998).
—, *The Description of Pembrokeshire*, gol. H. Owen (London, 1892).
—, *The Dialogue of the Government of Wales (1594)*, gol. J. G. Jones (Cardiff, 2010).
Peel, A., *The Notebook of John Penry 1593* (London, 1944).
— a L. H. Carlson (goln.), *Cartwrightiana* (London, 1951).
— a — (goln.), *The Writings of Robert Harrison and Robert Browne* (London, 1953).
Penry, J., *A brief discovery of the vntruthes and slanders contained in a sermon preached by . . . D. Bancroft* (Edinburgh, 1590).
—, *An exhortation vnto the gouernours, and people of hir Maiersties countrie of Wales* (Oxford, 1588).
—, *An Hvmble Motion with Submission vnto the . . . Privie Covncel* (1590).
—, *A Supplication unto the High Court of Parliament* (1590).
—, *A treatise containing the Aeqvity of an Hvmble Svpplication (. . .) in the behalfe of the Countrey of Wales* (Oxford, 1587).
—, *A Treatise Wherein is Manifestlie proued, That Reformation and Those that sincerely fauour the same, are unjustly charged to be enemies, vnto hir Maiestie and the state* (Edinburgh, 1590) [*Reformation no Enemie*].
—, *Propositions and Principles of Diuinite* (Edinburgh, 1590)
—, *Th' Appellation of Iohn Penri vnto the Highe court of parliament, from the bad and iniurious dealing of th Archb[ishop] of Canterb[erie] & other his Colleagues of the high commission . . .* (1589).
—, *The Historie of Corah, Dathan and Abiram* (1609).
—, *Three Treatises concerning Wales*, gol. D. Williams (Cardiff, 1960).
Powell, V., *The Sufferers – Catechism* (1664).
Reade, C. (gol.), *William Lambarde and Local Government* (New York, 1962).
Roberts, E. (gol.), *Gwaith Siôn Tudur* (Bangor, 1978).
Rowlands, W., *Cambrian Bibliography: Llyfryddiaeth y Cymry*, I (Llanidloes, 1869).
Salesbury, W., *A playne and a familiar introduction . . .* (1567)

Statutes of the Realm, 1547–1585, 4 (London, 1963).

Stow, J., *The Annals or a generall chronicle of England* (London, 1615).

Strype, J., *Annals of the Reformation*, 4 (Oxford, 1824).

—, *The Life and Acts of John Whitgift*, 3 (London, 1718; Oxford, 1822).

—, *The Life and Acts of Matthew Parker* (ail gyfres; London, 1711).

Sutcliffe, M., *An Answere unto a Certaine Calumnious Letter* (1597).

The Epistle to the terrible Priestes of the Confocation house, yn *The Marprelate Tracts 1588–1589]* (Menston, 1970).

The Examinations of Henry Barrow, Iohn Grenewood and Iohn Penrie (. . .) (1593).

The Marprelate Tracts [1588–1589] (Menston, 1970).

Thomas, D. A. (gol.), *Welsh Elizabethan Catholic Martyrs: The Trial Documents of Saint Richard Gwyn and of the Venerable William Davies* (Cardiff, 1971).

Thomas, D. R., 'A Discoverie of the present estate of the Byshoppricke of St Asaph', *Archaeologia Cambrensis*, 1 (pumed gyfres;1884).

—, *History of the Diocese of St Asaph*,1 (Oswestry, 1908).

Thorpe, M. J. (gol.), *Calendar of State Papers Relating to Scotland*, 2 (London, 1858).

Travers, W., *Ecclesiasticae Disciplinae (. . .) Explicatio* (1574).

Udall, J., *The State of the Church of England laid open in a Conference between Diotrephes a Bishop, Tertullus a Papist, Demetrius a Usurer, Pandochus an Innkeeper, and Paul a Preacher of the Word of God*, gol. E. Arber, *The English Scholar's Library of Old and Modern Works*, 5 (London, 1879).

Williams, W. R., *The Parliamentary History of the Principality of Wales* (Brecknock, 1899).

Wood, A., *Athenae Oxonienses*, 1 (London, 1813).

Wynn, J., *History of the Gwydir Family and Memoirs*, gol. J. G. Jones (Llandysul, 1990).

Ffynonellau eilaidd

Cyfrolau

Arber, E., *An Introductory Sketch to the Martin Marprelate Controversy, 1588–1590* (New York, 1964).

Ashton, R., *Reformation and Revolution 1558–1660* (London, 1984).

Atkinson, N. G., *Richard Hooker and the Authority of Scriptures, Tradition and Reason: Reformed Theologian of the Church of England* (Vancouver, 2005).

Avis, P., *Anglicanism and the Christian Church* (Edinburgh, 1989).

Babbage, S. B., *Puritanism and Richard Bancroft* (London, 1962).

Bagden, C., *The Stationers Company: A History, 1403–1959* (London, 1960).

Barber, H. a H. Lewis, *The History of Friars School, Bangor* (Bangor, 1901).

Bindoff, S. T., *Tudor England* (London, 1955).

Bossy, J., *The English Catholic Community 1570–1850* (London, 1975).

Bowen, G., *Morus Clynnog a'r athrawiaeth Gristnogol 1568* (Aberystwyth, 1998).

— (gol.), *Y Traddodiad Rhyddiaith* (Llandysul, 1970).

Brook, V. K., J. *Whitgift and the English Church* (London, 1957).

Bryant-Quinn, M. P., *'Cymaint serch i Gymru': Gruffydd Robert, Morys Clynnog a'r 'Athrawiaeth Gristnogol' 1568* (Aberystwyth, 1998).

Burrage, C., *Early English Dissenters*, 2 (Cambridge, 1912).

Carlson, L. H., *Martin Marprelate, Gentleman, Job Throckmorton Laid Open in his Colours* (San Marino, 1981).

Caspari, F., *Humanism and the Social Order in Tudor England* (Chicago, 1954).

Charlton, K., *Education in Renaissance England* (Oxford, 1965).

Collinson, P., *Godly People: Essays on English Protestantism and Puritanism* (London, 1983).

—, *The Elizabethan Puritan Movement* (London, 1987).

—, *The Religion of Protestants: The Church in English Society, 1559–1625* (Oxford, 1982).

Davies, J., *Hanes Cymru* (London, 1992).

Davies, J. E. W. (gol.), *Gwanwyn Duw: Diwygiad a Diwygiadau: Cyfrol Deyrnged i Gomer Morgan Roberts* (Caernarfon, 1982).

Davies, W. T. P., *John Penry* (London, 1961).

Dawley, P. M., *John Whitgift and the English Reformation* (New York, 1954).

Dickens, A. G., *The Age of Renaissance and Reformation: Europe in the Fourteenth, Fifteenth and Sixteenth Centuries* (London, 1977).

—, *The English Reformation* (London, 1986).

Donaldson, G., *Mary Queen of Scots* (London, 1974).

Doran, S., *Elizabeth I and Religion* (London, 1994).

Duffy, E., *Fires of Faith: Catholic England under Mary Tudor* (New Haven, 2009).

—, *The Stripping of the Altars: Traditional Religion in England c.1400–c.1580* (New Haven, 1992).

Edwards, A. G., *Landmarks in the History of the Welsh Church* (London, 1913).

Edwards, O. M., *Wales* (London, 1907).

Elton, G. R., *England under the Tudors* (London, 1974).

—, *Reform and Reformation: England 1509–1588* (London, 1977).

—, *Reformation Europe 1517–1559* (London, 1963).

Evans, B.G., *Diwygwyr Cymru* (Caernarfon, 1900).

Evans, E. H., *John Penry, y Merthyr Ymneilltuol Cymreig* (Llundain, 1893).

Evans, W. G., *Martin Luther a'r Diwygiad Protestannaidd* (Aberystwyth, 1992).

—, *Y Gwron o Genefa: John Calfin a'i Ddylanwad* (Caernarfon, 2012).

—, *Zwingli & Calfin a'r Diwygiad Protestannaidd yn y Swistir* (Aberystwyth, 1994).

Fincham, K., *Prelate as Pastor: The Episcopate of James I* (Oxford, 1990).

Fuller, T., *The Church-History of Britain* (London, 1655).

Gasquoine, J., *John Penry* (London, 1909).

Green, V. H. H., *Renaissance and Reformation* (London, 1962).

Griffith, W. P., *Civility and Reputation: Ideas and Images of the 'Tudor Man' in Wales* (Bangor, 1995).

—, *Learning, Law and Religion: Higher Education and Welsh Society c.1540–1640* (Cardiff, 1996).

Gruffydd, R. G., *Argraffwyr Cyntaf Cymru: Gwasgau Dirgel y Catholigion adeg Elisabeth* (Caerdydd, 1972).

—, *'In that gentile country . . .': The Beginnings of Puritan Nonconformity in Wales* (Bridgend, 1975).

—, *'Y Beibl a droes i'w bobl draw': William Morgan yn 1588* (Llundain, 1988).

— (gol.), *A Guide to Welsh Literature, c.1530–1700* (Cardiff, 1997).

— (gol.), *Meistri'r Canrifoedd: Ysgrifau ar Hanes Llenyddiaeth Gymraeg gan Saunders Lewis* (Caerdydd, 1973).

— (gol.), *Y Gair ar Waith: Ysgrifau ar yr Etifeddiaeth Feiblaidd yng Nghymru* (Caerdydd, 1988).

Guy, J., *Tudor England* (Oxford, 1988).

Haigh, C. (gol.), *The English Reformation Revised* (Cambridge, 1987).

Hammer, P. E. J., *The Polarisation of Elizabethan Politics: The Political Career of Robert Devereux, 2nd Earl of Essex, 1585–1597* (Cambridge, 1999).

Hasler, P. W. (gol.), *The History of Parliament: The House of Commons 1558–1603* (London, 1981).

Heal, F. a R. O'Day (goln), *Church and State in England Henry VIII to James I* (Basingstoke, 1977).

Heylyn, P. *Aerius Redivivus: or, the History of the Presbyterians (. . .)* (London, 1670).

Hill, C., *Economic Problems of the Church from Archbishop Whitgift to the Long Parliament* (Oxford, 1956).
—, *Society and Puritans in Pre-revolutionary England* (London, 1964).
Holdsworth, W. S., *A History of English Law*, 2 (London, 1903).
Hughes, H. M., *John Penry, y Merthyr Cymraeg, 1559–1593* (Pwyllgor Canolog Cynghrair Eglwysi Rhydd ac Efengylaidd Cymru, 1912).
Hughes, P., *The Reformation in England*, 3 (London, 1954).
James, E. W. (gol.), *Cwmwl o Dystion* (Abertawe, 1977).
Jenkins, G. H. (gol.), *Yr Iaith Gymraeg cyn y Chwyldro Diwydiannol* (Caerdydd, 1997).
Jones, E. G., *Cymru a'r Hen Ffydd* (Caerdydd, 1951).
Jones, J. G. (gol.), *Agweddau ar Dwf Piwritaniaeth yng Nghymru yn yr Ail Ganrif ar Bymtheg* (Lewiston/Llanbedr Pont Steffan, 1992).
—, *Aspects of Religious Life in Wales, c.1536–1660: Leadership, Opinion and the Local Community* (Aberystwyth, 2003).
—, *Beirdd yr Uchelwyr a'r Gymdeithas yng Nghymru c.1536–1640* (Dinbych, 1997).
—, *Conflict, Continuity and Change in Wales c.1500–1603: Essays and Studies* (Aberystwyth, 1999).
—, *Crefydd a Chymdeithas: Astudiaethau ar y Ffydd Brotestannaidd yng Nghymru c.1559–1750* (Caerdydd, 2007).
—, (gol.), *Class, Community and Culture in Tudor Wales* (Cardiff, 1989).
Jones, J. M., *Y Tadau Pererin* (Merthyr Tudfil, 1920).
Jones, N. L., *Faith by Statute: Parliament and the Settlement of Religion 1559* (London, 1982).
Jones, R. T., *Hanes Annibynwyr Cymru* (Abertawe, 1966).
Jones, T., *A History of the County of Brecknock*, 1/2 (Brecknock, 1909–11).
Jordan, W. K., *Edward VI: The Young King* (London, 1968).
Kelso, R., *The Doctrine of the English Gentleman in the Sixteenth Century* (Massachusetts, 1964).
Kendrick, T. D., *British Antiquity* (London, 1950).
Knappen, M. M., *Tudor Puritanism* (Chicago, 1939).
Knight, L. S., *Welsh Independent Grammar Schools to 1600* (Newtown, 1926).
Knox, S. J., *Walter Travers: Paragon of Elizabethan Puritanism* (London, 1962).
Lacey, R., *Robert Earl of Essex: An Elizabethan Icarus* (London, 1971).
Lake, P., *Anglican and Puritans? Presbyterianism and English Conformist Thought from Whitgift to Hooker* (London, 1988).
Lewis, H. E., *Penry, the Welsh Independent* (1893).
Loach, J., *Edward VI*, gol. G. Bernard a P. Williams (New Haven, 1999).
Loades, D. M., *Revolution in Religion: The English Reformation 1530–1570* (Cardiff, 1992).

—, *The Reign of Mary Tudor: Politics, Government and Religion in England, 1553–1558* (London, 1979).

MacCulloch, D., *The Boy King: Edward VI and the Protestant Reformation* (Berkeley, 2002).

—, *The Later Reformation in England, 1547–1603* (Basingstoke, 1990).

—, *Thomas Cranmer: A Life* (London, 1996).

—, *Tudor Church Militant: Edward VI and the Protestant Reformation* (Penguin, 1999).

McGinn, D. J., *John Penry and the Marprelate Controversy* (New Brunswick/ New Jersey, 1966).

McGrath, P., *Papists and Puritans Under Elizabeth I* (London, 1967).

Maltby, W. S., *The Black Legend in England: The Development of Anti-Spanish Sentiment, 1558–1660* (Durham, N.C., 1971).

Marchant, R. A., *Puritans and the Church Courts 1560–1642* (London, 1960).

Marlowe, J., *The Puritan Tradition in English Life* (London, 1956).

Mattingly, G., *The Defeat of the Spanish Armada* (London, 1983).

Morgan, J., *Coffadwriaeth am y Gwir Barchedig Henry Rowlands, D.D., Arglwydd Esgob Bangor* (Bangor, 1910).

Neal, D., *The History of the Puritans* (Baynes, 1822).

Neale, J. E., *Elizabeth I and her Parliaments*, 1, 1559–1581 (London, 1953); 2, 1584–1601 (London, 1957).

New, J. F. W., *Anglican and Puritan: The Basis of their Opposition, 1558–1640* (London, 1964).

Owen, G. W., *Cewri'r Cyfamod: Y Piwritaniaid Cymreig 1630–1660* (Bangor, 2008).

Parry, R. I., *Ymneilltuaeth* (Llandysul, 1962).

Peter, D., *Hanes Crefydd yng Nghymru, o'r amser y daeth y Cymry i Ynys Prydain, hyd yr Amser Presennol* (ail arg; Caerfyrddin, 1851).

Phillips, T., *Wales: the language, social condition, moral character and religious opinions of the people considered in their relation to education* (London, 1849).

Pierce, W., *An Historical Introduction to the Marprelate Tracts* (London, 1908).

—, *John Penry: His Life, Times and Writings* (London, 1923).

Price, A., *Gwrth-ddiwygwyr Cymreig yr Eidal* (Caernarfon, 2005).

Rees, D. B., *John Calfin a'i Ddisgyblion Calfinaidd Cymreig* (Llangoed, 2009)

—, *Lledu Gorwelion: Hanes John Calfin a'r Diwygiad Protestannaidd* (Chwilog, 2009).

Rees, T. a J. Thomas, *Hanes Eglwysi Annibynnol Cymru* (Lerpwl, 1871).

—, *History of Protestant Nonconformity in Wales* (Swansea, 1861).

Rees W., *The Union of England and Wales* (Cardiff, 1948).

Reynolds, E. E., *Campion and Parsons: The Jesuit Mission of 1580–1* (London, 1980).

Richards, W., *The Welsh Nonconformists' Memorial or Cambro-British Biography* (London, 1820).

Ridley, J. D., *Thomas Cranmer* (Oxford, 1962).

Rowlands, W., *Llyfryddiaeth y Cymry* (Llanidloes, 1869).

Scott Pearson, A. F., *Thomas Cartwright and Elizabethan Puritanism 1535–1603* (Cambridge, 1925).

Serjeanton, R. M., *History of the Church of St Peters' Northampton* (Northampton, 1901).

Shiels, W. J., *The Puritans in the Diocese of Peterborough 1558–1610* (Northampton, 1979).

Simon, J., *Education and Society in Tudor England* (Cambridge, 1966).

Stephen, J. F., *History of the Criminal Law of England* (London, 1883).

Strype, J., *Annals of the Reformation* (London, 1728).

Thomas, D. R., *The Life and Work of Bishop Davies & William Salesbury* (Oswestry, 1902).

Thomas, I. *William Morgan a'i Feibl* (Caerdydd, 1988).

—, *William Salesbury a'i Destament* (Caerdydd, 1967).

—, *Yr Hen Destament Cymraeg, 1551–1620* (Aberystwyth, 1988).

—, *Y Testament Newydd Cymraeg, 1551–1620* (Caerdydd, 1976).

Thomas, J., *Hanes y Bedyddwyr ymhlith y Cymry: o Amser yr Apostolion hyd y Flwyddyn Hon* (Caerfyrddin, 1778).

—, *John Penry ac Ymneilltuaeth* (Dolgellau, 1893).

—, *Hanes y Bedyddwyr yng Nghymru* (Pontypridd, 1885).

Thomas, L., *The Reformation in the Old Diocese of Llandaff* (Cardiff, 1930).

Waddington, J., *John Penry: The Pilgrim Martyr 1559–1593* (London, 1854).

—, *Surrey Congregational History* (London, 1866).

Watts, M. R., *The Dissenters: From the Reformation to the French Revolution* (Oxford, 1978).

Wernham, R. B., *Before the Armada: The Emergence of the English Nation, 1485–1588* (New York, 1966).

White E. M., *The Welsh Bible* (Stroud, 2007).

White, F. O., *Lives of the Elizabethan Bishops* (London, 1898).

Williams, B., *The Welsh Clergy 1558–1642* (Open University, 1991).

Williams, G., *Grym Tafodau Tân: Ysgrifau Hanesyddol ar Grefydd a Diwylliant yng Nghymru* (Llandysul, 1984).

—, *Renewal and Reformation: Wales c.1415–1642* (Cardiff, 1993).

—, *The Welsh and their Religion* (Cardiff, 1991).

—, *The Welsh Church from Conquest to Reformation* (Cardiff, 1976).

—, *Wales and the Act of Union* (Bangor, 1992).

—, *Wales and the Reformation* (Cardiff, 1997).

—, *Welsh Reformation Essays* (Cardiff, 1967).

—, *Bywyd ac Amserau'r Esgob Richard Davies* (Caerdydd, 1953).

— a T. M. Bassett, *Beibl William Morgan 1588–1988* (Bangor, 1988).

Williams, P., *The Council in the Marches of Wales under Elizabeth I* (Cardiff, 1958).

Williams, R., *Enwogion Cymru: A Biographical Dictionary of Eminent Welshmen* (Llandovery, 1852).

Williams, S., *John Penry 1563–1593* (Caerdydd, 1956).

Williams, W. O., *Tudor Gwynedd* (Caernarfon, 1958).

Willis, B., *A Survey of the Cathedral Church of Llandaff* (London, 1719).

—, *Survey of St Asaph*, gol. E. Edwards, 1 (London, 1801).

Wood, A. á, *Athenae Oxonienses* (Oxford, 1692).

Erthyglau a phenodau mewn cyfrolau

Barrow, H., 'A brief discourse of the false church', yn L. H. Carlson (gol), *The Writings of Henry Barrow 1587–1590* (London, 1962), tt. 261–72.

Bowen, G., 'Canolfannau llenyddol y ffoaduriaid Catholig', *Llên Cymru*, 3 (1955), 229–33.

—, 'Morys Clynnog (1521/1580/1)', *Trafodion Cymdeithas Hanes Sir Gaernarfon*, 27 (1966), 73–97.

—, 'Robert Gwyn o Benyberth, awdur Catholig', *Traf. Cymmr.* (1995), 33–58.

—, 'Roman Catholic prose and its background', yn R. G. Gruffydd (gol.), *A Guide to Welsh Literature c.1530–1700* (Cardiff, 1997).

Cartwright, T., 'Letter For direction in the study of divinity', yn A. Peel a L. H.Carlson (goln), *Cartwrightiana* (London, 1951), tt. 108–15.

Christianson, P., 'Reformers and the Church of England under Elizabeth I and the early Stuarts', *Journal of Ecclesiastical History*, 31 (1980), 463–82.

Collinson, P., 'A comment: concerning the name Puritan', *Journal of Ecclesiastical History*, 31 (1980), 483–88.

—, 'John Field and Elizabethan Puritanism,', yn idem, *Godly People: Essays on English Protestantism and Puritanism* (London, 1983), tt. 335–70.Davies, J. G., 'John Penry', yn E. W. James (gol.), *Cwmwl o Dystion* (Abertawe, 1977).

Dexter, H. M., 'The martyrs of congregationalism', yn idem, *Congregationalism of the Last Three Hundred Years* (New York, 1880).

Edwards, I. ab Owen, 'William Morgan's quarrel with his parishioners at Llanrhaeadr-ym-Mochnant', *Bwletin y Bwrdd Gwybodau Celtaidd*, 3 (1927), 298–339.

—, 'Cefn Brith' yn *Cartrefi Cymru* (Wrecsam, 1946).

—, 'John Penri', *Cyfres Cymru*, 1 (Llanuwchllyn, 1893).

Elton, G. R., 'Wales in parliament', yn R. R. Davies, R. A. Griffiths, I. G. Jones a K. O. Morgan (goln), *Welsh Society and Nationhood: Historical Essays Presented to Glanmor Williams* (Cardiff, 1984), tt. 108–21.

Evans, A. O., 'Nicholas Robinson (1530–1585)', *Y Cymmrodor*, 39 (1928), 149–98.

Flower, R., 'Richard Davies, William Cecil and Giraldus Cambrensis', *National Library of Wales Journal*, 3 (1943), 11–14.

—, 'William Salesbury, Richard Davies and Archbishop Parker', *Cylchgrawn Llyfrgell Genedlaethol Cymru*, 2 (1941), 7–13.

Gray, M., '"The Cloister and the Hearth": Anthony Kitchin and Hugh Jones: two Reformation bishops of Llandaff', *Journal of Welsh Religious History*, 3 (1995), 15–34.

Griffith, W., 'Jesus College, Oxford, and Wales: the first half-century', *Trans. Cymmr.* (1996), 20–44.

Griffith, W. P., 'Schooling and society', yn J. G. Jones (gol.), *Class, Community and Culture in Tudor Wales* (Cardiff, 1989).

—, 'William Hughes and the "Descensus" controversy of 1567', *Bwletin y Bwrdd Gwybodau Celtaidd*, 34/2 (1987), 185–99.

Gruffydd, R. G., 'Bishop Francis Godwin's injunctions for the diocese of Llandaff, 1603', *Journal of the Historical Society of the Church in Wales*, 4 (1954) 14–22.

—, 'Gwasg ddirgel yr ogof yn Rhiwledyn', *Journal of the Welsh Bibliographical Society*, 9 (1958), 1–23.

—, 'Michael Roberts o Fôn a Beibl Bach 1630', *Trafodion Cymdeithas Hanes a Hynafiaethau Môn* (1989), 25–42.

—, 'The Welsh Book of Common Prayer, 1567', *Journal of the Historical Society of the Church in Wales*, 17 (1967), 43–55.

—, 'William Morgan', yn G. Bowen (gol.), *Y Traddodiad Rhyddiaith* (Llandysul, 1970), tt. 149–74.

—, 'Y cyfieithu a'r cyfieithwyr', yn idem (gol.), *Y Gair ar Waith: Ysgrifau ar yr Etifeddiaeth Feiblaidd yng Nghymru* (Caerdydd, 1988), tt. 27–39.

—, 'Yr Esgob William Morgan (1545–1604) a Beibl Cymraeg 1588', yn G. H. Jenkins (gol.), *Cof Cenedl: Ysgrifau ar Hanes Cymru*, 3 (Llandysul, 1988), tt. 31–58.

Haigh, C., 'Puritan evangelism in the reign of Elizabeth I', *English Historical Review*, 92 (1977), 30–58.

Hall, B., 'Puritanism: the problem of definition', yn G. J. Cumings (gol.), *Studies in Church History*, 2 (1965), tt. 283–96.

Hill, C., 'The spiritualization of the household', yn idem, *Society and Puritans in Pre-Revolutionary England* (London, 1964), tt. 443–81.

Hoskins, W. G., 'Harvest fluctuations and English economic history, 1480–1619', *Agricultural History Review*, 12 (1964).

Houlbrooke, R. A., 'The Protestant episcopate 1547–1603: the pastoral contribution', yn F. Heal a R. O'Day (goln), *Church and State in England Henry VIII to James I* (Basingstoke, 1977), tt. 78–98.

Hurstfield, J., 'Church and state, 1558–1612: the task of the Cecils', yn G. J. Cuming (gol.), *Studies in Church History*, 2 (London, 1965), 119–40.

Jarvis, B., 'Welsh humanist learning', yn R. G. Gruffydd (gol.), *A Guide to Welsh Literature c.1530–1700* (Cardiff, 1997), 128–53.

Jones, B. L., 'Deddf cyfieithu'r Beibl i'r Gymraeg, 1563', *Yr Haul a'r Gangell*, 17 (1963), 22–8.

Jones, E. G., 'Catholic recusancy in the counties of Denbigh, Flint and Montgomery, 1581–1625', *Traf. Cymmr.* (1945), 114–33.

Jones, J. G., 'Bishop William Morgan – defender of church and faith', *Journal of Welsh Ecclesiastical History*, 5 (1988), 1–30.

—, 'Bishop William Morgan's dispute with John Wynn of Gwydir, 1603–04', *Journal of the Historical Society of the Church in Wales*, 22 (1972), 49–78.

—, 'Duwioldeb ac ufudd-dod dinesig: agweddau ar fywyd crefyddol Cymru ar drothwy'r Diwygiad Methodistaidd', yn idem, *Crefydd a Chymdeithas: Astudiaethau ar y Ffydd Brotestannaidd yng Nghymru c.1559–1750* (Caerdydd, 2007), 332–61.

—, 'Esgobion Llandaf cyfnod y Diwygiad Protestannaidd c.1545–1601', yn idem, *Crefydd a Chymdeithas: Astudiaethau ar Hanes y Ffydd Brotestannaidd yng Nghymru c.1559–1750* (Caerdydd, 2007), 1–40.

—, 'Henry Rowlands, Bishop of Bangor 1598–1616', *Journal of the Historical Society of the Church in Wales*, 21 (1979), 34–53.

—, 'John Penri: Piwritan a Chymro', *Llên Cymru*, 19, (1996), 41–69.

—, 'John Penri: government, order and the "perishing souls" of Wales', *Traf. Cymmr.* (1993), 47–81.

—, 'Maurice Kyffin a Huw Lewys: dau amddiffynnydd y ffydd Brotestannaidd yng Nghymru yn 1595', yn J. E. Caerwyn Williams (gol.), *Ysgrifau Beirniadol*, 21 (Dinbych, 1996), tt. 51–72.

—, 'Prelates, priests and the concept of the "Christian magistracy" c.1559–1603', yn idem, *Aspects of Religious Life in Wales, c.1536–1660: Leadership, Opinion and the Local Community* (Aberystwyth, 2003), tt. 9–63.

—, 'Reformation bishops of St Asaph', *Journal of Welsh Ecclesiastical History*, 7 (1990), 17–40.

—, 'Religion and the community in Wales: bardic responses, c.1536–1640', yn idem (gol.), *Aspects of Religious Life in Wales, c.1536–1660: Leadership, Opinion and the Local Community* (Aberystwyth, 2003), tt. 122–205.

—, 'The defence of the realm: regional dimensions c.1559–1604', yn idem, *Conflict, Continuity and Change in Wales c.1500–1603: Essays and Studies* (Aberystwyth, 1999), tt. 113–53.

—, 'The Reformation bishops of Llandaff, 1558–1601', *Morgannwg*, 32 (1988), 38–69.

—, 'Thomas Davies and William Hughes: two Reformation bishops of St Asaph', *Bwletin y Bwrdd Gwybodau Celtaidd*, 29/2 (1981), 320–35.

Jones, R. T., 'John Penri: ffanatig ynteu merthyr', *Cristion* (Mai/Mehefin, 1995), 13–15.

—, 'John Penri', yn Geraint H. Jenkins (gol.), *Cof Cenedl: Ysgrifau ar Hanes Cymru*, 8 (Llandysul, 1993), tt. 37–68.

—, 'Mantoli cyfraniad John Penri', *Y Cofiadur*, 58 (1993), 4–6.

—,'John Penry', yn R. T. Jones ac A. Tovey, *Some Separatists: The Martyrs of 1593* (1993).

—, 'John Penry, 1563–1593', yn R. T. Jones ac A. Tovey (goln), *1985 Congregational Studies Conference Papers*, 5–16.

Knight, L. S., 'Welsh cathedral schools to 1600 AD', *Y Cymmrodor*, 29 (1919), 76–109.

Lewis, S., 'Damcaniaeth eglwysig Brotestannaidd', yn R. G. Gruffydd (gol.), *Meistri'r Canrifoedd: Ysgrifau ar Hanes Llenyddiaeth Gymraeg gan Saunders Lewis* (Caerdydd, 1973), 116–39.

McGinn, D. J., 'The real Martin Marprelate', *Publications of the Modern Languages Association of America*, 58 (March, 1943), 84–107.

McGurk, J. J. N., 'A survey of the demands made on the Welsh shires to supply soldiers for the Irish war 1594–1602', *Traf. Cymmr.* (1983), 56–68.

Mathias, W. A., 'William Salesbury – ei fywyd a'i weithiau', yn G. Bowen (gol.), *Y Traddodiad Rhyddiaith* (Llandysul, 1970), 27–53.

—, 'William Salesbury – ei ryddiaith', yn G. Bowen (gol.), *Y Traddodiad Rhyddiaith* (Llandysul, 1970), 54–78.

Parry, G. T. R., 'Inventing "The Good Duke" of Somerset', *Journal of Ecclesiastical History*, 40 (1989), 370–80.

Prichard, T. J., 'The Reformation in the deanery of Llandaff, 1534–1609', *Morgannwg*, 13 (1969), 5–46.

Roberts, D. H. E. a R. A. Charles, 'Raff ap Robert a Robert ap Raff', *Bwletin y Bwrdd Gwybodau Celtaidd*, 24/3 (1971), 282–99.

Roberts, E. P., 'Gabriel Goodman and his native homeland', *Traf. Cymmr.* (1989), 77–104.

Roberts, P. R. 'Early-modern precedents for autonomous Welsh government', *Traf. Cymmr.* (2013), 41–56

—, 'Deddfwriaeth y Tuduriaid a statws gwleidyddol "yr iaith Frytanaidd"', yn G. H. Jenkins (gol.), *Yr Iaith Gymraeg cyn y Chwyldro Diwydiannol* (Caerdydd, 1997), 121–50.

—, 'The union with England and the identity of "Anglican" Wales', *Transactions of the Royal Historical Society*, 22 (1972), 49–70.

—, 'The Welsh language, English law and Tudor legislation', *Traf. Cymmr.* (1989), 19–75.

Rowse, A. L., 'Alltyrynys and the Cecils', *English Historical Review*, 75 (1960), 54–76.

Thomas, D. L., 'John Penry: cofiant newydd', *Y Cofiadur*, 2 (1924), 11–17.

Wallace, D. D., 'Puritan and Anglican: the interpretation of Christ's descent into hell on Elizabethan theology', *Archive for Reformation History*, 69 (1978), 248–83.

Williams, A. H., 'The origins of the old endowed schools of Denbighshire', *Trafodion Cymdeithas Hanes Sir Ddinbych*, 2 (1953), 117–69.

Williams, D., 'The enigma of John Penry', *The Welsh Review* (Mawrth 1945), 50–4.

Williams, G., 'Addysg yng Nghymru cyn 1536', yn J. L. Williams (gol.), *Addysg i Gymru*, 4 (Caerdydd, 1966), tt. 1–15.

—, 'Bishop William Morgan (1545–1604) and the first Welsh Bible', *Cylchgrawn Hanes a Chofnodion Meirionnydd*, 7 (1976), 347–70.

—, 'Cipdrem arall ar y "Ddamcaniaeth Eglwysig Brotestannaidd"', *Y Traethodydd*, 17 (1948), 49–57.

—, 'Cymru a'r Diwygiad Protestannaidd', yn idem, *Grym Tafodau Tân: Ysgrifau Hanesyddol ar Grefydd a Diwylliant yng Nghymru* (Llandysul, 1984), tt. 87–101.

—, 'Edward James a Llyfr yr Homilïau', yn idem, *Grym Tafodau Tân: Ysgrifau Hanesyddol ar Grefydd a Diwylliant yng Nghymru* (Llandysul, 1984), 180–98.

—, 'John Penry a'i genedl', yn gol. J. E. Wynne Davies, *Gwanwyn Duw: Diwygwyr a Diwygiadau: Cyfrol Deyrnged i Gomer Morgan Roberts* (Caernarfon, 1982), tt. 88–108.

—, 'John Penry a'i genedl', yn idem, *Grym Tafodau Tân: Ysgrifau Hanesyddol ar Grefydd a Diwylliant* (Llandysul, 1984), 118–39.

—, 'John Penry a Phiwritaniaeth gynnar', yn J. G. Jones (gol.), *Agweddau ar Dwf Piwritaniaeth yng Nghymru yn yr Ail Ganrif ar Bymtheg* (Lewiston/Llanbedr Pont Steffan, 1992), tt. 1–15.

—, 'John Penry: Marprelate and patriot?', *Cylchgrawn Hanes Cymru*, 3 (1967), 361–80.

—, 'Landlords in Wales, 1500–1640: the Church', yn C. Clay (gol.), *Rural Society: Landowners, Peasants and Labourers, 1500–1750* (Cambridge, 1990), 146–60.

—, 'Sir John Price of Brecon', *Brycheiniog*, 31 (1998–9), 49–63.

—, 'Some Protestant views of early British church history', yn idem, *Welsh Reformation Essays* (Cardiff, 1967), tt. 207–19.

—, 'The achievement of William Salesbury', yn idem, *Welsh Reformation Essays* (Cardiff, 1967), tt. 191–205.

—, 'The ecclesiastical history of Glamorgan, 1527–1642', yn idem (gol.), *Glamorgan County History, 4, Early Modern Glamorgan* (Cardiff, 1974), 203–56.

—, 'The Edwardian Reformation in Wales', *Journal of Welsh Religious History*, 2 (1994), 14–30.

—, 'Wales and the reign of Queen Mary I', *Cylchgrawn Hanes Cymru*, 10 (1981), 334–58.

—, 'Yr hanesydd a'r canu rhydd cynnar', yn idem, *Grym Tafodau Tân: Ysgrifau Hanesyddol ar Grefydd a Diwylliant yng Nghymru* (Llandysul, 1984), tt. 140–63.

Williams, G. J., 'John Penri', *Y Cofiadur*, 35 (1966), 23–33.

Williams, J., 'John Penri', *Y Cofiadur* (1966), 23–33.

Williams, J. G., 'Rhai agweddau ar y gymdeithas Gymreig yn yr ail ganrif ar bymtheg', *Efrydiau Athronyddol*, 30 (1968), 42–55.

Williams, R., 'John Penri', *Y Geninen*, 11 (1893), 210–15.

Wilson, J. D., 'A date in the Marprelate controversy', *The Library*, VIII (Hydref, 1907), 337–59.

—, 'The Marprelate controversy', *Cambridge History of English Literature*, 3 (Cambridge, 1949), 374–98.

'Y Gwladgarwr', 'John Penri', *Y Geninen*, 11 (1893), 140–1.

Cylchgronau a chyfnodolion

Agricultural History Journal
Archive for Reformation History
Bwletin y Bwrdd Gwybodau Celtaidd
Cylchgrawn Hanes Cymru
Cylchgrawn Llyfrgell Genedlaethol Cymru
Cymdeithas Hanes a Chofnodion Meirionnydd
Efrydiau Athronyddol
Morgannwg

Journal of Ecclesiastical History
Journal of the Historical Society of the Church in Wales
Journal of the Welsh Bibliographical Society
Journal of Welsh Ecclesiastical History
Journal of Welsh Religious History
South London Press
Southwark Recorder and Bermondsey and Rotherhithe Recorder (3 June 1893)
Trafodion Anrhydeddus Gymdeithas y Cymmrodorion
Trafodion Cymdeithas Hanes Sir Ddinbych
Trafodion Cymdeithas Hanes Sir Gaernarfon
The Welsh Review
Y Cofiadur
Y Cymmrodor
Y Geninen
Y Traethodydd

Mynegai